"十四五"职业教育国家规划教材

高等职业院校教学改革创新教材·计算机系列教材

网络信息检索实例分析与操作训练
（第4版）

主　编　宋诚英　时东晓

副主编　王　斌　吴　英

编　委　张良均　周莉娜　李　强

电子工业出版社

Publishing House of Electronics Industry

北京·BEIJING

内 容 简 介

本书遵循"项目驱动，任务导向"的编写思路，以提高学生信息素养为目的，以信息检索技术和能力的训练为主线，学生通过实训操作上网开展学习活动，并在完成学习项目的过程中掌握信息检索相关知识。

全书内容涉及6个模块：网络信息检索基础知识、中文数据库信息检索、经济信息资源检索与利用、科技信息资源检索与利用、电商平台销售数据采集与分析以及网络信息检索与利用综合实训。

本书适合作为职业院校信息检索相关课程的教材，也可供各专业教师和学生阅读。

未经许可，不得以任何方式复制或抄袭本书之部分或全部内容。
版权所有，侵权必究。

图书在版编目（CIP）数据

网络信息检索实例分析与操作训练 / 宋诚英，时东晓主编. —4版. —北京：电子工业出版社，2024.1
ISBN 978-7-121-47052-3

Ⅰ.①网… Ⅱ.①宋… ②时… Ⅲ.①网络检索－高等职业教育－教学参考资料 Ⅳ.①G254.92

中国国家版本馆 CIP 数据核字（2024）第 009457 号

责任编辑：王艳萍
印　　刷：三河市鑫金马印装有限公司
装　　订：三河市鑫金马印装有限公司
出版发行：电子工业出版社
　　　　　北京市海淀区万寿路173信箱　邮编 100036
开　　本：787×1 092　1/16　印张：18　字数：460.8千字
版　　次：2012年5月第1版
　　　　　2024年1月第4版
印　　次：2025年6月第4次印刷
定　　价：49.90元

凡所购买电子工业出版社图书有缺损问题，请向购买书店调换。若书店售缺，请与本社发行部联系，联系及邮购电话：（010）88254888，88258888。
质量投诉请发邮件至 zlts@phei.com.cn，盗版侵权举报请发邮件至 dbqq@phei.com.cn。
本书咨询联系方式：（010）88254609，hzh@phei.com.cn。

第4版前言

本书是在党的二十大召开后首次修订的"十四五"职业教育国家规划教材。在第3版基础上，此次修订吸纳一线教师、学生和社会各界意见，突出教材的实践性和操作性，借鉴了一流高职院校品牌专业建设经验。本书以党的二十大精神为指引，充分发挥教材的铸魂育人功能，深入贯彻实施党的二十大报告提出的产教融合理念，由职业院校教师和企业高级工程师倾力合作打造，为深入实施"科教兴国战略，强化现代化建设人才支撑"贡献力量。

伴随着教育信息化的不断发展，"互联网+教育"不断深入推进，高职院校正在进行一系列教学改革尝试，新的案例教学、项目教学、混合式教学等教学模式被引进课堂，信息化课堂教学得到了极大促进和快速普及。为了更好地满足新时期人才培养的需要，特组织了本次修订，以更加凸显信息检索作为工具课培养学习者综合技能的目的。本书既可作为高职院校各专业学生提高信息素养的通识课教材，也可作为广大社会人员学习信息检索技术、提升终身学习能力的读本。

本书在具备一般信息检索教材的科学性、逻辑性和系统性的基础上，还具有以下特点：

（1）教材内容与数字化资源一体化，教材编写与课程开发一体化。通过信息技术与教学内容的整合，突出网络信息检索的实操性特点，为重点、难点内容制作学习微视频，学生扫描二维码即可在线观看。

（2）以项目驱动教学的理念设计学习过程，选择源自社会实践的真实信息检索案例作为课堂的学习任务，学生通过上网操作解决身边发生的一个个真实问题，并在完成学习任务的过程中掌握网络信息检索技术。

（3）满足各专业不同需求。教材内容不仅包含信息检索的基本操作，而且包含商标、专利、标准和科技成果等科技信息检索，以及市场、产品、价格、厂家等商务信息检索，学生可根据需要有选择地学习相关内容。

全书内容编排以案例分析和实训操作贯穿整个教学过程。这次修订不仅全面更新了网页截图和典型案例分析，还增加了检索技术涉及的"爬虫"问题等高阶内容，新增模块让身处大数据时代的学生学会处理结构更加复杂、信息含量更加密集的数据，能满足工科类学生的需求。在制作新形态一体化教材过程中更注重学生的创新精神和创新意识培养，教材资源在华信SPOC在线学习平台上同步更新。

本书由广州城市职业学院宋诚英和时东晓担任主编，并负责拟定全书的内容编排和案例，另外还有多所学校参与本次内容的修订。具体分工为：模块1、模块6由广州城市职业学院宋诚英编写；模块2由广东女子职业技术学院吴英编写；模块3由广州城市职业学院周莉娜编写；模块4由广东工贸职业技术学院王斌编写；模块5由广州城市职业学院时东晓、李强共同编写。同时，感谢清远职业技术学院、广州航海学院、江西环境工程职业技术学院对修订工作的支持。在本书编写的过程中，编者参考了大量的文献资料，在此对参考文献的作者表示衷心的感谢！

由于编者水平有限，书中难免有缺点和不足之处，敬请广大读者批评指正。

联系邮箱：349092986@qq.com。

编 者

2024年1月

本书视频目录

(建议在 WiFi 环境下扫码观看)

序 号	视 频 标 题	所在模块
1	魏则西事件	模块1
2	勒索病毒	
3	微信新骗局	
4	布尔逻辑检索	
5	字段限定检索	
6	检索效果评价	
7	文心一言搜索	
8	中国知网	模块2
9	检索实例 2-1-1 使用知网直接检索目标	
10	万方数据库	
11	检索实例 2-2-1 使用万方检索人工智能在教育方面的文章	
12	维普资讯	
13	检索实例 2-3-2 查找关于"大数据时代的信息安全"的文章	
14	电子图书	
15	检索实例 2-4-1 中国国家数字图书馆使用案例	
16	检索实例 2-4-2 利用超星查找"红色旅游"书籍	
17	经济数据库推介	模块3
18	检索实例 3-1-4 利用国研网检索中国外汇交易量	
19	商标的基本知识	
20	检索实例 3-3-4 电商平台使用案例——二手车直卖网	
21	事实型与数值型信息检索	模块4
22	专利的基本知识	
23	检索实例 4-2-1 检索"汽车发动机温控"专利	
24	标准的基本知识	
25	检索实例 4-3-1 检索我国瓶(桶)装饮用水卫生标准	
26	Cookie 模拟登录	模块5
27	对手机销售数据网页实现 HTTP 请求	
28	XPath 表达式	
29	获取商品编号和商品价格信息	
30	探索并处理手机销售缺失数据	
31	基础图形	
32	绘制排名前 10 的手机销量条形图	
33	关于文献综述	模块6
34	关于大数据	
35	百度指数的应用	
36	检索实例 6-3-2 利用艾瑞指数进行市场分析	
37	什么是慕课	

目录

模块1　网络信息检索基础知识 …… 1
 项目1.1　信息素养决定个人能力 …… 2
  一、相关知识 …… 2
  二、信息素养与终身学习能力 …… 3
  三、课堂互动 …… 6
 项目1.2　搜索引擎的利用 …… 6
  一、相关知识 …… 6
  二、常见搜索引擎 …… 7
  三、课堂互动 …… 10
 项目1.3　信息检索技术及其应用 …… 10
  一、相关知识 …… 11
  二、检索实例 …… 13
  三、课堂互动 …… 21
 项目1.4　网络信息资源的获取与整理 …… 21
  一、相关知识 …… 22
  二、检索实例 …… 23
  三、课堂互动 …… 27
 项目1.5　AI搜索引擎助力高效检索 …… 27
  一、相关知识 …… 28
  二、检索实例 …… 30
  三、课堂互动 …… 33
 模块小结 …… 33
 操作训练 …… 34
  实训操作1-1　搜索引擎的使用 …… 34
  实训操作1-2　检索技术的应用 …… 35
  实训操作1-3　网络信息的获取与整理 …… 36

模块2　中文数据库信息检索 …… 37
 项目2.1　中国知网的检索与利用 …… 38
  一、相关知识 …… 38
  二、检索实例 …… 43
  三、课堂互动 …… 50
 项目2.2　万方数据知识服务平台检索与利用 …… 50
  一、相关知识 …… 51
  二、检索实例 …… 54
  三、课堂互动 …… 58

 项目2.3　维普资讯数字资源检索与利用 …… 59
  一、相关知识 …… 59
  二、检索实例 …… 63
  三、课堂互动 …… 66
 项目2.4　数字图书馆与电子图书资源检索 …… 66
  一、相关知识 …… 67
  二、检索实例 …… 68
  三、课堂互动 …… 73
 模块小结 …… 74
 操作训练 …… 75
  实训操作2-1　CNKI资源检索 …… 75
  实训操作2-2　万方数据、人大复印报刊等中文数据库检索 …… 76
  实训操作2-3　维普资讯数据库资源检索 …… 77

模块3　经济信息资源检索与利用 …… 78
 项目3.1　我国经济信息网站与资源检索 …… 79
  一、相关知识 …… 79
  二、经济信息资源网站推介 …… 81
  三、检索实例 …… 92
  四、课堂互动 …… 102
 项目3.2　部门或行业性经济信息资源检索 …… 103
  一、相关知识 …… 103
  二、检索实例 …… 104
  三、课堂互动 …… 112
 项目3.3　市场信息、商品信息资源检索 …… 112
  一、相关知识 …… 112
  二、综合网站（阿里巴巴网站）上收集信息的方法 …… 114
  三、商标信息的查询 …… 115
  四、检索实例 …… 116
  五、课堂互动 …… 126
 模块小结 …… 126

操作训练……………………127
　　　　实训操作3-1　经济信息网站的
　　　　　　　　　　使用…………127
　　　　实训操作3-2　利用"搜索引擎+行
　　　　　　　　　　业网站"检索经济
　　　　　　　　　　信息…………127
　　　　实训操作3-3　利用综合网站收
　　　　　　　　　　集市场信息、商
　　　　　　　　　　品信息…………128

模块4　科技信息资源检索与利用……130
　　项目4.1　网络科技资源检索及利用……131
　　　一、相关知识……………………131
　　　二、科技信息数据库和主要门户网站
　　　　　推介……………………132
　　　三、检索实例……………………137
　　　四、课堂互动……………………142
　　项目4.2　专利信息的检索与利用……142
　　　一、相关知识……………………142
　　　二、专利检索的数据库及主要网站
　　　　　推介……………………144
　　　三、检索实例……………………150
　　　四、课堂互动……………………158
　　项目4.3　标准信息的检索与利用……158
　　　一、相关知识……………………158
　　　二、标准检索的数据库及主要网站
　　　　　推介……………………159
　　　三、检索实例……………………164
　　　四、课堂互动……………………169
　　模块小结………………………170
　　操作训练………………………171
　　　　实训操作4-1　科技信息检索与
　　　　　　　　　　利用…………171
　　　　实训操作4-2　专利文献检索……172
　　　　实训操作4-3　标准文献检索……173

模块5　电商平台销售数据采集与
　　　　　分析………………………174
　　项目5.1　获取电商平台网页源代码……175
　　　一、相关知识……………………175
　　　二、实例分析……………………179
　　　三、课堂互动……………………184

　　项目5.2　解析与存储电商平台网页
　　　　　　数据………………………185
　　　一、相关知识……………………185
　　　二、实例分析……………………188
　　　三、课堂互动……………………196
　　项目5.3　预处理电商平台手机销售
　　　　　　数据………………………197
　　　一、相关知识……………………197
　　　二、实例分析……………………202
　　　三、课堂互动……………………205
　　项目5.4　电商平台手机销售数据可视化
　　　　　　分析………………………205
　　　一、相关知识……………………206
　　　二、实例分析……………………210
　　　三、课堂互动……………………221
　　模块小结………………………221
　　操作训练………………………222
　　　　实训操作5-1　对某网页进行HTTP
　　　　　　　　　　请求…………222
　　　　实训操作5-2　生成GET请求并获
　　　　　　　　　　取指定网页内容……222
　　　　实训操作5-3　处理某地区水果销
　　　　　　　　　　售数据………223
　　　　实训操作5-4　分析学生考试成绩的
　　　　　　　　　　分布情况……223

模块6　网络信息检索与利用综合
　　　　　实训………………………225
　　项目6.1　文献综述格式及写作技巧……225
　　　一、相关知识……………………226
　　　二、实例分析……………………226
　　项目6.2　学位论文的文献检索技巧……229
　　　一、相关知识……………………229
　　　二、实例分析……………………233
　　　三、课堂互动……………………234
　　项目6.3　信息检索与利用综合实训……234
　　　一、相关知识……………………234
　　　二、实例分析……………………237
　　　三、课堂互动……………………246
　　项目6.4　利用信息检索技术拓展课堂……246
　　　一、相关知识……………………247

二、实例分析……………253
　　三、课堂互动……………256
模块小结……………………256
操作训练……………………258
　　实训操作 6-1　信息检索与利用综合
　　　　　　　　实训（一）………258
　　实训操作 6-2　信息检索与利用综合

　　　　　　　　实训（二）………260
　　实训操作 6-3　信息检索与利用综合
　　　　　　　　实训（三）………262
附录 A　检索报告书写格式……………265
**附录 B　优秀学生检索案例与教师
　　　　点评**………………………………267
参考文献……………………………………279

模块 1　网络信息检索基础知识

本模块结构关系如图 1-0-1 所示。

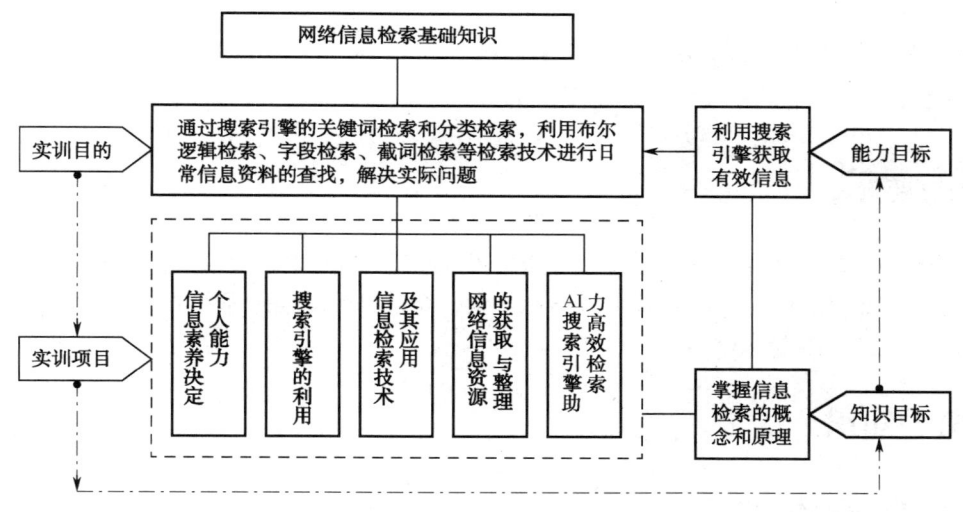

图 1-0-1　模块 1 结构关系图

随着计算机技术、网络技术、通信技术的迅速发展和广泛应用，网络信息和数据库的检索与利用日益成为各类高等学校学生信息检索的重要内容。搜索引擎作为信息检索的常用工具，已被人们熟知；网络检索技术也正被人们了解。网络资源浩如烟海，从网络上利用搜索引擎获取资源并不难，难的是从众多资源中整理出对学习、工作、生活有所帮助的信息资源。何谓数据？什么是信息？如何获得知识、收集文献资料、提高智慧？如图 1-0-2 所示为客观事物本身运动的信息结构。

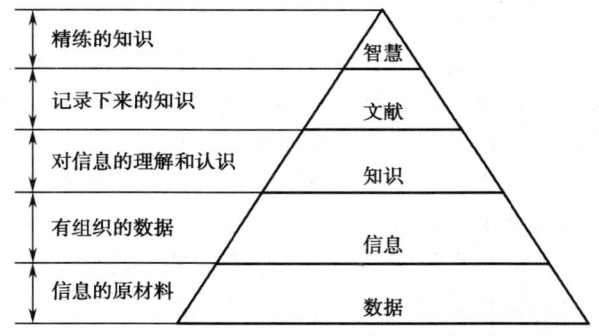

图 1-0-2　客观事物本身运动的信息结构

从现在开始养成良好的信息检索习惯，对搜索引擎资源检索和数据库资源检索、专业网站资源检索都可以起到事半功倍的效果。

1

项目 1.1　信息素养决定个人能力

学习重点

1. 了解信息素养在信息社会中的重要性；
2. 掌握网络安全和个人信息安全维护的方法。

学习要求

通过区分数据、信息和知识的不同概念，理解信息源和信息资源，认识信息素养涵盖的四方面内容，自觉维护网络安全和个人信息安全，养成良好的信息意识和信息伦理道德习惯，提升在信息社会中的个人能力。

一、相关知识

1．数据、信息和知识

1948年贝尔实验室有了重要进展，他们发明了晶体管！晶体管引发的电子产业革命，开辟了电子技术微型化和普遍应用的道路，在今天的信息技术中得到了普遍应用。那一年，克劳德·香农在贝尔系统技术期刊上发表了79页的论文，通信的数学理论引入了一个新词"比特"，这篇论文是信息论的奠基性文献。而今天比特也已经成为了测量的基本单位之一，用于测量信息。而在此之前，截至1948年，每天有超过1.25亿次的通话，要经过贝尔系统的电缆和电话机进行传输，但这只是对于通信的粗略估算。贝尔系统传输的究竟是什么？是语音吗？是字词吗？是字符吗？还是只是电？应该以什么单位来计数呢？当然我们今天回答是"信息"，用"比特"来计数。香农开始着手整合一种有关信息的理论，信息时代出现的所有系统都离不开香农提出的信息论的理论支持，他的理论在信息与不确定性、信息与熵、信息与混沌之间架起了桥梁。他提出：这些是用来消除不确定性的东西。而在香农对信息加以简化精练并以比特度量之后，人们发现，信息几乎无处不在，即使是基因遗传这样一个生物学问题，也可以看作基因信息，借助"世界"这条信道在人类进化过程中进行传递。目前科学家估计人类基因组传递的信息量为60亿位。信息论最终引发了计算机和网络、信息处理、信息存储以及我们课程所关注的信息检索的诞生。但香农的信息概念是基础的，而非日常意义的信息，是去除了其意义的信息。对于我们来说，更重要的是有意义的信息，下面我们通过分辨数据、信息和知识三个概念来更好地理解信息。

数据是可以被赋予意义或已经被赋予意义的符号或符号集，生成数据的原材料是人类为了表达意义而创造或发明的符号系统，这里的符号系统可能是数字、信号、声音、图像、文字，等等，这些是数据的不同形式。而当人们利用特定的数据表达意义的时候，就形成了数据和意义的结合物，这个结合物便是信息。信息是数据和意义的结合，信息就是在特定的情境下所表达的，具有一定意义的数字、信号、声音、图像和文字等。

知识是信息的意义类别之一，科学家通过文字、图像、数字等表达的通常是这样或那样的知识。知识不同于一般的消息，或是事实、观点、假设，知识是人们通过复杂的智力活动而形成的，对自然、人、社会的认识和见解。在意义的众多类别中，知识因为融入了比较复杂的智力活动而有别于其他意义类型。

2．信息资源

信息资源是指人类社会信息活动中积累起来的以信息为核心的各类信息活动要素的集合，这里的信息活动包括围绕着信息收集、整理、提供和利用而开展的一系列社会经济活动，这里的集合包括了其核心，也就是信息，以及一直围绕着这个核心的其他信息活动要素，例如信息技术、信息设备、信息设置和信息生产者等。

信息资源不是信息源，信息源是信息的来源，在通信领域信息源被简称为信源。信息源是蕴含信息的一切事物，信息资源则是可利用的信息的集合。信息资源可以是一种高质量的信息源，但并不是所有的信息源都是信息资源。在时间序列上，信息源是信息资源的"源"，它是先于这些资源的。从信息的开发利用上，信息源可以不断地转化为信息资源，它和信息源是两个既有联系又有区别的概念。

3．信息素养

信息素养是指信息社会中个体成员所具有的信息意识、信息知识、信息技能、信息伦理等多个方面的综合能力，包括反思发现的信息，了解信息的产生和价值，以及如何使用信息创造新的知识并合理地利用。

信息意识（意识方面）：指人们对各种信息的自觉心理反应，有获取新信息的意愿，能够主动从生活实践中不断查找、探究新信息。

信息知识（文化方面）：指有关信息的基本知识，具有基本的科学和文化常识，能够较为自如地对获得的信息进行辨别和分析，正确地加以评估。

信息技能（技术方面）：指顺利完成信息相关活动所必需的并直接影响信息活动效率的个性心理特征，具有可灵活地支配信息，较好地掌握选择信息、拒绝信息的技能。

信息伦理（道德方面）：指人们在从事信息活动时所展现的伦理道德，能够有效地利用信息表达个人的思想和观念，并乐意与他人分享不同见解或资讯，是调整人们之间以及个人和社会之间信息关系的行为规范的总和。

信息素养的四个方面共同构成一个不可分割的统一整体，其中信息意识是先导，信息知识是基础，信息技能是核心，信息伦理是保证。

二、信息素养与终身学习能力

1．终身学习成为信息社会个人能力的新标配

终身学习是指每个社会成员为了适应社会发展和实现个体发展的需要贯穿于人的一生的持续学习过程。这里涉及两个方面。第一个方面是，终身学习是个体适应社会发展的必然需要。社会在进步，新的事物替代旧的事物，我们生存的外部环境发生了变化，为了适应这种变化就要不断地学习。第二个方面是，终身学习是个人实现自身发展的必要条件。即便是社

会不发展不变化，我们每个人还要追求自己的进步。要进步必须进行自身全方位的提升，而这种提升就需要不断地学习和积累。信息素养是基于信息解决问题的综合能力和基本素质，信息素养是终身学习的核心，信息素养可以帮助所有人走向共同发展。信息时代如果想学新知识，总能找到很多的信息资源，可以通过查学习攻略、电子书、教学视频、学习类App……进行学习，因此，信息能力也是实现终身学习的一个重要条件。

2．信息素养的重要性

信息素养究竟有多重要？来看一个曾轰动一时的案例：2016年5月1日，在一个微信公众号上发表的一篇题为《一个死在百度和×××之手的年轻人》的文章迅速获得了十万多的浏览量，并在朋友圈引起刷屏。事件的主人翁叫魏则西，扫描二维码观看微视频"魏则西事件"，来回顾一下这个事件的主要案情，并思考：百度是这个事件的罪魁祸首吗？

在了解整个事件的来龙去脉之后，你怎么看待这个事件？你认为百度是这个事件的罪魁祸首吗？要搞清楚百度是不是罪魁祸首，首先要搞清楚的是搜索引擎的工作原理。简单来说，搜索引擎首先通过网络机器人或者自动程序把网页抓取回来，并对网页中的每一个关键词进行索引，然后建立网页索引数据库，在用户提交关键词的检索要求之后，网页索引数据库就把检索结果按照一定的排序返回给用户，这就是搜索引擎的工作原理。百度不可能对它所有数据库里的海量网页进行鉴别和筛选，但其竞价排名必然影响检索结果的排序。因此，百度在魏则西事件中负有一定的责任，但不至于是罪魁祸首。信息技术是一柄双刃剑，怎么利用，很多时候取决于利用技术的人。信息素养重要吗？当然！生死攸关啊！如果信息素养能够达到一定水平的话，用户就能知道百度的检索结果是需要甄别、评价之后才能决定是否利用的。在当今的信息社会，拥有和提升信息素养真的非常重要！

3．从勒索病毒看网络信息安全

在人类历史上从没有哪一项技术像计算机一样发展得那么快并且产生如此深远的影响，信息素养的重要基础是计算机素养。它不仅指掌握计算机应用技能，还要具备不断学习新技术的能力，能够合理善用人工智能这样的革命性技术，遵守使用计算机的伦理道德。从国内外的实践来看，计算机伦理问题有四个方面是值得我们关注的：隐私保护、黑客病毒、知识产权和计算机犯罪。2017年5月12日，全球爆发勒索病毒"WannaCry"感染事件，短时间内扩散至全球上百个国家和地区。据360威胁情报中心监测，我国很多机构遭受到了勒索病毒的攻击。此病毒源于美国国家安全局网络武器库，属于感染力强的蠕虫病毒。可以扫描二维码观看微视频"勒索病毒"，来了解这个事件的主要情况，并思考如何进行网络信息安全的维护。

勒索病毒

这次病毒攻击导致每天几十万台的上网终端和服务器受到感染，影响区域几乎覆盖了全球。痛定思痛，作为国家整体安全体系重要组成部分之一的网络安全，的确有许多问题值得我们深思和警醒。由于很多计算机用户没能及时为系统打补丁，或者没有为系统打补丁的习惯，无形中加强了此次勒索病毒的破坏力，导致全球很多国家受到攻击。安全公司的专家指出，勒索病毒并不涉及太多新技术，主要是利用了广大计算机用户安全意识薄弱的"漏洞"，从而导致很多机构和大量个人的主机被感染。

网络空间同现实社会一样，既要提倡自由，也要保持秩序。2015年12月16日，习近平总书记在第二届世界互联网大会开幕式上强调：自由是秩序的目的，秩序是自由的保障。我们既要尊重网民交流思想、表达意愿的权利，也要依法构建良好网络秩序，这有利于保障广大网民合法权益。网络空间不是"法外之地"。网络空间是虚拟的，但运用网络空间的主体是现实的，大家都应该遵守法律，明确各方权利义务。

没有网络安全就没有国家安全，就无法实现经济社会稳定运行，广大人民群众利益也难以得到保障。2018年4月20日，习近平总书记在全国网络安全和信息化工作会议上强调：要依法严厉打击网络黑客、电信网络诈骗、侵犯公民个人隐私等违法犯罪行为，切断网络犯罪利益链条，持续形成高压态势，维护人民群众合法权益。要深入开展网络安全知识技能宣传普及，提高广大人民群众网络安全意识和防护技能。

4. 个人信息安全

大数据时代，在个人信息保护的相关法律法规尚不完善的情况下，增强自我保护意识、提高自我保护能力显得尤为重要。扫描二维码观看微视频"微信新骗局"来了解相关事件的情况，看看你周围有没有人中招，思考如何防范。

（1）增强自我保护意识

我国公民的个人信息保护意识目前仍比较淡薄。个人应学会自我保护，提高安全保护意识，积极防范各类信息泄露和欺诈，尽可能防止个人信息的无意泄露（如快递单、车票、账单等单据上的个人信息）。当他人不是因为合法理由或者特殊需要，通过调查等形式希望获取有关个人信息时，个人应当拒绝，防患于未然。如果个人信息遭泄露或被非法利用且造成不良后果，应及时、合法地维权，必要时可向公安部门和互联网管理部门等机构进行投诉举报。

（2）保护手机中的个人信息

手机已经成为承载最多个人隐私的载体，保护手机中的个人信息安全变得十分重要。手机用户首先要保护好自己的手机号，更换手机号之前要解绑银行卡、支付宝、微信等重要账号，防止泄密。其次，不要轻易单击短信中的链接，不要轻信来历不明的二维码。同时，最好关闭"附近的人""常去地点"等隐私功能。此外，不要随意下载来历不明的App软件，谨慎授予App"发送短信""查看通信录""读取位置信息"等权限。最后，不要随意丢弃旧手机，将不再使用的手机恢复出厂设置并彻底格式化，确保原有数据难以恢复。

（3）谨慎使用公共设备

在公共场所尽量不使用无须密码的免费WiFi网络，特别要警惕那些虚假的钓鱼WiFi，避免可能导致的个人账号、密码等信息的泄露。为了保护个人信息，最好关闭计算机或手机的WiFi自动连接功能，将WiFi连接设置为手动。此外，在公共场所还需谨慎使用公共手机充电桩。在充电时，不要单击任何手机提示框出现的"信任"或"同意"按钮，因为某些所谓的公共充电桩背后安装了恶意程序，可能导致使用者手机上的个人信息被恶意窃取。

（4）拒绝一个密码走天下

密码是多数敏感个人信息的最后一道防线。使用计算机、手机等电子设备要使用安全密码，不要使用简单重复的密码，杜绝网银账户等重要密码和其他普通密码相同。可以对密码进行分级管理，重要密码定期更换，必要时借助软件工具进行密码管理。

三、课堂互动

（1）在日常生活中，你最需要的是哪种信息素养？
（2）请分享你对信息社会的感觉和感受。
（3）互联网上充满着不安全的风险，你希望回到没有互联网的过去吗？为什么？

项目 1.2　搜索引擎的利用

学习重点

1．了解网络信息资源，认识网络信息检索工具；
2．掌握常用中文搜索引擎的高级搜索功能及应用技巧。

学习要求

通常，人们利用搜索引擎进行关键词检索，而忽视了分类检索的重要性。通过本项目的学习，能使学生知道应该如何综合利用两种检索方法提高检索结果的查准率。按操作步骤练习搜索引擎的关键词检索和分类检索的方法。

一、相关知识

1．网络信息资源

网络信息资源又称电子信息资源、因特网信息资源等，它是以电子化、数字化的形式存储在网络节点中的，借助于计算机网络进行传播和利用的信息产品和信息系统的集合体。

网络信息资源的类型如下。

（1）全文型信息：包括电子期刊、网上报纸、印刷型期刊的电子版、各类网络教材、政府出版物、标准全文等。
（2）事实型信息：包括天气预报、节目预告、火车车次、飞机航班、城市景点介绍、工程实况、IP 地址等。
（3）数值型信息：主要是指各种统计数据。
（4）数据库类信息：如 DIALOG、万方等都是传统数据库的网络化。
（5）微内容（Web 2.0 特征）：如博客、播客、BBS、聊天、邮件讨论组、网络新闻组等。
（6）其他类型：投资行情和分析、图形图像、影视广告等。

2．网络信息资源检索工具

（1）搜索引擎：百度是最常用的搜索引擎。
（2）数据库：如 DIALOG、万方数据、CNKI。

（3）其他检索工具：如 FTP 资源检索工具、Mailing List（邮件列表）检索工具、远程登录（TELNET）检索工具。

3．搜索引擎

搜索引擎是常用的网络信息检索工具，其工作过程是：根据一定的策略，运用特定的计算机程序从互联网上搜集信息，对信息进行组织和处理后，为用户提供检索服务，将用户检索的相关信息展示给用户。

搜索引擎的主要检索方法是关键词检索和分类检索。

二、常见搜索引擎

1．百度搜索引擎的使用

（1）百度搜索引擎界面

百度搜索引擎界面如图 1-2-1 所示。

图 1-2-1　百度搜索引擎界面

（2）百度搜索引擎简介

百度——全球最大的中文搜索引擎及最大的中文网站，全球领先的人工智能公司。2000 年 1 月 1 日创立于中关村，公司创始人李彦宏拥有"超链分析"技术专利，使中国成为除美国、俄罗斯、韩国之外，全球仅有的四个拥有独立搜索引擎核心技术的国家之一。基于对人工智能的多年布局与长期积累，百度在深度学习领域领先世界，并于 2016 年被《财富》杂志称为全球 AI 四巨头之一。每天，百度响应来自百余个国家和地区的数十亿次搜索请求，是网络用户获取中文信息的最主要入口。百度以"用科技让复杂的世界更简单"为使命，不断坚持技术创新，致力于提供更懂用户的产品及服务。

百度有 3 种检索方式，即简单检索、高级检索和分类导航检索。

（3）简单检索

简单检索步骤如下：

①输入首页网址，进入百度检索界面。

②在百度检索界面的检索框中直接输入关键词进行检索。

（4）高级检索

高级检索是搜索引擎的主要检索技巧。在简单检索界面通过各自格式输入的文档检索、站内检索、位置检索及布尔检索命令进行检索，同样可以在高级检索界面输入，系统自动在其检索界面的输入框中用一定的高级输入格式表现出来,从而简化了通过简单检索界面输入格式命令的操作,为学习高级检索语法提供了帮助,并具有限制时间、显示条数、选择网页语言的功能。

输入地址 https://www.baidu.com/gaoji/advanced.html,可以进入百度高级搜索界面,如图 1-2-2 所示。

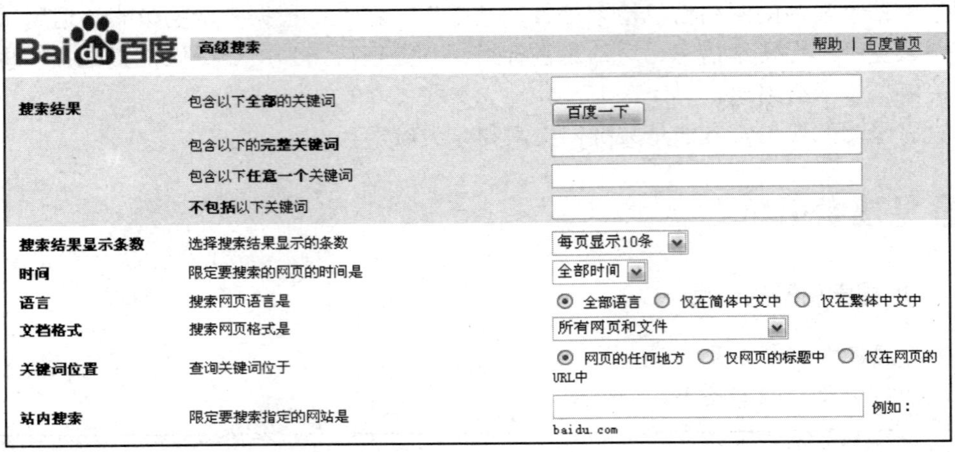

图 1-2-2　百度高级搜索界面

（5）分类导航检索

单击图 1-2-1 中的"更多"超链接,进入百度分类导航检索界面,如图 1-2-3 所示,可进行分类检索。

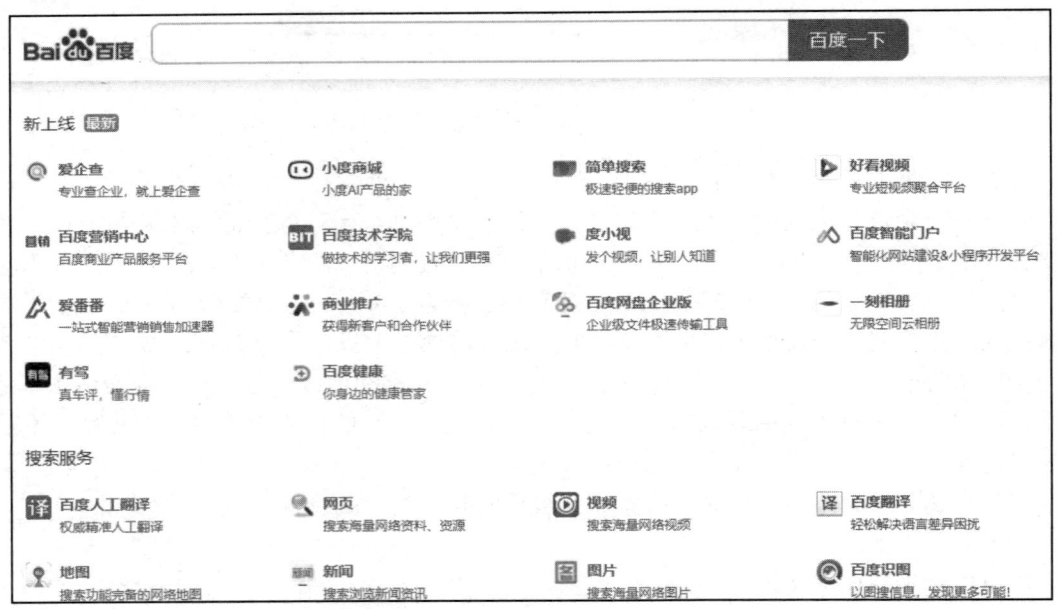

图 1-2-3　百度分类导航检索界面

2. 新浪搜索引擎的使用

（1）新浪搜索引擎界面

新浪搜索引擎界面如图 1-2-4 所示。

模块1　网络信息检索基础知识

图1-2-4　新浪搜索引擎界面

（2）新浪搜索引擎简介

新浪搜索引擎是中国第一家可对多个数据库进行查询的综合搜索引擎。在关键词的查询反馈结果中，在同一页面上包含目录、网站、新闻标题、新闻全文、频道内容、网页、商品信息、消费场所、中文网址、沪深行情、软件、游戏等各类信息的综合搜索结果。除了资源查询外，新浪搜索引擎推出了更多的内容和服务，包括搜索服务、生活信息、理财与投资、教育与机构、实用小工具、网络与通信等。

如图1-2-4所示，网页的上部是按照目录进行分类的，包括新闻、财经、科技、体育、娱乐、汽车等。用户可按目录逐级向下浏览，直到找到所需网站或内容，就好像用户到图书馆找书一样，按照类别大小层层查找，最终找到需要的书籍。

（3）使用方法

①进入新浪搜索引擎界面。

②关键词查询。关键词查询是用人工对收集的网站做主题摘要，用户可在搜索框中输入查询的关键词，在如图1-2-4所示目录中选择"教育"分类，进入如图1-2-5所示的界面，在关键词输入框中输入"2022高考录取"并单击"搜索"按钮，就能搜索到符合该主题的新闻、图片和视频。新浪除了具备基本的关键词查询外，还设计了"重新查询""在结果中再查"和"在结果中去除"三种选择。此外，新浪搜索引擎在关键词查询中支持逻辑操作符的使用。关键词查询的结果根据与查询要求相匹配的程度排列，质量越高，排列位置越靠前。新闻检索的结果则按日期排序，越新的新闻排列位置越靠前。

图 1-2-5　关键词查询

③综合搜索。这项服务在搜索结果界面分层次显示搜索结果，其中包含网站、新浪新闻、频道内容及新浪商城的商品信息。

④网页搜索。目前，新浪搜索采用的是百度的网页搜索技术。从新浪搜索引擎的服务可以看出，新浪搜索同搜狐搜索一样都是以外包结合自有技术来设计和建立整个搜索引擎服务的。

三、课堂互动

（1）有哪些网络资源是你熟知的？网络资源是否只有通过百度进行检索吗？
（2）搜索引擎是唯一的查询网络资源的工具吗？
（3）与大家分享你在日常生活和工作中常用的搜索引擎。
（4）说说信息对于现今社会发展及个人成长的作用与意义。

项目 1.3　信息检索技术及其应用

学习重点

1. 了解常用的网络检索技术和检索方法；
2. 掌握高级检索中的布尔逻辑检索技术和检索方法。

学习要求

通常利用搜索引擎进行简单检索，忽略了高级检索的功能。本项目要求学习者学会高级检索，以提高查准率。

自主操作检索实例，理解高级检索的表达方式，回答教师的随堂提问；在理解的基础上完成检索任务，教师随时抽查，并对任务执行过程、表达式的构建以及结果的显示加以说明。

一、相关知识

1. 布尔逻辑检索技术

布尔逻辑检索是指采用布尔逻辑表达式来表达用户的检索要求，并通过一定的算法和实现手段进行检索的过程。

利用布尔逻辑运算符进行检索词或代码的逻辑组配，是现代信息检索系统中最常用的一种方法。常用的布尔逻辑运算符有3种，分别是逻辑与（AND）、逻辑或（OR）、逻辑非（NOT）。用这些逻辑运算符将检索词组配起来构成检索提问式，计算机将根据提问式与系统中的记录进行匹配，当两者相符时则命中，并自动输出该文献记录。

（1）逻辑与（AND）运算符（*）

逻辑与用于组配不同概念的检索词，是一种概念相交和限定关系的组配。

检索提问式：A AND B。

含义：检出的信息中必须同时含有"A"和"B"两个检索词，如图1-3-1中阴影部分所示。其基本作用是对检索范围加以限定，逐步缩小检索范围，提高检索结果的查准率。

例如，检索式：网络 AND 信息检索。

检索结果：文献内容中既含有"网络"又含有"信息检索"词的文献为检索记录。

（2）逻辑或（OR）运算符（+）

逻辑或用于组配具有同义或同族概念的检索词。

检索提问式：A OR B。

含义：数据库记录中任何一条记录，只要含有"A"或"B"中任何一个检索词即为命中的文献，如图1-3-2中阴影部分所示。其基本作用是扩大检索范围，增加命中文献量，提高文献的查全率。

例如，检索式：网络 OR 信息检索。

检索结果：文献内容中含有"网络"或含有"信息检索"，以及两词都包含的文献为命中记录。

（3）逻辑非（NOT）运算符（-）

逻辑非用于排除含有某些词的记录。

检索提问式：A NOT B。

含义：检出的记录中只能含有"NOT"运算符前的检索词"A"，但不能同时含有"NOT"运算符后的检索词"B"，如图1-3-3中阴影部分所示。其基本作用是缩小检索范围，但并不一定能提高文献命中的准确性，一般只起到减少文献输出量的作用。

例如，检索式：网络 NOT 信息检索。

检索结果：文献内容中含有"网络"而不含有"信息检索"的文献为命中记录。

注意："NOT"运算符有排除相关文献的可能，因此，在实际检索中应慎重使用。

检索中逻辑运算符的使用是最频繁的，对逻辑运算符使用的技巧决定了检索结果的满意程度。对布尔逻辑检索要求，除了要掌握检索课题的相关因素外，还应在布尔逻辑运算符对检索结果的影响方面引起注意。另外，对同一个布尔逻辑提问式来说，不同的运算次序会有不同的检索结果。

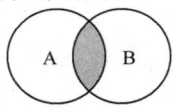

图 1-3-1 逻辑与运算符　　　　图 1-3-2 逻辑或运算符　　　　图 1-3-3 逻辑非运算符

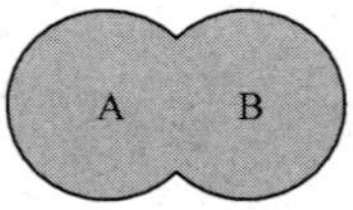

想要更形象地学习布尔逻辑检索技术，可以扫描二维码，观看微视频"布尔逻辑检索"。

2．二次检索技术

二次检索技术就是在当前检索结果范围内，再次提出检索条件进行查询，缩小检索范围。二次检索可以多次进行，使检索结果逐渐接近精确检索的目标。

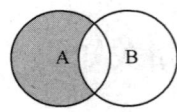

布尔逻辑检索

3．字段限定检索技术

字段限定检索是指以检索词或检索式在数据库中限定查找的范围，用于缩小检索范围，提高检索速度和命中率。

常用的限定检索字段有题名、主题词、关键词、文摘、作者、时间、刊名等。

字段限定检索还可以用字段限定命令限定检索范围，例如，限定站内搜索、限定文档格式、限定关键词位置等。

想要更形象地学习字段限定检索技术，可以扫描二维码，观看微视频"字段限定检索"。

字段限定检索

4．截词检索技术

截词检索就是用词的一个局部进行的检索，并认为凡满足这个词局部中的所有字符（串）的文献都为命中的文献。这种技术用于扩大检索范围，按截断的位置来分，截词有后截断、前截断和中截断 3 种类型。

（1）后截断检索（前方一致）：例如，"股票??"，检索结果为股票市场、股票数等。

（2）中截断检索：例如，"中国??教育"，检索结果为中国高等教育、中国职业教育等。

（3）前截断检索（后方一致）：例如，"??文学"，检索结果为现代文学、古典文学等。

5．短语检索

短语检索也称为精确检索，它要求检索出来的表现形式和输入的表现形式一模一样，不能有差别。什么情况下用短语检索呢？看以下例子。

（1）机构名：例如，"Sun Yat-sen University" "The World Intellectual Property Organization"。

（2）人名：例如，"George W. Washington"。

（3）地名：例如，"Washington D. C."。

（4）专有名词：例如，"Information retrieval""Human rights"。

6．区分大小写检索

英文中的第一个字母大、小写不同，其意义相差很大，对其进行限定就称为区分大小写检索。

例如：china——China——CHINA；

　　　Apple——apple；

　　　Windows——windows；

　　　Windows AND design——windows AND design。

二、检索实例

例 1-3-1 百度高级搜索界面的布尔检索。

（1）包含以下全部的关键词：逻辑与。

操作输入 1：百度搜索技巧，如图 1-3-4 所示。

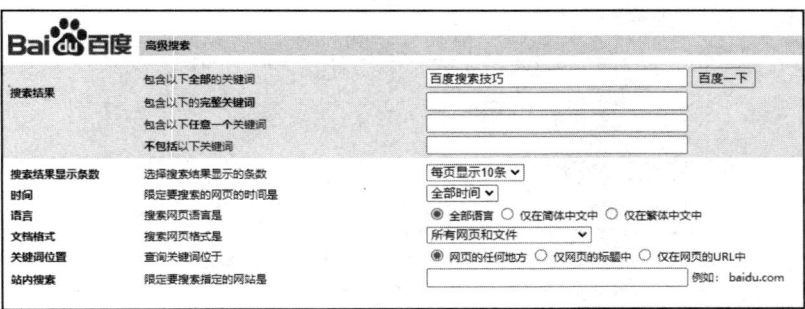

图 1-3-4　操作输入 1

观察：这几个词在结果中的特征如图 1-3-5 所示，找到相关结果约 34700000 个。

图 1-3-5　操作输入 1 结果条目

操作输入 2：百度 搜索 技巧，如图 1-3-6 所示，找到相关结果约 100000000 个，如图 1-3-7 所示。

结论：使用搜索引擎输入关键词的时候，把关键词用空格隔开，其功能相当于逻辑与。

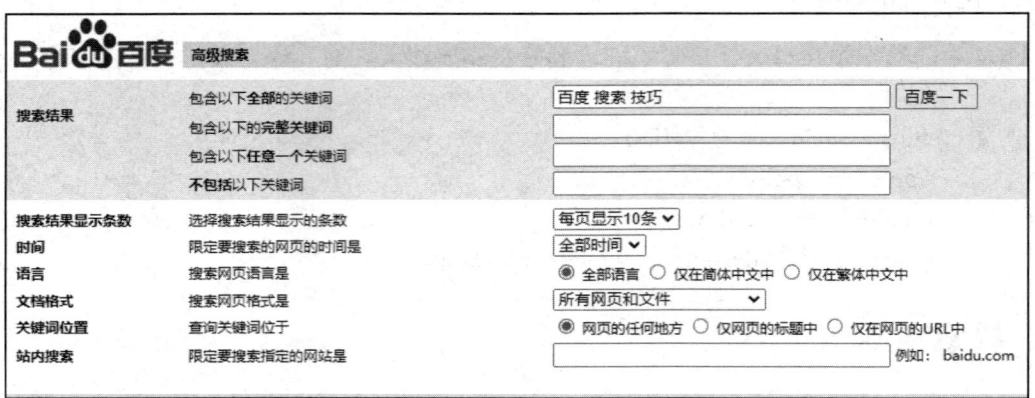

图 1-3-6　操作输入 2

图 1-3-7　操作输入 2 结果条目

（2）包含以下的完整关键词：全部词，并且不能拆分，不能颠倒次序。这种位置检索与布尔检索的结合也称为词组检索。

操作输入：百度搜索技巧，如图 1-3-8 所示。

观察：输入框中词在结果中的特征如图 1-3-9 所示。

结论：相当于在简单搜索界面中输入""百度搜索技巧""，即检索词上加双引号。

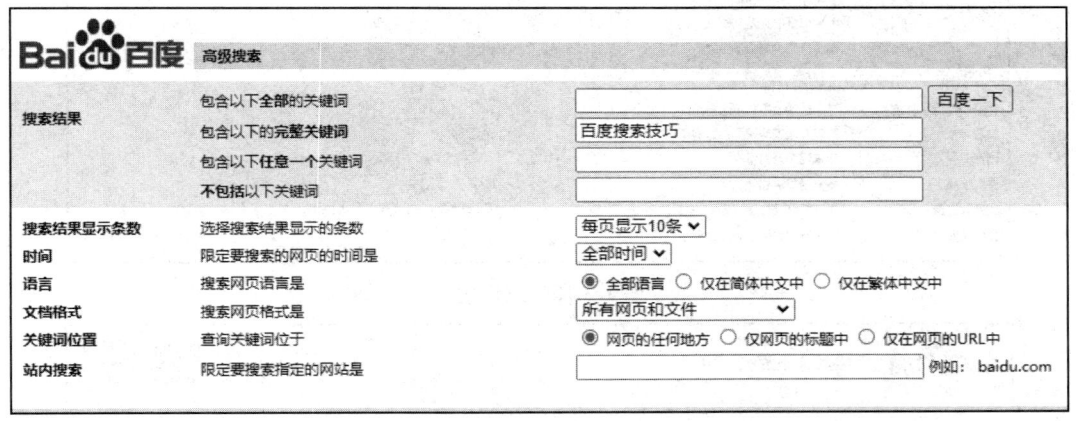

图 1-3-8　操作输入

图 1-3-9　操作输入结果条目

（3）包含以下任意一个关键词：或者的意思，只要包含任意一个关键词即可，即逻辑或。

操作输入：百度 搜索 技巧，如图 1-3-10 所示。

观察：这几个词在结果中的出现特征以及输入框内关键词的表现形式如图 1-3-11 所示。

结论：相当于在简单搜索界面中输入"(百度|搜索|技巧)"，即如果各词之间是或者的关系，则用"|"隔开。

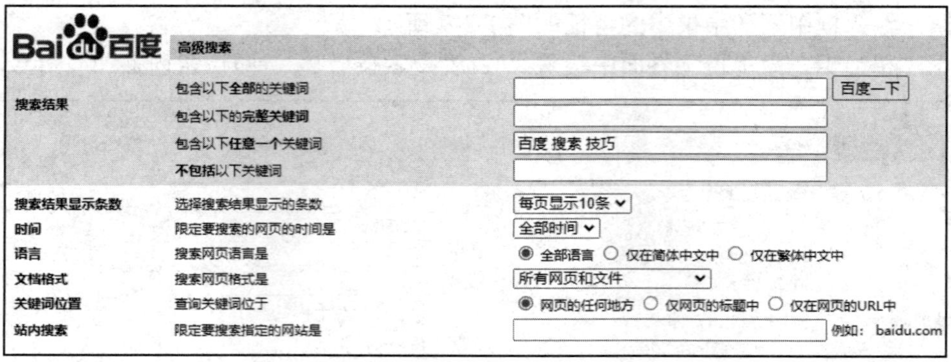

图 1-3-10　操作输入

图 1-3-11　显示结果条目

（4）不包括以下关键词：非的意思，即在结果中不出现以下关键词，即逻辑非。

操作输入 1：在"包含以下全部的关键词"文本框中输入"百度搜索技巧"，在"不包括以下关键词"文本框中输入"百度文库"，如图 1-3-12 所示。

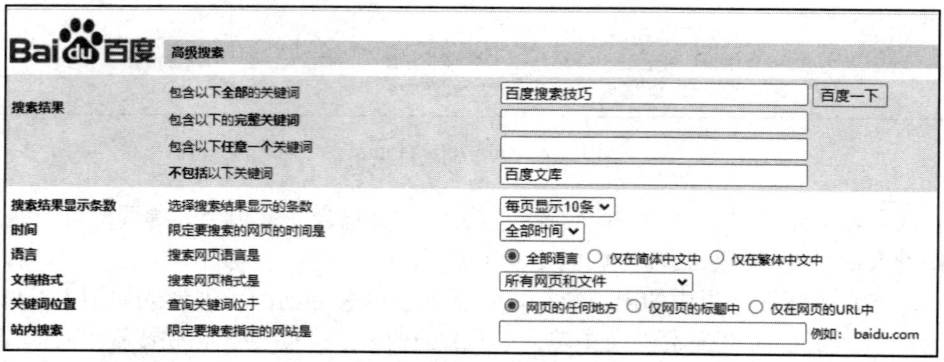

图 1-3-12　操作输入 1

结论：相当于输入"百度搜索技巧-(百度文库)"，即用减号"-"表示非，排除的意思，结果如图 1-3-13 所示。

图 1-3-13　操作输入 1 显示结果条目

操作输入 2：在简单搜索界面中分别输入以下两组词，并比较结果（比较搜索到的网页数、时间、结果的情况）。

两组词如下：

①百度信息检索技巧　-(百度文库)。

②百度信息检索技巧。

"-"号位置："-"号前留一个空格。

例 1-3-2　百度高级搜索界面的字段限定检索。

（1）关键词位置的限定。百度高级检索界面限定了 3 个供选择的关键词位置，即"网页的任何地方""仅网页的标题中""仅在网页的 URL 中"。

①网页的任何地方：意思是输入的关键词可以出现在结果的标题中、摘要中或者地址中。

②仅网页的标题中：意思是只有在结果的标题中出现输入的关键词。

③仅在网页的 URL 中：意思是输入的关键词只出现在结果的网址中。

操作输入：在"包含以下全部的关键词"文本框中输入"区块链技术"，在"查询关键词位于"中选中"仅网页的标题中"单选按钮，如图 1-3-14 所示。

相当于格式：title:(区块链技术)，如图 1-3-15 所示。

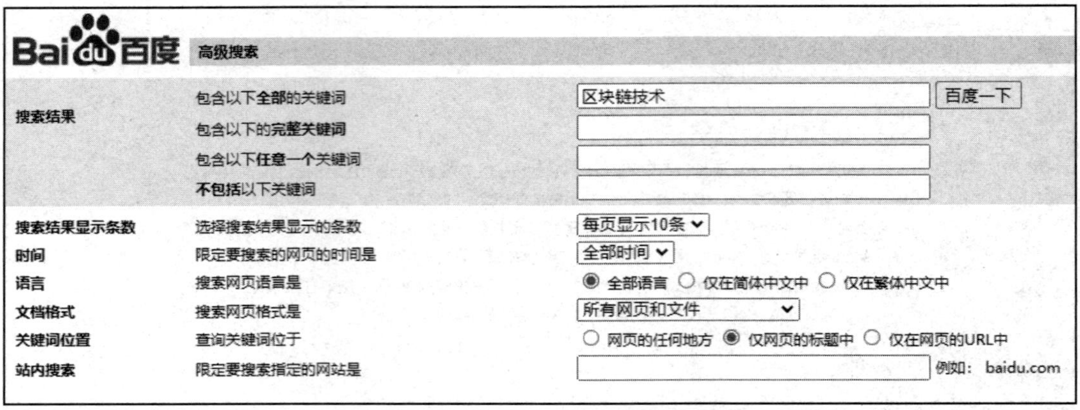

图 1-3-14　限定在标题中检索

图 1-3-15　操作输入 2 显示检索条目

操作输入：在"包含以下全部的关键词"文本框中输入"区块链技术"，在"查询关键词位于"中选中"仅在网页的 URL 中"单选按钮，如图 1-3-16 所示。

相当于格式：inurl:(区块链技术)，搜索区块链技术的专题资料的结果如图 1-3-17 所示。

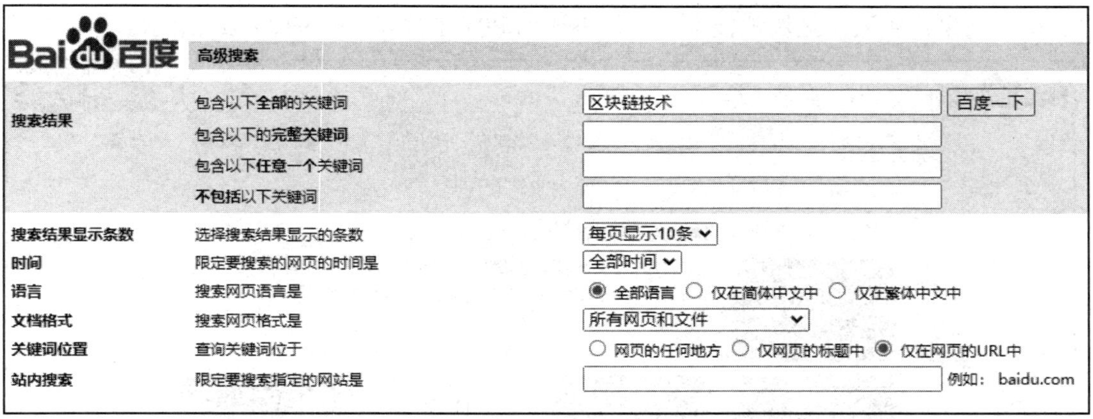

图 1-3-16　限定在 URL 中检索

图 1-3-17　显示检索结果条目

（2）文档格式用来限定命中文件的类型。在高级搜索界面中选择文件格式（DOC、PPT、PDF、RTF、所有格式），并在"包含以下全部的关键词"文本框中输入要查询的关键词。如图 1-3-18 所示为检索主题是"区块链技术"、文档格式为微软 Powerpoint（.ppt）即 PPT 格式的信息。

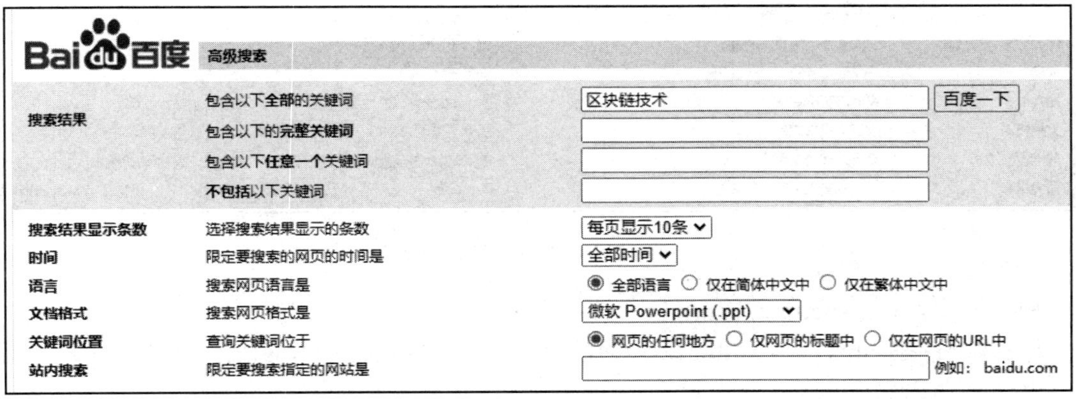

图 1-3-18　限定文件格式的检索

检索结果：主题为区块链技术、文档格式为 PPT 的文献，如图 1-3-19 所示。

图 1-3-19　显示检索结果条目

相当于检索式：filetype:ppt 区块链技术。

（3）站内搜索限定在某个特定的域或站点中进行检索。

检索题目：在 IBM 网站中搜索区块链技术相关的信息。

操作输入：在百度高级搜索界面中"包含以下全部的关键词"文本框中输入要查询的关键词"区块链技术"，并在"限定要搜索指定的网站是"文本框中输入"ibm.com"，如图 1-3-20 所示。

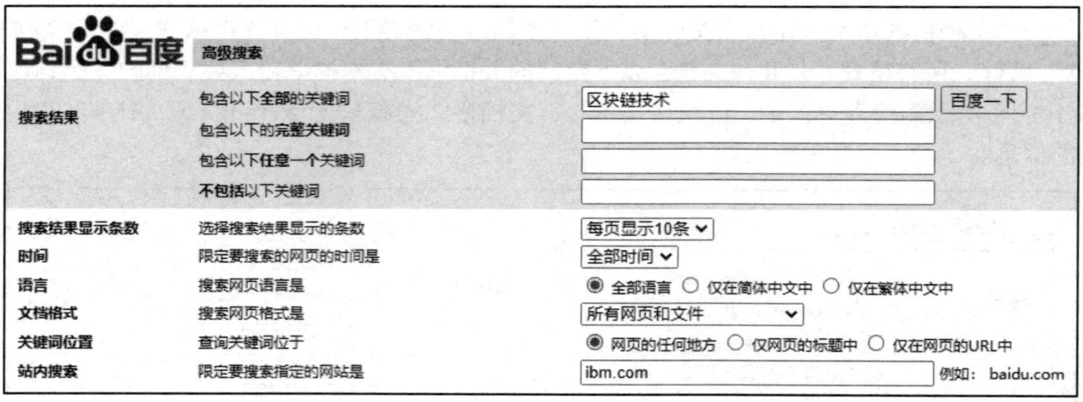

图 1-3-20　限定网站的检索

相当于检索式：site:(ibm.com) 区块链技术。

检索结果：在 https://www.ibm.com/ 网站中查询关于区块链技术的信息，如图 1-3-21 所示。

图 1-3-21　显示结果条目

三、课堂互动

（1）请查询出有关数字签名的知识，但不要电子签名的表达式。

（2）由于日本福岛核事故的发生，日本食品受到严重污染，请关注此事件并搜索，要求在搜索结果的标题中出现"日本""福岛核事故"关键词。

（3）有很多网站介绍了大量的相关软件的学习方法，若想学习知名的 SPSS 软件的使用，应如何构筑表达式才能找到相关网站？

项目 1.4　网络信息资源的获取与整理

学习重点

1. 网络检索工具的再认识；
2. 能够熟练选取搜索引擎等检索工具进行主题检索。

学习要求

了解主题检索的主要内容；提取主题内容中的主要概念；阅读检索结果条目，扩展词汇；

利用多种途径反复检索；把每次的相关结果综合到一起，得到与主题相关的较为全面的信息。通过对获取信息的分析，能够对检索主题中的问题提出自己的建议。

　　网络信息检索需要耐心，要不断地尝试新的检索词和逻辑关系组配，需要钻研精神。如果浅尝辄止，就得不到满意的相关信息，进而影响对整个主题的理解和实训思路的设计。

一、相关知识

1. 查全率与查准率

　　（1）查全率。它是指系统在进行某一检索时，检出的相关文献量与检索系统中相关文献总量的比例，是衡量信息检索系统检出相关文献能力的尺度，反映该系统文献库中实有的相关文献量在多大程度上被检索出来。

　　例如，要利用某个检索系统查找某课题。假设在该系统文献库中共有相关文献40篇，而只检索出来30篇，那么查全率就等于75%。

　　（2）查准率。它是指系统在进行某一检索时，检出的相关文献量与检出文献总量的比例，是衡量信息检索系统精确度的尺度，它反映每次从该系统文献库中实际检出的全部文献中有多少是相关的。

　　例如，检出的文献总篇数为50，经审查确定其中与项目相关的只有40篇，另外10篇与该课题无关，那么，这次检索的查准率就等于80%。显然，查准率是用来描述系统拒绝不相关文献的能力，有人也称之为"相关率"。查准率和查全率结合起来，描述了系统的检索成功率。

　　（3）漏检率。它是指系统在进行某一检索时，漏检相关文献量占检索系统中相关文献总量的比例，是衡量信息检索系统漏检文献的尺度，可用以下公式表示：

$$漏检率=（漏检相关文献量/系统内相关文献总量）\times 100\%$$

　　（4）误检率。它是指系统在进行某一检索时，误检（检出不相关）文献所占的比例，是衡量信息检索系统误检文献程度的尺度，可用以下公式表示：

$$误检率=（误检文献量/检出文献总量）\times 100\%$$

　　评价信息检索系统检索效果的主要指标是查全率和查准率，即检索系统中有多少相关文献被检出，检出的文献有多少是相关文献。然而，由于许多因素的影响，在实际检索中，查全率和查准率是不可能达到100%的，而是存在着一种互逆关系，即在同一检索系统中提高查全率，查准率则会降低；反之，查准率提高，查全率就会下降。

　　评价信息检索系统检索误差的主要指标是漏检率和误检率。误差越大，效率越低，检索系统的性能就越低；误差越小，效率越高，检索系统的性能就越高。由此可见，产生漏检和误检的原因是影响信息检索系统效果的主要因素。

2. 影响检索效果的因素

　　查全率与查准率是评价检索效果的两项重要指标，查全率和查准率与文献的存储及信息检索两方面是直接相关的，也就是说，与系统的收录范围、索引语言、标引工作和检索工作等有着非常密切的关系。

　　（1）影响查全率的因素

　　影响查全率的因素，从文献存储来看主要有：文献库收录文献不全，索引词汇缺乏控制和专指性，词表结构不完整，词间关系模糊或不正确，标引不详，标引前后不一致，标引人员遗漏了原文的重要概念或用词不当等。此外，从情报检索来看主要有：检索策略过于简单，选词和逻辑组配不当，检索途径和方法太少，检索人员业务不熟练和缺乏耐心，检索系统不具备截词功能和反馈功能，检索时不能全面地描述检索要求等。

（2）影响查准率的因素

影响查准率的因素主要有：索引词不能准确描述文献主题和检索要求；组配规则不严密；选词及词间关系不正确；标引过于详尽；组配错误；检索时所用检索词（或检索式）专指度不够，检索面宽于检索要求；检索系统不具备逻辑非功能和反馈功能；检索式中允许容纳的词数量有限；截词部位不当；检索式中使用逻辑或不当等。

实际上，影响检索效果的因素是非常复杂的。根据国外有关专家所做的实验表明，查全率与查准率是呈互逆关系的。要想提高查全率，势必要对检索范围和限制逐步放宽，结果就是会把很多不相关的文献也带进来，影响了查准率。企图使查全率和查准率同时提高是不容易的。强调一方面，而忽视另一方面，也是不妥当的。应当根据具体课题的要求，合理调节查全率和查准率，保证检索效果。

扫描二维码，通过观看微视频"检索效果评价"，更直观地理解如何评价检索效果。

二、检索实例

检索效果评价

例 1-4-1 请查找有关介绍"刷脸支付"的文章和网站。

（1）从百度的分类导航界面（如图 1-4-1 所示），单击"文库"，进入百度文库界面（如图 1-4-2 所示）。

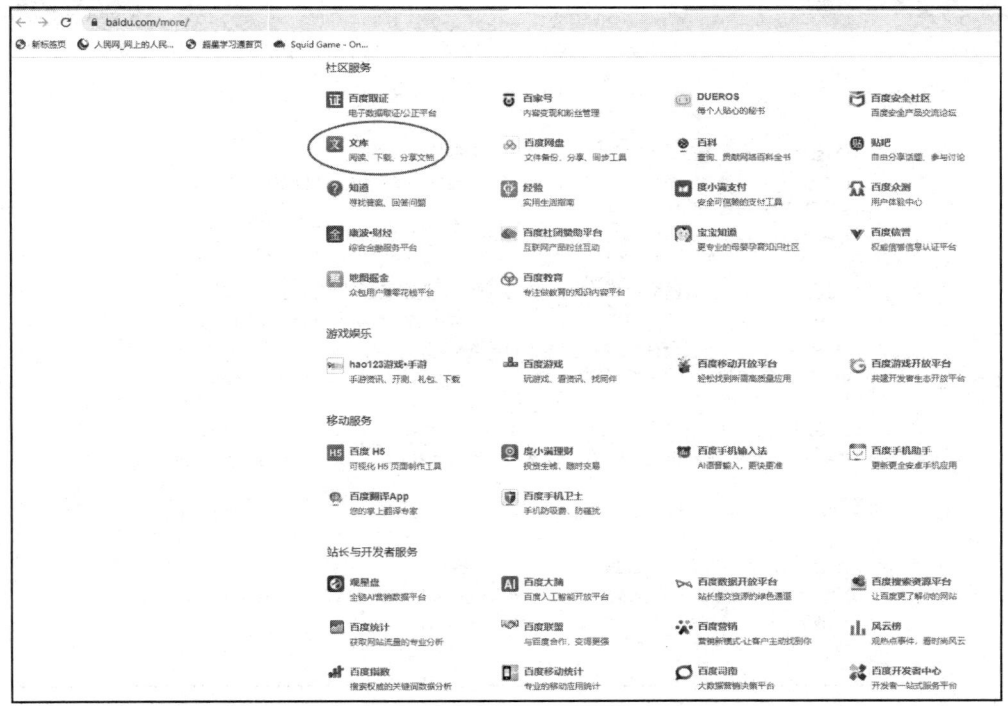

图 1-4-1　百度分类导航界面

图 1-4-2　百度文库界面

（2）在检索框中输入"刷脸支付"，选中"doc"选项，单击"搜索文档"按钮，检索结果条目如图 1-4-3 所示。

图 1-4-3　显示检索结果条目

（3）在如图1-4-3所示的检索结果条目中单击其中一条超链接，进入文章内容阅读界面。

（4）对于带有"VIP 免费文档"标识的文档，会员用户可以免费获取，非会员用户需要消耗下载券/积分获取。

（5）根据个人需要注册使用百度文库，选择打开更多的超链接并将其保存为自学材料。

此题还可通过在浏览器的地址栏中直接输入其他搜索引擎网址来进行检索。

例 1-4-2 一位游客打算独自到云南大理旅游，准备先预订一个住处。该游客希望住宿地点距景区较近，最好是住宿在古镇里面，价格为每天200～300元人民币。请帮他找到符合要求的攻略和住处。

（1）进入新浪搜索引擎界面，如图1-2-4所示。

（2）选择首页目录中的"旅游"栏目，进入新浪旅游界面，如图1-4-4所示；从页面底部区域"精彩栏目"找到"旅游目的地"链接，进入热门目的地分类界面，如图1-4-5所示，在检索框中输入"大理"进行检索或在目的地分类中找到"大理"。

图1-4-4 新浪旅游界面

单击进入对应目的地"大理"链接，如图1-4-6所示。单击"指南"选项卡中的"基本信息"链接，进入"大理旅游区简介"页面；选择"游记攻略"选项卡可以查找旅游攻略。

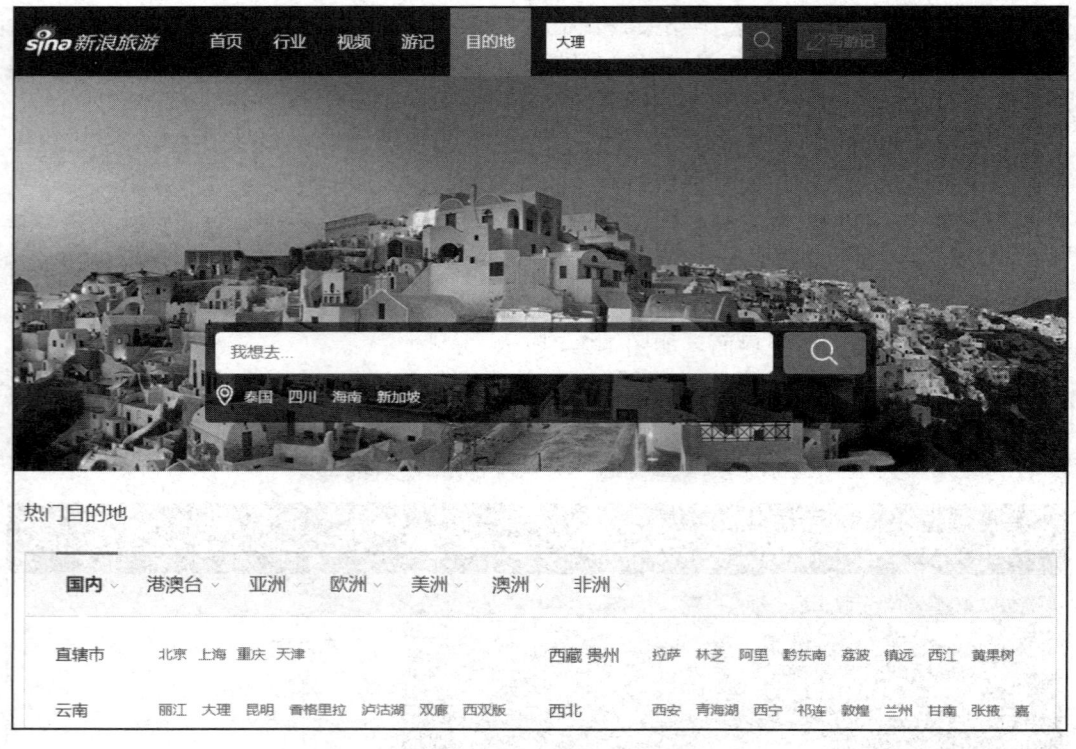

图 1-4-5 新浪旅游目的地分类界面

图 1-4-6 对应目的地界面

（3）想要查找酒店住宿可以选择专门提供住宿、交通、商旅等服务的网站，如马蜂窝、携程网、缤客（Booking.com）、艺龙网、途牛网等专门网站。这里以携程网为例，输入入住日期、价格区间、住宿类型等查询要求，获得如图 1-4-7 所示满足条件的酒店。

图 1-4-7　检索结果

三、课堂互动

（1）在搜索引擎中怎样删除无关资料？
（2）举例说明如何利用信息检索技术提高检索结果的查全率/查准率。
（3）利用搜索引擎检索出来的资料往往数量太多，采用哪些方法可以使检索出来的结果更准确？
（4）归纳主题检索的方法和步骤。

项目 1.5　AI 搜索引擎助力高效检索

学习重点

1. 了解 AI 技术在搜索引擎中的应用、AI 搜索引擎和传统搜索引擎的区别。
2. 学习如何使用 AI 搜索引擎，掌握搜索引擎的使用技巧，并能够准确提出提示词，快速获取所需信息。

学习要求

了解 AI 技术和搜索引擎的基础知识，包括搜索引擎的工作原理、检索模型等方面的知识，对比 AI 搜索引擎和传统搜索引擎的区别和优缺点。

掌握百度的"文心一言"或阿里云的"通义千问"的注册、使用方法等，能够熟练使用其搜索功能、掌握搜索技巧、高效地获取信息。

一、相关知识

1. 关于 AI 搜索引擎

AI 搜索引擎是一种利用人工智能技术来提升搜索引擎的搜索准确性和效率的工具。传统搜索引擎通常是基于关键词匹配的方式进行搜索的，而 AI 搜索引擎则利用自然语言处理、语义理解、机器学习等技术，可以更好地理解用户的搜索意图，提供更加准确和个性化的搜索结果。AI 搜索引擎的优势包括：

（1）更准确的搜索结果。AI 搜索引擎可以理解用户的搜索意图，将搜索结果更加准确地匹配到用户的需求。

（2）更个性化的搜索结果。AI 搜索引擎可以根据用户的历史搜索记录、兴趣爱好等信息，对搜索结果进行个性化推荐。

（3）更高效的搜索速度。AI 搜索引擎可以通过机器学习等技术优化搜索算法，提高搜索速度和效率。

（4）更人性化的交互方式。AI 搜索引擎可以通过多轮对话、图片识别、语音识别等方式，与用户进行更加自然和友好的交互。

2. 四种 AI 搜索引擎

（1）百度的"文心一言"

"文心一言"（https://yiyan.baidu.com/welcome）是百度开发的一种全新的大型语言模型，旨在为用户提供高效便捷的信息、知识和灵感获取服务。"文心一言"采用了最先进的自然语言处理技术和深度学习算法，可以对用户输入的查询语句进行智能分析和理解，从而提供与用户意图相符合的搜索结果。与传统的搜索引擎相比，"文心一言"还具备多轮对话、语义推理、情感分析等功能，在保证搜索准确性的同时，也能够提供更加人性化和个性化的服务。此外，"文心一言"的搜索结果也会根据用户的反馈和历史搜索记录进行优化，从而不断提升搜索的精度和效率。无论是在学术研究、商业分析还是在日常生活中，"文心一言"都是一款非常实用和高效的网络信息检索工具。

（2）阿里云的"通义千问"

"通义千问"（https://tongyi.aliyun.com/）是一种超大规模的语言模型，包括多轮对话、文案创作、逻辑推理、多模态理解、多语言支持等功能。这一模型能够与人类进行多轮的交互，并且具备多模态的知识理解和文案创作能力，可以续写小说、编写邮件等。2023 年 4 月 7 日，阿里云开始邀请测试。4月18日，阿里巴巴旗下的钉钉也正式接入了"通义千问"大模型。这一模型的问答能力和创作能力非常强大，能够帮助用户快速获取信息和解决问题，提高工作效率。同时，该模型还支持多语言，能够满足不同语种用户的需求。通过持续学习和优化，阿里云的"通义千问"模型将会成为未来人工智能领域的重要里程碑，推动人工智能技术不断发展和创新。

（3）OpenAI 的 "ChatGPT"

ChatGPT 是由 OpenAI 研发的人工智能聊天机器人程序，于 2022 年 11 月推出，该程序使用基于 GPT-3.5、GPT-4 架构的大语言模型及强化学习训练，可以像人类一样进行对话并根据上下文进行互动。ChatGPT 不仅可以完成日常聊天，还能够进行邮件撰写、视频脚本编写、文案创作、翻译、代码编写以及写作论文等任务。这得益于 ChatGPT 强大的自然语言处理能力，它能够理解和学习人类的语言，从而更好地与人类进行交流互动。ChatGPT 的出现极大地提升了人们在各种场景下的工作效率和生活便利性，也代表了人工智能技术的不断发展和创新。

（4）微软的新必应（New Bing）

新必应（New Bing）是微软推出的一个基于 GPT-4 模型的智能搜索引擎。它不仅可以提供高质量的搜索结果，还可以与用户进行自然语言交互，提供各种有趣和实用的功能。作为一个全能型的助手，New Bing 不仅可以通过搜索引擎和数据库检索文献、论文、期刊等学术资料，还能够使用自然语言处理技术进行智能化的检索和分类。用户只需要告诉 New Bing 自己需要的资料和领域，New Bing 就可以根据用户的要求进行自动化的检索和分类，同时还可以提供相关的推荐和参考资料。

3．常用术语

（1）人工智能（Artificial Intelligence）：简称 AI，是一种计算机科学技术，旨在通过模拟人类智能，使计算机系统具备感知、推理、学习、判断、决策等智能能力。人工智能技术可以通过算法和模型对海量的数据进行处理，从而实现自动化决策和任务执行，不断优化和提高系统的性能和效率。

（2）机器学习（Machine Learning）：机器学习是一种人工智能的分支领域，是指计算机系统能够通过学习数据模式或规律，从而实现任务的自主学习和优化。这种学习过程是基于统计学和计算机科学的交叉学科，可以利用大量的数据，通过算法模型不断优化训练，从而得出精准的预测结果或决策建议。机器学习可以用于图像识别、语音识别、自然语言处理、推荐系统、智能驾驶等多个领域。

（3）自然语言处理（Natural Language Processing）：简称 NLP，是人工智能领域中的一项技术，旨在让计算机能够理解、处理和生成自然语言，使人机交互更加自然和智能化，主要包括自然语言理解和自然语言生成两个方面。在实际应用中，自然语言处理技术可以应用于文本分类、信息抽取、机器翻译、情感分析、问答系统等多个领域。

（4）AI 搜索引擎：一种利用人工智能技术来实现在互联网上查找信息的工具。智能搜索引擎设计的目标是根据用户的请求，从可以获得的网络资源中检索出对用户最有价值的信息。上文提到的百度的"文心一言"、新必应（New Bing）等均属于 AI 搜索引擎。

（5）Prompt 提示词：指用户在搜索框中输入的关键词或短语，它是搜索引擎进行搜索的基础。通过输入 Prompt 提示词，来告诉 AI 搜索引擎哪些需要，哪些不需要，根据用户的输入,从海量的数据库中检索相关的信息,并将搜索结果呈现给用户。这些提示词可以是一两个词的关键词,也可以是一个完整的问题或一段话。搜索引擎会根据输入的提示词进行全文检索、模糊匹配和相关性排序等算法,以尽可能精准地匹配用户的搜索意图,并返回最相关的结果。因此,Prompt 提示词在 AI 搜索中起着非常重要的作用,它直接影响着搜索结果的准确性和效率。

二、检索实例

例 1-5-1 使用"文心一言"策划一次社团活动。

读者可扫描右上方二维码了解文心一言搜索使用。

文心一言搜索

(1) 登录"文心一言"首页,网址为 https://yiyan.baidu.com/welcome,未注册账号的则可以单击"加入体验"后等待审核;已有账号的则可直接单击右上角"登录"按钮,首页如图 1-5-1 所示。

图 1-5-1 "文心一言"首页

(2) 登录后进入正式搜索页面,左边为历史记录,页面中间为简短的使用介绍、底部为提问区,如图 1-5-2 所示。

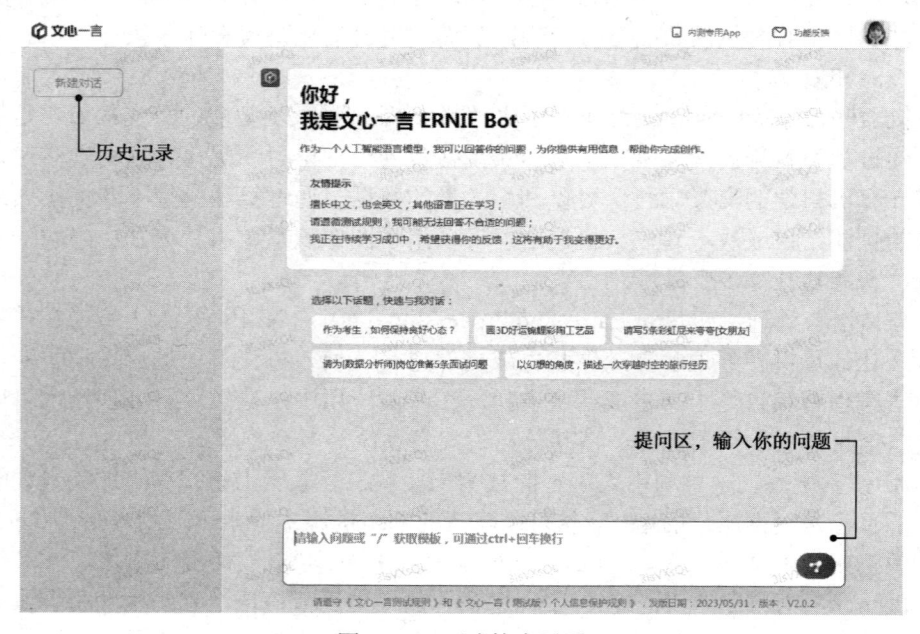

图 1-5-2 正式检索页面

（3）在提问区直接搜索问题，如本案例搜索的目标问题为"如何策划一次社团活动？"，得到的第一次搜索结果，如图1-5-3所示。从"文心一言"的回答可以看出，给出的结果是策划社团活动的通用步骤。

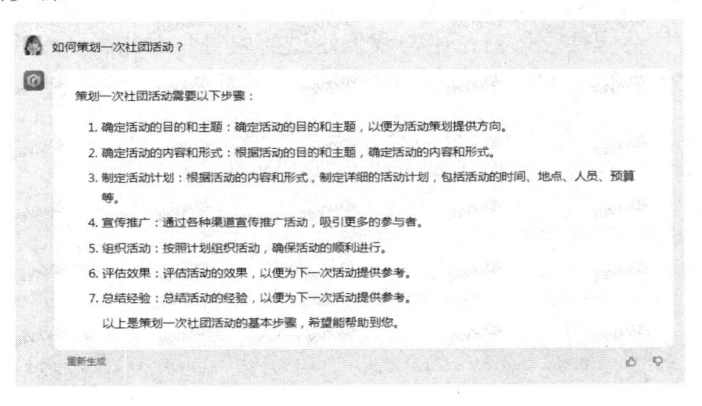

图 1-5-3　第一次搜索结果

（4）如何让策划的社团活动更有针对性呢？根据第一次回答的内容，把提问修改为"你好，我正准备为大一新生策划一次为期一天的羽毛球社团活动，初步决定在学校体育馆举行，预算是 5000 元。希望既能包含一些娱乐破冰活动，也可以包含一些羽毛球技术交流的活动。请你从活动策划主题、活动内容、活动形式、时间安排、需要准备的物品清单、注意事项等角度策划一个社团活动，着重描述活动内容。"得到第二次搜索结果，如图 1-5-4 所示。

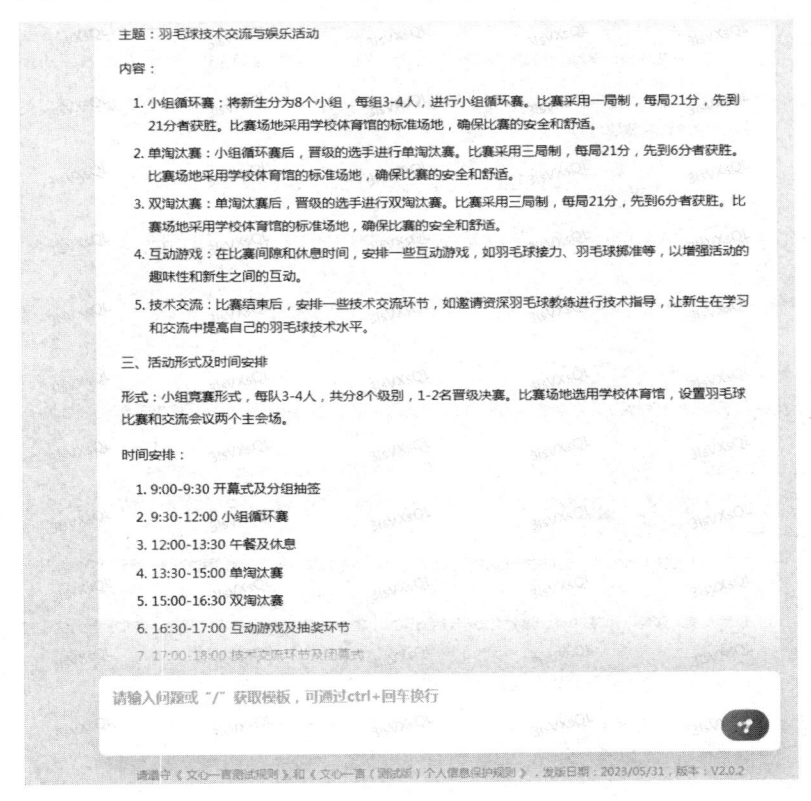

图 1-5-4　第二次检索结果

（5）从上述示例中我们可以看到，提供更明确的提问，会使我们获得更加符合预期的结果。当然，若想提高"文心一言"生成内容的质量和效果，还要根据不同的应用场景和目标受众进行调整，不断尝试和改进 Prompt 提示词，从而获得更好的使用体验。此外，还需要注意的是，"文心一言"会记住一段对话中与我们聊过的内容，因此在开始新的话题时，也要在历史记录区域"新建对话"，"文心一言"将会重新了解我们，以免不同话题之间产生混淆。

例 1-5-2 让"文心一言"成为自己良师益友，查找举例。

（1）作为一名准大学生，如何规划大学生活？如图 1-5-5 所示。

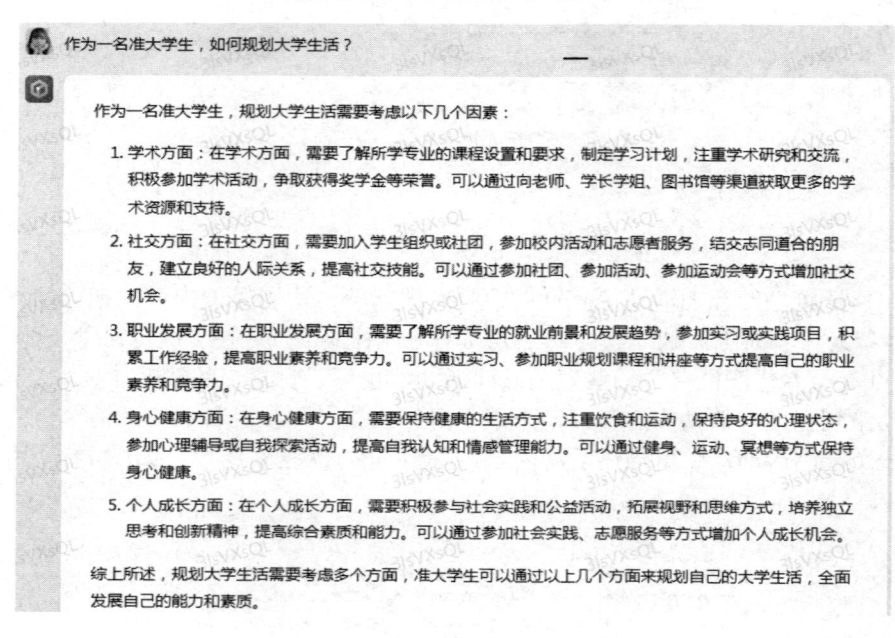

图 1-5-5　大学生活规划检索结果

（2）好朋友最近心情很低落，我该如何安慰？如图 1-5-6 所示。

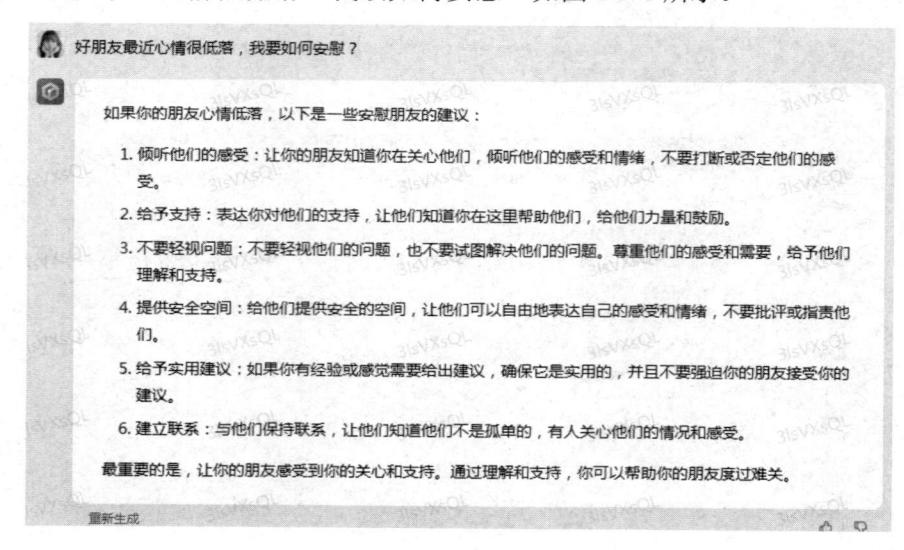

图 1-5-6　安慰好朋友检索结果

三、课堂互动

（1）通过运用本模块学习的检索方法和技巧了解 AI 搜索引擎的局限性和未来发展前景。

（2）请用上述的 AI 搜索引擎，检索出李白写的诗句，诗句中需要包含"月"这个字。可以试着修改 Prompt 提示词，对比使用不同的 Prompt 提示词得出的搜索结果。

（3）利用上述的 AI 搜索引擎，为自己学习本专业打造一个个性化的学习计划。

模块小结

通过对"网络信息检索基础知识"模块中五个项目实例的学习，学习者应该达到如下核心技能：选择合适的搜索引擎，应用检索技术，正确地检索出相关主题的网络信息资源。

1. 信息检索的本质

信息检索的本质就是信息用户的需求和信息集合的比较与选择，即匹配的过程。它将检索提问标识与存储在数据库中的标引标识进行比较，两者一致或者信息标引标识中包含着检索提问标识，则具有该标识的信息从数据库中输出，输出的信息就是检索命中的信息。

2. 信息检索的基本原理

信息检索的基本原理如图 1-6-1 所示。

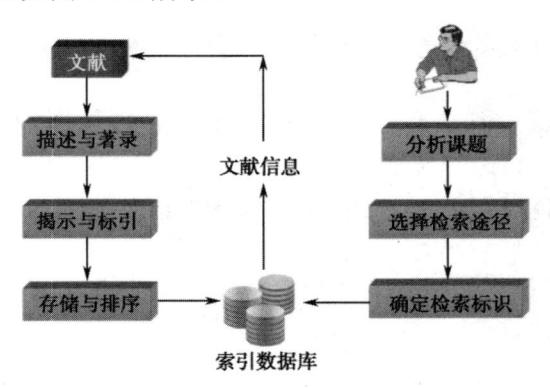

图 1-6-1　信息检索的基本原理示意图

3. 网络信息检索方式与途径

常用的网络信息检索方式包括简单检索和高级检索（菜单检索和检索式检索）。
常用的网络信息检索途径包括关键词检索和分类检索。

4. 网络信息检索运算符

运算符即组配符，将其与检索词连接就构成了检索表达式。在检索表达式中用来连接各词的运算符，按其功能不同可分为逻辑运算符、位置运算符、截词运算符和限制运算符等。

操作训练

实训操作 1-1　搜索引擎的使用

1. 学时：1。
2. 实训目标：了解各类型搜索引擎，掌握搜索引擎的使用方法，能够借助搜索引擎查找所需信息。
3. 实训内容：熟悉常用搜索引擎的检索方法和检索功能，比较利用不同搜索引擎搜索相关信息的结果。
4. 实训类别：基础。
5. 实训类型：单一。
6. 实训要求：选做。
7. 主要设备：每位学生操作一台可以上网的计算机。
8. 实训主题。

(1) 请分别用"网页""新闻""贴吧""知道""MP3""图片"搜索信息，并列举出百度还有哪些信息搜索方式。

(2) 比较利用不同搜索引擎搜索相关信息的结果。

①登录百度搜索，输入关键词"电子商务+法律"搜索；输入关键词"电子商务+安全"搜索。

②登录360搜索，输入关键词"电子商务+法律"搜索；输入关键词"电子商务+安全"搜索。

③登录新浪搜索，输入关键词"电子商务+法律"搜索；输入关键词"电子商务+安全"搜索。

④登录搜狗搜索，输入关键词"电子商务+法律"搜索；输入关键词"电子商务+安全"搜索。

⑤相关信息汇总。

(3) 百度功能查询。

①查天气：广州　天气 _____。

②查邮编：拉萨　邮编 _____。

③查区号：0891 qh _____。

④英译中：fy polytechnic _____。

⑤利用百度计算数学式：ln2*2^2 _____。

⑥利用百度翻译单词"abstract" _____。

⑦利用百度搜索引擎搜索 MP3 格式的歌曲"老男孩"，再搜索其彩铃。

⑧查询：1 英寸= _____ 厘米，1 盎司（液体）= _____ 毫升，1 磅= _____ 千克。

(4) 查找多家供应宠物食品的公司的网站，写出网址。

(5) 查找杜少陵是唐朝的哪位诗人的字号。

(6) 请为某同学推荐 3 个有关考研英语或英语四六级学习方面的主要网站，并对其中一个网站做出简明介绍（写出所用检索工具、检索操作过程与步骤以及结果）。

实训操作 1-2　检索技术的应用

1．学时：1。

2．实训目标：熟悉布尔逻辑检索技术、字段检索技术、截词检索技术和二次检索技术的意义及使用方法，能够借助检索技术查找所需信息。

3．实训内容：熟悉常用搜索引擎的检索方法和检索功能，比较利用不同搜索引擎搜索相关信息的结果。

4．实训类别：基础。

5．实训类型：单一。

6．实训要求：选做。

7．主要设备：每位学生操作一台可以上网的计算机。

8．实训主题。

（1）逻辑运算符。在搜索内容框内分别输入以下检索式，记录并比较检索结果。

①唐诗　元曲　　　　　　　　命中记录：＿＿＿＿＿＿＿＿＿＿

②唐诗 OR 元曲　　　　　　　命中记录：＿＿＿＿＿＿＿＿＿＿

③唐诗　－　元曲　　　　　　命中记录：＿＿＿＿＿＿＿＿＿＿

（2）空格、逗号、引号的作用。比较以下检索结果。

①空格的作用。

检索式：图像　　　　　　　　命中记录：＿＿＿＿＿＿＿＿＿＿

检索式：图　像　　　　　　　命中记录：＿＿＿＿＿＿＿＿＿＿

②逗号的作用。

检索式：软件，工程师　　　　命中记录：＿＿＿＿＿＿＿＿＿＿

检索式：软件工程师　　　　　命中记录：＿＿＿＿＿＿＿＿＿＿

③引号的作用。

检索式："广州机场"　　　　　命中记录：＿＿＿＿＿＿＿＿＿＿

检索式：广州机场　　　　　　命中记录：＿＿＿＿＿＿＿＿＿＿

（3）连接符加号（+）和减号（-）。

①检索式：+联想+天琴　　　　命中记录：＿＿＿＿＿＿＿＿＿＿

②检索式：+联想-天琴　　　　命中记录：＿＿＿＿＿＿＿＿＿＿

③检索式：-联想+天琴　　　　命中记录：＿＿＿＿＿＿＿＿＿＿

（4）利用百度搜索引擎的常用命令检索：在检索框中输入检索式，记录一项检索结果。

①检索式1：filetype:pdf 香山红叶。

题名：＿＿＿＿＿＿＿＿＿＿＿＿＿＿＿＿＿＿＿＿＿＿＿＿＿＿＿＿＿＿＿＿

出处：＿＿＿＿＿＿＿＿＿＿＿＿＿＿＿＿＿＿＿＿＿＿＿＿＿＿＿＿＿＿＿＿

②检索式2：filetype:ppt 数据库使用。

题名：＿＿＿＿＿＿＿＿＿＿＿＿＿＿＿＿＿＿＿＿＿＿＿＿＿＿＿＿＿＿＿＿

出处：＿＿＿＿＿＿＿＿＿＿＿＿＿＿＿＿＿＿＿＿＿＿＿＿＿＿＿＿＿＿＿＿

③检索式3：site:baidu.cn 新闻。

题名：＿＿＿＿＿＿＿＿＿＿＿＿＿＿＿＿＿＿＿＿＿＿＿＿＿＿＿＿＿＿＿＿

出处：＿＿＿＿＿＿＿＿＿＿＿＿＿＿＿＿＿＿＿＿＿＿＿＿＿＿＿＿＿＿＿＿

（5）比较不同搜索引擎的检索效果（前 10 条信息去重数），完成表 1-6-1。

构造检索式：生活饮用水国家标准。

表 1-6-1　检索结果

	360	百度	搜狐	搜狗
命中记录数量				
查准率/（%）				

实训操作 1-3　网络信息的获取与整理

1. 学时：1。
2. 实训目标：通过网络信息检索，使学生认识并掌握如何运用网络信息检索技术，通过搜索引擎检索工具提高获取、整理和利用网络信息的能力。
3. 实训内容：正确地理解检索主题的主要内容，选择检索工具；写出检索步骤；得出检索结果，通过对结果的整理，提出解决与主题相关问题的建议。
4. 实训类别：基础。
5. 实训类型：单一。
6. 实训要求：选做。
7. 主要设备：每位学生操作一台可以上网的计算机。
8. 实训主题。

（1）用百度搜索引擎搜索"什么是拓扑结构"，如果不能打开当前搜索到的第一个网站，则将此网页关闭，只查看该网站发布的包含关键字的信息。

（2）从当前状态利用 360 搜索引擎查找包含"网上信息资源库"的网页，在查找此短语时要精确匹配。

（3）什么是可再生能源？其类型有哪些？写出所用检索系统或工具、操作过程、检索步骤和答案。

（4）"2016 诺贝尔奖获得者医学峰会暨中美院士论坛"的主题是什么？有哪几位获奖者做了精彩的演讲？写出所用检索系统或工具、操作过程、检索步骤和答案。

（5）查出"天行健，君子以自强不息"的含义和出处。写出所用检索系统或工具、操作过程、检索步骤和答案。

（6）请用某种搜索引擎检索"2022 年我国汽车工业概况"，并写出检索步骤。

（7）用百度检索国内幼儿园的地址、电话等，可用黄页或直接搜索两种方式查找。

要求：保证查准率，幼儿园要在网页题名中才算命中网页。

（8）利用搜索引擎查找与自己所学专业相关的专业性网络检索工具或网站（5 个以上），写出检索过程。

（9）在网络上搜索与自己专业相关的信息，为学校招生简章撰写一篇本专业介绍，包括：专业最新研究领域与发展方向，主要专业研究与生产机构，专业学术带头人，专业特色及主要课程介绍（与一所学校做比较，说明本学校课程设置的优点），就业的主要去向与前景。

模块 2　中文数据库信息检索

本模块结构关系如图 2-0-1 所示。

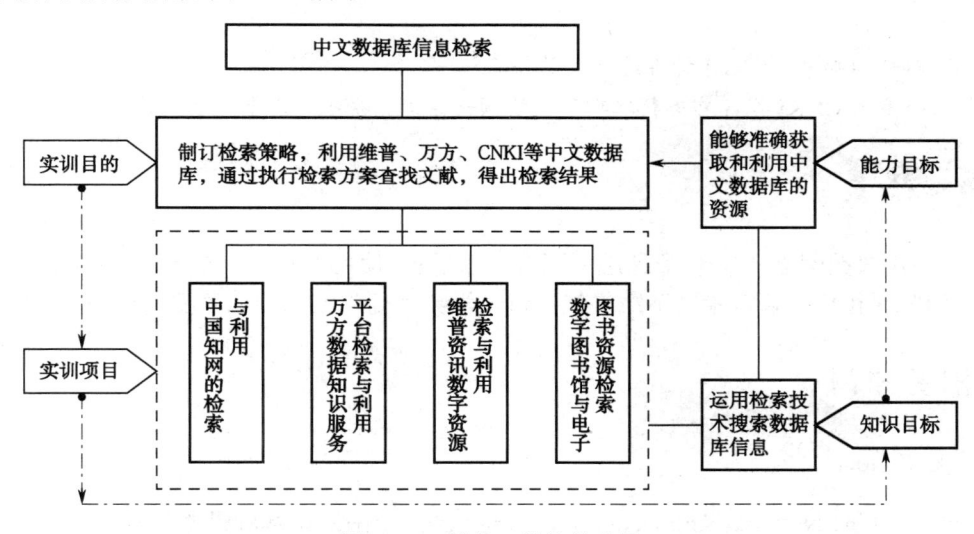

图 2-0-1　模块 2 结构关系图

通俗地说，数据库就是在计算机存储设备上按一定方式存储的相互关联的数据集合。它是计算机技术与信息检索技术相结合的产物，是重要的信息资源，也是信息检索的重要资料来源。全文数据库是一种存储文献全文或其中的主要部分的源数据库。按出版方式，全文数据库可分为两类：一类是与印刷型文献平行出版的电子版全文库；另一类是纯电子出版物，无相应的印刷型文本。

Internet 中的各种文献数据库汇集了各个学科的重要信息资源，成为文献检索的重要平台。所谓文献检索，就是利用各种检索系统（工具）查找所需文献信息的过程。在信息爆炸的时代，Internet 带来了文献检索的变革，它提供了多种新颖的文献检索工具和方法。而互联网在提供超文本检索方式的同时还囊括了一些检索工具的功能，并且出现了许多基于网络的 Internet 搜索引擎和全文检索数据库，互联网上更有无穷无尽的信息可以方便地查询所需的文献。由于 Internet 所带来的变革，文献检索开始进入网络检索的时代，文献的载体形式和检索工具发生了根本的改变，文献大都以 Portable Document Format 及 HTML 格式呈现。在各个大学的图书馆中，电子资源（包括电子期刊、电子书籍等）已经成为重要的组成部分，也是人们查阅文献的主要手段。国内大学图书馆电子资源主要是由多个数据库组成的，读者需要登录不同的数据库进行检索。国外一些知名大学图书馆的电子资源则是将多个数据库整合为一个搜索引擎，既可以分库检索，又可以交叉检索。本模块将介绍几种收录文献数量庞大、应用广泛的中文文献检索数据库。

项目 2.1　中国知网的检索与利用

学习重点

1. 了解中国知网（CNKI 资源总库）的特点；
2. 熟练运用 CNKI 资源总库获取期刊、博硕士论文、报纸、图书、会议论文等文献信息。

学习要求

学会利用校园网进入 CNKI 资源总库查找文献信息，使用不同的检索方式查找文献的全文，学会使用 PC 端和移动端查看、下载文献资料，学会利用中国知网的免费资料。

一、相关知识

1. 关于 CNKI

CNKI（China National Knowledge Infrastructure，中国知识基础设施工程）是采用现代信息技术，建设适用于我国的可以进行知识整合、生产、网络化传播扩散和互动式交流合作的社会化知识基础设施的国家级大规模信息化工程。CNKI 的网址为 https://www.cnki.net/。

该工程由清华同方光盘股份有限公司、中国学术期刊电子杂志社等联合承担。CNKI 工程已经建成了"CNKI 数字图书馆"，涵盖了我国自然科学、人文与社会科学、工程技术、期刊、博硕士论文、报纸、图书、会议论文等公共知识信息资源。

CNKI 数据库是 CNKI 工程主体之一，是数字化最彻底的文本型全文数据库，90%以上的文献均采用由期刊、图书、报纸等出版单位和硕博士培养单位提供的纯文本数据。CNKI 数据库依托 CNKI 知识网络服务平台系统，为用户提供网上信息检索服务。扫描二维码，观看"中国知网"微视频。

2. CNKI 数据库资源[1]

（1）中国学术期刊网络版

中国学术期刊（网络版）是世界上最大的连续动态更新的中国学术期刊全文数据库，是"十一五"国家重大网络出版工程的子项目，是《国家"十一五"时期文化发展规划纲要》中国家"知识资源数据库"出版工程的重要组成部分。出版内容以学术、技术、政策指导、高等科普及教育类期刊为主，内容覆盖自然科学、工程技术、农业、哲学、医学、人文社会科学等各个领域，收录国内学术期刊 8000 余种，全文文献总量 5500 万篇。

（2）中国博硕士学位论文全文数据库

它是目前国内相关资源最完备、高质量、连续动态更新的中国优秀博硕士学位论文全文数据库。目前，博硕士学位论文全文文献共有 400 余万篇。出版内容覆盖基础科学、工程技

---

[1] 数据来源于 2019 年中国知网官方网站

术、农业、医学、哲学、人文、社会科学等各个领域。其文献来源于全国 474 家培养单位的博士学位论文和 760 家硕士培养单位的优秀硕士学位论文，收录的是从 1984 年至今的博硕士学位论文。

（3）中国重要会议论文全文数据库

中国重要会议论文全文数据库的文献是由国内外会议主办单位或论文汇编单位书面授权并推荐出版的重要会议论文，是由《中国学术期刊（光盘版）》电子杂志社编辑出版的国家级连续电子出版物专辑。其中重点收录 1999 年以来，中国科协系统及国家二级以上的学会、协会、高校、科研院所、政府机关举办的重要会议以及在国内召开的国际会议上发表的文献。其中，国际会议文献占全部文献的 20%以上，全国性会议文献超过总量的 70%，部分重点会议文献回溯至 1953 年。目前，该数据库已收录出版国内外学术会议论文集 3 万本，文献总量约 300 万篇。

（4）重要报纸全文数据库

它是收录 2000 年以来中国国内重要报纸刊载的学术性、资料性文献的连续动态更新的数据库。至 2012 年 10 月，报纸全文文献共有 1000 多万篇。其文献来源于国内公开发行的 500 多种重要报纸。

3．检索常用术语

（1）检索数据库：数据库是存储文献信息的仓库，是存储设备上合理有效信息的集合。

（2）记录和字段：构成数据库的信息单元，每条记录都描述了一个信息体的外表和内容特征，描述和构成记录的各个数据项称为字段，如主题字段、作者字段等。

（3）检索项（字段）：CNKI 中检索项有主题、篇关摘、关键词、篇名、全文、第一作者、作者、通讯作者、作者单位、基金、摘要、小标题、参考文献、分类号、文献来源、DOI 等。

（4）检索词：检索词即是从用户的检索要求中抽取出来的，能够代表检索内容的词。检索词与标引词一致，才能保证检索匹配的准确。

（5）检索逻辑关系。

逻辑"与""并含"，又称逻辑乘：以"AND""*"表示。

逻辑"或""或含"，又称逻辑和：以"OR""+"表示。

逻辑"非""不含"，又称逻辑差：以"NOT""-"表示。

（6）匹配度：分为模糊与精确两种。

4．CNKI 检索方法和技巧

（1）登录 CNKI 并选择数据库

个人注册的用户可直接从中国知网首页登录，如图 2-1-1 所示。集团购买用户，必须使用集团网络访问，才可以使用购买的 CNKI 数据库资源。以广东女子职业技术学院为例，必须是校园网用户，如图 2-1-2 所示，界面显示该校名称，即可使用该校购买的资源。

图 2-1-1 中国知网首页登录

图 2-1-2 校园网用户访问中国知网界面

（2）检索方式

方法 1 直接检索：在首页检索框中输入与字段匹配的检索词，单击搜索图标或直接按下键盘上的回车键，进行快速检索，首页各部分功能，如图 2-1-3 所示。

方法 2 其他检索：在首页单击检索框右侧的"高级检索"超链接，进入高级检索功能主界面，高级检索各部分功能，如图 2-1-4 所示。其主要检索方式有高级检索、专业检索、作者发文检索、句子检索 4 种。

模块 2　中文数据库信息检索

图 2-1-3　CNKI 快速检索界面

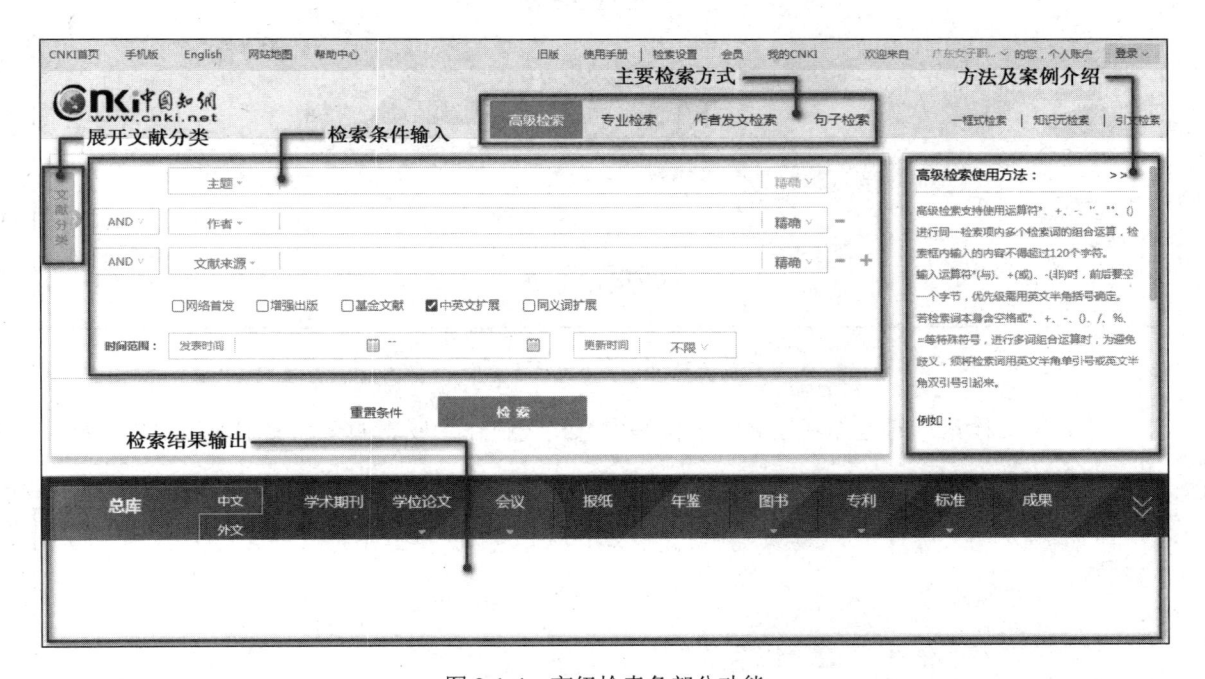

图 2-1-4　高级检索各部分功能

　　高级检索：先输入范围的控制条件，如发表时间等；再输入文献内容特征信息，如题名关键词等；最后对检索到的结果进行分组排序。如根据文献所属学科等进行分组，再根据发表时间等进行排序，筛选得到所需要的文献，如图 2-1-5 所示。

　　专业检索：使用逻辑运算符和关键词构造检索式进行检索，用于图书情报专业人员查询、信息分析等工作，如图 2-1-6 所示。

41

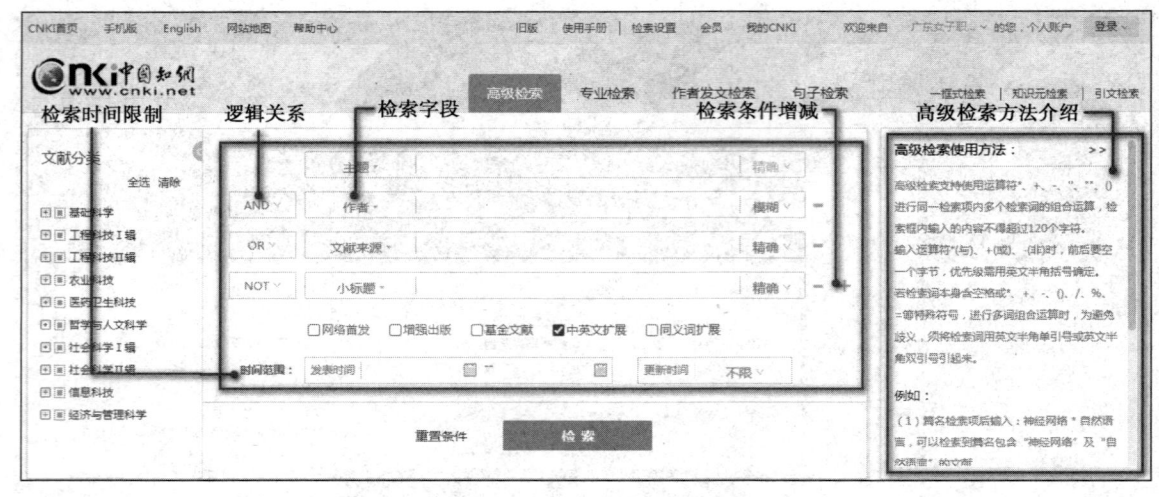

图 2-1-5　高级检索界面

图 2-1-6　专业检索界面

作者发文检索：通过作者姓名、单位等信息，查找作者发表的全部文献及被引用下载情况，如图 2-1-7 所示。

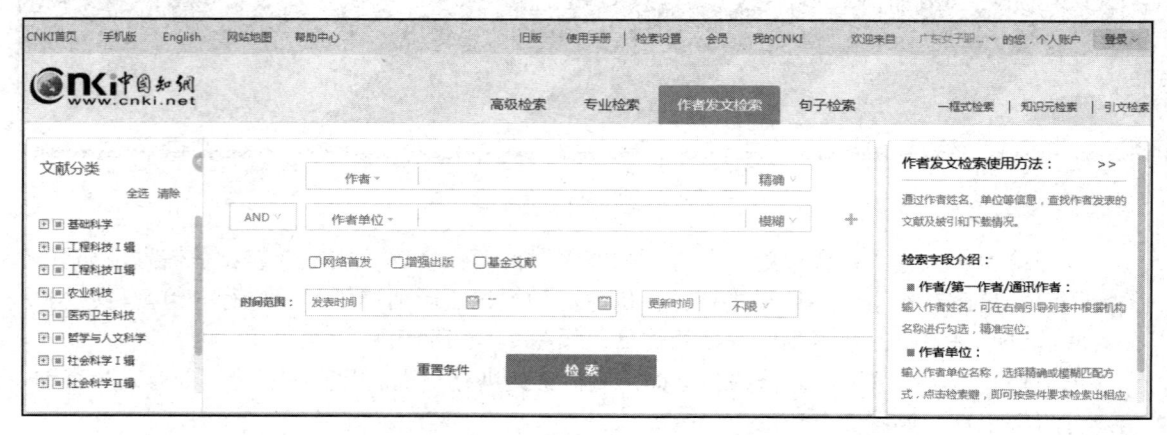

图 2-1-7　作者发文检索界面

句子检索：输入两个关键词，查找同时包含这两个词的文献，实现对文献的检索，如图 2-1-8 所示。

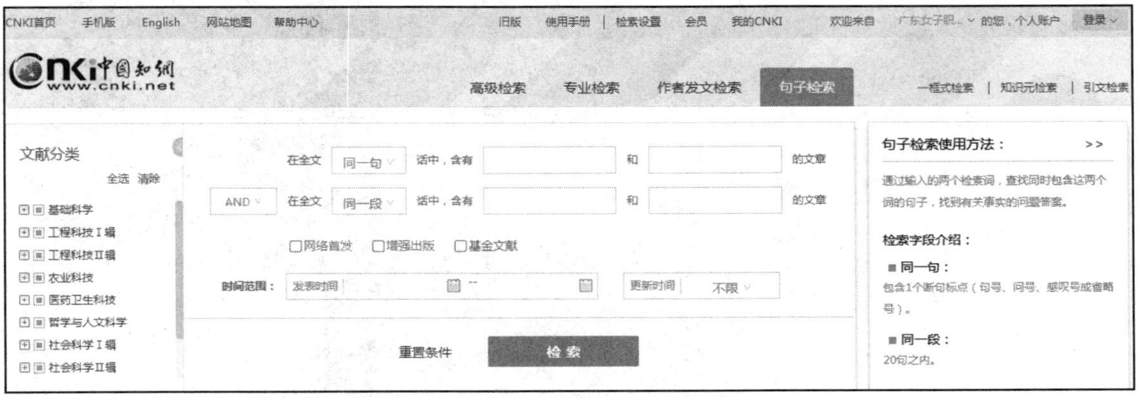

图 2-1-8　句子检索界面

（3）检索技巧

严控检索控制项——多限制，精产出。

检索和导航结合使用——双层控制，精益求精。

巧用辅助功能——多方面提示，全方位检索。

5．CNKI 全文浏览器

在使用 CNKI 前先下载、安装 CAJ 全文浏览器（https://cajviewer.cnki.net/），它是集文献检索、阅读于一体的学习软件。软件支持 CAJ、PDF、EPUB 等多种格式文件；一站式检索下载 CNKI 文献；文献和笔记多设备云同步。

6．CNKI 的移动端 App

"全球学术快报"是 CNKI 的移动端 App，使用全球学术快报 App 可以实现校外漫游，不在学校也能在线阅读、下载校内订购的资源。各大手机应用商店均可下载。以广东女子职业技术学院为例，使用连接校园网后使用"IP 关联"方法添加机构，关联成功后可在校外漫游 1 个月。操作具体步骤如图 2-1-9 所示。

二、检索实例

检索实例 2-1-1

例 2-1-1　直接检索适用于检索目标是非常宽泛的主题研究。

（1）在 CNKI 首页输入"二十大"按下回车键。检索结果共 18519 条，如图 2-1-10 所示。

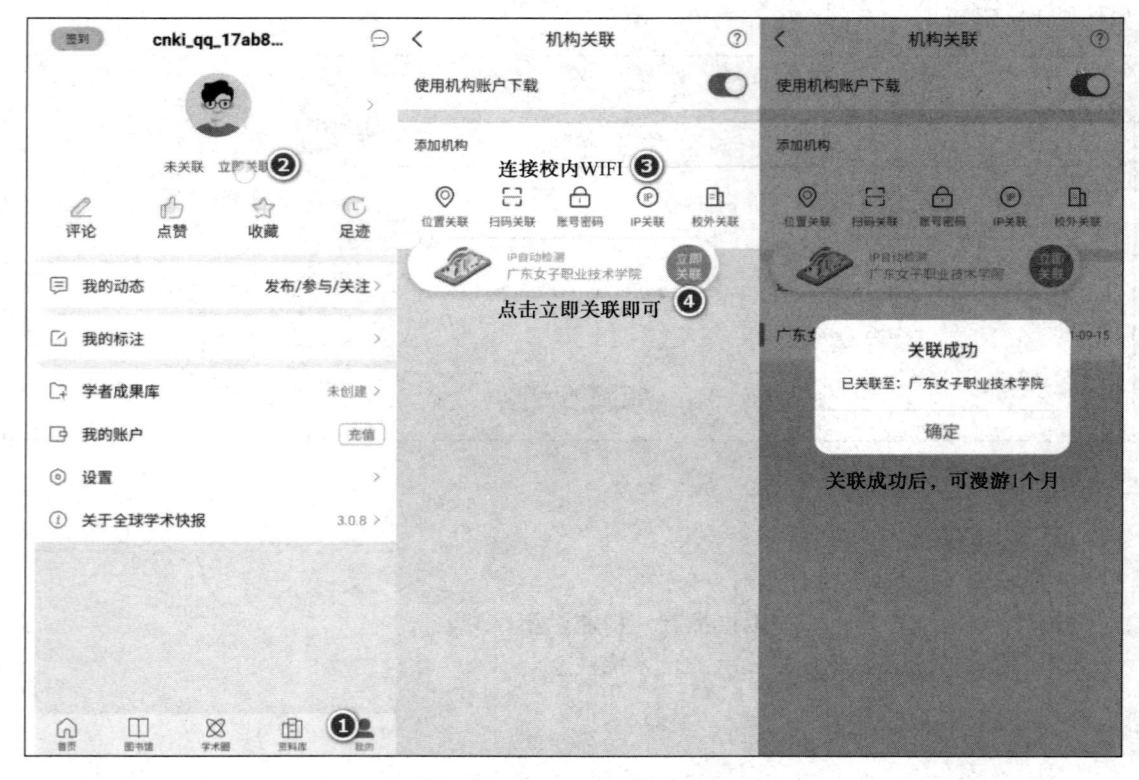

图 2-1-9　全球学术快报 App 关联学校 IP 实现漫游步骤

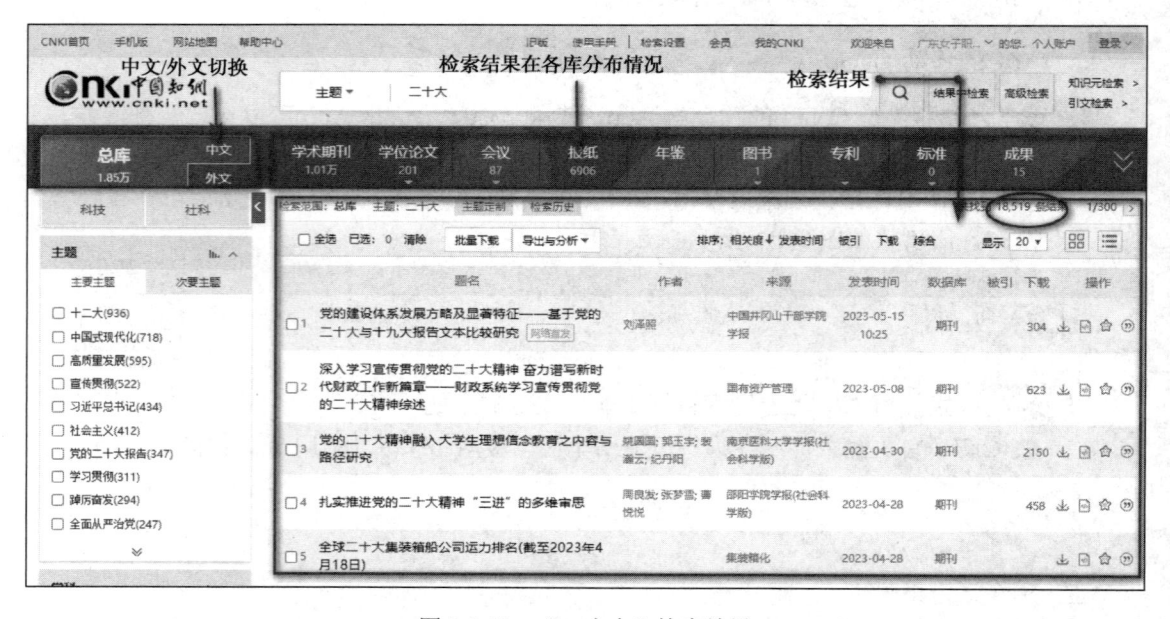

图 2-1-10　"二十大"检索结果

（2）单击左侧"主题"模块上的可视化图标，选中"共现矩阵分析"，查看与检索结果"二十大"相关的主题，以此拓展研究思路。主要主题分布，如图 2-1-11 所示。

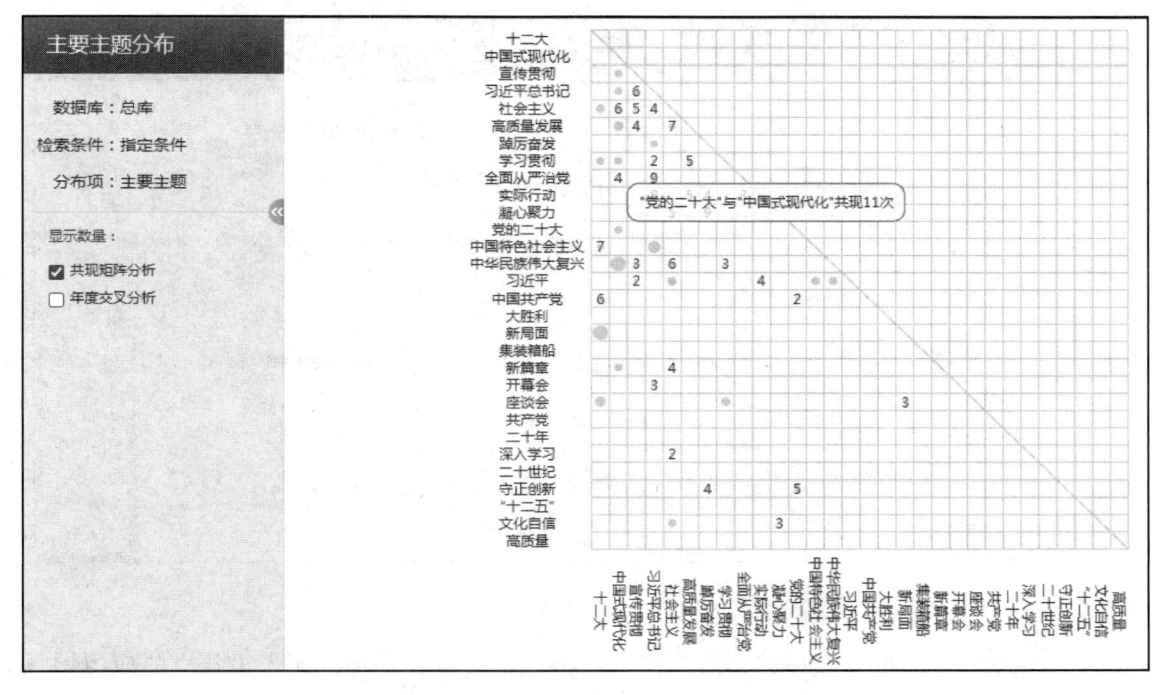

图 2-1-11 "二十大"主要主题分布

（3）分析"二十大"主要主题分布，选择感兴趣主题，在已得出检索结果的文献中，进一步检索。如在检索结果中检索"中国式现代化"，得到结果共 1661 条，如图 2-1-12 所示。

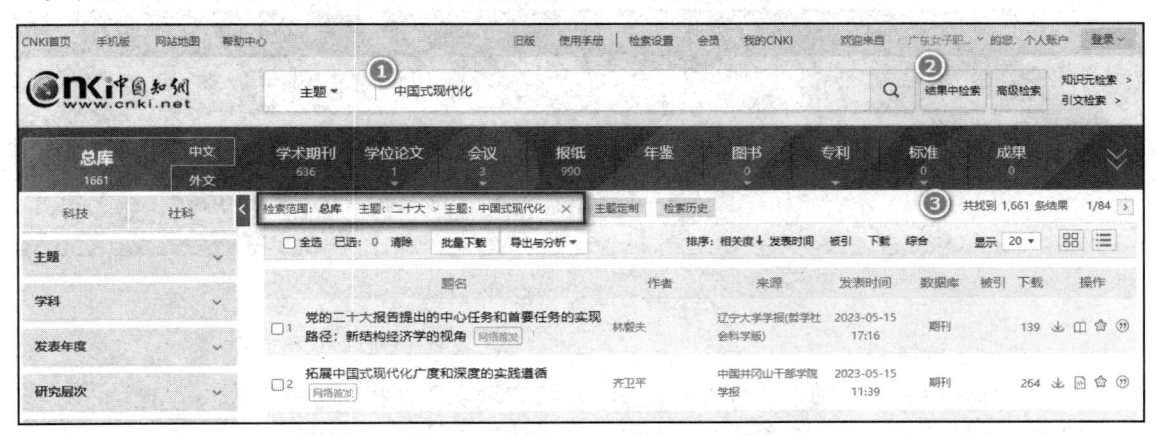

图 2-1-12 在结果中检索"中国式现代化"

（4）找到相应文献可在线浏览、收藏、下载全文等，如图 2-1-13 所示。

图 2-1-13　获取检索原文

例 2-1-2　提高检索效率的一般方法，研究性论文查找举例：无人机技术的应用领域研究。

（1）登录并选择高级检索

在 CNKI 首页上选择高级检索，进入检索界面，如图 2-1-14 所示。

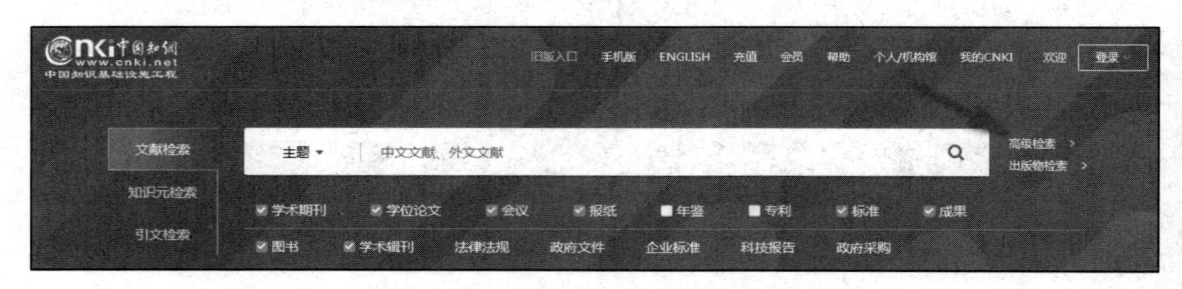

图 2-1-14　进入"高级检索"

（2）输入检索条件

选择"高级检索"选项卡，输入检索条件。检索项字段选择"主题"输入"无人机"，逻辑组配关系选择"AND"，在"AND"右侧的"主题"中输入"应用"，单击"检索"按钮，得到检索结果共 17046 条，如图 2-1-15 所示。

（3）调整检索限定条件

从高级检索结果可知检索结果过多，与无人机技术相关应用有航天航空、测绘、自动化、农业等。下一步细化学科为"农业工程"、限定期刊年限为近 3 年、排序选择"被引"得到检索结果共 332 条，如图 2-1-16 所示。

46

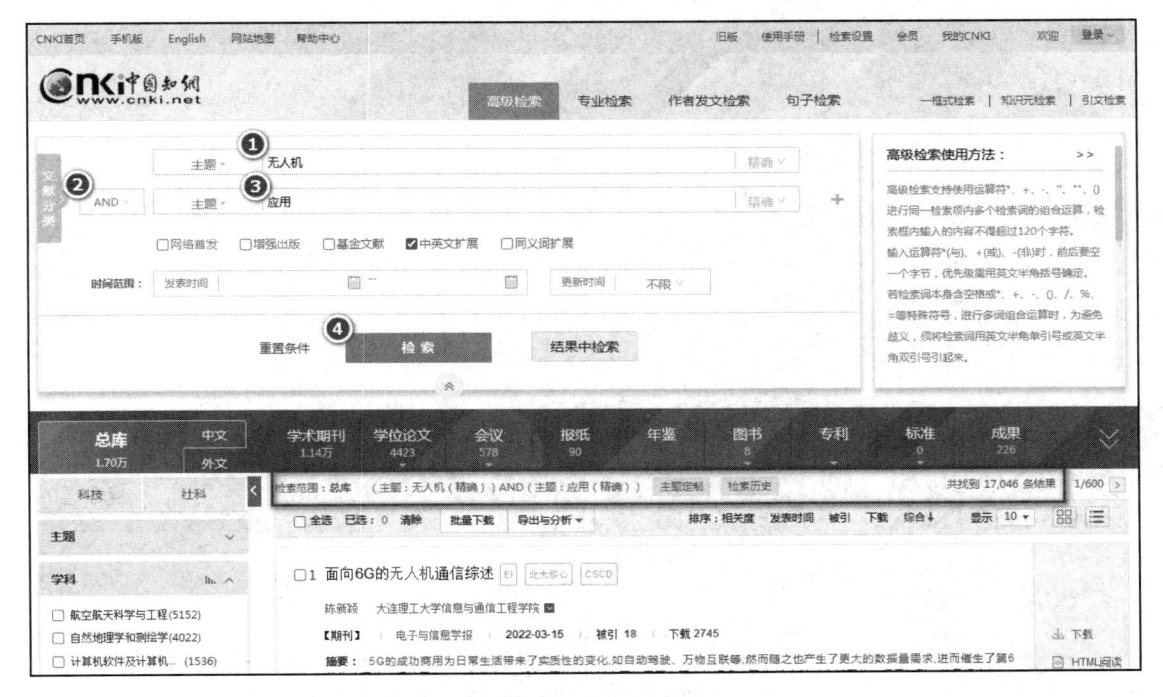

图 2-1-15　高级检索结果

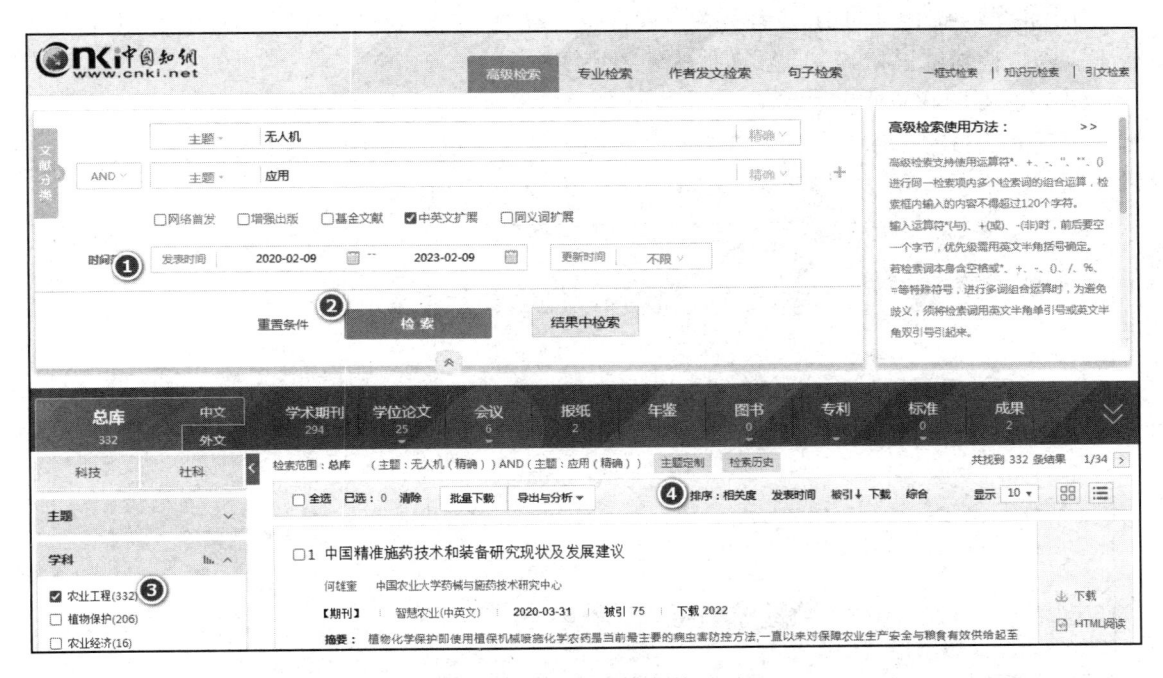

图 2-1-16　二次检索条件界面

（5）构造专业检索表达式

相同的检索内容，在专业检索中表达为：SU='无人机'*'应用'。其中，SU=主题，AND 逻辑运算符表示"与"逻辑运算，得到的检索结果与高级检索结果不同，如图 2-1-17 所示。

47

图 2-1-17　使用专业检索的检索结果

例 2-1-3　请用 CNKI 检索有关"大学生消费观"的一篇论文（写出所用检索数据库、检索步骤、检索结果和其中一篇文献的外部特征）。

（1）登录 CNKI 首页

进入高级检索界面，输入检索条件，主题为"消费观"、关键词是"大学生"、选择"学术期刊"数据库，可得到检索结果 1342 条，如图 2-1-18 所示。

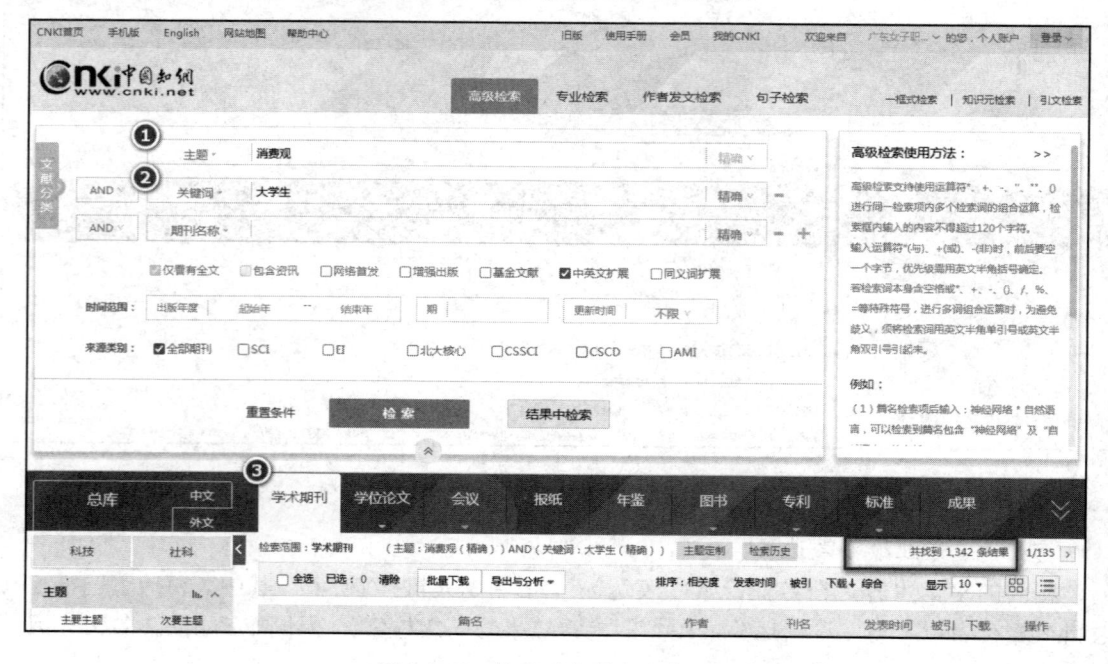

图 2-1-18　检索"大学生消费观"

（2）修改检索限定条件并进行二次检索

检索结果太多，改变检索文献内容的特征。将检索字段"主题"改为"篇名"，将时间控制在近3年，进行二次检索，可得到检索结果83条，如图2-1-19所示。

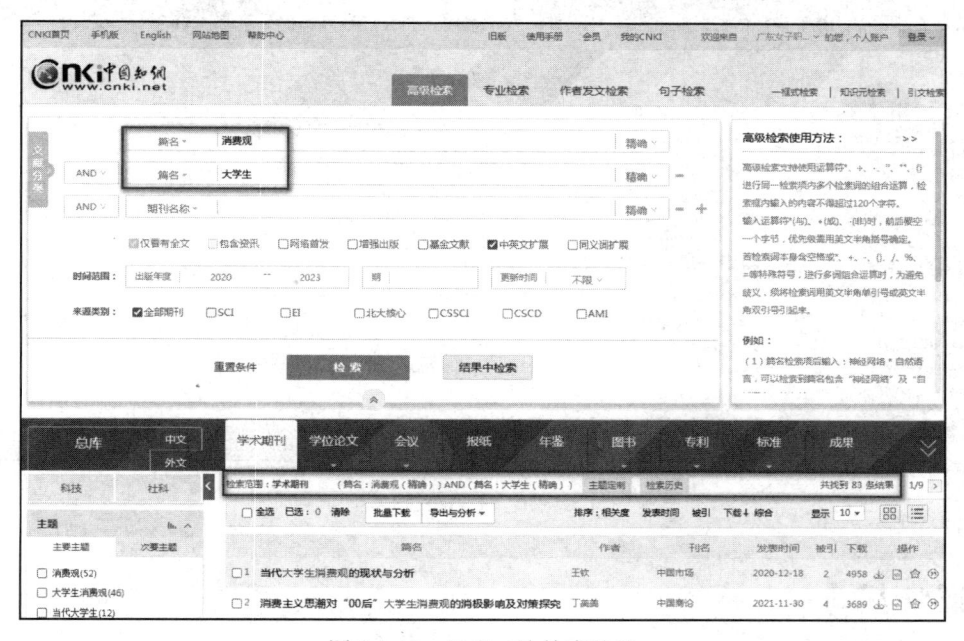

图 2-1-19　显示二次检索结果

（3）再次调整限定条件

查看结果，其中对"校园贷"的文章不是我们研究的关键点，增加逻辑限制，得到检索结果76条，如图2-1-20所示。

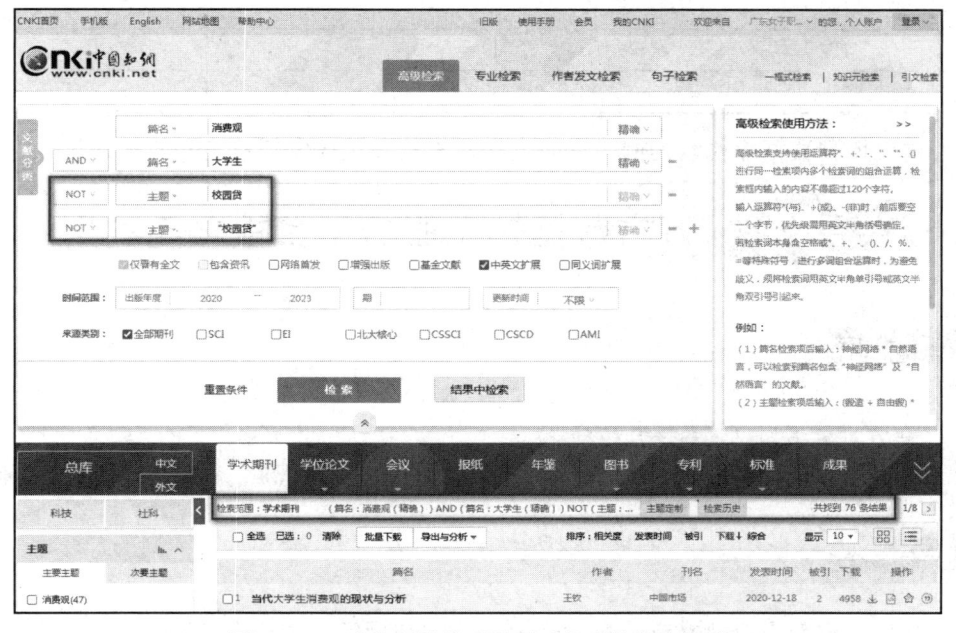

图 2-1-20　改变逻辑关系限制后得到的检索结果

（4）浏览文献特征信息

查看其中一篇文献的详细信息，单击文章标题，查看文献特征信息，如图 2-1-21 所示。

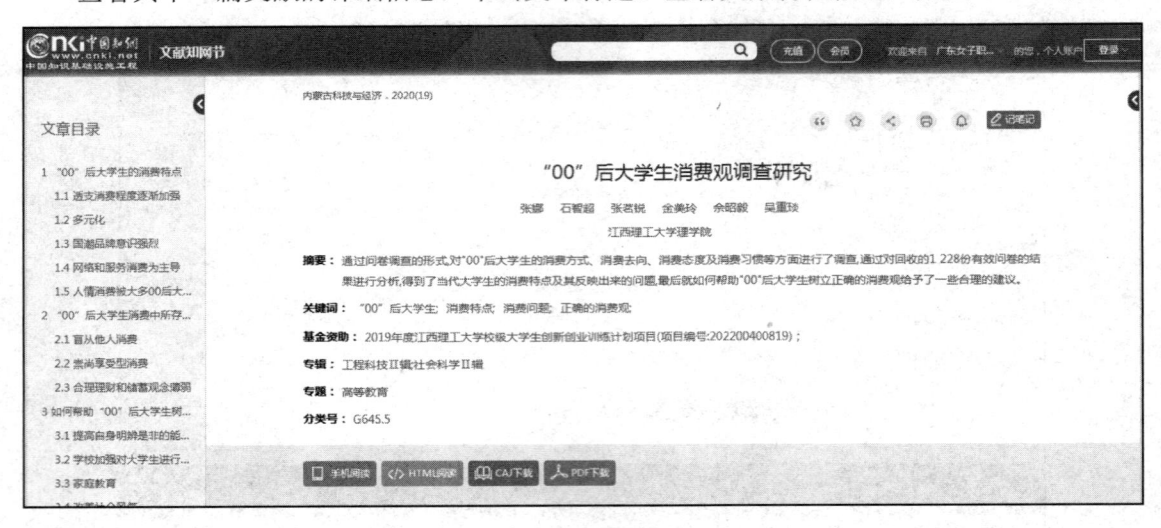

图 2-1-21　文献特征信息

三、课堂互动

（1）利用 CNKI 查找你所在专业的核心期刊，并挑选任意三种核心期刊，填写下表。

本专业核心期刊总数			
期刊名	主办单位	出版周期	总被引次数

（2）请以期刊数据库检索为例，说明直接检索与高级检索的特点和检索效果。

项目 2.2　万方数据知识服务平台检索与利用

学习重点

1. 了解万方数据知识服务平台的特点；
2. 熟练运用万方数据获取和利用期刊、会议、学位论文、标准、专利及名录等文献信息。

学习要求

学会利用万方数据查找文献信息，通过完成实训项目提高获取和利用文献信息的能力，并能够正确写出文献外部特征和检索步骤。

一、相关知识

1．万方数据

"万方数据"是以中国科技信息研究所（万方数据集团公司）全部信息服务资源为依托建立起来的，集期刊、学位、会议、科技报告、专利、标准、科技成果、法规、地方志、视频等十余种知识资源为一体，以 Internet 为网络平台的大型科技、商务信息服务系统。目前万方数据知识服务平台提供万方检测、万方分析、万方学术圈、科慧、万方选题 5 大服务，并通过统一平台对 34 个数据库、4 个语种的数据库资源实现了跨库检索服务，如图 2-2-1 所示。扫描二维码，观看"万方数据库"微视频。

图 2-2-1　万方数据网站首页

2．万方数据资源[2]

（1）期刊：收录始于 1998 年，包含 8000 余种期刊，其中包含北京大学、中国科学技术信息研究所、中国科学院文献情报中心、南京大学、中国社会科学院历年收录的核心期刊 3300 余种，年增 300 万篇，每天更新，涵盖自然科学、工程技术、医药卫生、农业科学、哲学政法、社会科学、科教文艺等各个学科。

（2）学位：中国学位论文全文数据库（China Dissertations Database），收录始于 1980 年，年增 35 余万篇，涵盖基础科学、理学、工业技术、人文科学、社会科学、医药卫生、农业科学、交通运输、航空航天和环境科学等各学科领域。

（3）会议：资源包括中文会议和外文会议，中文会议收录始于 1982 年，年收集约 2000 个重要学术会议，年增 10 万篇论文，每月更新。外文会议主要来源于 NSTL 外文文献数据库，

---

[2] 数据来源于 https://w.wanfangdata.com.cn/sitemap，统计数据截至 2023 年。

收录了1985年以来世界各主要学协会、出版机构出版的学术会议论文共计1100万篇全文（部分文献有少量回溯），每年增加论文约20余万篇，每月更新。

（4）专利：涵盖1.3亿余条国内外专利数据。其中，中国专利收录始于1985年，共收录3900多万条专利全文，可本地下载专利说明书，数据与国家知识产权局保持同步，包含发明专利、外观设计和实用新型三种类型，准确地反映中国最新的专利申请和授权状况，每月新增30多万条。国外专利1亿多条，均提供欧洲专利局网站的专利说明书全文链接，收录范围涉及中国、美国、日本、英国、德国、法国、瑞士、俄罗斯、韩国、加拿大、澳大利亚、世界知识产权组织、欧洲专利局等国家和地区及组织数据，每年新增300多万条。

（5）科技报告：包括中文科技报告和外文科技报告。中文科技报告收录始于1966年，源于中华人民共和国科学技术部，共计10多万份。外文科技报告收录始于1958年，涵盖美国政府四大科技报告（AD、DE、NASA、PB），共计110多万份。

（6）科技成果：收录了自1978年以来国家和地方主要科技计划、科技奖励成果，以及企业、高等院校和科研院所等单位的科技成果信息，涵盖新技术、新产品、新工艺、新材料、新设计等众多学科领域，共计64多万项。数据库每两月更新一次，年新增数据1万条以上。

（7）标准：收录了所有中国国家标准（GB）、中国行业标准（HB），以及中外标准题录摘要数据，共计200余万条记录，其中中国国家标准全文数据内容来源于中国质检出版社，中国行业标准全文数据收录了机械、建材、地震、通信标准以及由中国质检出版社授权的部分行业标准。

（8）法律法规：收录始于1949年，涵盖国家法律法规、行政法规、地方性法规、国际条约及惯例、司法解释、合同范本等，权威、专业。每月更新，年新增量不低于8万条。

（9）地方志：地方志，简称"方志"，即按一定体例，全面记载某一时期某一地域的自然、社会、政治、经济、文化等方面情况或特定事项的书籍文献。通常按年代分为新方志、旧方志，新方志收录始于1949年，共计5.5万册；旧方志收录年代为新中国成立之前，共计8600余种，10多万卷。

（10）视频：万方视频是以科技、教育、文化为主要内容大类的学术视频知识服务系统，与中央电视台、教育部、中国科技信息研究所、中华医学会、中国科学院、北大光华、天幕传媒等国内外著名专业制作机构进行广泛的战略合作，现已推出高校课程、学术讲座、学术会议报告、考试辅导、就业指导、医学实践、管理讲座、科普视频等精品视频共计3万余部，近100万分钟。

3．万方数据使用方法

（1）快速检索

打开万方数据首页，在输入框输入检索词，单击"检索"按钮即可，如图2-2-2所示。

（2）高级检索

进入高级检索界面，如图2-2-3所示。在该界面中还可以选择其他选项卡，例如，选择"专业检索"（如图2-2-4所示）和"作者发文检索"（如图2-2-5所示）。

模块2　中文数据库信息检索

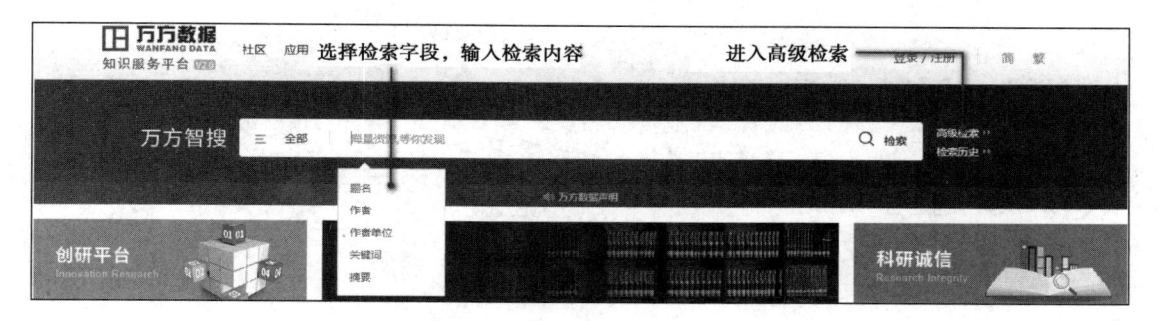

图 2-2-2　快速检索

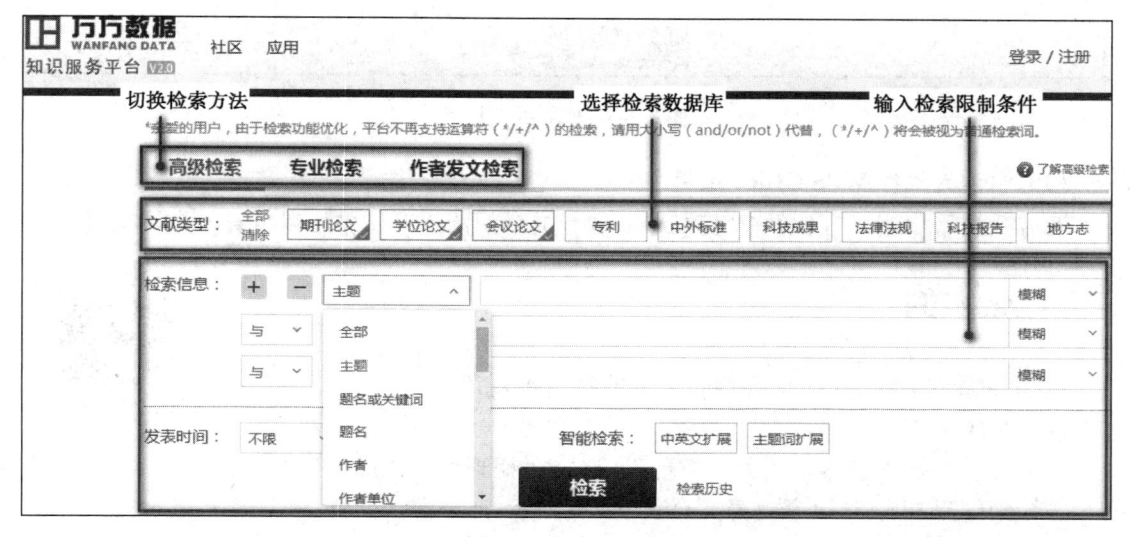

图 2-2-3　高级检索

图 2-2-4　专业检索

▶▶ 53

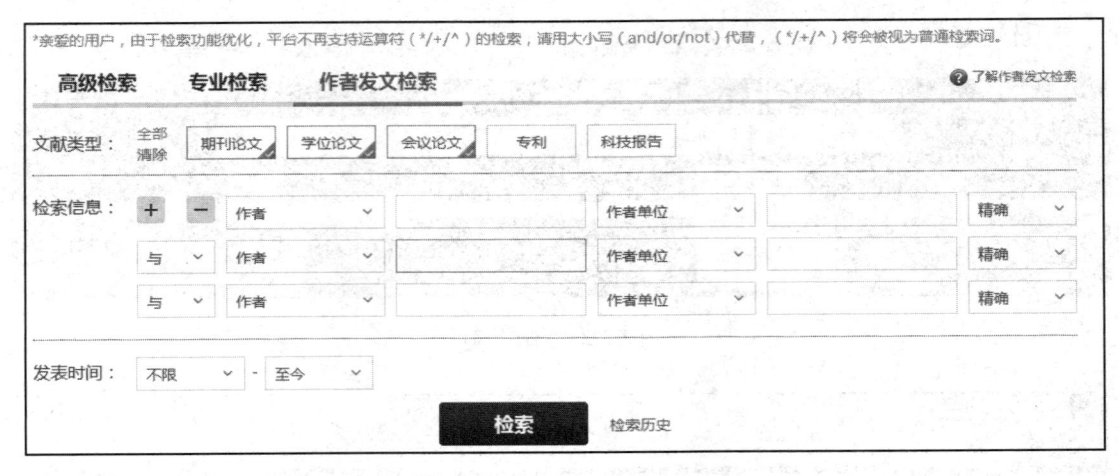

网络信息检索实例分析与操作训练（第 4 版）

图 2-2-5　作者发文检索

（3）阅读器软件 WPS Office 使用方法

万方数据采用第三方软件 WPS Office 进行文章阅读，该软件可以查看、批注文章。

二、检索实例

例 2-2-1　检索人工智能在教育方面的技术类文章。

操作步骤如下：

（1）在首页输入检索词"人工智能"，选择"期刊"数据库。继续单击"搜论文"，得到初步的检索结果共 145614 篇文章，如图 2-2-6 所示。

检索实例 2-2-1

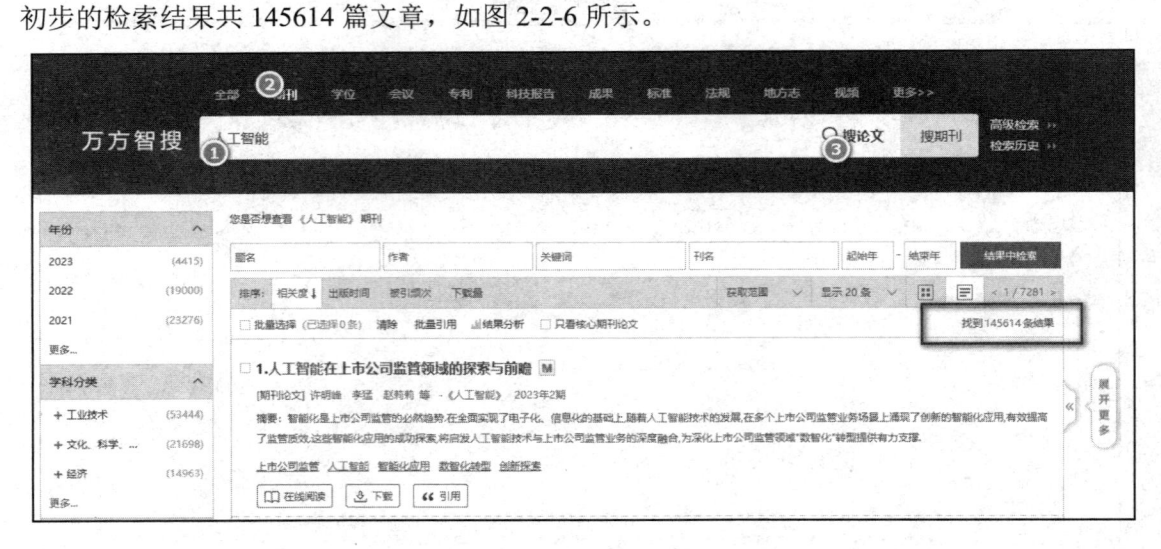

图 2-2-6　初步检索结果

（2）检索界面左侧出现年份、学科分类等。选择学科分类为"工业技术"，检索到 53444 篇文章，如图 2-2-7 所示。

54

图 2-2-7　学科分类"工业技术"检索结果

（3）在"关键词"处输入"教育"，单击"结果中检索"按钮进行二次检索，步步深入，得到精确的检索 559 条结果，如图 2-2-8 所示。

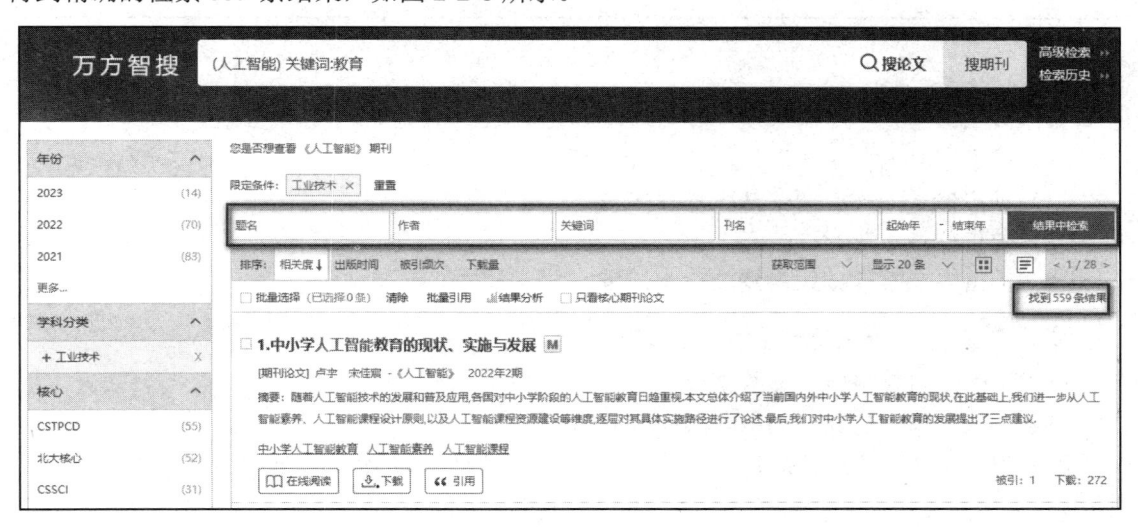

图 2-2-8　二次检索结果

（4）未购买资源库的用户，可在"获取范围"中选择免费全文，即可查看相关免费资源。

例 2-2-2　检索关于"电商直播与乡村振兴"的学位和会议论文。

检索策略：中国学位论文全文数据库、会议论文全文数据库。

检索方式：高级检索，其界面如图 2-2-9 所示。

图 2-2-9　高级检索

操作步骤：

（1）检索字段为"主题""题名或关键词"。
（2）确定检索词：电商直播、乡村振兴。
（3）逻辑关系：逻辑"与"。
（4）单击"检索"按钮得到的检索结果。

例 2-2-3　关于虚拟现实的应用文献检索。

检索策略：科技报告全文数据库。

检索方式：单库检索与高级检索。

（1）单库检索："科技报告"单库检索方法如图 2-2-10 所示；其检索结果如图 2-2-11 所示。

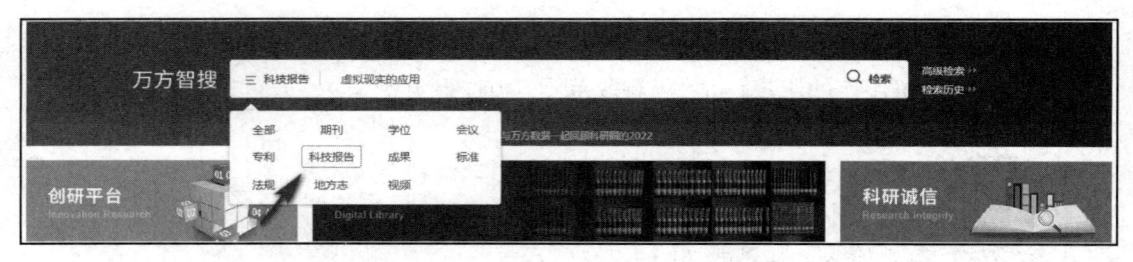

图 2-2-10　"科技报告"单库检索界面

模块 2　中文数据库信息检索

图 2-2-11　"科技报告"单库检索结果

（2）高级检索，其检索结果如图 2-2-12 所示。

图 2-2-12　高级检索结果

（3）选取其中的一篇检索结果，单击文章标题，进入文章简介，如图 2-2-13 所示。
（4）单击图 2-2-13 中的"在线阅读"按钮，如需下载则单击"下载"按钮获取全文，获取万方数据 PDF 格式的文件，如图 2-2-14 所示。

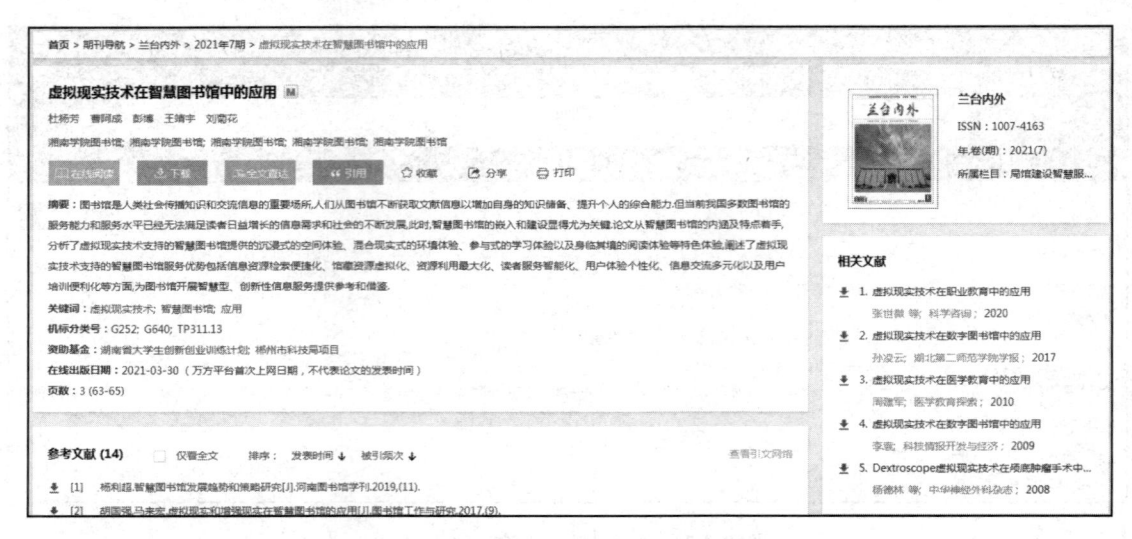

图 2-2-13　显示其中一篇检索结果

图 2-2-14　下载全文

三、课堂互动

利用万方专利数据库查询找到"新能源"领域的专利公司信息，请记录该公司名称、专利类型及数量。

模块 2　中文数据库信息检索

项目 2.3　维普资讯数字资源检索与利用

学习重点

1. 了解维普资讯数据库的特点；
2. 熟练运用维普数据库获取和利用期刊文献信息。

学习要求

学会利用校园网进入维普资讯数据库查找文献，通过完成实训项目提高获取和利用文献信息的能力，为不断地吸收新知识、增强创新能力打下基础。

一、相关知识

1. 维普资讯网（维普网）

维普资讯网建立于 2000 年，已经成为全球著名的中文信息服务网站，是中国最大的综合性文献服务网，是 Google Scholar 最大的中文内容合作网站。其所依赖的中文科技期刊数据库，是我国网络数字图书馆建设的核心资源之一，被我国高等院校、公共图书馆、科研机构所采用，是高校图书馆文献保障系统的重要组成部分。维普资讯网的首页如图 2-3-1 所示。扫描二维码，观看"维普资讯"微视频。

维普资讯

图 2-3-1　维普资讯网首页

59

2．维普资源——中文科技期刊数据库资源产品概述[3]

期刊总数：15200 余种，其中现刊 9456 种。

核心期刊：1983 种（北大核心 2017 版）。

文献总量：7100 余万篇。

收录年限：1989 年至今（部分期刊追溯到创刊年）。

更新周期：中心网站日更新。

回溯年限：1989 年，部分期刊回溯至 1955 年。

学科范围：医药卫生、农业科学、机械工程、自动化与计算机技术、化学工程、经济管理、政治法律、哲学宗教、文学艺术等 35 个学科大类，457 个学科小类。

版权保护：经期刊社授权并签署收录协议，严格参照国家《著作权法》并恪守签约协议支付版权使用费。

技术标准：采用百度、淘宝等大型企业共同采用的 Hadoop 架构体系，具有高可靠性、高扩展性、高效性、高容错性，支持云服务架构，同时支持 OpenURL 国际标准协议。

著录标准：《中国图书馆分类法》、《检索期刊条目著录规则》（GB3793—1983）、《文献主题标引规则》（GB3860—2009）、《信息与文献 参考文献著录规则(GB/T 7714—2015)》，严格人工质检，著录错误率≤0.0003。

知识对象：期刊、作者、机构。

3．维普资讯使用方法和技巧

（1）维普资讯的检索首页功能分区如图 2-3-2 所示。

图 2-3-2　维普资讯的检索首页功能分区

（2）高级检索：多个检索条件逻辑组配检索，支持同义词扩展和检索条件增减等，以提高检索性能和检索的精确度，其界面如图 2-3-3 所示。

3　数据来源于 2023 年 http://www.vipinfo.com.cn/html/ProductDetail.aspx?id=13。

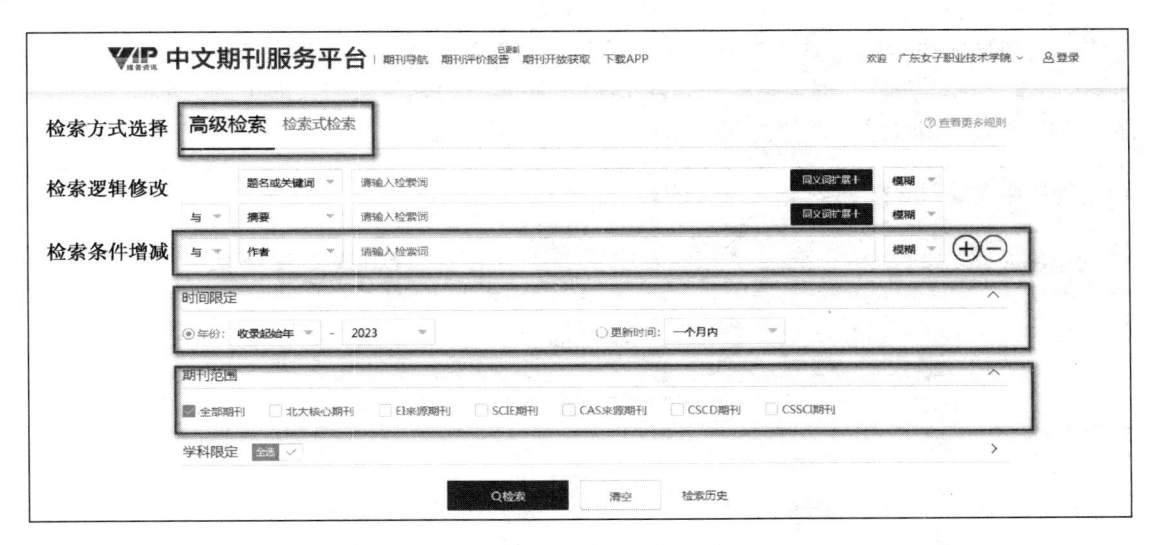

图 2-3-3　高级检索界面

检索式检索步骤如下：
①确定各项检索条件及其逻辑关系。
②输入检索词。
③根据检索需求限定时间、期刊范围和学科。
④单击"检索"按钮，得出检索结果。

（3）检索式检索：使用布尔逻辑运算符，对多个检索词进行组配检索，并且可以选择时间、期刊来源、学科等检索条件对检索范围进行限定，其界面如图 2-3-4 所示。

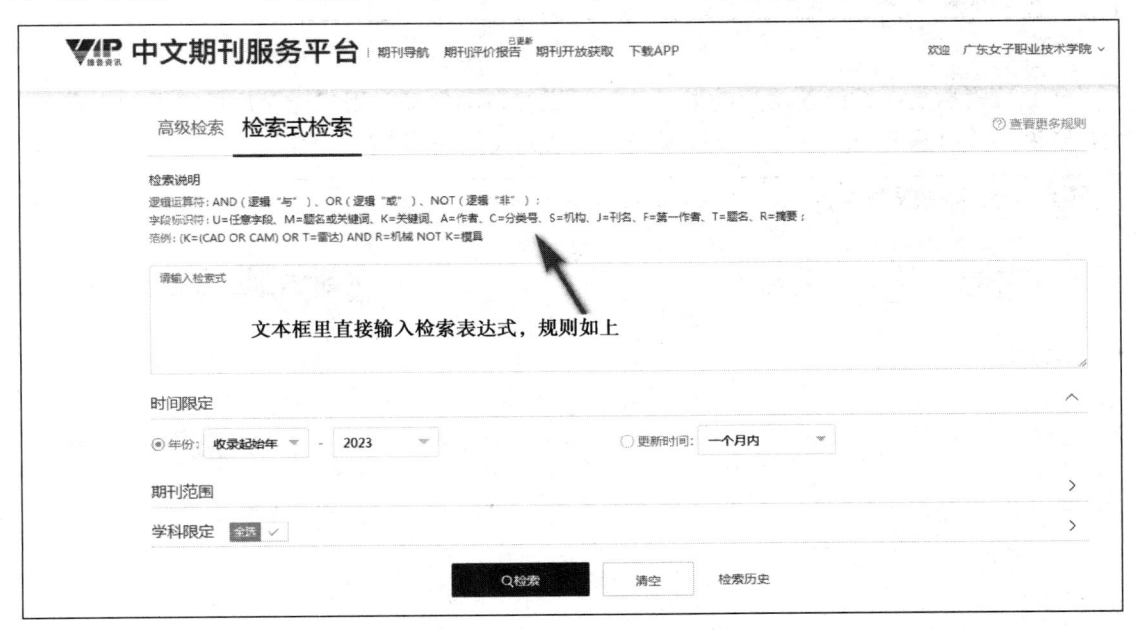

图 2-3-4　检索式检索界面

（4）期刊导航：多渠道快速定位期刊，可以进行年卷期的内容浏览及相关期刊或文献的漫游。期刊导航检索界面具备期刊检索、按篇字母查找、按学科分类搜索 3 种检索方式，如图 2-3-5 所示。在输入框中输入刊名或 ISSN，单击"检索"按钮，即可进入期刊名列表界面。单击刊名，即可进入期刊内容界面。

图 2-3-5　期刊导航检索界面

（5）检索历史：系统对用户检索过的数据进行自动保存。用户登录后可以继续查看历史检索结果，并对感兴趣的部分进行订阅关注。其界面如图 2-3-6 所示。

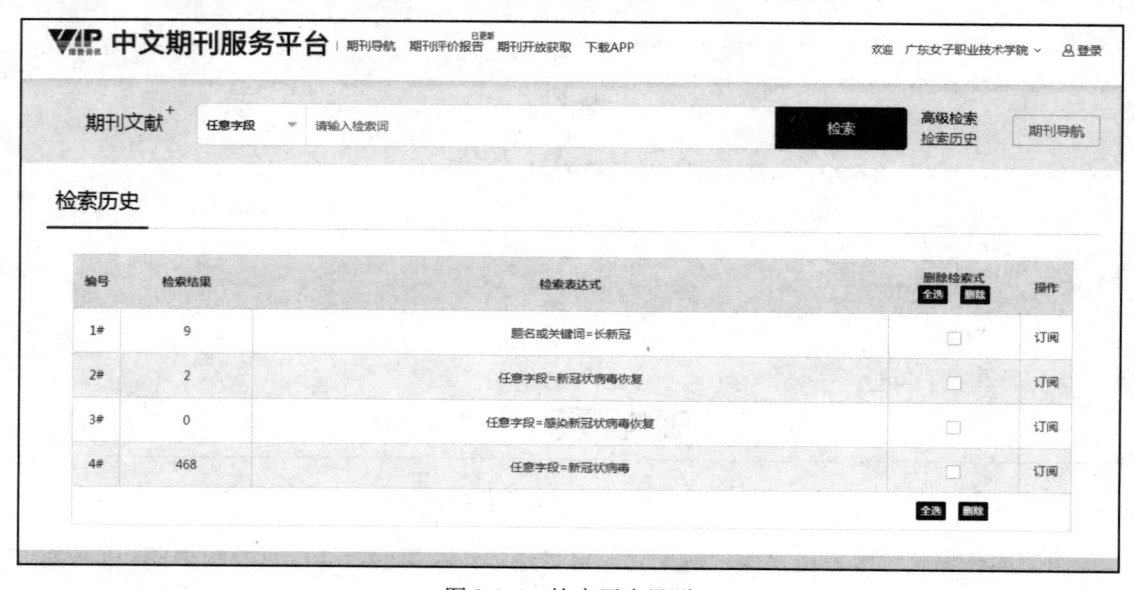

图 2-3-6　检索历史界面

模块 2　中文数据库信息检索

二、检索实例

例 2-3-1　查找近 5 年关于"人脸识别技术在课堂考勤方面的应用"的文章。

在维普检索首页（如图 2-3-1 所示）中单击"高级检索"链接，进入高级检索界面。

（1）分析确定检索条件：检索项为"题名或关键词"；检索词为"人脸识别技术""课堂考勤"；逻辑关系为"与"。

（2）检索过程：在"题名或关键字"对应的文本框中分两行输入检索词"人脸识别技术""课堂考勤"；逻辑关系选择"与"；时间限定选择年份 2018～2023。单击"检索"按钮得到的检索结果共 7 篇文章，如图 2-3-7 所示。

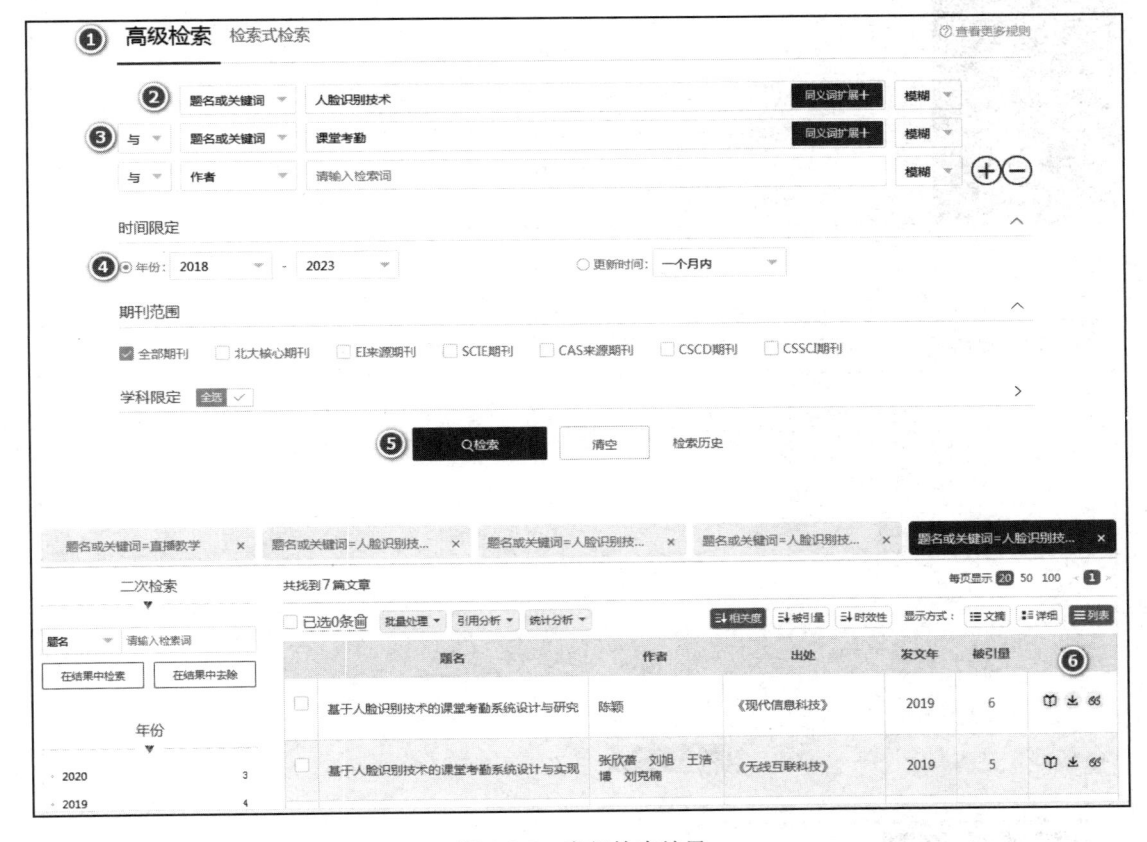

图 2-3-7　高级检索结果

（3）获取原文：选择其中一篇在线阅读或下载，即可查看原文章，如图 2-3-8 所示。

例 2-3-2　查找关于"大数据时代的信息安全问题"的文章。

（1）选择高级检索中的"检索式检索"选项卡。

（2）按照检索范例输入检索式进行检索，如图 2-3-9 所示。

检索规则说明：AND（逻辑"与"）、OR（逻辑"或"）、NOT（逻辑"非"）。

输入检索式"K=大数据 AND K=信息安全"，得到检索结果共 1563 篇文章。

检索实例 2-3-2

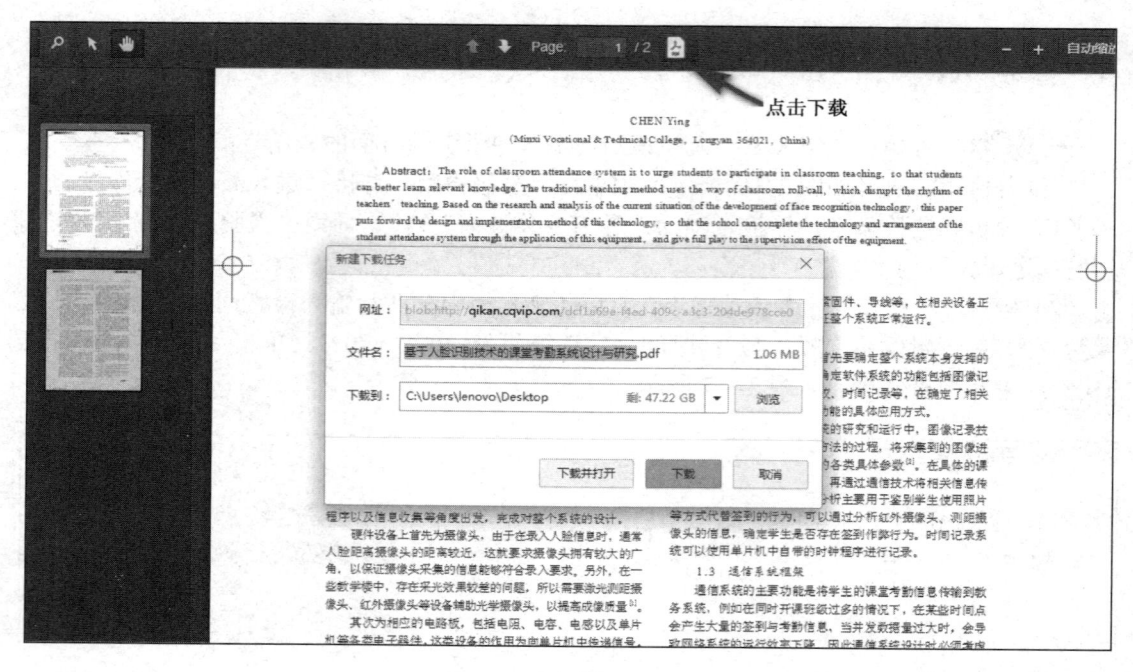

图 2-3-8　文件下载界面

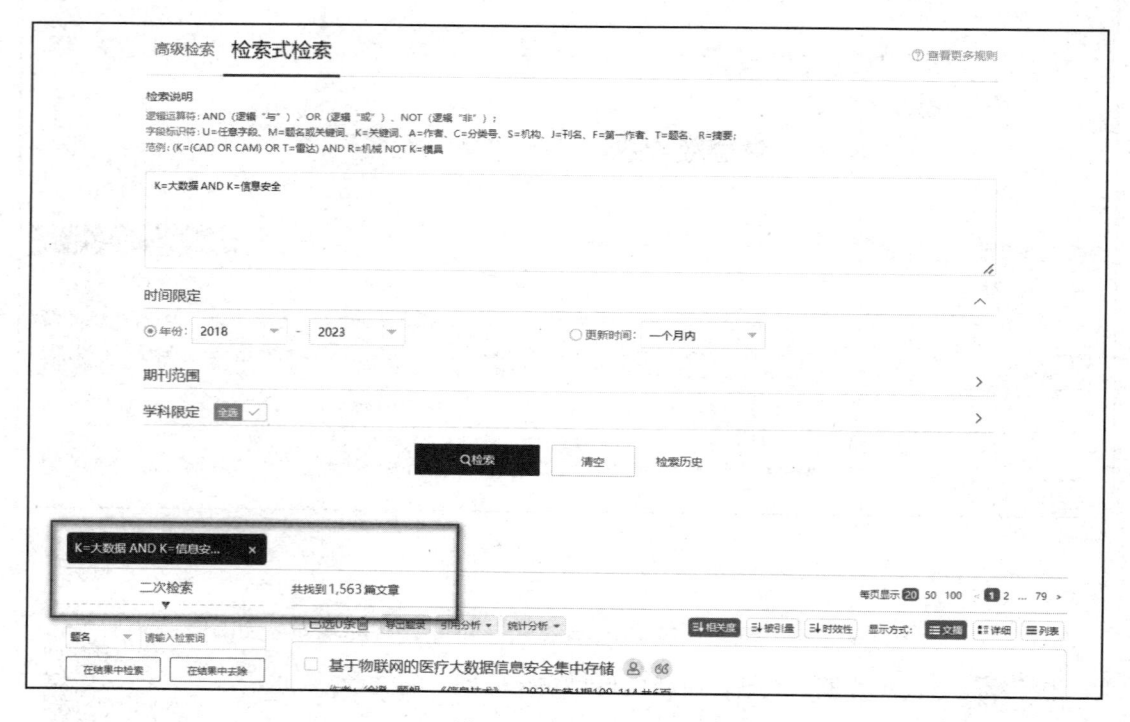

图 2-3-9　输入检索式

（3）进行二次检索。改变检索条件，设置期刊范围为"北大核心期刊"，更新时间，即年限为"一年内"，再重新检索，得到检索结果共 6 篇。二次检索结果如图 2-3-10 所示。

模块 2　中文数据库信息检索

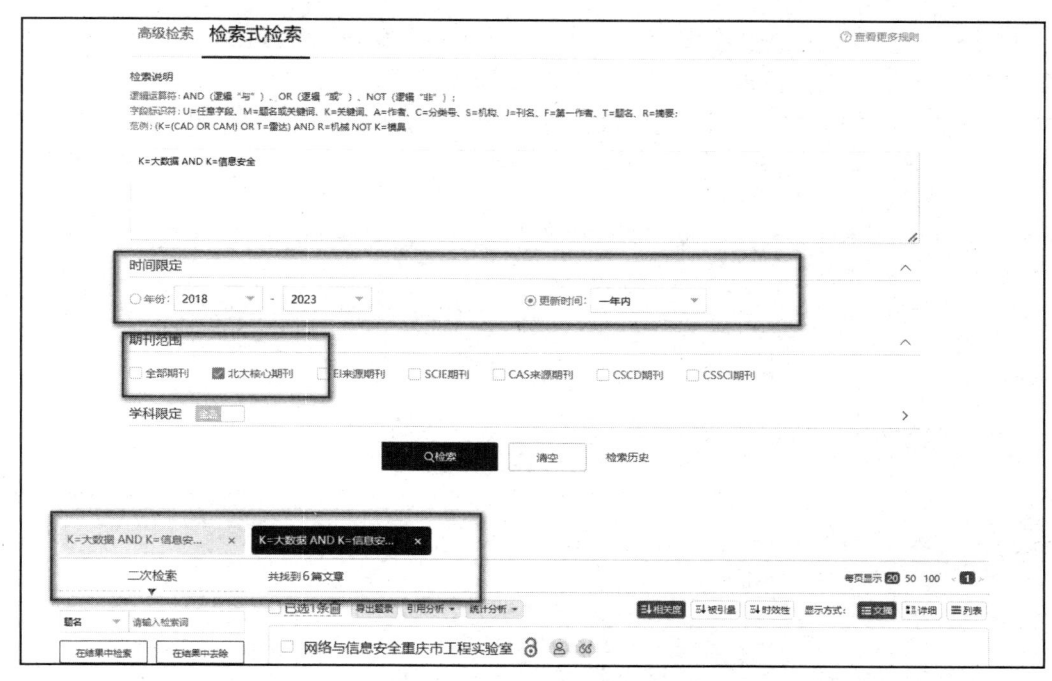

图 2-3-10　显示二次检索结果

（4）获取全文（略）。

例 2-3-3　查找近 5 年北大核心期刊和 NSSD 期刊中关于"精准扶贫下的农村电商"方面的文献。

（1）进入期刊导航界面：在首页选择"中文期刊服务平台"，单击左上角"期刊导航"，进入期刊导航界面，如图 2-3-5 所示。

（2）进行检索：在期刊文献搜索框中输入检索词"精准扶贫下的农村电商"并进行检索，得到检索结果共 181 篇文章，如图 2-3-11 所示。

图 2-3-11　显示检索结果

65

（3）进行二次检索：改变检索期刊收录为"北大核心期刊""NSSD"，如图2-3-12所示，直接选中该字段即可进行检索，得到检索结果共10篇文章。

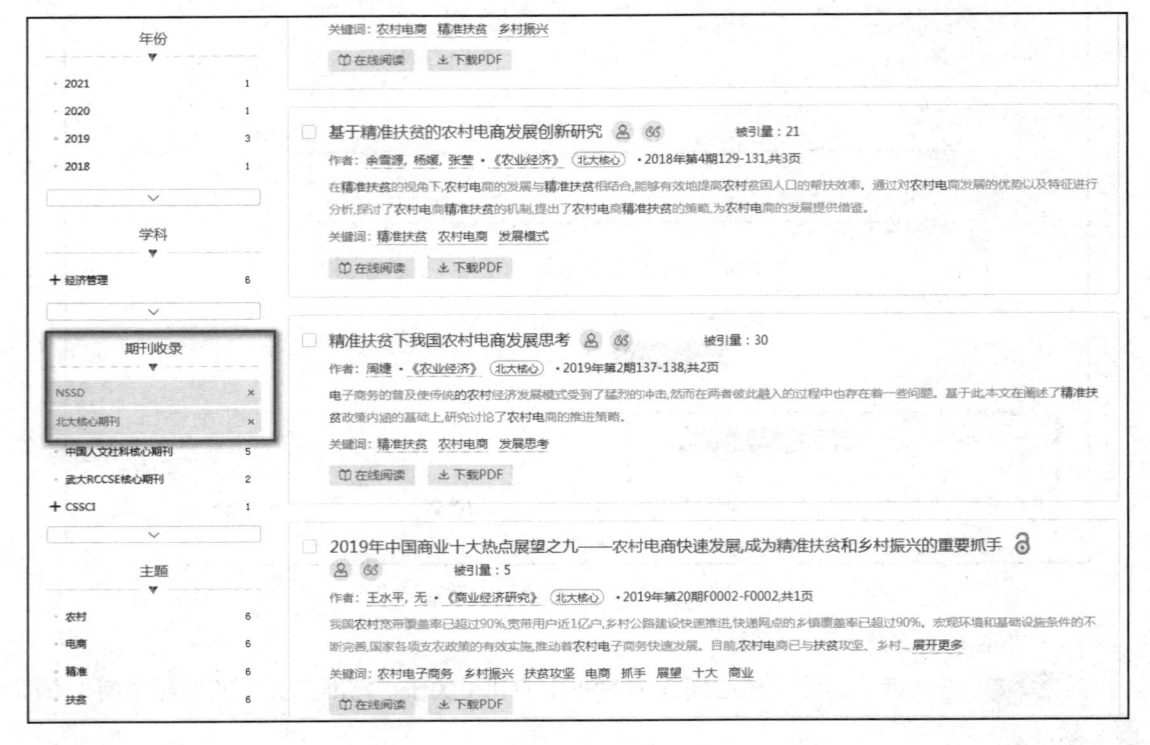

图 2-3-12 改变检索期刊

三、课堂互动

（1）请使用维普资讯数据库查找你的同名者。
（2）试根据本专业某一课题论文的发表数量做课题趋势分析。

项目 2.4 数字图书馆与电子图书资源检索

学习重点

1. 了解什么是电子图书、所在学校的数字图书资源种类及特点；
2. 查找中国数字图书馆、超星数字图书馆图书资源文献信息。

学习要求

学会利用校园网进入中国数字图书馆、超星数字图书馆获取免费图书文献资源；能够使用不同的检索方式查找图书资源，下载阅读器阅读图书文献。

一、相关知识

1. 电子图书

电子图书（Electronic Book，eBook）是指以数字形式出版、发行，读者可以通过阅读终端进行阅读、下载的数字化书籍。扫描二维码，观看"电子图书"微视频。

2. 电子图书的类型

（1）光盘电子图书：存储载体为光盘，一般只在计算机上单机阅读。

（2）网络电子图书：包括免费网络电子书、网络图书馆（电子图书服务系统，如超星数字图书馆等），可以通过互联网访问并阅读。

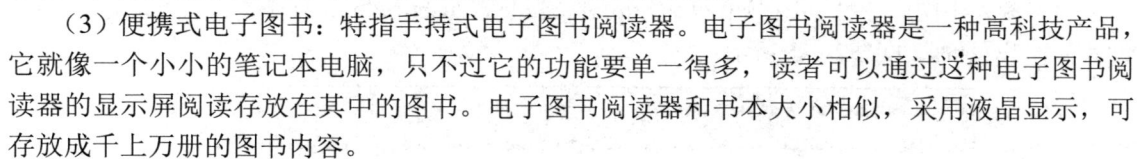

（3）便携式电子图书：特指手持式电子图书阅读器。电子图书阅读器是一种高科技产品，它就像一个小小的笔记本电脑，只不过它的功能要单一得多，读者可以通过这种电子图书阅读器的显示屏阅读存放在其中的图书。电子图书阅读器和书本大小相似，采用液晶显示，可存放成千上万册的图书内容。

3. 主要电子图书数据库

（1）中国数字图书馆

中国数字图书馆是由国家图书馆控股，服务于国家数字图书馆工程的高新技术企业，于2000年4月18日正式运营。在全国建立起完整的数字图书馆建设与服务体系，是全球最大的中文多媒体数字信息资源平台。中国数字图书馆推出的网上读书系统（Ver3.0），由图书检索引擎、中国数图浏览器、后台服务管理、后台用户管理构成，适用于公共图书馆、高校图书馆、智能化社区等局域网用户。该系统采用基于成熟应用平台的模块化设计的电子图书借阅体系，分为标准版和专业版，可根据客户个性化需求，提供最优化的模块组配。

（2）超星数字图书馆

超星数字图书馆为中文数字图书馆之一，提供大量的电子图书资源提供阅读，其中包括文学、经济、计算机等五十余大类，数百万册电子图书，500万篇论文，全文总量13亿余页，数据总量1000000GB，大量免费电子图书，超16万集的学术视频，拥有超过35万名授权作者，5300位名师，1000万注册用户，并且每天仍在不断地增加与更新。

（3）世界数字图书馆

世界数字图书馆由联合国教科文组织及32个合作的公共团体共同成立，由全球规模最大的图书馆——美国国会图书馆主导开发。参与这项计划的馆藏与技术合作的国家，从巴西到英国、中国、埃及、法国、日本、俄罗斯、沙特阿拉伯及美国等国的图书馆及文化机构都有，它们将无价的文化素材数字化，让读者在网络上即可取得。世界数字图书馆构想是由美国国会图书馆馆长毕灵顿（James Billington）首创的。

（4）美国数字公共图书馆

美国数字公共图书馆整合了包含图书馆、档案馆、博物馆、文化遗产中心等全美范围内的丰富的数字资源，便于用户一站式检索利用；另外它搭建了用户与资源之间的平台，最大限度地将资源及其元数据、API等开放共享，保证了公众接触优质文化内容的平等机会和资源利用的最大化。

4. 网上免费电子图书

（1）超星汇雅电子图书：超星汇雅·书世界电子图书数据库是新一代电子图书数据库的管理和使用服务平台，专业完善的系统功能是其优势所在。该平台功能齐全，检索便捷，易于阅读，深受广大读者喜爱。汇雅·书世界电子图书数据库可在线阅读 130 多万册电子图书，图书内容涵盖各学科领域，为读者在学习、工作、生活中提供了大量宝贵的参考资料。

（2）人民网：收录文学、传记、历史、教育、社科及保健方面的图书。

二、检索实例

例 2-4-1 利用中国国家数字图书馆查找一本大数据方面的书籍并下载阅读。

（1）输入中国国家数字图书馆网址 http://read.nlc.cn/user/index，打开中国国家数字图书馆读者云门户页面，如图 2-4-1 所示。

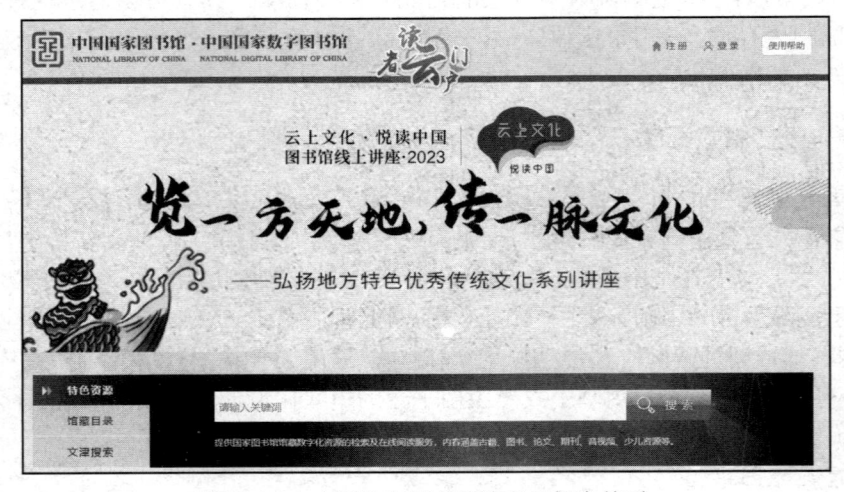

图 2-4-1 中国数字图书馆读者云门户首页

（2）单击页面右上角的"注册"超链接，跳转至注册页面，按要求填写注册信息，如图 2-4-2 所示。

图 2-4-2 中国国家数字图书馆注册页面

（3）登录成功后，在页面上选择"特色资源"，在搜索框中直接输入"大数据"，如图2-4-3所示。单击"搜索"按钮即可跳转结果界面，如图2-4-4所示。

图 2-4-3　读者门户首页

图 2-4-4　"特色资源"检索结果

（4）二次检索：输入作者名字"牟少敏"和出版单位"人民邮电出版社"即可精确检索到相关书籍，单击"检索"按钮，如图 2-4-5 所示。

图 2-4-5　馆藏中文图书页面

（5）在检索出的书目中单击该书籍，获取该书的详细信息，如图 2-4-6 所示。

图 2-4-6　中文图书检索结果

（6）单击页面下方的"在线阅读"按钮，即可阅读所选择的书籍，滚动鼠标可翻页。

图 2-4-7　电子图书全文

例 2-4-2　在超星数字图书馆查找红色旅游书籍的收藏情况，写出检索回顾。

（1）登录超星数字图书馆首页

通过校园网登录超星数字图书馆首页，如图 2-4-8 所示。

检索案例 2-4-2

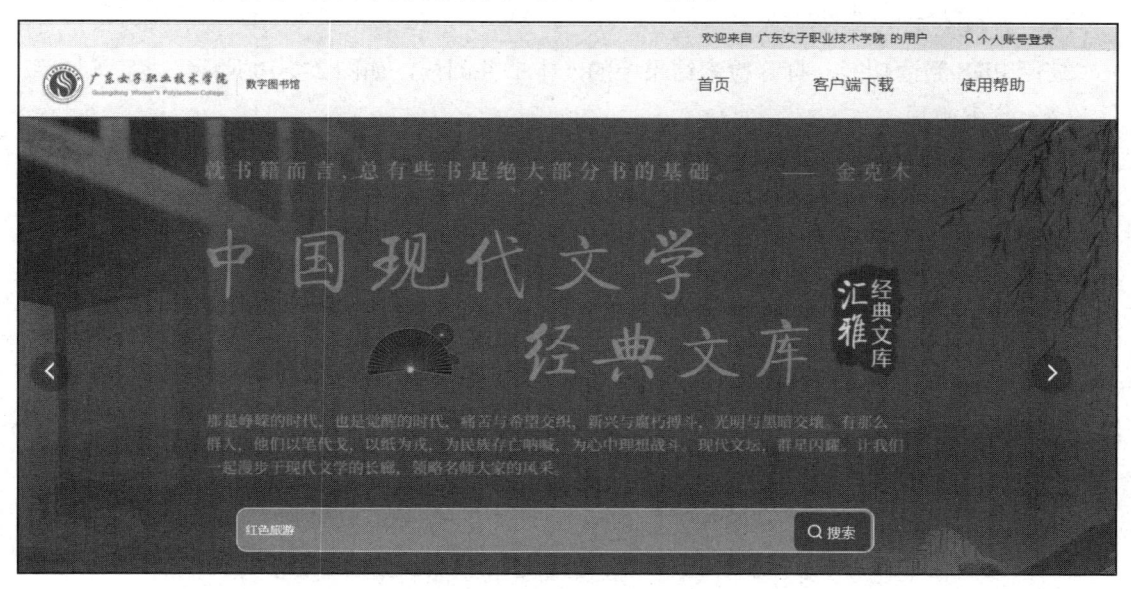

图 2-4-8　超星数字图书馆首页

（2）选择检索方式

在搜索页面，输入检索词"红色旅游"，单击"搜索"按钮，得到检索结果，如图 2-4-9 所示。此种方式为普遍搜索，检索页面可以进行"二次检索""高级检索"。"二次检索"是在进行第一次搜索之后，对搜索结果再进行一次针对性的搜索。第一次搜索可能会返回大量的结果，但并不一定所有结果都与用户需要的信息相关。因此，在第一次搜索的基础上，用户可以进一步缩小搜索范围，以获取更加精确和符合需求的搜索结果。"高级检索"可以通过自定义作者、主题词、分类、中图分类号等进一步增加搜索结果的准确性。

图 2-4-9　显示检索结果

（3）获取全文

使用 PDF 阅读功能，打开检索结果中的一本书并阅读，如图 2-4-10 所示。

（4）检索回顾

检索课题：红色旅游书籍的收藏情况。

检索方式：普通检索。

检索途径：书名。

检索词：红色旅游。

检索结果：找到红色旅游相关书籍，其中一本图书信息如下。

书名：《宁夏固原红色旅游指南》。

作者：田俊秀。

出版社：宁夏人民教育出版社。

出版日期：2015.08。

图 2-4-10　使用 PDF 阅读功能在线阅读

三、课堂互动

（1）登录所在学校图书馆，了解并应用学校图书馆免费电子图书资源。

（2）选用一种或两种自己所在学校图书馆的电子图书数据库并查找所学专业的电子图书，试写出检索步骤与检索回顾。

（3）对 CNKI、万方数据和维普资讯进行比较，完成表 2-4-1。

表 2-4-1　三大中文数据库的对比

比较项目	CNKI	维普资讯	万方数据
建立时间			
提供的数据库类型			
提供的检索方式			
提供的检索途径（期刊库）			
检索结果			

💡 模块小结

1. 中文数据库检索方式与途径

CNKI 检索方式：快速检索、高级检索、专业检索、作者发文检索、句子检索、一框式检索、工具书及知识元搜索、引文检索。

CNKI 检索途径：主题、关键词、摘要、全文、被引文献、DOI、中图分类号、作者、第一作者、通讯作者、作者单位、支持基金、文献来源。

万方数据检索方式：快速检索、高级检索、作者发文检索、专业检索、跨库检索。

万方数据检索途径：主题、题名、题名或关键词、关键词、作者、第一作者、作者单位、刊名、DOI、摘要、中图分类号、导师、学位、基金、专业、学位、会议名称、主办单位。

维普资讯检索方式：快速检索、高级检索、检索式检索、分类检索、期刊导航。

维普资讯检索途径：任意字段、题名或关键词、题名、关键词、刊名、作者、第一作者、机构、参考文献、分类号、作者简介、基金资助、栏目信息。

2. 中文数据库信息检索的步骤

（1）分析检索课题。
①分析课题：课题的主要内容以及涉及的知识点（术语集合、术语之间的关系）。
②明确需要的文献特征：需要的文献种类、语种、年代及文献量。
③明确查询的侧重点：对查新、查准、查全的指标要求。
④确定所需要的文献应该具备的内部、外部特征。
内部特征——所需文献的知识构成、术语构成以及术语之间的关系。
外部特征——文献种类、年代、语种、媒体格式、标题、作者等。
（2）制定检索式描述检索需求。
①数据库的选择应考虑以下内容：

数据库的类型是否满足检索需要，数据库的类型不同，决定了它适用于不同的检索对象和满足于不同的检索要求。

数据库的学科专业范围是否与检索课题的学科专业相吻合，任何一个数据库在收录文献信息时总有一定的学科范围，应有针对性。

数据库收录的文献类型、文献存储年限、更新周期是否符合检索需求。数据库出版商往往以某一类型文献编制数据库，如专利、会议记录等。

数据库描述文献的质量，包括对原文的表达程度、标引深度如何、是否按标准化著录等。

数据库提供的检索入口是否与检索课题的已知线索相对应等。

对所需文献信息在国别和语种上加以选择限定。
②选择检索方式。

许多数据库提供了多种检索方式，如中国期刊全文数据库提供了初级检索、高级检索、专业检索和分类检索等检索方式。初级检索或简单检索易学易用、简单明确、界面友好，适用于一般用户，但是其操作步骤多，而且检索速度、查准率和查全率都低于其他检索方式。

而高级检索或复杂检索可以综合应用各种检索运算符或操作命令精确地表达检索需求，灵活地进行各种检索方案的检索，较为简洁、快速地得到较为理想的检索效果，但是需要用户熟悉各种系统的检索操作符，适合有经验的检索人员使用。

③检索途径（检索项）的确定。

检索项是用户根据自己课题涉及的专业内容所提出的能够全面确切表达主题概念的检索词。因此，检索词选择得当与否，直接影响其检索效果。

检索词一般可分为以下 4 类：

第一类是表示主题概念的检索词——主题词，包括标题词、单元词、叙述词、关键词。

第二类是表示学科分类的检索词，如分类号。

第三类是表示作者的检索词，如作者姓名、机构名称等。

第四类是表示特殊意义的检索词，如专利号、国际标准书号、分子式等。

④选取主题词的基本方法：分析主题，找出课题所包含的显性概念和隐含概念；找出核心概念，排除无关概念和重复概念；从待检数据库和检索工具的词表中选取规范化的词或词组；选用上位词、近义词或下位词作为检索词；选用自由词作为检索词。

⑤检索式的构造。检索提问式是数字资源检索中用来表达用户检索提问的逻辑表达式。

在编制检索提问式时，准确、合理地运用位置逻辑运算符、截词符、字段符等技术是编制检索式的基本要求。

合理的检索提问式应达到以下两个基本要求：

a．能够充分而准确地反映信息需求的内容。

b．能够适应所查数据库的索引体系、用词和匹配规则，即与数据库中的信息标志相匹配。

编制检索提问式时必须注意的问题如下：

a．在构造检索提问式时，要弄清所使用的数据库的检索功能和所采用的操作运算符。

b．检索词之间用逻辑或连接，可扩大检索式概念的外延，有利于提高查全率。

c．为提高检索速度，在使用布尔运算符时，应把估计出现频率低的词放在"AND"运算符的左边，把出现频率高的词放在"OR"运算符的左边；同时使用"AND"和"OR"时，应把"OR"运算符放在"AND"运算符的左边。

d．综合利用各种运算符，提高检索效率。

e．应避免可能产生多种逻辑判断的组配。

f．可利用逻辑非（NOT）剔除不符合要求的信息，限制与用户提问不相关信息的检出。

g．检索提问式要精练明了。

（3）实施检索。

（4）检索结果的输出与评价。

操作训练

实训操作 2-1　CNKI 资源检索

1．学时：1。

2．实训目标：通过 Internet 网络信息检索，要求学生了解 CNKI 概况，认识并掌握运用计算机信息检索技术，运用 CNKI 查找文献，运用校园网查找图书馆文献，提高获取和利用文献信息的能力，为不断地吸收新知识、增强创新能力打下基础。

3．实训内容：实验主要环节及操作内容如下。

（1）熟悉中国知网的页面布局，了解其中各个功能按钮和搜索框的使用方法。

（2）根据自己的需求选择适当的检索方式，包括关键词检索、分类号检索、作者检索等。

（3）根据提供的两篇关于"网络安全"主题的论文摘要，尝试使用中国知网上的检索工具快速定位这些论文。

①论文摘要 1：高速发展的网络技术改变了人们的日常生活环境。在提高工作效率的同时，网络面临严峻的安全问题。常用的网络安全防护技术有防火墙技术、入侵检测技术、数据加密技术和身份认证技术。网络具有开放性、共享性的应用特点，想要降低网络威胁带来的经济损失，就需要加大对网络安全防护技术的研究。文章结合网络防火墙的基本概念和主要类型，分析防火墙技术在网络安全防护中的重要作用，根据常见的计算机网络安全隐患，研究计算机网络安全防护中防火墙技术的具体应用。

②论文摘要 2：计算机网络为人们的生活带来了巨大的便利，但在享受便利的同时，也应该看清大数据时代背后网络安全的潜在危险。大部分用户都可能对计算机网络的潜在危险知之甚少，更无从防范。为帮助用户找到计算机网络安全防范措施，文中通过案例分析、模拟实验等方法总结出计算机网络安全管理面临的问题，以及威胁计算机网络安全的形式和威胁计算机网络安全的因素。最后总结出威胁计算机安全的各种具体形式和因素，并提出了相应的计算机安全防范的建议与改进措施。

（4）提供的关键词为"网络安全""等保 2.0""一个中心，三重防护""主动防御"。请使用高级检索，通过组合关键词、限制检索时间范围、选择期刊来源等方式进行更精确的文献检索。

（5）写出检索报告。

实训操作 2-2　万方数据、人大复印报刊等中文数据库检索

1．学时：1。

2．实训目标：通过 Internet 网络信息检索，要求学生了解万方数据、人大复印报刊资料全文数据库等数据库的概况，认识并掌握运用计算机信息检索技术，运用这些全文数据库查找文献，运用校园网查找图书馆文献，提高获取和利用文献信息的能力，为不断地吸收新知识、增强创新能力打下基础。

3．实训内容：实验主要环节及操作内容如下。

（1）请以检索所学专业的某本图书为例，说明"超星数字图书馆"的检索使用方法（注意检索途径和菜单选项）。

（2）利用学校图书馆的人大复印报刊资料全文数据库检索一篇"心理健康"方面的文献，并写出检索步骤及文献外部特征。

（3）用"超星数字图书馆"检索一本所学专业书籍，并写出文献外部特征和检索的简要过程。

（4）请用万方数据系统检索一篇与所学专业有关的科技论文，并写出检索步骤和文献外部特征。

（5）利用学校图书馆"人大复印报刊资料全文数据镜像站"检索一篇与自己所学专业相关的 2018 年的一篇论文，并写出检索步骤及文献外部特征。

(6) 请用万方数据系统检索某个企业的基本信息（如通信地址、电话号码、主要产品等）并写出检索步骤。

(7) 请用万方数据系统检索一篇与自己所学专业有关的文献（如科技论文、科技成果、标准文献、学位论文、专利文献等），并写出文献外部特征和检索步骤。

(8) 请用万方数据或人大复印报刊全文数据库检索材料科学领域的中国科学院院士，并写出检索网站、检索途径以及院士的主要成果。

(9) 写出检索报告。

实训操作 2-3　维普资讯数据库资源检索

1. 学时：1。

2. 实训目标：通过 Internet 网络信息检索，要求学生了解维普资讯数据库的收藏概况，认识并掌握运用计算机信息检索技术，运用该全文数据库查找文献，运用校园网查找图书馆文献，提高获取和利用文献信息的能力，为不断地吸收新知识、增强创新能力打下基础。

3. 实训内容：实验主要环节及操作内容如下。

(1) 试检索出符合下列条件的文献，且按照要求写出检索式（可用图示法）、检索步骤和文献的外部特征。

①试检索出本校教职工在 2021 年发表的有关论述职业教育方面的文章。

②检索出符合条件1及条件2的记录。条件1：论文的篇名里包含"大数据"，论文的作者是"刘国城"；条件2：2020~2022 年发表在期刊《财会通信》上的论文。

(2) 根据下列课题要求，找出检索词，查出与课题相关的文献，写出篇名、著者、刊名、年、卷、期，并分别用篇名、关键词途径和全文途径检索所得文献的篇数。

①近几年家庭学习的困境与对策分析。

②国内外最新人工智能技术研究综述。

③新能源汽车发展现状及未来趋势预测。

④电商平台用户体验研究：以淘宝为例。

⑤城市空气污染治理措施研究。

⑥高校专业人才培养模式研究与比较。

⑦金融危机对全球经济的影响与对策研究。

⑧不同领导风格对企业绩效的影响研究。

⑨创新型城市建设与可持续发展研究。

⑩行业数字化转型中的人力资源管理模式探讨。

(3) 写出检索报告。

模块3 经济信息资源检索与利用

本模块结构关系如图3-0-1所示。

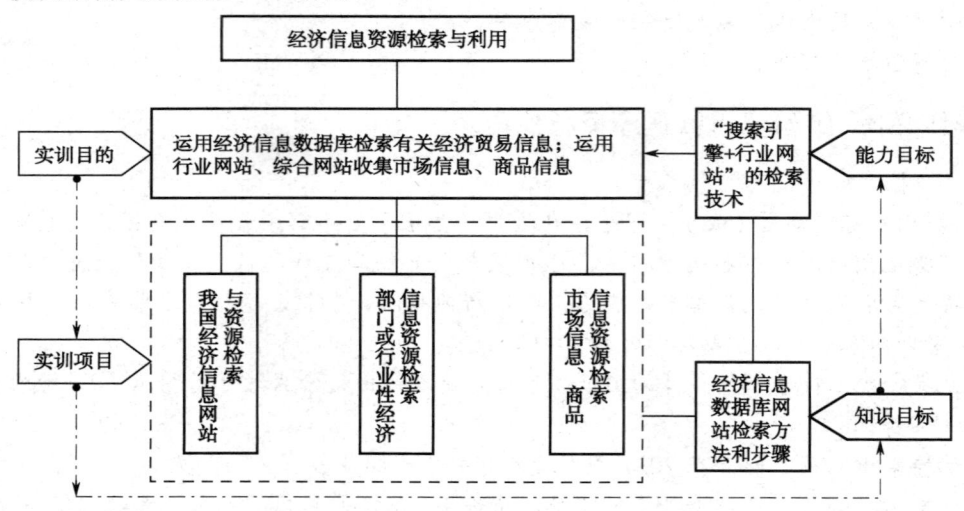

图 3-0-1 模块3结构关系图

经济文献是记录和反映各种经济理论、经济学说、经济技术、经济现象、经济知识以及经济生活的文献。

经济情报是在经济领域内产生并经过加工的反映各种经济变化和发展特征的信息。它可能来源于经济文献，也可能来源于社会调查、市场调查，甚至各种其他手段（如间谍）。它是对经济运动及其属性的反映和描述。

经济信息是人类经济生活中各种发展变化及其特征的真实反映。广义的经济信息是指那些与人类整个经济活动有关的信息。它们从不同的角度、不同的侧面（如政治、军事、外交、体育等）来反映经济运动的变化及其特征；狭义的经济信息是指与经济活动有关的事物在动态过程中直接反映出来的信息。如图3-0-2所示反映了经济文献、经济情报和经济信息的关系。

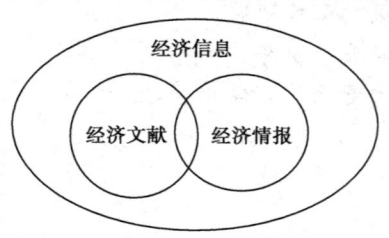

图 3-0-2 经济文献、经济情报和经济信息的关系

经济信息资源检索与利用是指应用检索工具和检索系统从网络中检索和利用所需要的经济信息资源的过程。

项目 3.1　我国经济信息网站与资源检索

学习重点

1. 熟悉经济信息检索工具的基本类型和特点；
2. 掌握我国经济信息数据库网站检索的方法和步骤。

学习要求

学会利用校园网进入中国经济信息网（中经网）、国务院发展研究中心信息网（国研网）、中国宏观经济信息网（中宏网）、中国商标网查找经济信息、EPS 数据平台，通过完成实训项目掌握我国经济信息数据库网站检索的方法和步骤。

一、相关知识

1. 经济信息的概念与作用

经济信息通常是指社会经济运行状态（广义的消息形式）所承载的某种意义、内容的一种表征，例如，生产性信息、需求性信息、销售性信息、价格性信息、金融性信息、分配性信息、消费性信息、经营管理信息等。

此外，与经济系统运行直接相关的环境信息，包括政府预算、财政状况、法律和制度、新技术开发产业、资源与能源以及国际关系等方面的动向所承载的信息，也可称为经济环境信息。

经济信息在现代社会中的作用如下：

（1）经济信息是发展经济的重要支柱。
（2）经济信息是经济科学研究的基础，也是人们获取经济知识的主要来源。
（3）经济信息资源的开发是促进经济效益增长的主要途径。

2. 我国经济信息网站的类型

从网站发布的信息内容分类，经济信息网站可分为综合性经济信息网站、行业性经济信息网站、经济学术信息网站和电子商务网站。

（1）综合性经济信息网站

综合性经济信息网站一般是由政府部门创建的，其主要特点如下：信息涉及面较广，时效性强，信息参考和使用价值高，数据较准确，例如，国研网、中经网、中宏网、中国商标网等。

（2）行业性经济信息网站

行业性经济信息网站是由一些业务范围相同或相近的企业、组织或某些网络服务机构，以提供本行业或本行业领域内相关信息为主要业务的专业性信息服务网站。其主要特点如下：信息内容只涉及某一个或几个相关领域，网上的信息面比较窄，但比较专业；网站信息大多是介绍一些相关产品和未来新产品的发展动向及企业组织和产品的介绍，例如，中国产业经济信息网等。

（3）经济学术信息网站

经济学术信息网站大多是由我国知名大学和国家科学研究机构创办的，其目的是为从事经济研究的专家、学者以及大专院校师生提供一个学术交流的平台，例如，北京大学中国经济研究中心网、中国经济学教育科研网。

（4）电子商务网站

电子商务网站是经济信息网站的一种综合形式，它具有一般经济信息网站的特点，但更着眼于构建商品交易的平台。其主要特点如下：能够宣传公司或企业的形象，发布企业动态信息；它可以具备集成产品发布系统，展示产品目录；它可以是集成订单系统的 ERP 系统；具有易用性、及时性的特点，例如，阿里巴巴、京东商城、淘宝网、当当网、唯品会等。

3. 网络商务信息检索的基本要求

（1）网络商务信息检索是指在网络上对商务信息的寻找和调取工作。
（2）网络营销对网络商务信息收集的要求如下。
①及时：迅速、灵敏地反映销售市场发展动态。
②准确：信息真实地反映客观现实，失真度小。
③适度：信息要有针对性和目的性，不宜过多。
④经济：以较低的费用获得必要的信息。

4. 网络商务信息检索的困难

（1）互联网信息多而分散。
（2）网络资源缺乏有效的管理。
（3）网络信息鱼目混珠。
（4）各种检索软件的检索方法不统一。

5. 网络信息检索困难的解决办法

（1）明确检索目标：明确检索的主要内容、关键词以及检索的深度和广度。
（2）选择查询策略：不同目的的查询应使用不同的查询策略；输入的词组应与主题相关，尽可能精确。
（3）分步细化、逐步接近查询结果：当想查找某一类信息但又找不到合适的关键词时，可以使用分类式搜索逐步深化。
（4）使用模糊查询和精确查询：输入关键词时，搜索引擎不但检索出包括关键词的信息，同时也反馈出与关键词意义相近的检索词。通过检索词的模糊查询，可以进一步查询相关信息。

6. 经济信息资源的分布

（1）机构信息源
①经济科学研究机构。
- 各国政府直属的经济科学研究机构，如国务院发展研究中心。
- 科学院系统的经济科学研究机构，如中国社会科学院经济研究所。
- 国家行政管理各部委设立的机构，如国家发展和改革委员会下属研究机构。
- 高等院校的经济科学研究机构，如武大商学院的美加经济研究所。

- 大型厂矿企业的经济科学研究机构，如首都钢铁公司经济研究所。

②经济学术团体。
- 国内经济学术团体，如中国经济团体联合会。
- 国外经济学术团体，如英国皇家经济学会。
- 国际经济学术团体，如国际商务学会。

③经济文献信息研究机构。
- 专门化的信息中心，如中国国家经济信息中心、各地的经济信息网。
- 社会科学信息研究机构，如中国社科院文献情报中心。
- 科技信息研究机构，如中国科技情报所。
- 专业文献信息中心，如银行经济信息中心。
- 企业文献信息研究机构，如某企业的情报室。
- 国际性文献信息研究机构，如世界银行文献咨询服务中心。

④广播电视系统，如经济新闻、专题性节目、经济课程教学节目、商业广告。

⑤企业站点，如阿里巴巴。

（2）经济信息数据库

例如，中国经济信息网，中国企业产品库，中外上市公司资料库，中国行业季度报告，中国地区经济发展报告，华通数据中心中国基本单位信息数据库，中国工业企业财务经济数据库，中国城镇居民收支数据库，中国工业行业数据库，中国宏观经济数据库，中国城市统计数据库，中国海关进出口数据库，中国宏观经济信息网，中国资讯行，EPS 数据平台。

二、经济信息资源网站推介

1．中国经济信息网（中经网）

（1）登录方式

①中国经济信息网的网址为 https://www.cei.gov.cn/，其首页如图 3-1-1 所示。

经济数据库推介

图 3-1-1　中国经济信息网首页

②注册使用，其高级检索界面如图3-1-2所示。

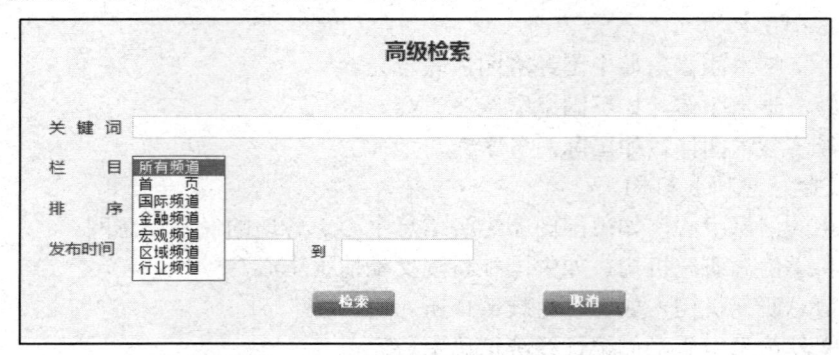

图3-1-2　高级检索界面

（2）中经网统计数据库概况[1]

中经网统计数据库是由国家信息中心下属中经网凭借与国家发改委、国家统计局、海关总署、各行业主管部门以及其他政府部门的良好合作关系，经过长期数据积累并依托自身技术、资源优势，通过专业化加工处理组织而成的一个综合、有序的庞大经济统计数据库群。其内容涵盖宏观经济、行业经济、区域经济及世界经济等各个领域，它是一个面向社会各界用户提供全面、权威、及时、准确的经济类统计数据信息的基础资料库。

（3）资源使用

中国经济信息网检索可分为简单检索和高级检索，用户可以自由设定检索策略并进行检索。中经网简单检索提供了四种检索方式：全部、动态、数表、报告，如图3-1-3所示。高级检索有六大栏目，即所有频道、宏观频道、金融频道、行业频道、区域频道、国际频道，可进行关键词检索，如图3-1-2所示。

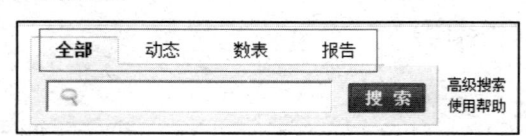

图3-1-3　简单检索的四种检索方式

2．国务院发展研究中心信息网（国研网）

（1）登录方式

①国务院发展研究中心信息网的网址为http://www.drcnet.com.cn/，注册后即可使用。

②登录已购买该资源库的数据平台，如广州城市职业学院图书馆。

（2）资源数据概况

该网针对不同的用户，设有综合版、教育版、党政版、金融版、繁体版等内容。以教育版为例，内含专题文献库、研究报告库、统计数据库、专家库等子库。每个版本的文献信息组织方式根据用户的信息诉求及使用习惯而略有不同。

（3）资源使用

下面以"综合版"为例，介绍国研网的使用。其检索方式共有三种：国研网综合版主界面简单检索、各栏目内部检索、国研网检索中心检索。

1　资料来源：中国经济信息网

①国研网综合版主界面简单检索，如图 3-1-4 所示。

在主界面中有一个检索栏，分为检索内容和检索字段。

检索内容：需要填入所需要寻找的关键词。

检索字段：分为"标题""关键词""来源""全文"4 个检索字段。

图 3-1-4　国研网综合版主界面

②各栏目内部检索。在每一个栏目中都有自己的检索。如单击国研网综合版（如图 3-1-4 所示）"文献数据库"下设栏目中的"宏观经济"超链接，可以进入如图 3-1-5 所示的"宏观经济"栏目界面。

图 3-1-5　"宏观经济"栏目界面

③国研网检索中心检索。在国研网综合版主界面单击"检索"按钮后，便可进入国研网的检索中心界面。通过检索中心，可进行简单检索和高级检索，界面分别如图3-1-6和图3-1-7所示。

图 3-1-6　简单检索界面

图 3-1-7　高级检索界面

3. 中国宏观经济信息网（中宏网）

（1）登录方式

①一般用户：登录网址为http://www.macrochina.com.cn/info.shtml，访问中国宏观经济信息网，浏览相关经济类新闻信息。中宏网首页如图3-1-8所示。

②集团用户：如广州城市职业学院校园网用户可登录中宏教研支持系统，从该校图书馆进入中宏教研系统可以对中宏网内的数据库进行相关数据检索。

（2）资源数据概况[2]

中国宏观经济信息网创办于 2000 年 3 月 21 日，是具有政府背景和研究背景的权威专业网站。中宏网首创信息整合平台和专家研究平台，拥有政策信息资源和专家研究资源两大优势。中宏网是中国经济学奖唯一的评奖网站。中宏网独创了支撑经济分析决策的核心技术——经济智能分析系统（EIAS），完成了 IT 技术与经济研究方法的有效融合。借助于中宏网强大的线上、线下网络，实现了经济信息的有效整合与集成，形成目前我国门类最全、分类最细、容量最大的经济数据库——中宏数据库。中宏数据库拥有超过 20 个大类、130 个中类的专业库，而新专业库正在不断形成。中宏数据库内容已涵盖了 20 世纪 90 年代以来宏观经济、区域经济、产业经济、金融保险、投资消费、世界经济、政策法规、统计数据、热点专题等方面的内容，既有深度的研究报告，也有鲜活的政策动态，更有详尽的统计数据，容量已相当于一家中型专业图书馆。

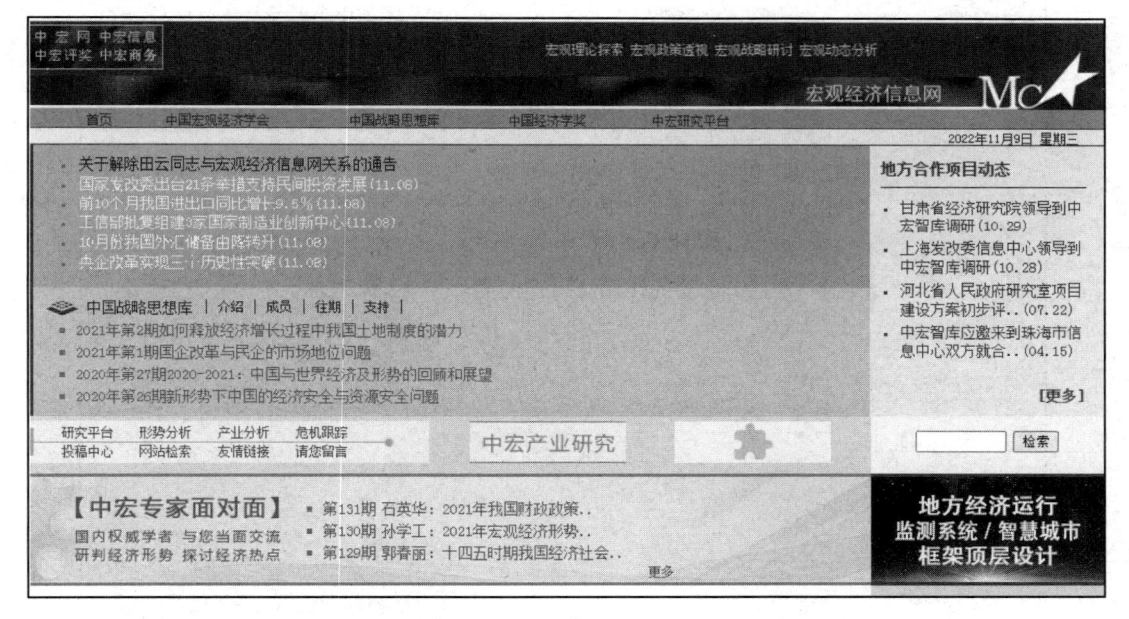

图 3-1-8　中国宏观经济信息网主界面（一般用户）

（3）资源使用

中国宏观经济信息网（校园网用户界面）主界面主栏目共有 9 个：每日焦点、热点图解、危机跟踪、网上文摘、形势解读、百人团、研究平台、统计数据、抗疫专题，如图 3-1-9 所示。

中宏网有以下四种检索方式。

①分库浏览：单击图 3-1-9 右下角选项卡可进入组群库、思想库、统计数据库。

②快速检索：快速检索有八维分析和搜索两个不同入口，如图 3-1-10 所示。

③八维分析检索：在快速检索入口界面（如图 3-1-10 所示）单击"八维分析"选项卡，在检索框中输入相应关键词，再单击搜索按钮，即可进入八维分析检索页面（如图 3-1-11 所示）。在八维分析检索页面中，可以对相应信息支持和相应延伸参考进行限定检索。

2　资料来源：中国宏观经济信息网

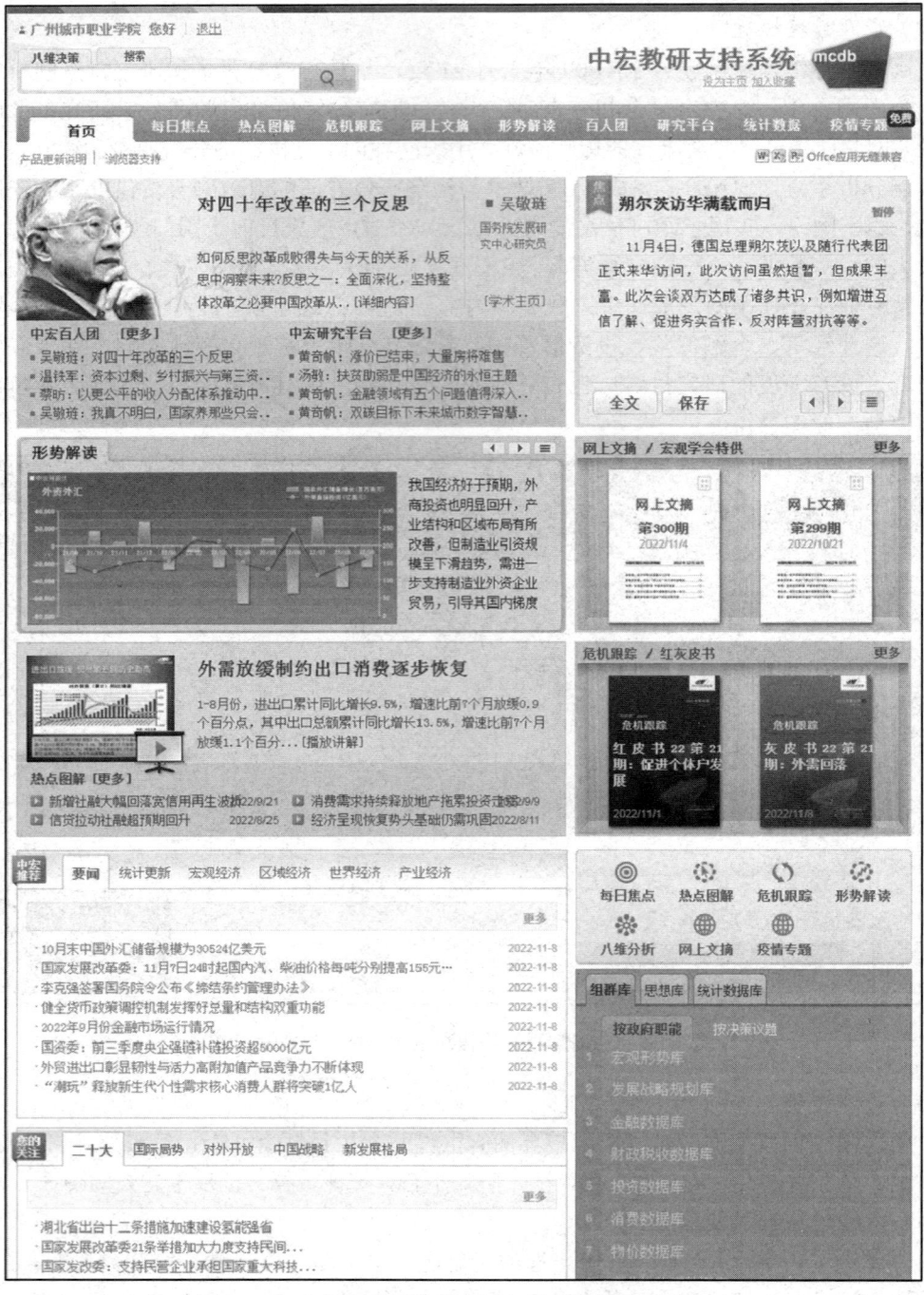

图 3-1-9　中国宏观经济信息网主界面（校园网用户）

图 3-1-10　快速检索入口

模块 3　经济信息资源检索与利用

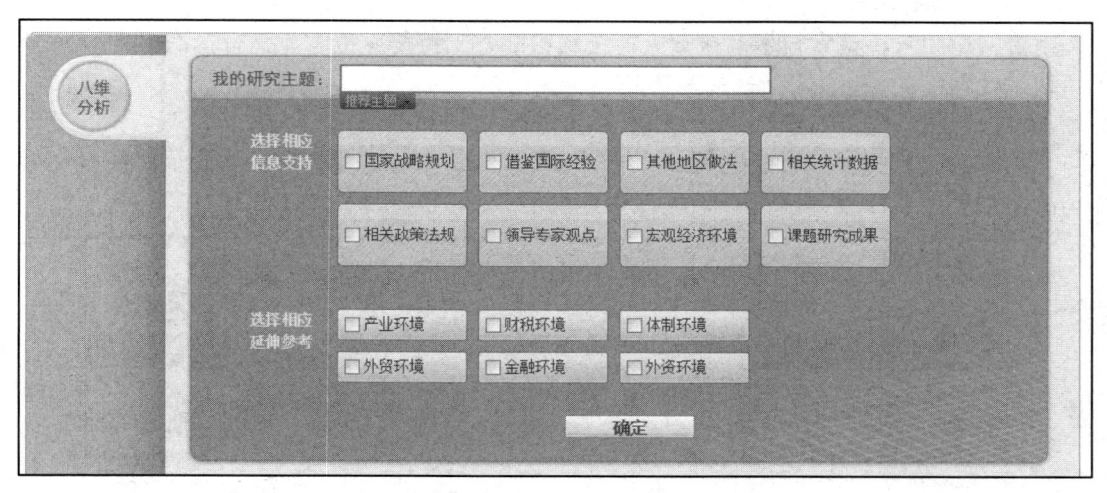

图 3-1-11　八维分析检索页面

④高级检索：在中宏网首页（如图 3-1-9 所示）左上方单击"搜索"选项卡，即出现如图 3-1-12 所示的高级检索入口，单击图中的"高级"链接即可进入高级检索界面，如图 3-1-13 所示。

图 3-1-12　高级检索入口

图 3-1-13　高级检索界面

87

中宏网适用三种检索技术：检索支持逻辑组配、支持跨库检索、支持二次检索。

结果处理：

①中宏数据库提供 HTML 显示格式。

②中宏数据库提供三种特色服务：合并多篇文章功能，如图 3-1-14 所示；经济词典注释功能，如图 3-1-15 所示；统计数据库中提供了 Excel 格式，如图 3-1-16 所示。

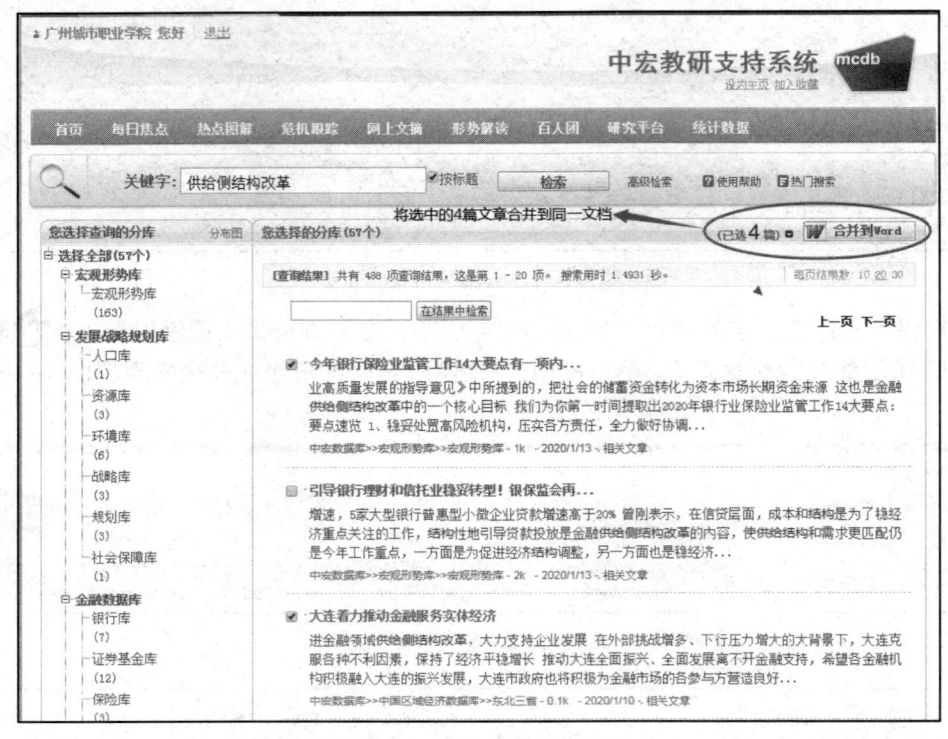

图 3-1-14　合并多篇文章功能

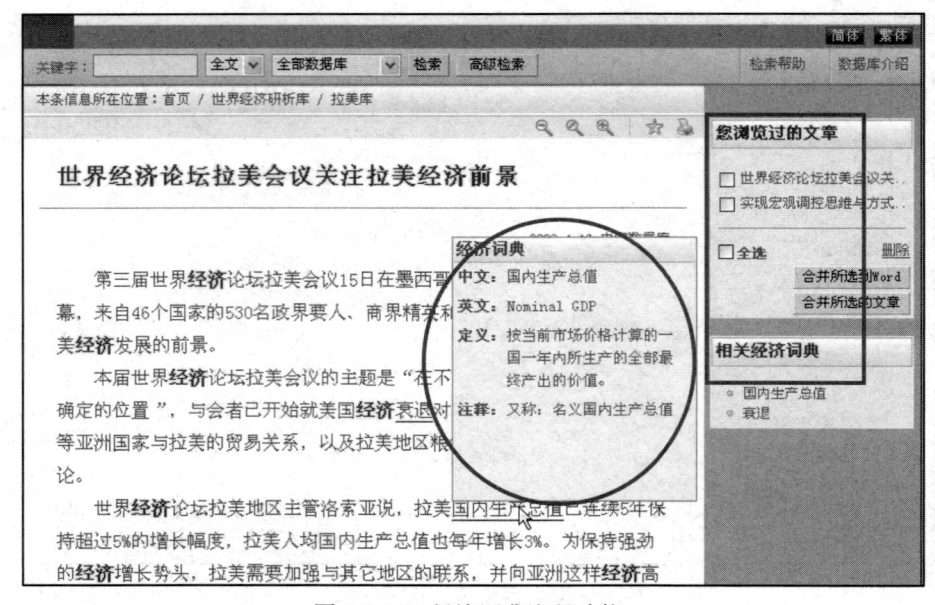

图 3-1-15　经济词典注释功能

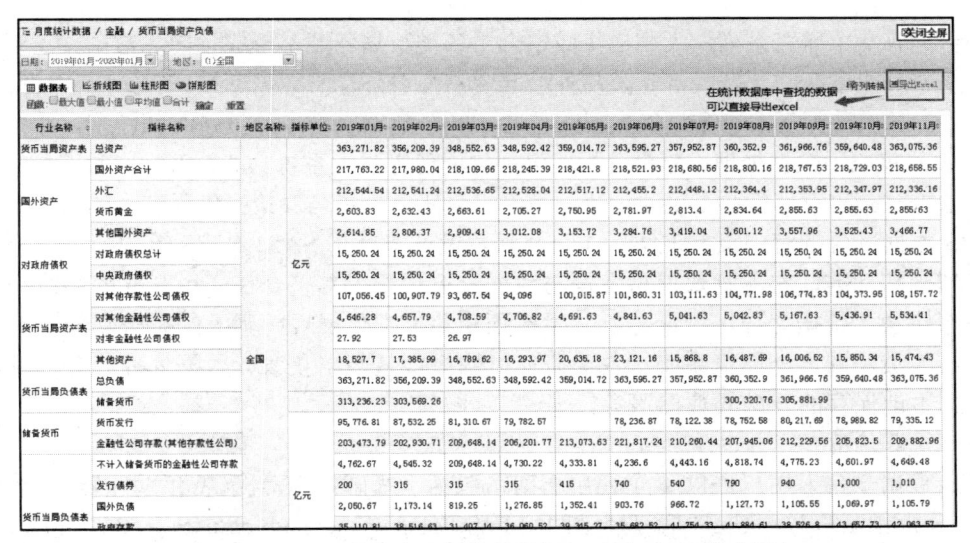

图 3-1-16　统计数据库中提供的数据可以用 Excel 格式导出

4．EPS 数据平台

（1）登录方式

①EPS（Easy Professional Superior）数据平台的网址为 http://olap.epsnet.com.cn/index.html，注册后即可使用。

②登录已购买该资源库的数据平台，如广州城市职业学院图书馆，如图 3-1-17 所示。

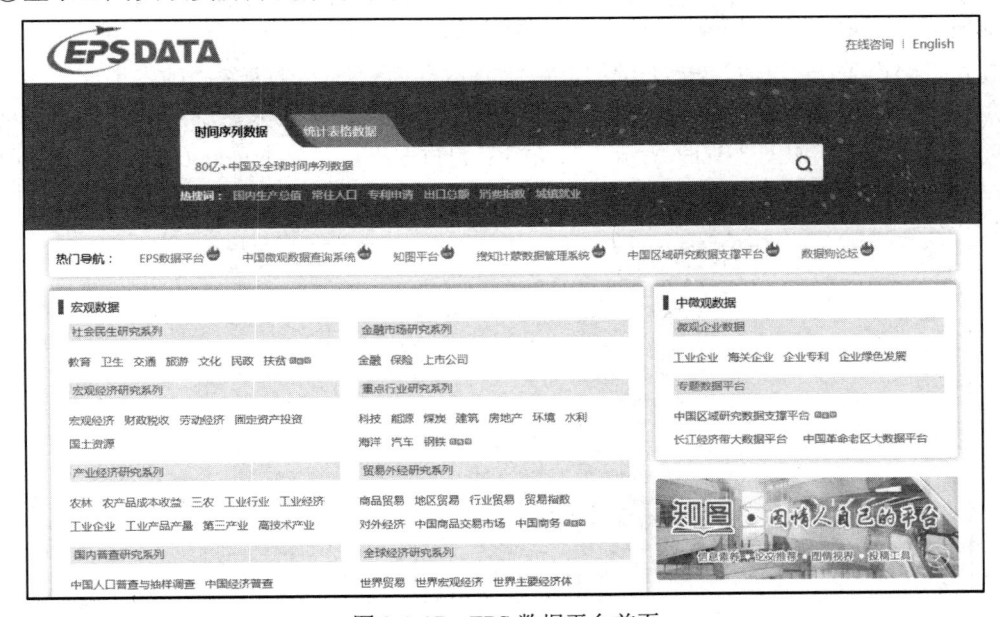

图 3-1-17　EPS 数据平台首页

（2）资源数据概况[3]

EPS 数据平台是集丰富的数值型数据资源和强大的经济计量系统为一体的数据信息服务平

---

[3] 资料来源：2023 年 EPS 数据平台官网。

台。平台拥有 9 个研究系列，大规模集成整合了各类数据资源，形成了国际数据、宏观经济、金融市场、产业运行、区域经济、贸易外经（贸易与对外经济数据库）、资源环境、县市数据、人文社科、普查数据等多个数据库集群，包含 93 个数据库，15 亿+条时间序列，数据总量超 80 亿条，并集成了数据处理、建模分析、可视化展现等强大系统功能，可为高等院校、科研院所、金融机构、政府部门、企事业单位的教学、科研、投资与决策提供强有力的数据支持。

EPS 数据平台拥有中英文双语版本，其开发设计参考了 SAS、SPSS 等国际著名分析软件的设计理念和标准，将各种数值型数据与数据分析预测工具整合在一个开放的系统平台中，提供跨库检索、数据处理、统计分析、建模预测和可视化展现等强大的系统功能，为各类读者、科研人员及国内外图情系统、各类研究机构提供从数据获取、数据处理、分析预测、多样展现到本地保存的一站式数据服务。

（3）资源使用

EPS 数据平台为用户提供 4 个使用指南，包括《基础使用篇》《特色功能篇》《数据可视化篇》《分析预测篇》，获取详情可登录网址 http://olap.epsnet.com.cn/user-guide.html#/tab1。

EPS 数据平台为用户提供两种数据检索模式，分别为跨库检索和库内检索。

①跨库检索。在图 3-1-17 中，单击"热门导航"中的"EPS 数据平台"链接即可看见数据库入口，如图 3-1-18 所示。用户可以输入需要查询的指标名称或关键词进行检索，系统会在所有数据库中搜索包含该检索词的指标并显示查询结果。

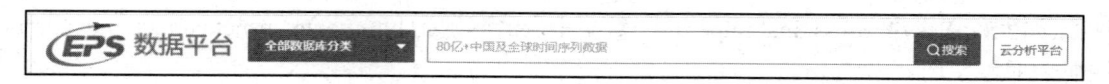

图 3-1-18　EPS 数据平台检索入口

例如，需要查询全国各省、自治区、直辖市的国内生产总值增加值的情况，可以在搜索栏中输入"国内生产总值"这一关键词，系统显示查询到几十条包含"国内生产总值"的指标。在检索结果页提供了频度筛选、最新数据时间、区域筛选、来源筛选等选项，方便用户快速定位检索指标，如图 3-1-19 所示。勾选相应的数据库，并单击页面右上方的"显示数据"按钮，将自动跳转至对应页面并显示数据。

图 3-1-19　EPS 数据平台的跨库筛选数据

另外，当检索结果中存在完全一样的指标时，可以单击指标后面的图标查看指标的具体信息，帮助用户快速确定所需指标，如图3-1-20所示。

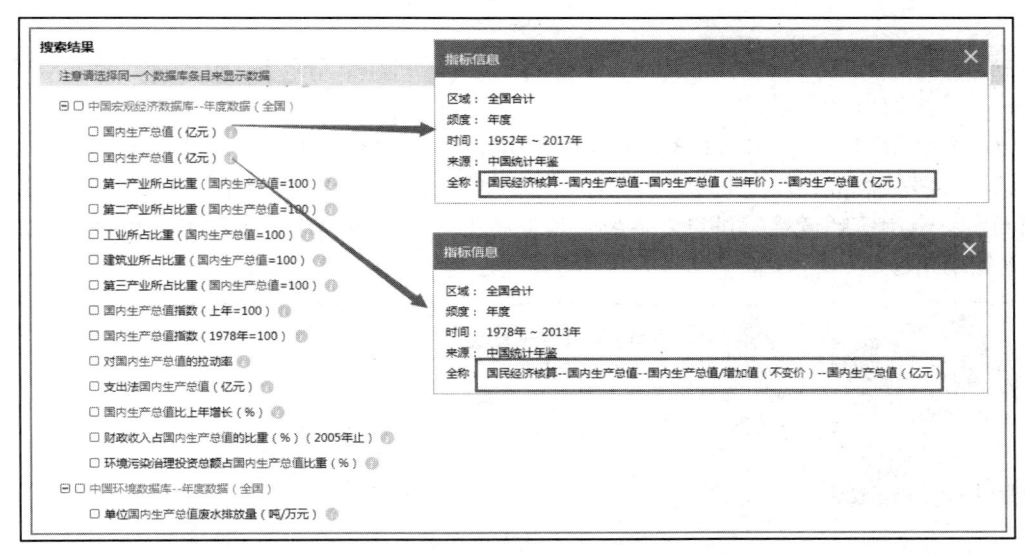

图3-1-20　EPS数据平台的指标解释页面

②库内检索。用户登录平台后，在界面的左侧选择进入相应的数据库进行指标检索。例如，我们仍然查询全国各省、自治区、直辖市的国内生产总值情况，首先在页面左边找到"中国宏观经济数据库"，由于查找的是省级数据，所以进入"中国宏观经济数据库——年度数据（分省市）"子库，然后在"指标"维度下拉框内进行库内模糊搜索，在搜索框内输入"国内生产总值"关键词，单击搜索图标或按回车键，"指标"维度下拉框内即会将含有该关键词的所有指标高亮显示，选中"国内生产总值/增加值（当年价）（亿元）"指标，单击"查询"按钮，界面右边会出现该指标的数据表格，如图3-1-21所示。

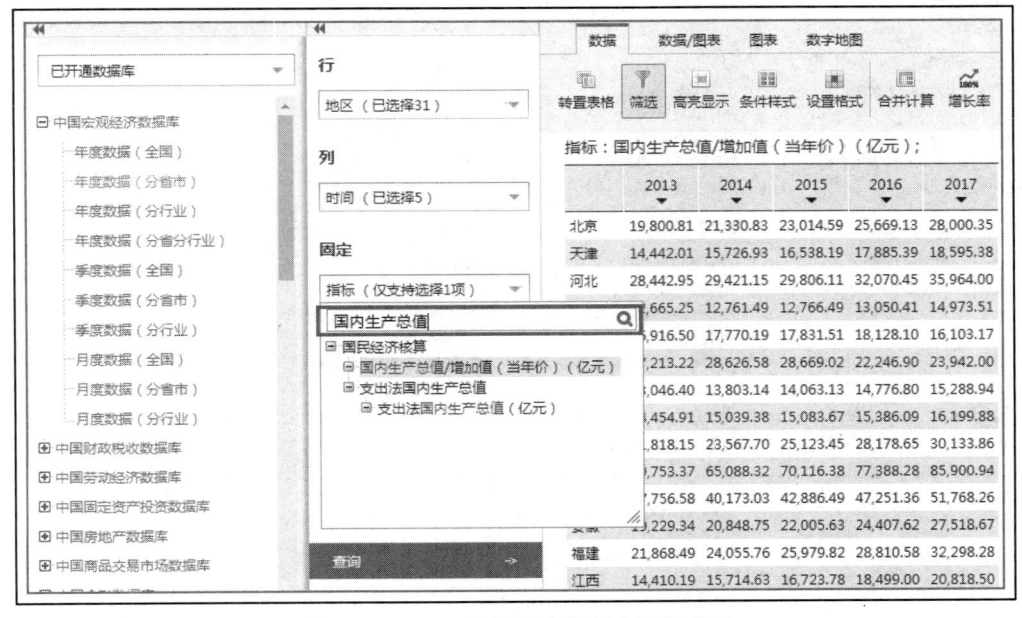

图3-1-21　EPS数据平台的库内检索页面

三、检索实例

例 3-1-1 查看中国经济信息网，了解有哪些经济信息数据库，如何检索想要的信息，查找整车价格的市场信息。

（1）登录数据库。打开中国经济信息网（http://www.cei.gov.cn/）首页。

（2）经济信息数据库。首页左上部有"统计数据库""产业数据库""世经数据库"三个超链接，单击相应超链接即可进入需要查询的数据库，注册用户登录后可查找相关数据，如图 3-1-22 所示。

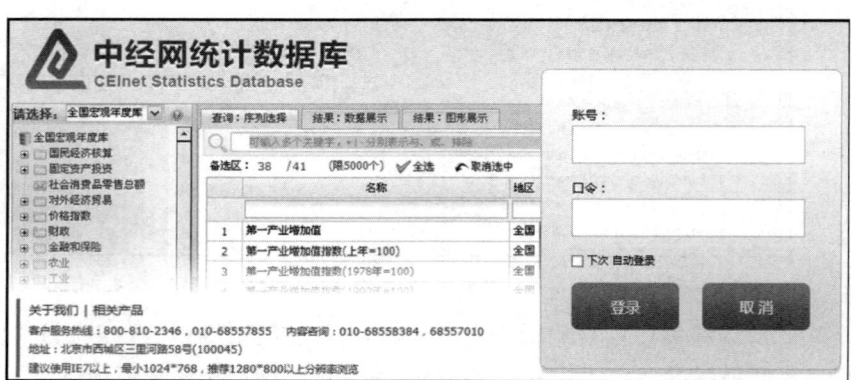

图 3-1-22　统计数据库的查找

（3）查找汽车价格的市场信息。单击首页的"行业频道"栏目，找到"汽车产业"，如图 3-1-23 所示。单击"汽车产业"超链接，打开页面后单击"分析"按钮，检索结果在首页底部显示，相关信息共 42 条，如图 3-1-24 所示。

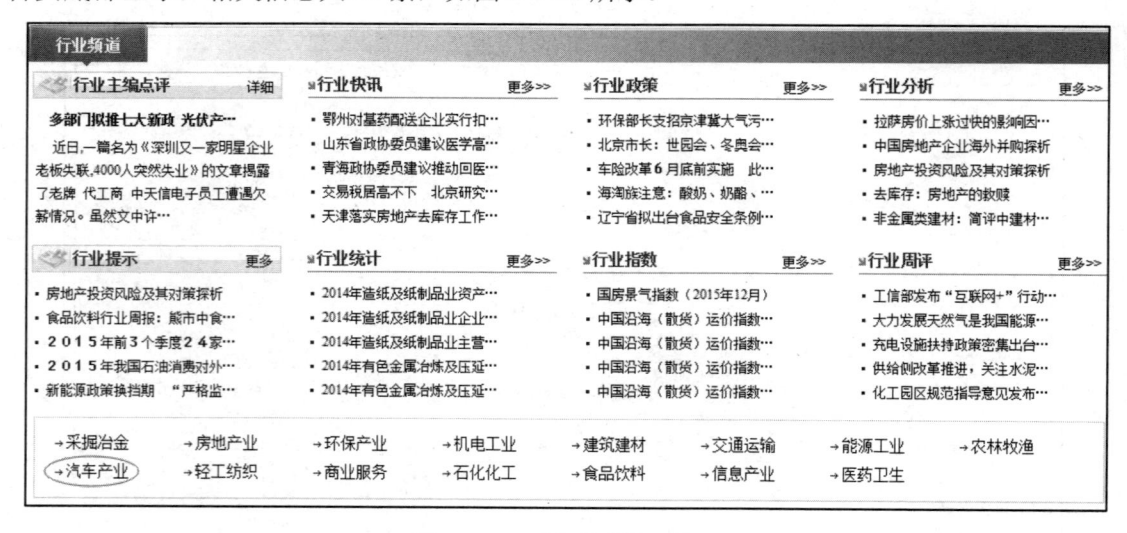

图 3-1-23　"行业频道"栏目

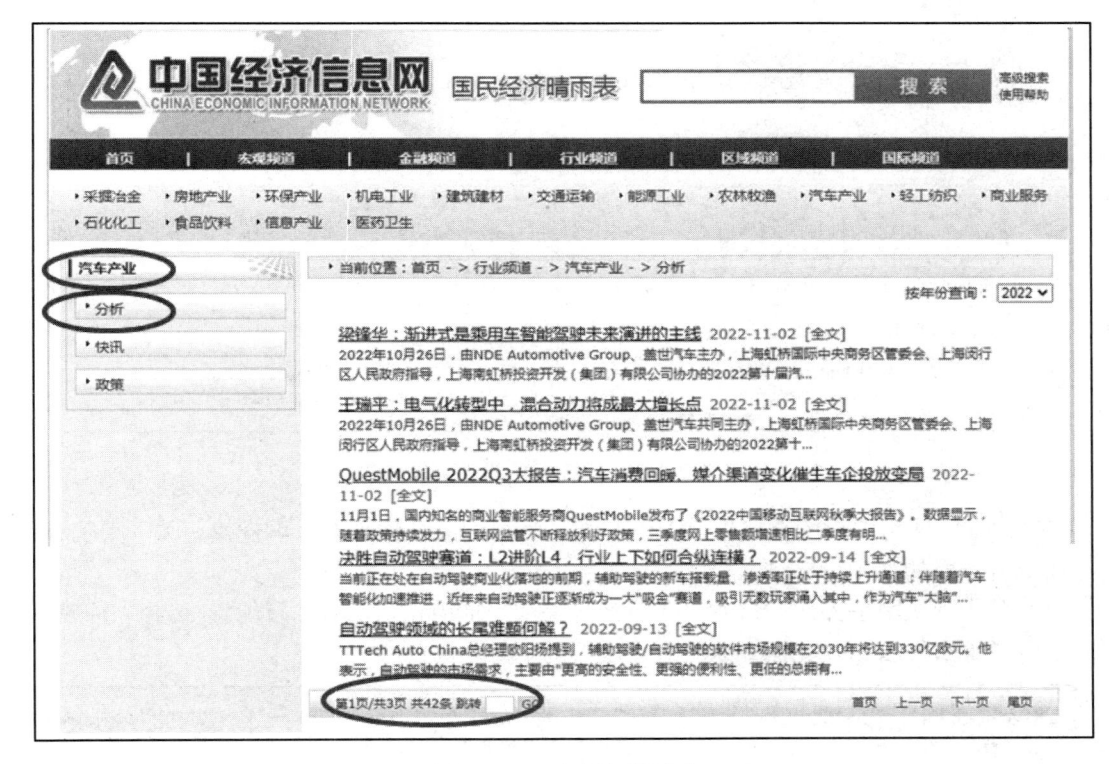

图 3-1-24 汽车产业界面

在检索界面中输入"整车价格",进行标题检索,检索结果如图 3-1-25 所示。

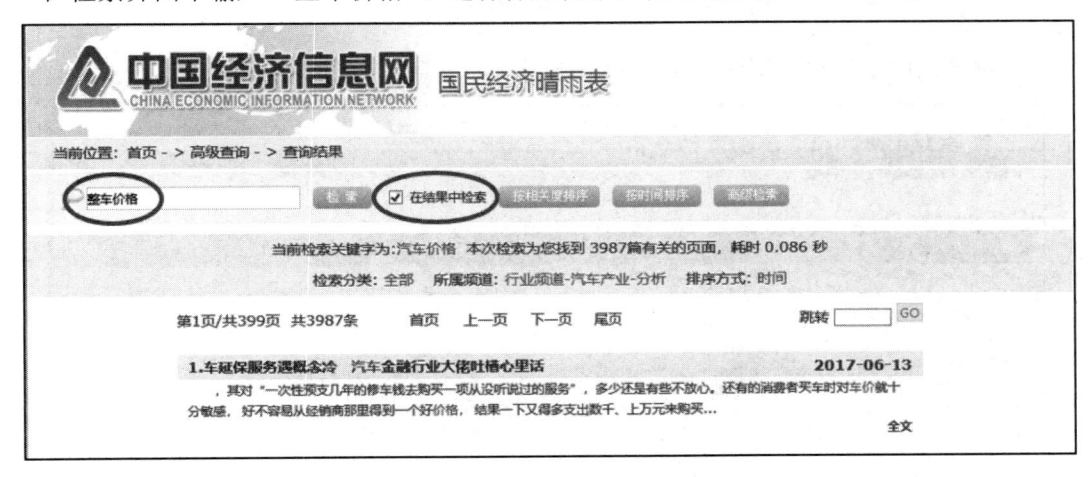

图 3-1-25 例 3-1-1 显示检索结果

在该界面中,还显示了二次检索的途径,在检索框中重新输入"整车价格",选中"在结果中检索"复选框,单击"检索"按钮,二次检索结果如图 3-1-26 所示。浏览检索结果中的 1~40 的标题,可以推测近期汽车价格走势。

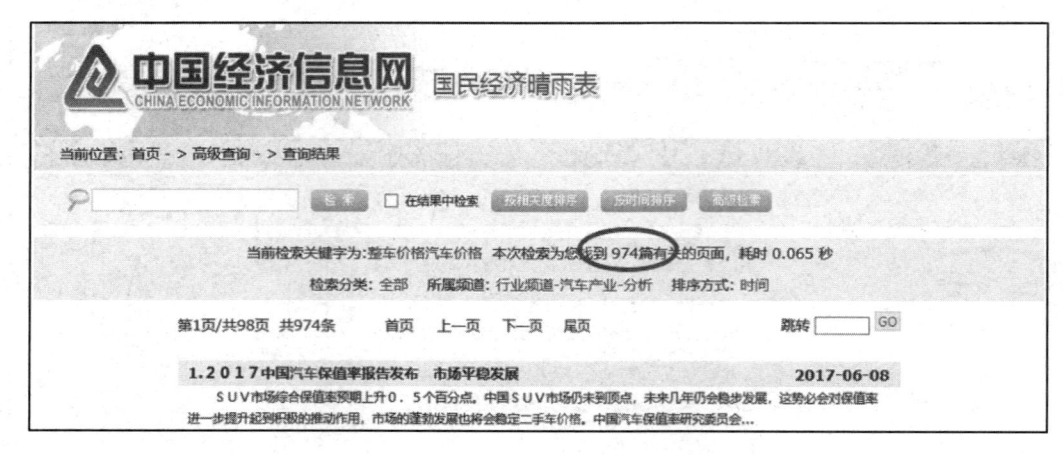

图 3-1-26　显示二次检索结果

例 3-1-2　请用国研网查找以"人工智能"为标题的各种论文,再查找有关"人工智能"的行业报告方面的文章。

(1) 登录国研网主界面并检索。在检索区关键字框中输入"人工智能",选择"标题"选项,单击"检索"按钮,如图 3-1-27 所示。

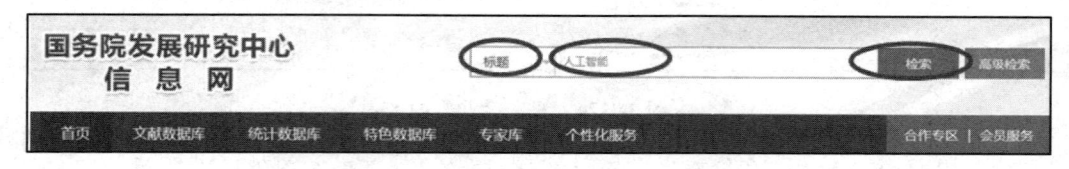

图 3-1-27　国研网主界面

(2) 得到的检索结果如图 3-1-28 所示,查看其中一篇,如图 3-1-29 所示。

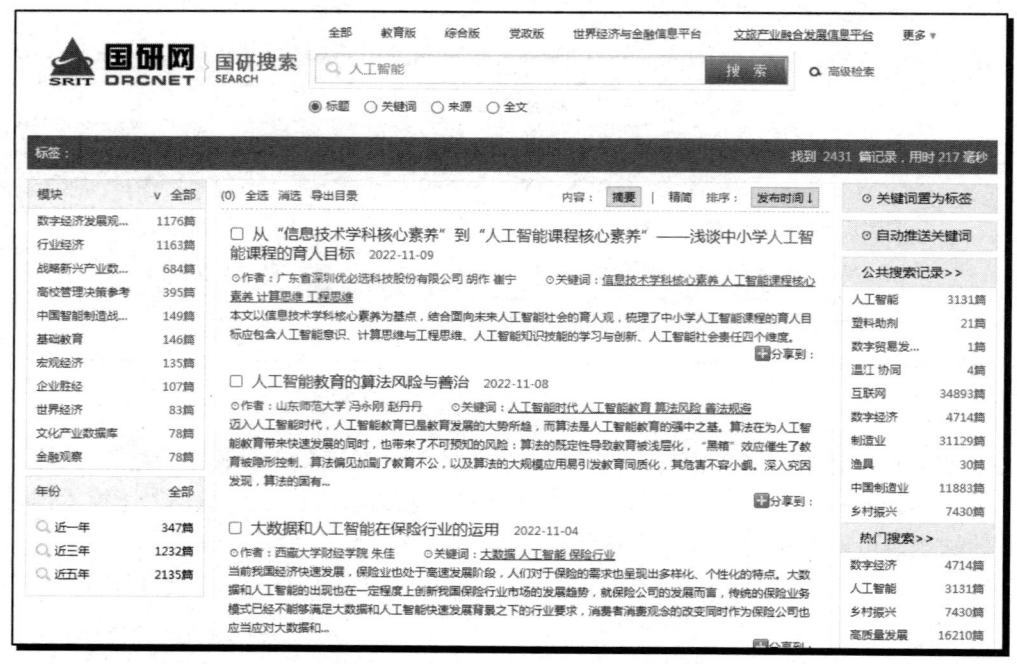

图 3-1-28　例 3-1-2 显示检索结果

图 3-1-29 查看其中一篇文章

（3）查找有关"人工智能"的行业报告。单击图 3-1-27 中的"高级搜索"按钮，进入高级搜索界面，如图 3-1-30 所示。在页面左侧勾选相应的检索子库，在检索框中输入"人工智能"并单击"立即搜索"按钮。

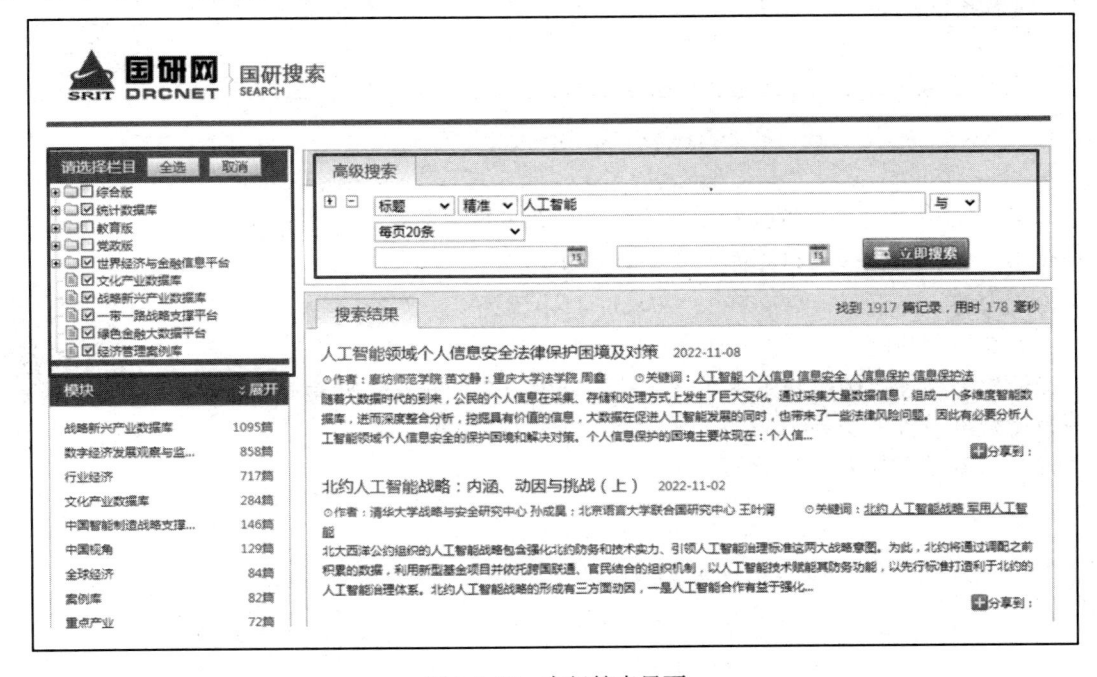

图 3-1-30 高级搜索界面

（4）查看检索结果。选中其中一篇报告，查看原文，如图 3-1-31 所示。

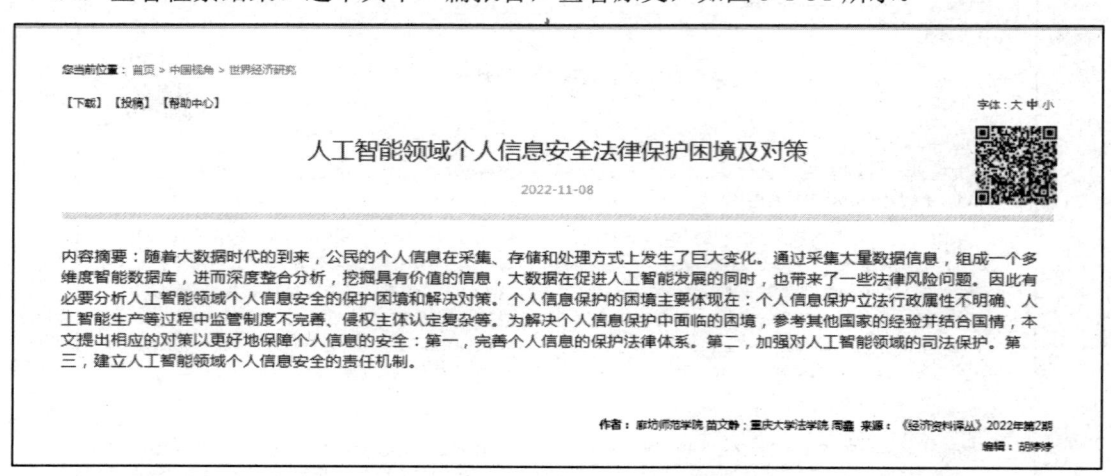

> 您当前位置：首页 > 中国视角 > 世界经济研究
> [下载] [投稿] [帮助中心]
>
> 字体：大 中 小
>
> **人工智能领域个人信息安全法律保护困境及对策**
>
> 2022-11-08
>
> 内容摘要：随着大数据时代的到来，公民的个人信息在采集、存储和处理方式上发生了巨大变化。通过采集大量数据信息，组成一个多维度智能数据库，进而深度整合分析，挖掘具有价值的信息，大数据在促进人工智能发展的同时，也带来了一些法律风险问题。因此有必要分析人工智能领域个人信息安全的保护困境和解决对策。个人信息保护的困境主要体现在：个人信息保护立法行政属性不明确、人工智能生产等过程中监管制度不完善、侵权主体认定复杂等。为解决个人信息保护中面临的困境，参考其他国家的经验并结合国情，本文提出相应的对策以更好地保障个人信息的安全：第一，完善个人信息的保护法律体系。第二，加强对人工智能领域的司法保护。第三，建立人工智能领域个人信息安全的责任机制。
>
> 作者：廊坊师范学院 苗文静；重庆大学法学院 周嘉　来源：《经济资料译丛》2022年第2期
> 编辑：胡泰玲

图 3-1-31　查看检索结果

例 3-1-3　在国研网上查找经济学家"吴敬琏"的学术研究成果。

（1）在国研网主界面单击"专家库"进入"国研网专家库"检索。选择"专家"频道，在检索框中输入"吴敬琏"，如图 3-1-32 所示。

> **国研网专家库**
>
> | 专家 | 部门 | 领域 |
>
> 吴敬琏　　　　　　　　　　　🔍

图 3-1-32　输入检索的专家

（2）得到检索结果，可查看专家的个人介绍、成果数量趋势图、调研报告、学术论文、媒体报道、著作文献等资料，如图 3-1-33 所示。

例 3-1-4　利用国研网检索 2022 年 11 月中国外汇交易量。

（1）登录国研网。

（2）检索路径：国研网主界面→统计数据库→金融统计数据库→综合数据→月度数据→外汇交易。

（3）检索结果如表 3-1-1 所示。

检索实例 3-1-4

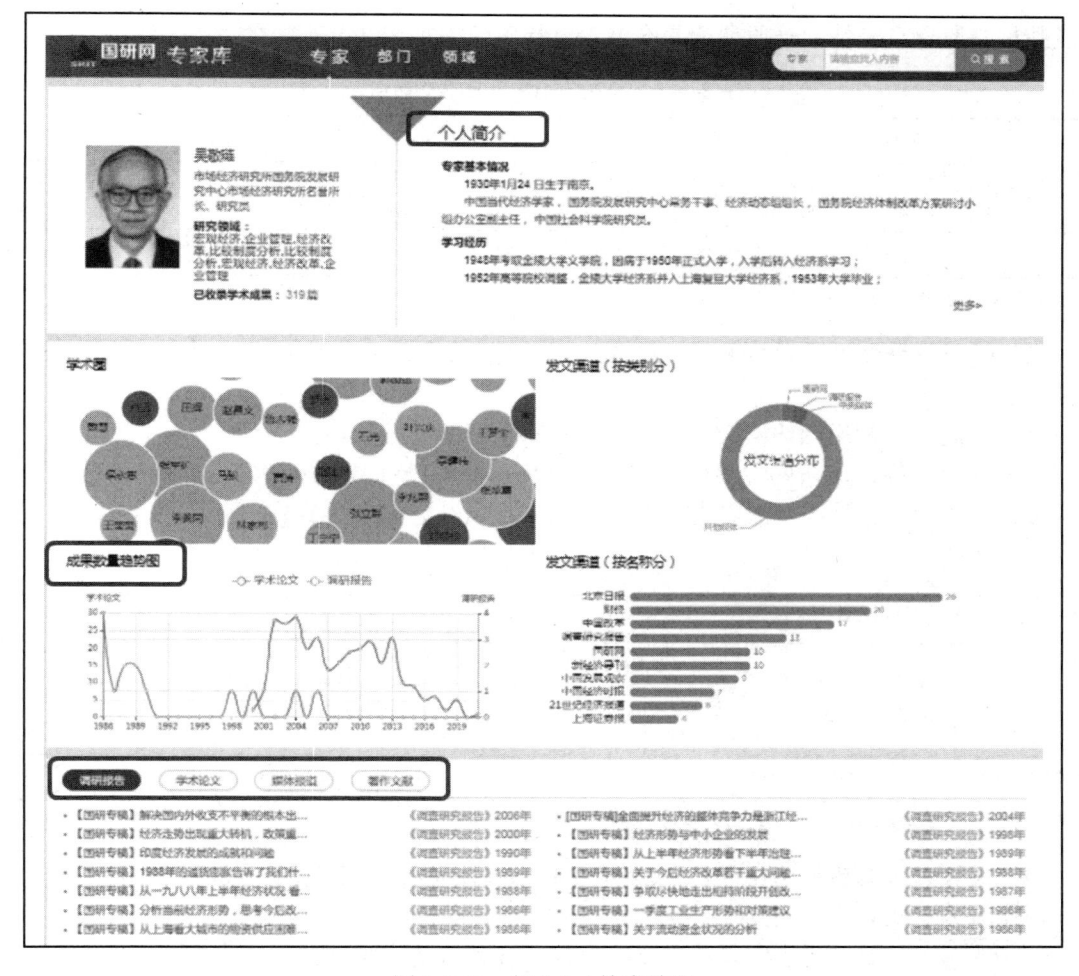

图 3-1-33　例 3-1-4 检索结果

表 3-1-1　2022 年外汇交易统计表（11 月）

汇率单位：人民币元/单位外币（除另注明外）

时间	美元		港元		日元		欧元		英镑	
	平均汇率（人民币/美元）	期末汇率（人民币/美元）	平均汇率（人民币/港元）	期末汇率（人民币/港元）	平均汇率（人民币/100日元）	期末汇率（人民币/100日元）	平均汇率（人民币/欧元）	期末汇率（人民币/欧元）	平均汇率（人民币/英镑）	期末汇率（人民币/英镑）
2022.11	7.1628	7.1769	0.9146	0.91869	5.0263	5.1723	7.2948	7.4129	8.3997	8.5748

数据整理：国研网数据中心。

例 3-1-5　利用国研网查找我国股票行情数据。

问题一：我国 2022 年 10 月股票成交金额为多少亿元？同比下降了多少？

问题二：2022 年 9 月，证券市场发行筹资情况如何？首次发行 A 股、B 股和 H 股分别是多少亿元？

解决问题一：利用国研网数据库，查找股票成交金额。

（1）检索路径：国研网主界面→统计数据库→金融统计数据库→证券期货→股票市场→

97

月度数据→股票交易情况→股票交易统计表，检索结果如表3-1-2所示。

表3-1-2 2022年10月股票交易情况

日期	交易天数	股票成交金额		日均成交金额		股票成交数量		日均成交数量		交易印花税	
		成交金额/亿元	同比/%	成交金额/亿元	同比/%	成交量/亿股	同比/%	成交量/亿股	同比/%	金额/亿元	同比/%
2022.10	16	127023.45	−21.85	7938.97	−21.85	10182.92	−12.60	636.43	−12.60	127.02	−21.85

数据整理：国研网数据中心。

（2）股票成交金额检索结果：2022年10月股票成交金额为127023.45亿元，同比下降了21.85%。

解决问题二：利用国研网数据库，查找股票发行筹资情况。

（3）检索途径：国研网主界面→统计数据库→金融统计数据库→证券期货→股票市场→月度数据→股票发行情况→股票发行筹资情况，检索结果如表3-1-3所示。

表3-1-3 2022年9月证券市场发行筹资情况

时间	首次发行金额			再筹资金额						债券市场筹资金额			
	A股/亿元	B股/亿美元	H股/亿美元	A股/亿元				B股/亿美元	H股/亿美元	可转债/亿元	可分离债/亿元	公司债/亿元	可交换公司债/亿元
				公开增发	定向增发（现金）	配股	权证行权	优先股						
2022.09	609.1	0	119.68	0	618.85	100.84	0	0	0	237.81	0	3611.33	32.18

数据来源：《中国经济景气月报》，2022年第11期。

（4）股票发行筹资检索结果：2022年9月，首次发行A股金额为609.1亿元，B股为0亿元，H股为119.68亿美元。

例3-1-6 在中宏网上检索所有库中含有"金融体系"的文章。

（1）登录中宏网，选择检索方式。单击首页中的"搜索"选项卡，再在关键字框中输入"金融体系"，单击"检索"按钮即可进行检索，如图3-1-34所示。

图3-1-34 中宏网首页

（2）选择数据库。单击普通检索区中的"高级"检索，启动全文高级检索功能，如图3-1-35所示。选中想要检索的数据库进行检索即可。

图 3-1-35　高级检索设置

（3）进行个性化设置。设置每页显示条数，选择输出排序方式，再选择是否按日期检索。
（4）单击"检索"按钮进行检索，系统输出符合条件的文章的列表，如图 3-1-36 所示。

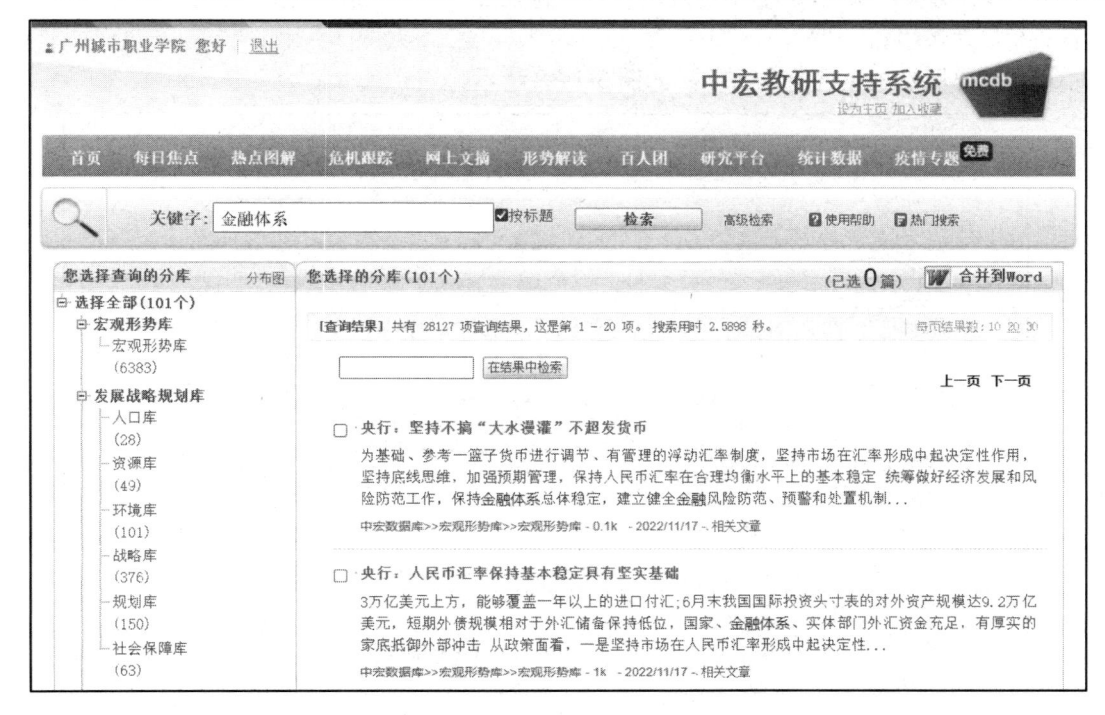

图 3-1-36　例 3-1-6 检索结果

（5）浏览全文：与普通检索相同。

浏览文章列表，可在翻页区翻页，寻找有用的文章，单击标题即可打开全文。如图3-1-37所示为某篇文章的全文内容。

图3-1-37　浏览文章全文

例3-1-7　在中宏网"发展战略规划库"的子库"战略库"和"规划库"中，检索标题中含有"粤港澳大湾区"，在2020年1月1日至2022年6月30日之间发表的所有文章，输出排序方式为按"相关度"。

（1）按题目要求设置检索条件，如图3-1-38所示。

图3-1-38　在选定的数据库中检索

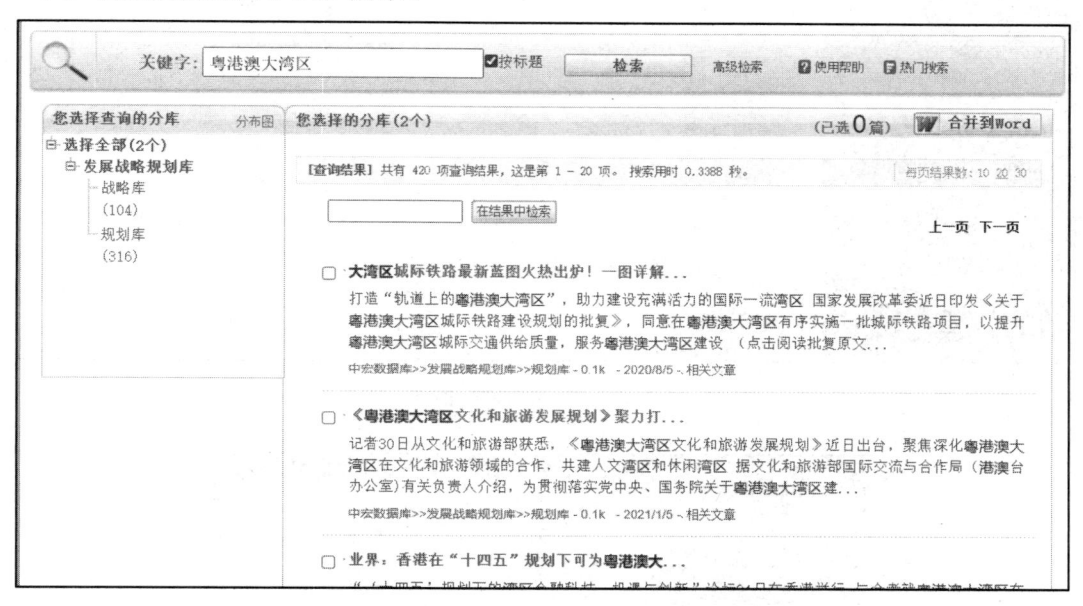

（2）检索结果如图 3-1-39 所示。

图 3-1-39　例 3-1-7 检索结果

（3）浏览需要的文章（略）。

例 3-1-8　请利用 EPS 数据平台查找 2018—2020 年深圳、广州、佛山、东莞、珠海五市的职工平均工资（用柱状图表示结果）。

（1）登录 EPS 数据平台网站。

（2）检索路径：EPS 主界面→数据库→中国区域经济数据库→年度数据（分市）。

（3）设定检索条件：指标选择"职工平均工资"，地区选择"广州市、深圳市、珠海市、佛山市、东莞市"，时间选择"2018、2019、2020"，分别如图 3-1-40、图 3-1-41 和图 3-1-42 所示。

图 3-1-40　限定检索指标

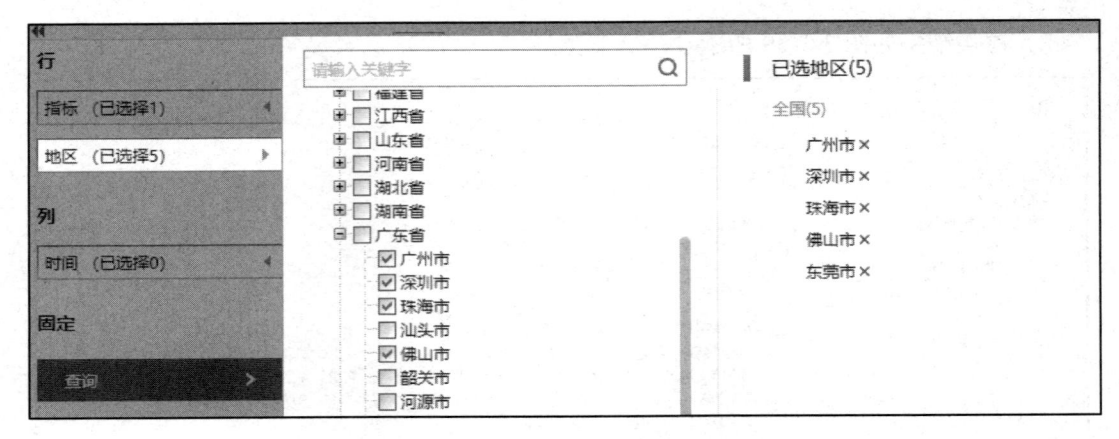

图 3-1-41　限定检索地区

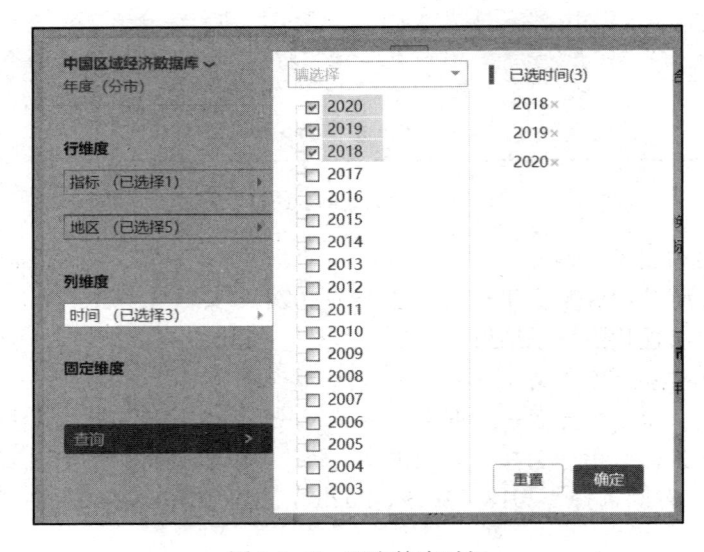

图 3-1-42　限定检索时间

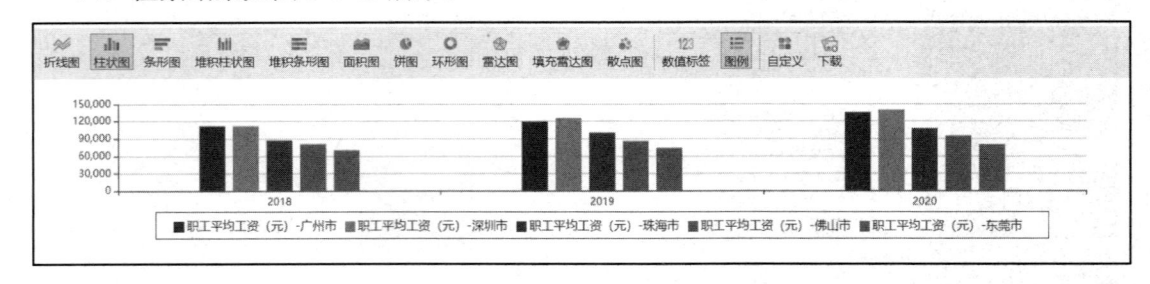

（4）检索结果如图 3-1-43 所示。

图 3-1-43　EPS 数据平台检索结果

四、课堂互动

（1）访问本书中提到的站点，搜索格力公司的信息。

（2）通过检索实例比较搜索引擎与数据库在检索方式和结果上的异同。

项目3.2 部门或行业性经济信息资源检索

学习重点

1．熟悉部门或行业性经济信息资源的特点；
2．熟练运用"搜索引擎+行业网站"的检索技巧来检索相关经济信息。

学习要求

要求学生学会部门或行业性经济信息资源检索，掌握"搜索引擎+行业网站"检索信息的方法，充分运用这一检索技巧查找相关信息，正确地选择、判断和检索与"关键词"相一致的行业网站，从而提高获取和利用经济信息的能力。

一、相关知识

1．工业经济信息

（1）关于工业现代化方面的信息。
（2）关于科学管理方面的信息。
（3）工业产品信息。
（4）生产信息。
（5）发明信息（专利信息）。

2．农业经济信息

（1）关于自然环境、自然条件方面的信息。
（2）关于种植方面的信息。
（3）关于养殖业、畜牧业方面的信息。

3．金融信息

（1）金融信息的分类：
①从金融信息涉猎的范围考察；
②从金融信息的时效性考察；
③从金融信息的具体内容考察。
（2）股份与股票。
（3）债券与彩票。

二、检索实例

例 3-2-1 某企业需要进行"pcb 线路板"的原材料采购,请在网上帮助其查找相关原材料生产企业的信息。(检索提示:搜索引擎+行业网站)

(1)利用百度搜索,查看"pcb 线路板厂家"相关网站,结果如图 3-2-1 所示。

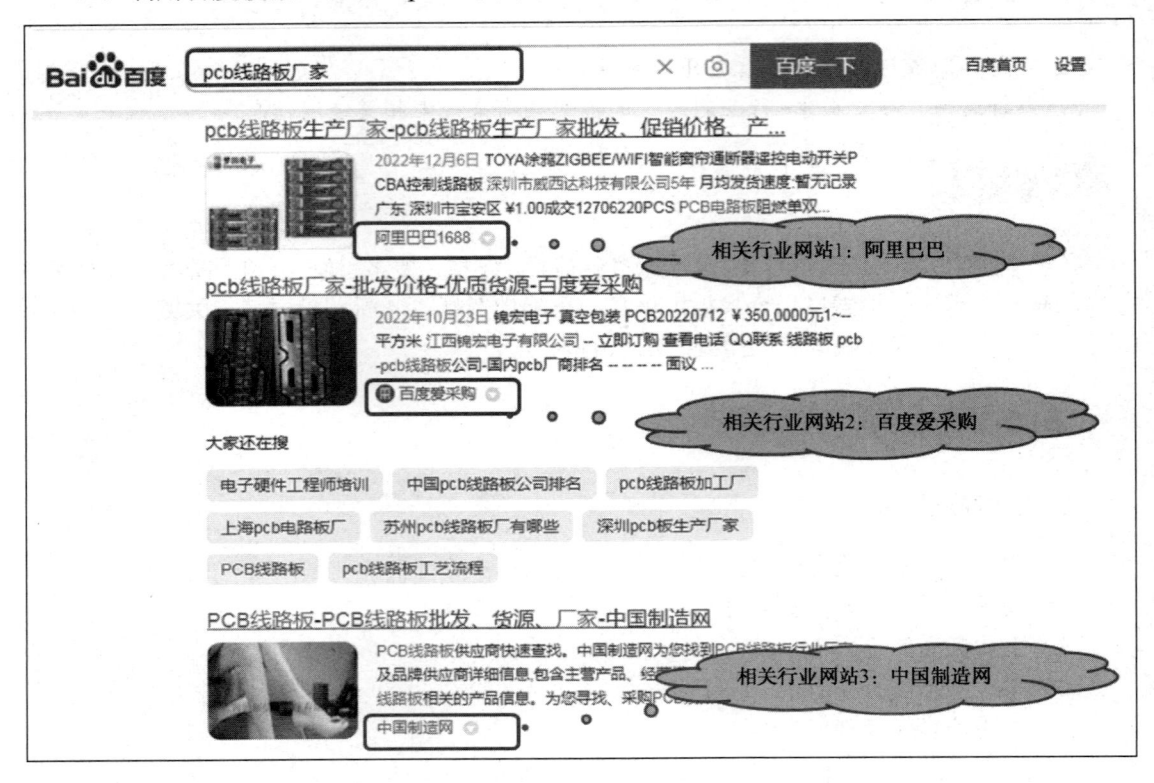

图 3-2-1 搜索引擎检索结果

(2)进入相关行业网站 1——阿里巴巴 1688 网,如图 3-2-2 所示,得到的检索结果(一)如图 3-2-3 所示。

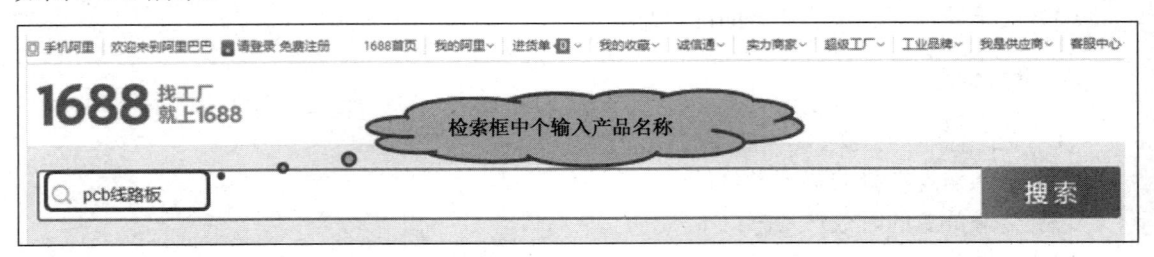

图 3-2-2 阿里巴巴 1688 网站

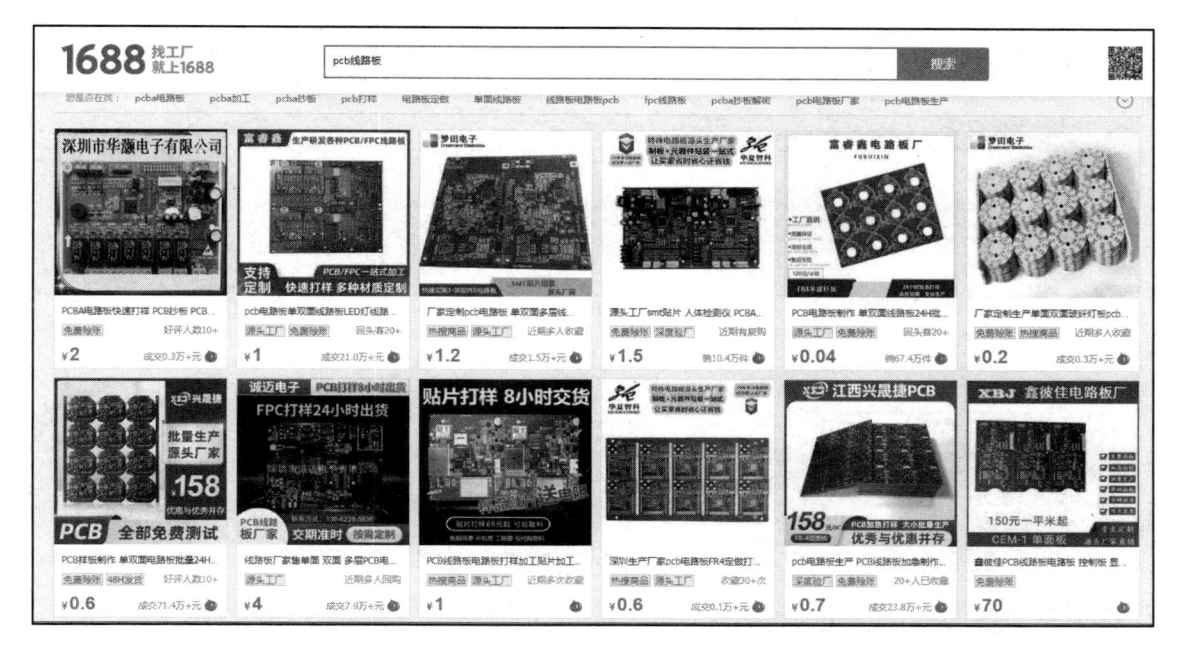

图 3-2-3　显示检索结果（一）

（3）进入相关行业网网站 2——百度爱采购网，如图 3-2-4 所示。可以通过全部商品分类、商家社区等栏目获得相关商品的信息。

图 3-2-4　百度爱采购网

查找该网站中的"pcb 线路板"产品信息，检索结果（二）如图 3-2-5 所示。

图 3-2-5 显示检索结果(二)

(4)进入相关行业网网站 3——中国制造网,在首页检索框中输入关键词,如图 3-2-6 所示。打开其中的网页,显示检索结果(三)如图 3-2-7 所示。

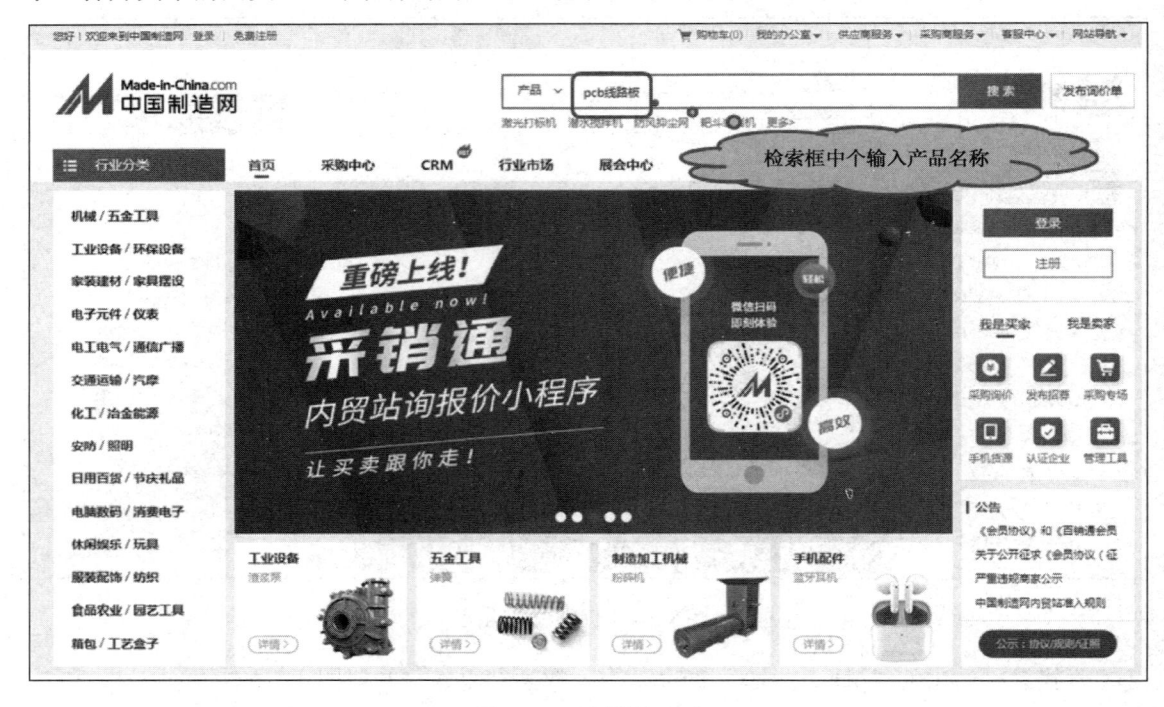

图 3-2-6 中国制造网

106

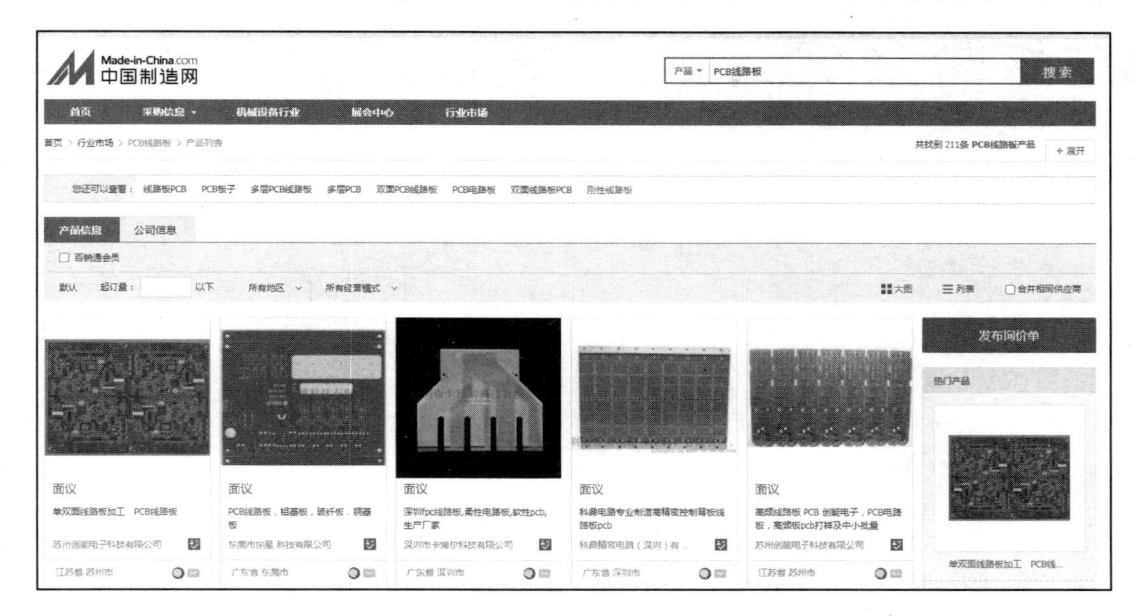

图 3-2-7　显示检索结果（三）

例 3-2-2 某医用口罩生产商想了解目前 N95 口罩市场需求信息及相关行业主要的企业、产品定价等信息，该如何查找呢？（检索提示：利用指数网站和 B2B 电商网站进行检索）

（1）利用百度指数进行检索。百度指数网站（https://index.baidu.com/）首页如图 3-2-8 所示。

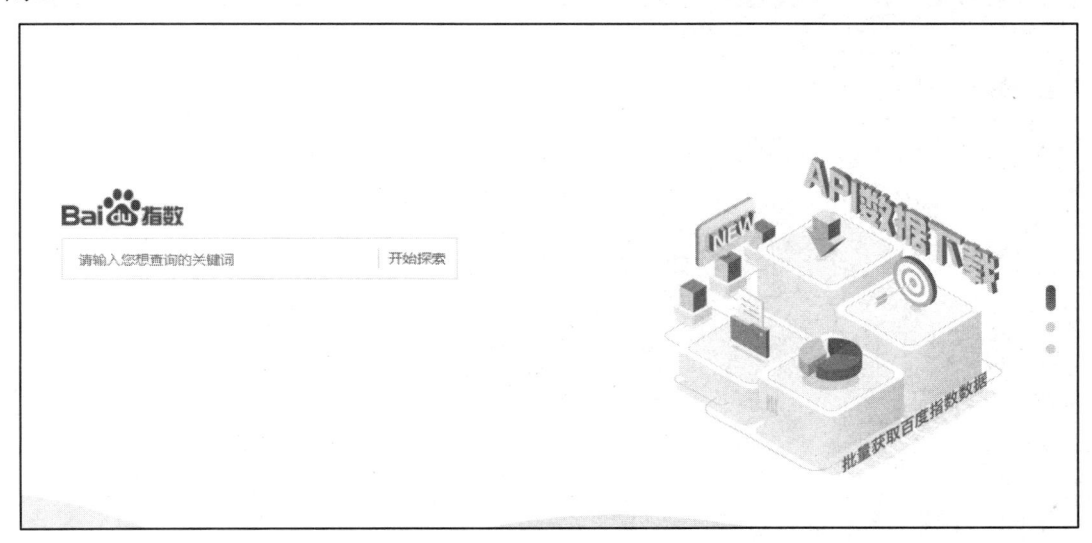

图 3-2-8　百度指数网站首页

（2）在百度指数网搜索"N95 口罩"，返回结果如图 3-2-9 所示。从图中我们可以看到 2022.6.23～2022.12.22 期间"N95 口罩"这个关键词在百度的搜索指数。系统提供时间段、搜索端口（PC 端或移动端）、搜索区域（全国或某省份）等设置入口供用户自行选择，从中了解关键词在各属性的搜索热度。

图 3-2-9　"N95 口罩"在百度指数的检索页面

（3）如图 3-2-9 所示是"N95"关键词的"趋势研究"检索结果，可以单击上侧栏目中的"需求图谱""人群画像"了解更多相关信息。如单击"需求图谱"，显示页面如图 3-2-10 所示，提供"需求图谱""相关词热度"等信息。

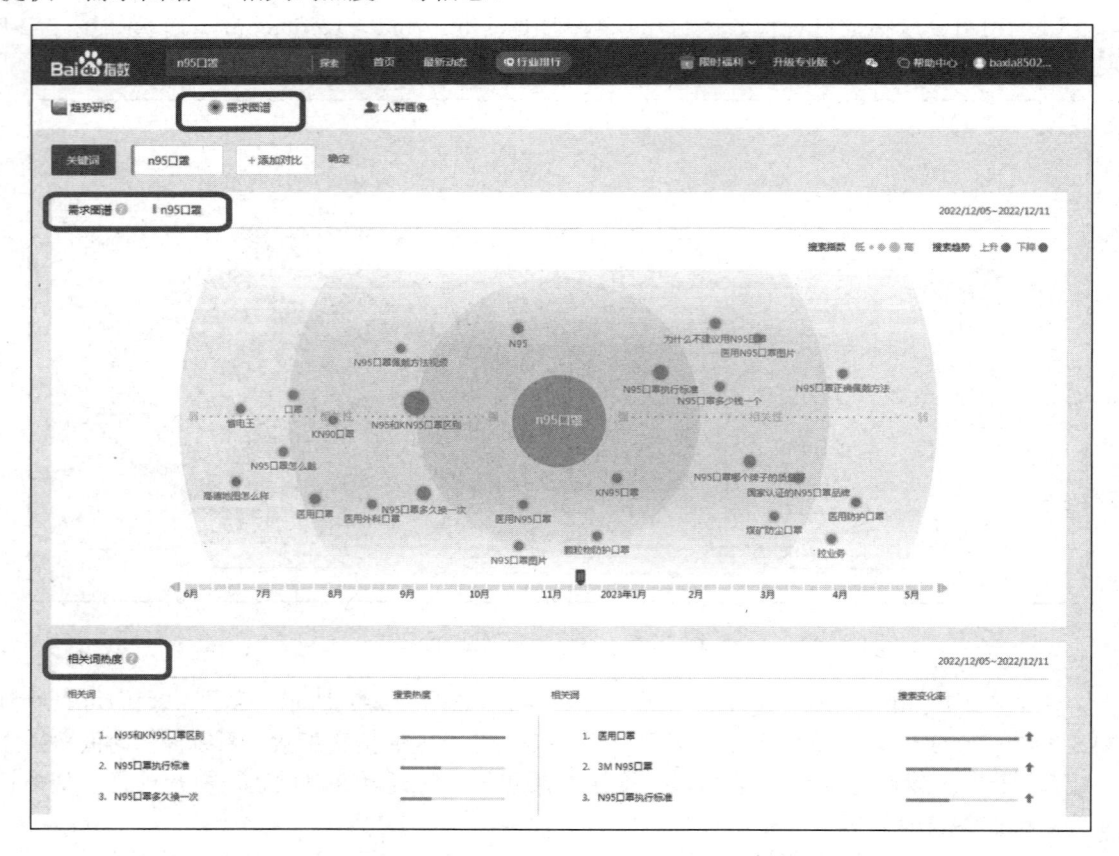

图 3-2-10　百度指数中 N95 口罩"需求图谱"的检索结果

（4）单击"人群画像"可以得到如图 3-2-11 检索页面。下拉页面可以看到关于 N95 口罩的"人群属性"和"兴趣分布"等信息，具体如图 3-2-12 所示。

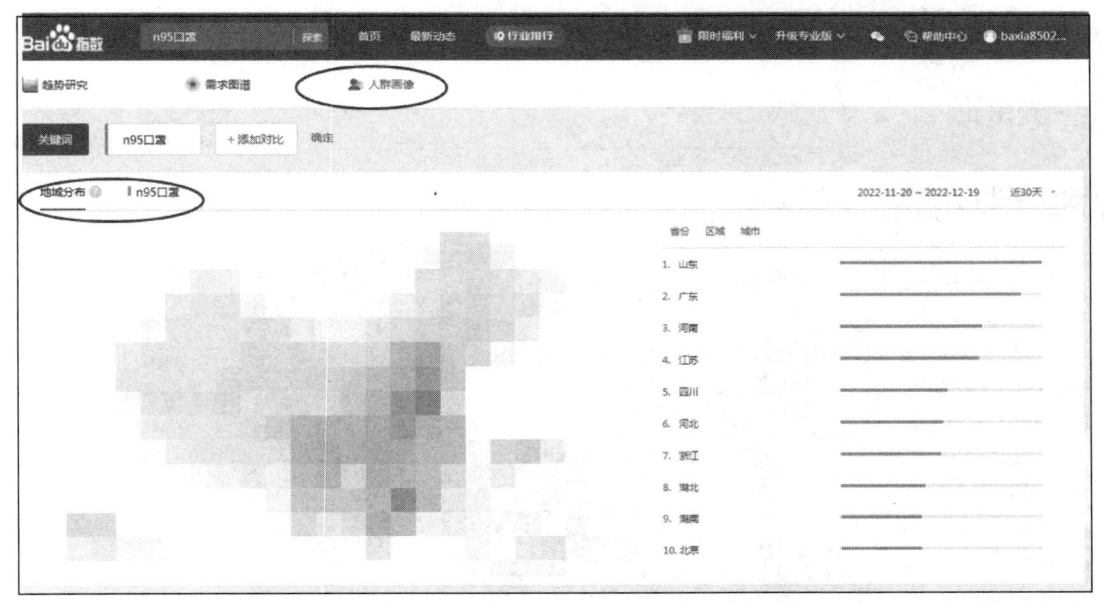

图 3-2-11　N95 口罩的"人群画像"之"地域分布"

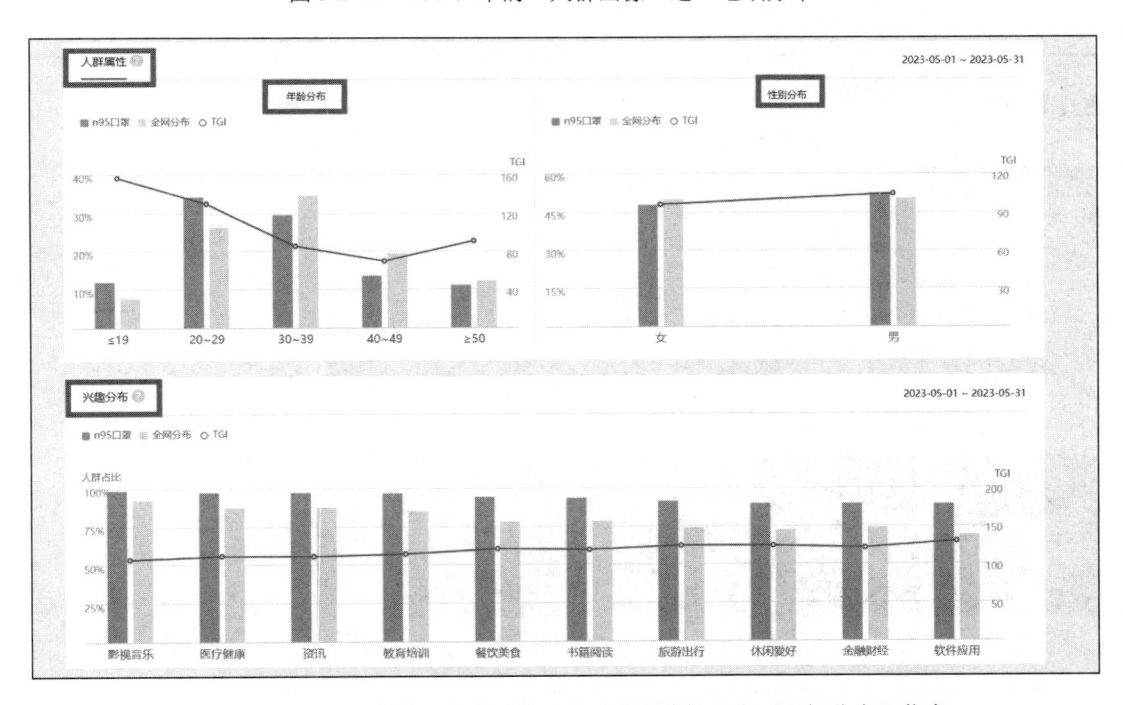

图 3-2-12　N95 口罩的"人群画像"之"人群属性"和"兴趣分布"信息

（4）想了解 N95 口罩市场上的相关行业主要的企业、产品定价等信息，可以通过百度旗下 B2B 平台"爱采购"网站（网址：https://b2b.baidu.com/）进行查询。"爱采购"网站首页如图 3-2-13 所示。

网站提供"货源""厂家"等搜索渠道给用户，分别如图 3-2-14 和图 3-2-15 所示，帮助用户全面了解 N95 口罩市场的竞争信息。此外，网站还提供"全网询价"功能给用户自主填写询价单，如图 3-2-16 所示。

图 3-2-13　爱采购网站首页

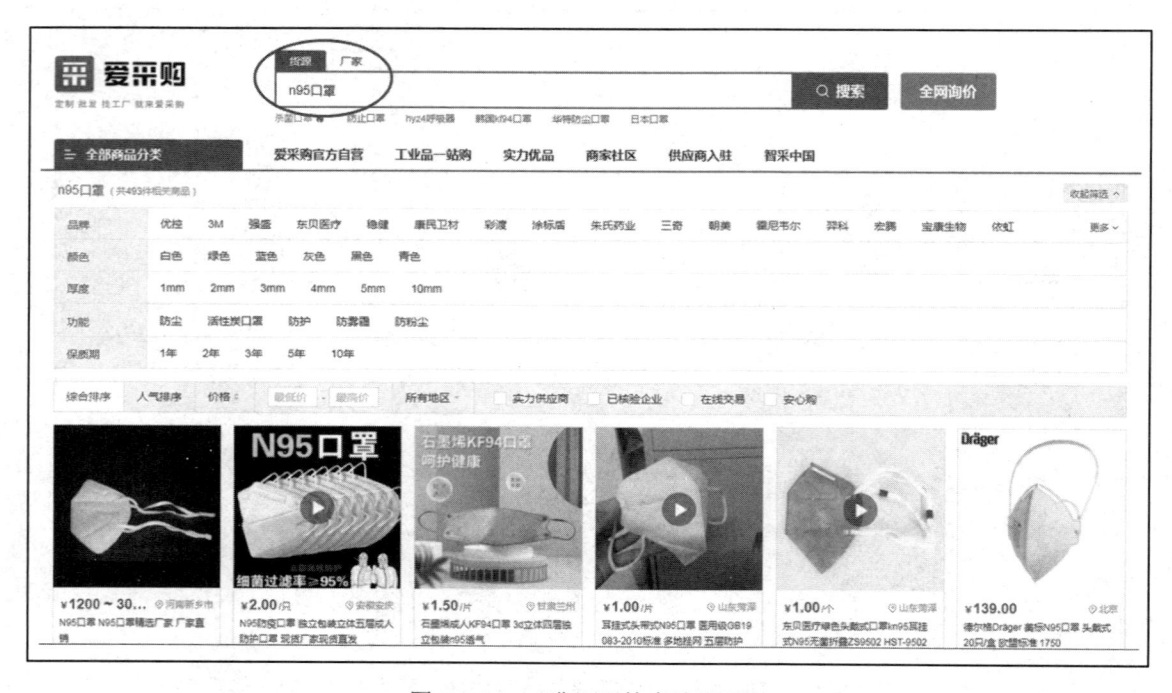

图 3-2-14　"货源"检索结果页面

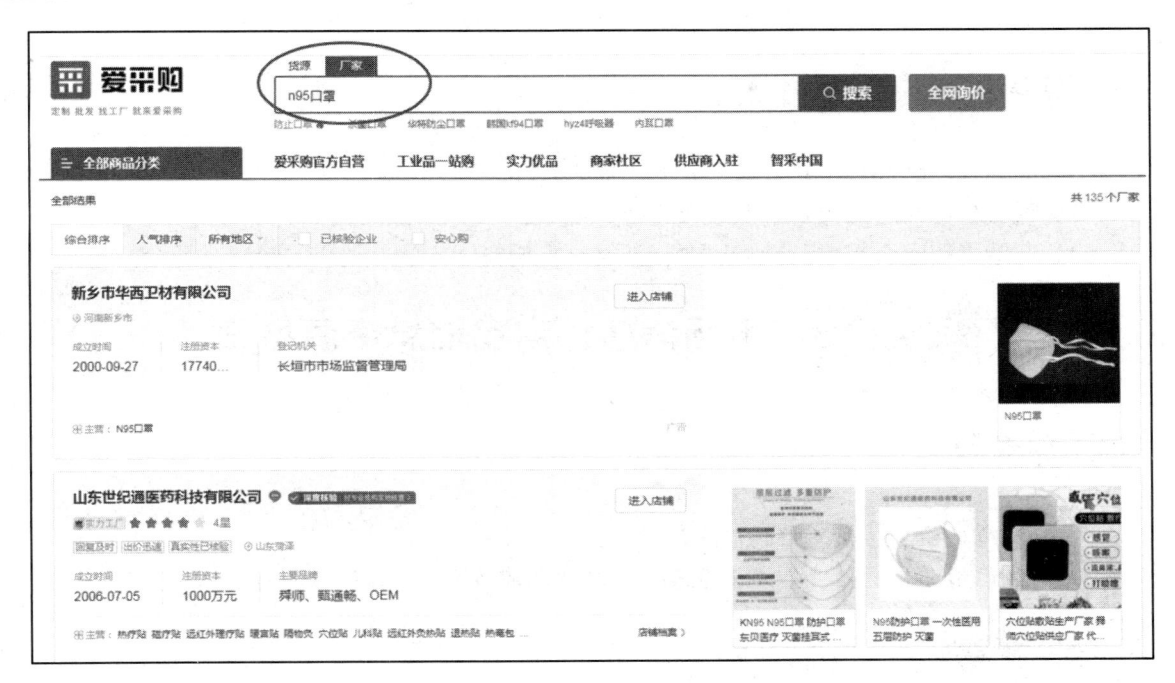

图 3-2-15 "厂家"检索结果页面

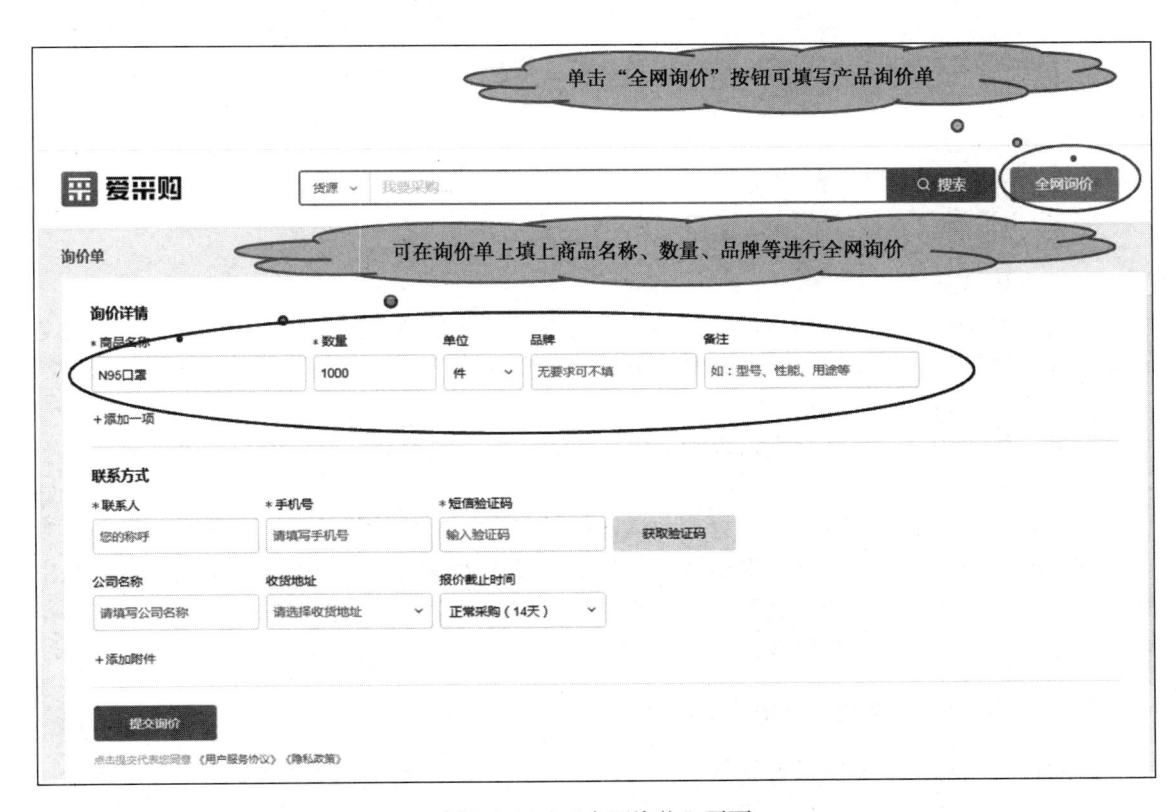

图 3-2-16 "全网询价"页面

三、课堂互动

（1）简述行业性经济信息资源检索的一般方法和步骤。
（2）说说自己知道的免费资源获取途径有哪些。
（3）归纳"搜索引擎+行业网站""指数网站"的检索方法、适用的范围或场合。

项目 3.3 市场信息、商品信息资源检索

学习重点

1. 熟悉市场信息、商品信息资源的特点；
2. 掌握运用综合网站搜集市场信息、商品信息的方法。

学习要求

以阿里巴巴网站收集信息为例，学会在综合网站上收集信息的方法与过程，能够在综合网站上快速准确地收集市场信息、商品信息，从而提高获取和利用经济信息的能力。

一、相关知识

1. 应用性经济信息

（1）市场信息
市场信息是反映市场环境及商品供需变化的各种数据资料、消息、文献等。市场信息是典型的综合性信息，它反映着市场环境的复杂性和多变性。

（2）商品信息
商品信息构成的因素包括人口因素、习惯因素、购买力因素、价格因素和政策因素。

（3）行情信息
行情是一个外来语，源于拉丁文 conjun-ctus 一词，原意为"情况或事件的总和"，随着其在经济领域内的广泛使用，其意义演变为市场价格及供需变化，实质上就是指经济或商品市场的一般状态及趋势，如商品之间的内在联系、了解商品主要进出口国家、了解世界商品市场主要公司结构、世界市场价格。

2. 国内部分涉及宏观市场信息的网站

企业在网络营销中需要了解本国、贸易伙伴国及有关国际组织的贸易政策、金融政策、自然条件、社会风俗，以及相关的法律和法规。这类信息一般可在各类政府网站或国家主办的为促进贸易而设的网站上查询，这类网站一般提供了比较详尽的宏观信息，如世界贸易组织网（www.wto.org，如图 3-3-1 所示）、商务部网站（www.mofcom.gov.cn，如图 3-3-2 所示）。

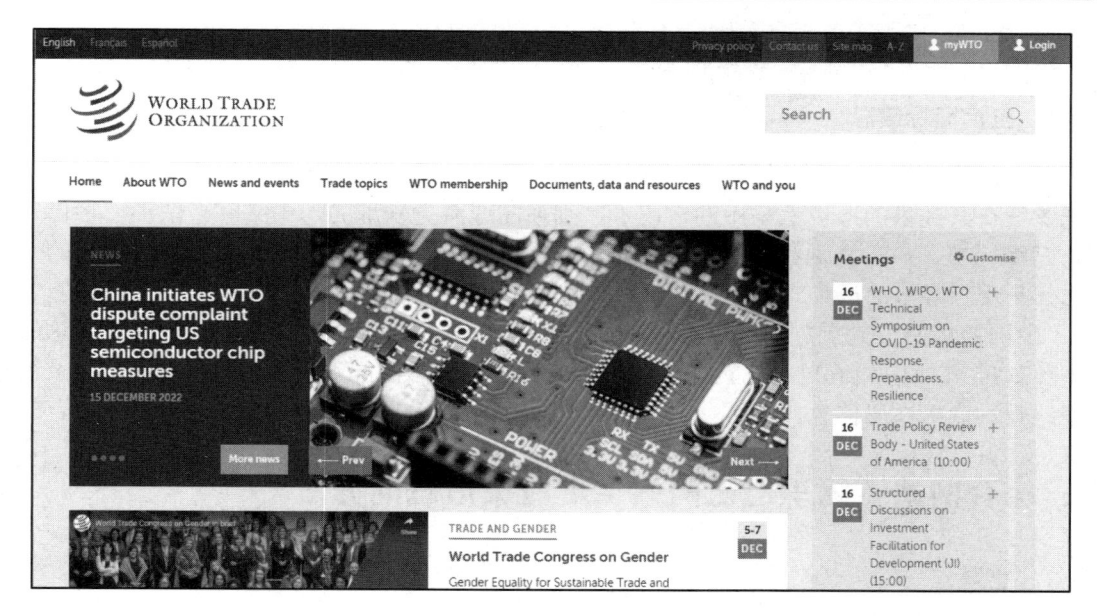

图 3-3-1　世界贸易组织网

图 3-3-2　商务部网站

3．利用网络收集市场供应信息

企业的生产活动需要采购大量的原材料，利用互联网中的不同站点，可以收集大量原材料供应信息。

（1）生产商的站点：该类站点上提供的原材料价格常常是最低的。

（2）生产商协会的站点：网站上列出了该生产商协会所有会员单位的名称及联系办法。

（3）讨论组：这里的价格大都是原材料生产企业的直接报价。

（4）Trade-Lead：专门提供国际贸易的机会和投资信息，类似国内的供求信息。

4. 查询商标信息[4]

商标是商品的生产者、经营者在其生产、制造、加工、拣选或者经销的商品上或者服务的提供者在其提供的服务上采用的，用于区别商品或服务来源的，由文字、图形、字母、数字、三维标志、声音及颜色等要素的组合，是具有显著特征的、区别商品或服务来源的一种标志，是现代经济的产物。

"中国商标网"是国家市场监督管理总局商标局主办的唯一在线查询商标注册信息的网站，自 2005 年 12 月 26 日起免费向公众提供商标注册信息的网上查询，任何人均可登录该网站在线查询商标注册信息。

二、综合网站（阿里巴巴网站）上收集信息的方法

1. 登录

阿里巴巴（中国）网址为 http://www.alibaba.com.cn，其首页如图 3-3-3 所示。

图 3-3-3　阿里巴巴首页

2. 网站概述

阿里巴巴是全球著名的企业间（B2B）电子商务服务公司，管理着全球最大的网上贸易市场和商人社区——阿里巴巴网站，为来自 220 个国家和地区的 200 多万企业与商人提供网上商务服务。

3. 收集信息的方法与步骤

（1）两种检索方式：关键词、分类检索共用。
首先输入关键词，然后进行分类检索；不断分类，直至最接近检索者想得到的结果。
（2）多个检索入口。
①产品（货源）：产品信息，批发商、制造商信息。

---

4 资料来源：中国商标网

②公司：海内外公司、生产厂家及信用信息。
③求购：买家、行业采购商信息。
④生意经：遇到难题可到生意经去提问。
（3）收集信息的步骤如下：
①免费注册。
②登录首页。
③选择检索方式。

三、商标信息的查询

1．登录

中国商标网网址为 http://wcjs.sbj.cnipa.gov.cn/，其首页如图 3-3-4 所示。

图 3-3-4　中国商标网首页

2．中国商标网概况

中国商标网可提供四种类型的商标查询入口，分别是商标近似查询、商标综合查询、商标状态查询和商标公告查询。这里简要介绍前三种。

商标近似查询：本查询按图形、文字等商标组成要素分别提供近似检索功能，用户可以自行检索在相同或类似商品上是否已有相同或近似商品。

商标综合查询：用户可以按商标号、商标、申请人名称等方式，查询某一商标的有关信息。

商标状态查询：用户可以通过商标申请号或注册号查询有关商标在业务流程中的状态。扫描二维码，观看"商标的基本知识"微视频。

商标的基本知识

3．商标近似查询步骤

（1）用户进入商标网上查询系统，如图 3-3-5 所示。

图 3-3-5　进入商标网上查询系统

（2）选择"商标近似查询"，如图 3-3-6 所示。

图 3-3-6　商标近似查询

（3）输入查询条件。
（4）返回查询结果。
（5）生成系统操作记录。

四、检索实例

例 3-3-1　在阿里巴巴网站上查找关于"有机茶叶"的市场信息。
（1）选择"产品"为检索入口，输入关键词"有机茶叶"，单击"搜索"按钮，如图 3-3-7

所示。检索结果如图 3-3-8 所示。

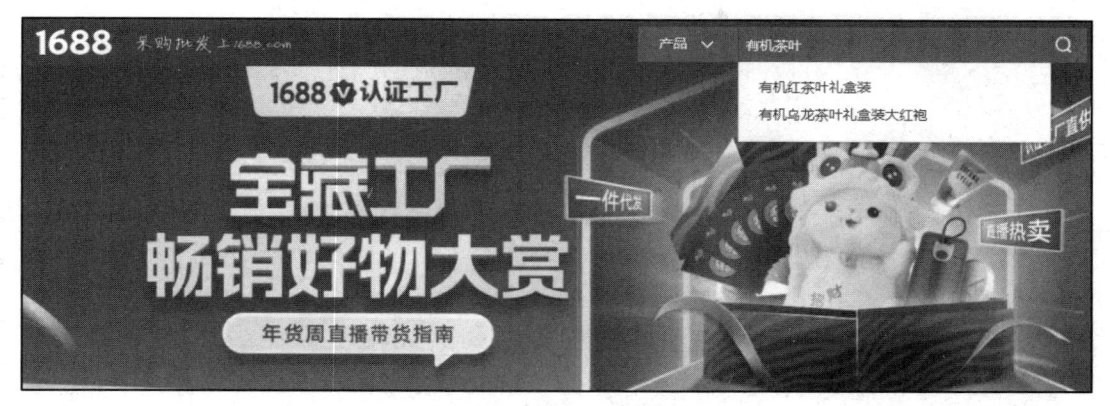

图 3-3-7　关键词检索界面

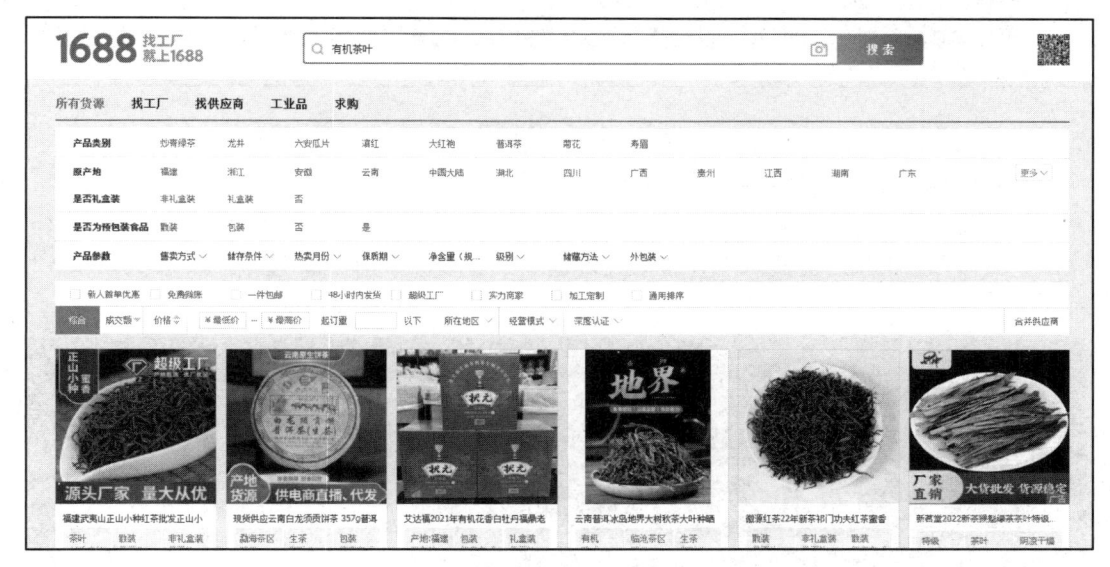

图 3-3-8　检索结果

（2）增加检索条件，如"产品类别""原产地"限定，缩小检索结果范围，如图 3-3-9 所示。增加条件后二次检索结果如图 3-3-10 所示，若不满意，则可修改检索条件继续检索。

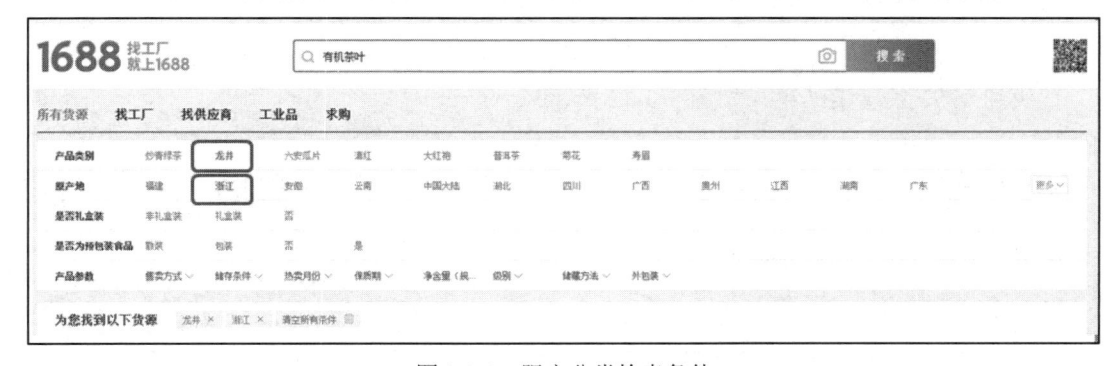

图 3-3-9　限定分类检索条件

图 3-3-10　二次检索结果

（3）单击超链接，查看检索条目的详细信息（略）。

例 3-3-2　在阿里巴巴网站上查找广州市经营春秋童装的商家名称。

（1）选择"公司"为检索入口，输入关键词"春秋童装"，单击"搜索"按钮，如图 3-3-11 所示。

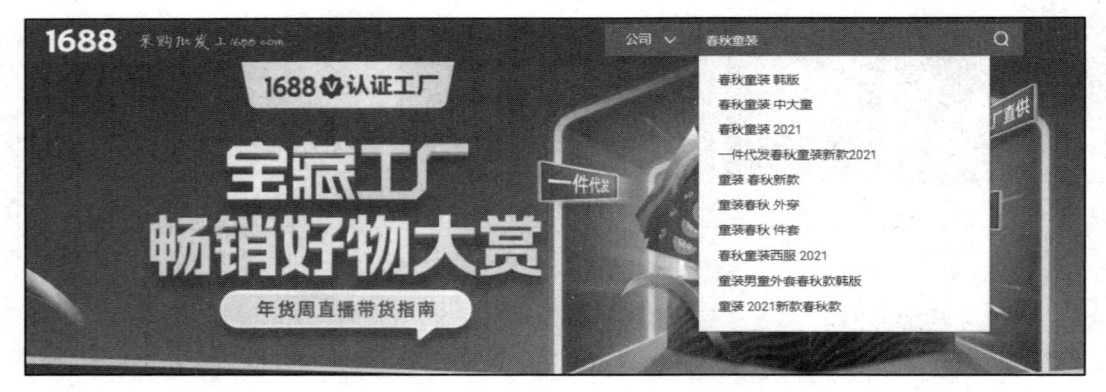

图 3-3-11　关键词检索界面

查找到 4752 条检索结果，如图 3-3-12 所示。

图 3-3-12　检索结果

（2）设置地区限定条件"广州"，进行二次检索，得到结果如图 3-3-13 所示。

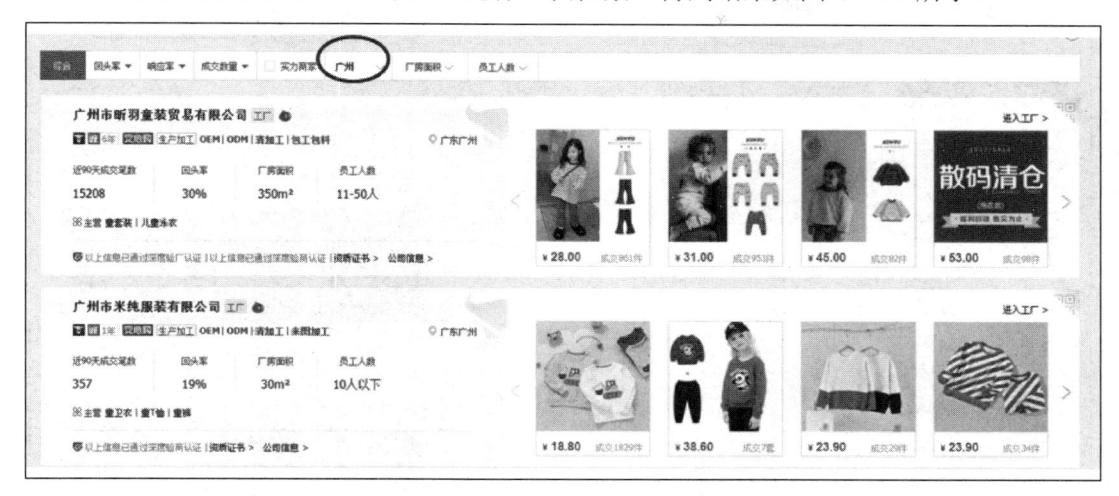

图 3-3-13　二次检索结果

（3）单击超链接，查看检索条目的详细信息（略）。

例 3-3-3　在爱采购网站上查找广州本田轿车配件的市场信息。

（1）打开爱采购网站的首页，选择"货源"为检索入口，在检索框中输入"本田轿车配件"，单击"搜索"按钮，得到货源信息检索结果，如图 3-3-14 所示。

在此界面中显示共搜索到 104 条信息，其中包括发动机、车身及附件、维修保养设备、车灯等相关产品的信息。

图 3-3-14　"货源"信息检索结果

（2）选择"厂家"为检索入口进行检索，关键词不变，查找结果如图 3-3-15 所示。

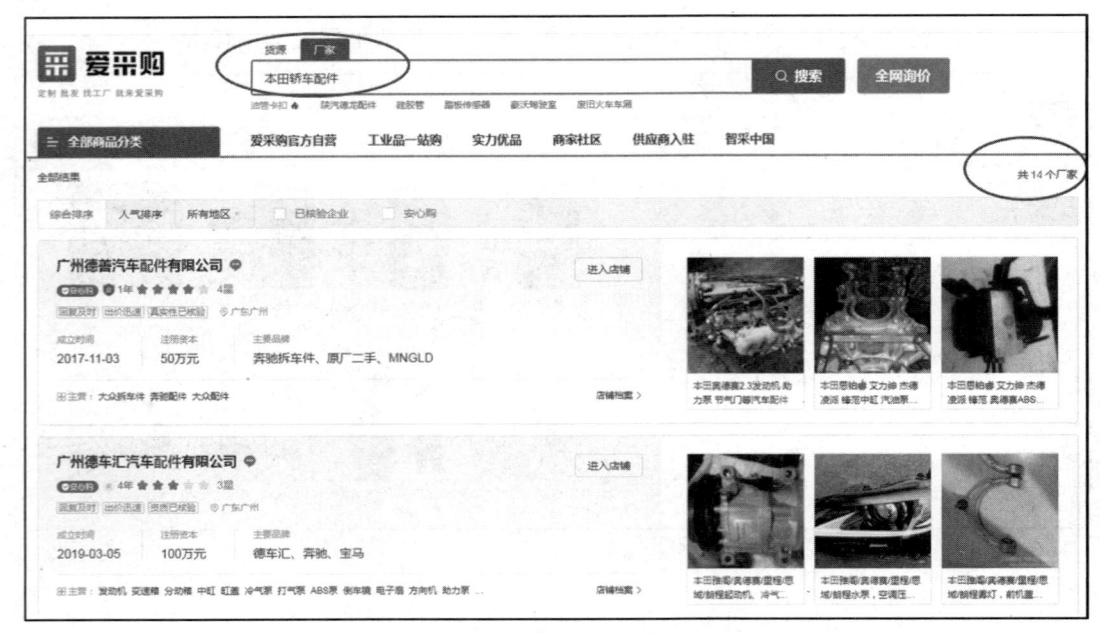

图 3-3-15 "厂家"信息检索结果

在本次检索中共有 14 条信息符合条件,这些销售公司都经营本田汽车。

例 3-3-4 有一辆 2019 款奥德赛轿车,2019 年购入价为 32 万元。2022 年 12 月,车主希望出售这辆车。请利用瓜子二手车直卖网(http://www.guazi.com/)搜索相关市场信息,给车主一个合理的建议价。

检索实例 3-3-4

(1)打开瓜子二手车直卖网首页,如图 3-3-16 所示。在检索框中输入"奥德赛",如图 3-3-17 所示,单击"搜索"按钮后进入检索结果页面(如图 3-3-18 所示)。

图 3-3-16 瓜子二手车直卖网首页

模块 3　经济信息资源检索与利用

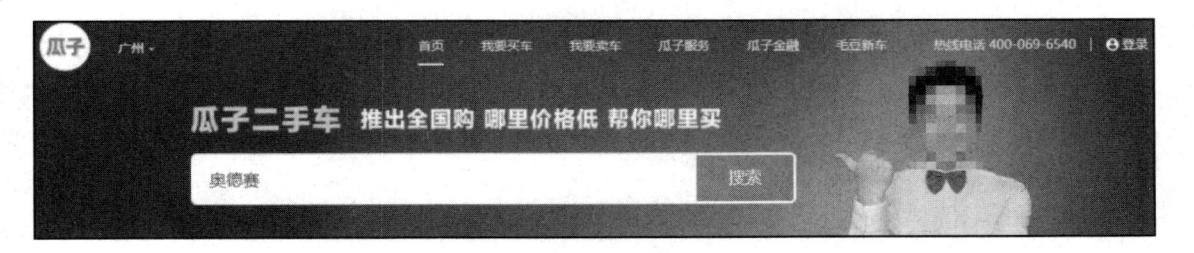

图 3-3-17　输入检索关键词

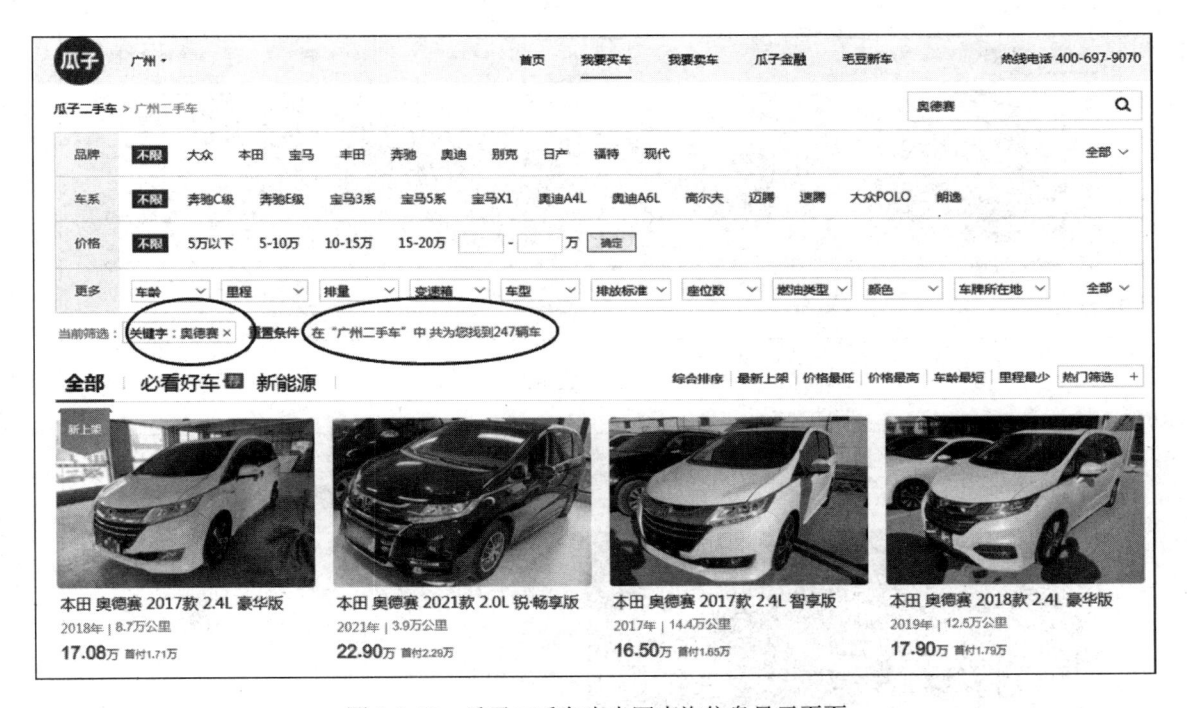

图 3-3-18　瓜子二手车直卖网查询信息显示页面

（2）如图 3-3-18 所示，检索结果有 247 条。显示页面中，检索命中的二手车的年份各异，可以在分类检索中进一步进行限定检索，缩小浏览范围。

（3）重新限定检索条件，如图 3-3-19 所示，发现检索结果减少为 27 条。在二手车信息界面中，显示车主出售的二手车，资料上显示每一辆二手车的基本信息，包括什么时候上牌、行驶里程，以及车身的基本情况。同时，标明了这一辆车的价格，留下了自己的联系方式，方便买主联系，如图 3-3-20 所示。

（4）经过浏览如图 3-3-19 所示检索结果的二手车价格，发现与车主车型差不多（里程相近）的同款奥德赛价格在 20 万～24 万元。所以，可以推断车主这款车目前在二手车市场的市场价是 20 万～24 万元之间。

例 3-3-5　利用网络收集新产品开发信息。

（1）收集用户对新产品的构思。新产品构思的来源有很多，最重要的一种是对用户的访问。这种方法要求用户提出他们使用某一特定的商品或商品系列时所遇到的问题和要求，并对这些问题和要求的重要性、影响程度加以评估，据此选定值得开发的构思。

121

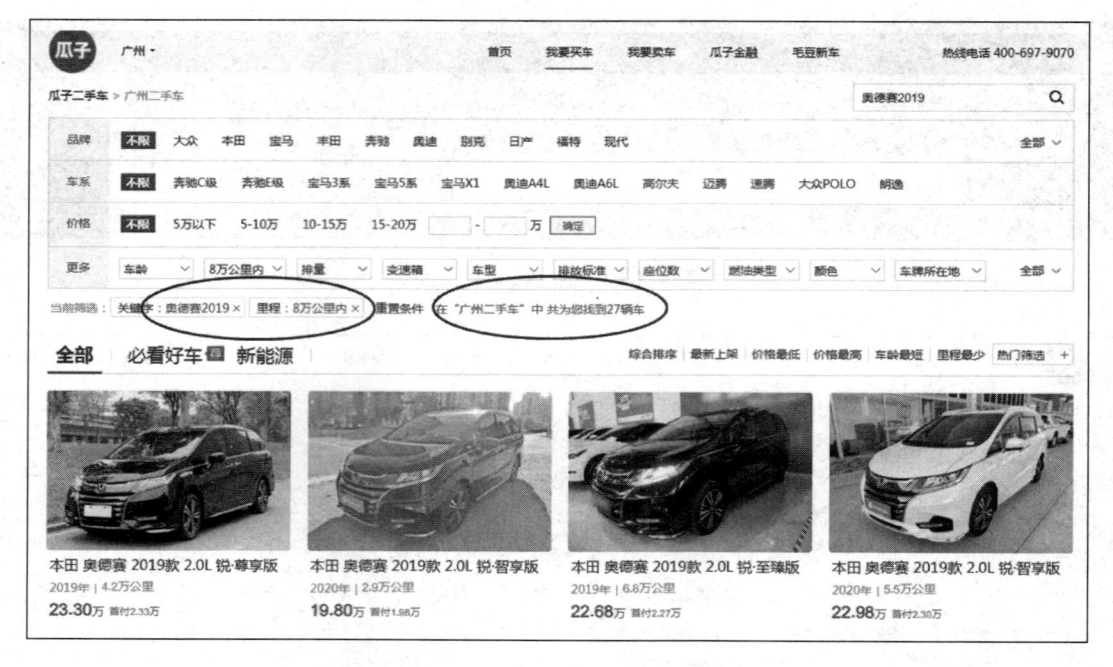

图 3-3-19　二次检索结果界面

图 3-3-20　瓜子二手车信息界面

小米公司把用户的难题当作自己的开发课题,它在自己的网站上设立了小爱论坛(网址：https://www.xiaomi.cn/board/),论坛内设"问答""反馈""建议"等栏目,如图 3-3-21 所示,收集本企业产品在使用过程中所反映的问题,以及顾客对本企业产品和服务的意见与建议。

(2)新产品专利信息的收集。中国专利信息网(网址：https://www.patent.com.cn/)是目前国内科技及知识产权领域提供专利信息检索、专利事务咨询、专利及科技文献翻译、非专利文献加工等服务的权威机构,其首页如图 3-3-22 所示。

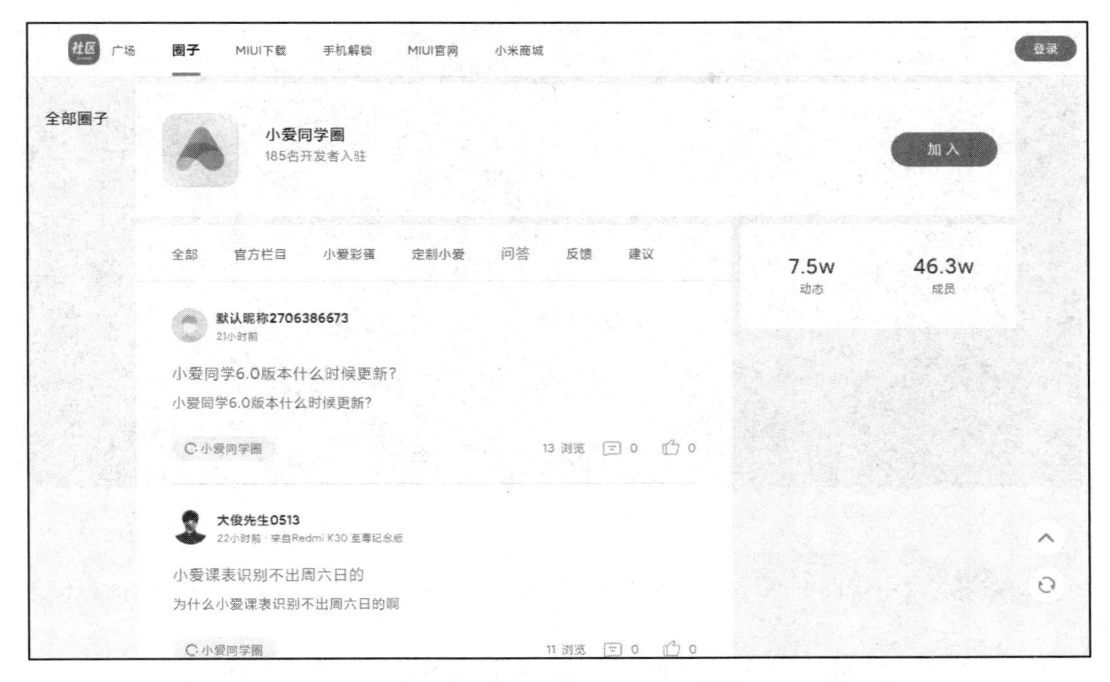

图 3-3-21　小米网站上的问题反馈栏目

图 3-3-22　中国专利信息网

（3）高校和科研院所新产品信息的收集。各高校都有自己的研究重点和强项，这些信息在互联网上很容易找到。例如，校果网（https://www.xiaoguokeji.com/）是连接高校和企业的综合性网站，如图 3-3-23 所示。

图 3-3-23　校果网

例 3-3-6　用中国商标网近似查询"齐心得力"办公用品的商标信息，并了解商标信息的构成。

（1）进入中国商标网，网址为 http://wcjs.sbj.cnipa.gov.cn，如图 3-3-24 所示。

图 3-3-24　中国商标网商标查询首页

（2）单击"商标近似查询"超链接，进入商标近似查询页面，单击"选择查询"按钮，按要求输入相应的检索条件，如"办公用品"商标在国际分类中为 16 类，如图 3-3-25 所示。

（3）单击"查询"按钮，返回查询结果，生成系统操作记录，如图 3-3-26 所示。

（4）获得商标的详细信息，如图 3-3-27 所示。

图 3-3-25　输入检索条件

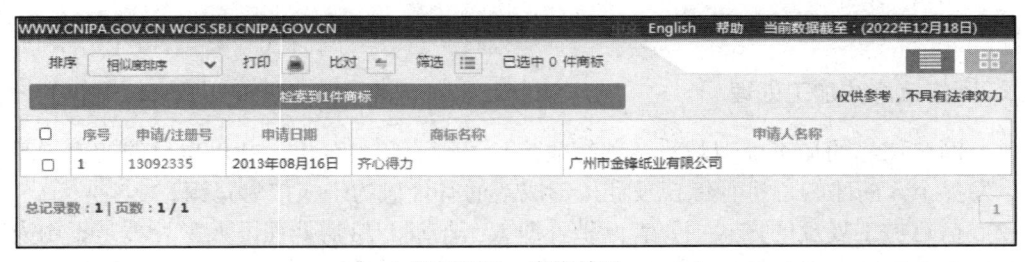

图 3-3-26　查询结果

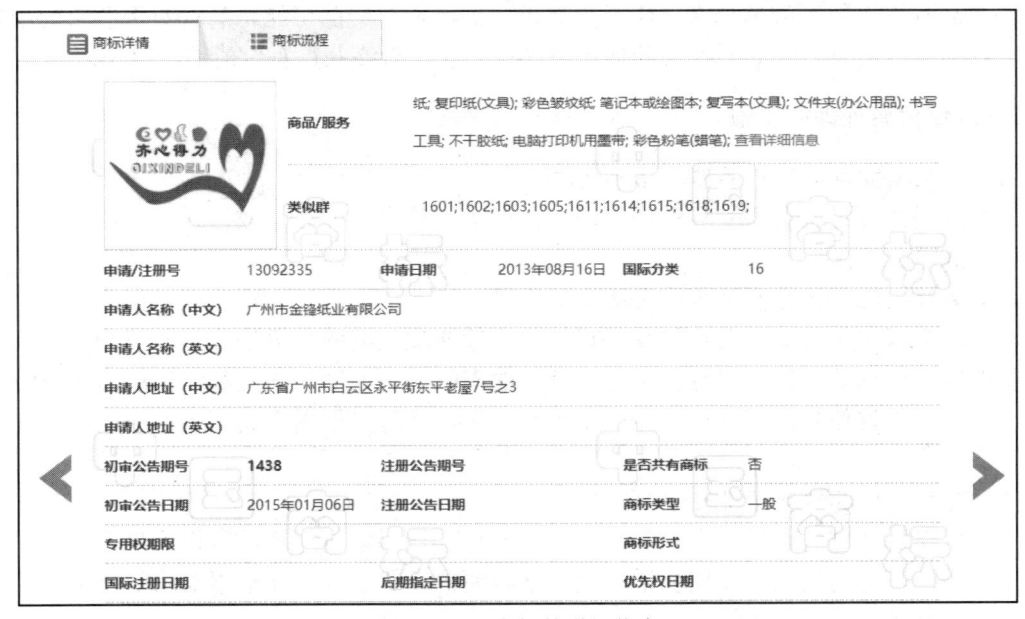

图 3-3-27　商标的详细信息

五、课堂互动

（1）比较在阿里巴巴网站上查找信息选择不同检索入口时的结果有何不同，可得出什么经验？

（2）简述利用网络检索市场信息的基本思路。

（3）比较搜索引擎、综合网站和行业网站收集信息的异同点。

（4）用中国商标信息网"商标综合查询"查找"iPad"的商标信息。

模块小结

1．网络信息的整理

通过信息的合理分类、组合、整理，可以将片面的信息转变为较为系统的信息。这项工作分为以下几个步骤：

（1）明确信息来源。

（2）浏览信息。

（3）分类。

2．网络信息的加工处理

（1）网络信息的加工处理是将各种有关信息进行比较、分析，并以自己的初衷为基本出发点，发挥个人的才智，进行综合设计，形成新的有价值的个人信息资源。

（2）信息加工处理的方式主要有两种，即人工处理和机器处理。人工处理是指由人脑进行信息处理；机器处理是指计算机的信息处理（包括专家系统）。

（3）从网络上得到的信息有时候是自相矛盾的，还有一些可能是商业对手散布的用来迷惑竞争者的虚假信息，因此要参考其他信息进行比较，最终获得有价值的网络信息。

3．网络信息处理的类型

（1）为提高效率而进行的网络信息处理

这种处理主要是指各种各样的信息压缩，即去除信息中的多余成分或次要成分，留下信息的主要成分。

（2）为提高抗干扰性而进行的网络信息处理

目前，实现抗干扰编码及容错功能设计的一般原理仅局限在语法信息的范畴。新一代的抗干扰编码及容错功能设计也将突破语法信息的局限，进入基于语义和语用信息的范畴。这样，不仅可以根据信息的语法构造规律来纠正错误，还可以根据语义信息和语用信息来发现并纠正错误。

（3）为提高信息纯度而进行的网络信息处理

提高信息的纯度时，过滤和识别是最典型的处理技术。更完善的网络信息处理同样依赖于语义和语用信息的利用，要根据语义信息来判断信息的内容，并根据语用信息来判断它的效用，在此基础上排除无用信息。

（4）为提高安全度而进行的网络信息处理

这里所说的安全，也就是信息的保护，是指信息不被未授权者获得。为此，必须对信息进行处理，把"明码"变成"密码"。

操作训练

实训操作 3-1　经济信息网站的使用

1．学时：1。

2．实训目标：通过网络信息检索，要求学生了解我国经济信息网站（中经网、中宏网、国研网）的概况，认识并掌握运用经济信息网站检索信息的方法和步骤，充分运用这些网站数据库的内容特点查找相关信息，正确地选择经济信息网站和检索方法，以提高获取和利用经济信息的能力，为不断地吸收新知识、增强创新能力打下基础。

3．实训内容。

（1）使用校园网进入学校图书馆，通过国研网、中经网、中宏网数据库查找所需信息。

（2）正确地写出检索路径。

（3）得出检索结果。

4．实训类别：基础。

5．实训类型：综合。

6．实训要求：选做。

7．主要设备：每位学生操作一台可以上网的计算机；中经网、中宏网、国研网数据库。

8．检索课题：利用"国务院发展研究中心信息网""中国宏观经济信息网""中国经济信息网"查找以下信息。

（1）通过检索，请查出 2017～2021 年中国与韩国两国的人口年增长率，简单总结两国人口发展趋势。

（2）2022 年 5 月份一汽丰田的产量和销量。

（3）2021 年广东省软件业就业人员总数。

（4）2021 年《财富》发布的"全球最受赞赏的公司"中计算机公司的前十家。

（5）2018～2020 年这三年的中国纺织品进出口总额。

（6）请利用中经指数，试比较 2022 年 2 月到 2022 年 10 月的房地产行业的景气指数。

（7）请查找 2022 年全年各月的居民消费价格指数和食品价格指数（上年同月 100），并以柱形图方式显示查询结果。

（8）使用搜索引擎检索国内生产管件的厂家，并将检索结果与使用"中国企业产品库"检索所得结果相比较，分析两种检索方法的特点。

9．写出检索报告。

实训操作 3-2　利用"搜索引擎+行业网站"检索经济信息

1．学时：1。

2．实训目标：通过"搜索引擎+行业网站"的检索方法，要求学生学会部门或行业性经济信息资源检索，掌握"搜索引擎+行业网站"检索信息的方法和步骤，充分运用这一检索技巧查找相关信息，正确地选择、判断和检索与关键词相一致的行业网站，从而提高获取和利用经济信息的能力，为不断地吸收新知识、增强创新能力打下基础。

3．实训内容：实训主要环节及操作内容如下。

（1）通过常用搜索引擎查找与检索关键词对应的行业网站。

（2）利用行业网站获取经济信息。

（3）设置检索条件，得出最佳检索结果。

4．实训类别：基础。

5．实训类型：综合。

6．实训要求：选做。

7．主要设备：每位学生操作一台可以上网的计算机。

8．检索课题。

（1）利用相应数据库检索我国有关食品包装的法规有多少篇，其中关于包装纸的法规名称是什么。

（2）国内生产水泥的厂家有多少？写出一个厂家及其联系方式。

（3）某学者在进行人口研究时，希望了解中国人口普查的悠久历史，了解最早的中国人口普查数据。请帮助这位学者从互联网上找到有关文章和网站。

（4）一辆载重10吨的货车即日将从深圳出发，运送一批货物到清远，并计划从清远运一批货物回深圳。为了减少这辆货车的空驶，请通过互联网检索货运代理网站，为其安排清远到深圳的货物运输。

9．写出检索报告。

实训操作 3-3　利用综合网站收集市场信息、商品信息

1．学时：1。

2．实训目标：以阿里巴巴网站收集信息为例，掌握在综合网站上收集信息的方法与过程，能够在综合网站上更快更好地收集市场信息、商品信息，提高自己获取和利用经济信息的能力，为不断地吸收新知识、增强创新能力打下基础。

3．实训内容：实训主要环节及操作内容如下。

（1）选择所需要的信息类型，可以选择"找产品""找公司""找加工""找库存""交商友""找买家"等，再输入想搜索的产品名称。

（2）在搜索结果界面中，可以按照以下方法更准确地定位搜索结果。

①通过省份、城市、信息时间范围和公司经营模式筛选信息。

②选择仅查看诚信通会员信息、在线会员信息等来筛选。

③选择自己感兴趣的产品参数并进行过滤。

（3）查找信息的时候，如果觉得搜索结果内容太杂，建议根据产品所属的行业类目——"通过分类查看"，从而精确锁定目标。

（4）也可以对显示的信息按照"价格""诚信通指数"和"贸易通在线"等对信息重新排序。以"诚信通指数"为例，按照指数从高到低的顺序进行排列。

（5）当输入一个产品词时，系统将根据词库给出更多的选择，帮助准确定位到所要找的产品词。系统会记录曾经搜索过的词，当搜索时，可以选择"热门关键字"进行搜索。

提示：阿里巴巴拥有全球最大的商机搜索引擎，用户可以快速、准确地找到需要的信息，

及时把握商机。很多页面上部的导航都可以方便地找到阿里巴巴的搜索功能。阿里巴巴的搜索引擎除了关键词搜索外，还可以进行分类搜索、高级搜索等。企业在阿里巴巴上收集信息时，可以根据具体情况选择不同的搜索方法。

4．实训类别：基础。

5．实训类型：综合。

6．实训要求：选做。

7．主要设备：每位学生操作一台可以上网的计算机。

8．检索课题。

（1）查找废纸的最新价格。

（2）查找2019年会展信息：汽车展/环保技术与设备展。

（3）分别写出以关键词作为检索入口和以分类检索作为检索入口，检索"工艺品"信息时，最后得出检索结果的步骤。

（4）分别在百度、阿里巴巴和广州太平洋网搜索同类产品信息，以手机为例，比较3类不同网站所收集到的有关手机信息的广度（查全率）、精度（查准率），结果一样吗？由此可得到什么启示？

9．写出检索报告。

模块 4　科技信息资源检索与利用

本模块结构关系如图 4-0-1 所示。

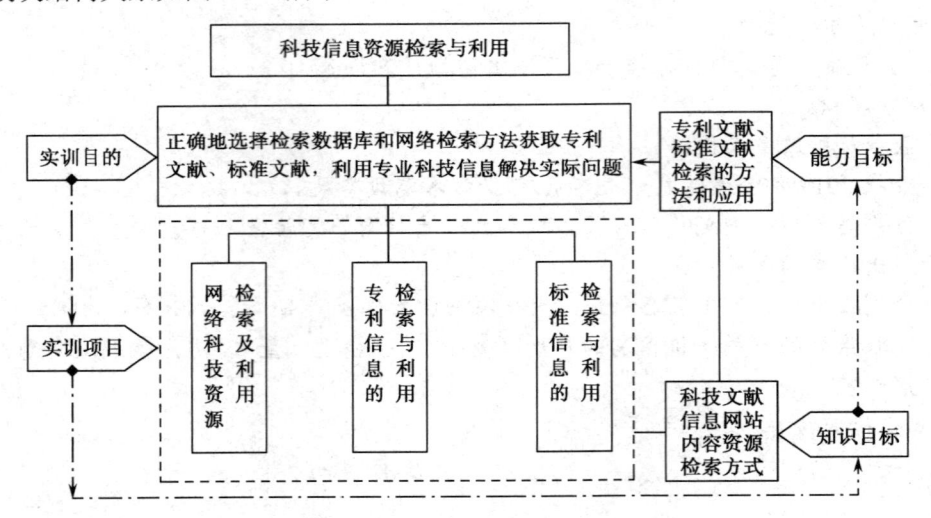

图 4-0-1　模块 4 结构关系图

科学和社会的发展，使文献量激增，信息的迅速增长反映在科技方面，约每 4 年翻一番。面对浩瀚的文献信息海洋，许多科技人员犹如"孤舟泳海，弱羽凭天"，经常感到束手无策。没有一种科学的方法和手段，人们是无法对付这些文献流的。而掌握科学的检索方法和途径，灵活利用文献检索工具，就是科学研究的向导，指引治学的指南。借助它，人们就能对文献信息进行正确的辨认、准确的选择、迅速的查找。没有继承和借鉴就没有提高，没有科学上的交流和综合就没有发展。文献检索可以节省科技人员宝贵的时间。有关资料研究证明，科研人员在从确定科研课题到最后取得成果的全过程中，用于收集、检索文献的时间所占比例相当大，95%以上的问题是从检索中受到启发的，只有 1%～5%的问题是靠自己的创造来解决的。毫无疑问，掌握科技文献信息检索技能是至关重要的。

人们检索一般科技文献的目的主要是获取其中的技术内容，继承和借鉴已有的研究成果。而专利文献检索的目的却不止于此，它还有更加广泛多样的目的，概括地说，反映在法律、技术和经济三个方面。近年来，随着知识产权观念逐渐被人们所接受，申请专利的技术成果普遍受到重视，人们可以从专利文献中了解和借鉴新的发明构思，了解最新技术信息。学会利用专利检索迅速、准确地获得专利信息，可以掌握国内外同类技术、产品的发展动态，预测技术发展趋势。

标准文献是由技术标准、管理标准及其他具有标准性质的类似文件所组成的一种特定形式的技术文献体系。标准文献一般是指各种级别的"标准""规范""技术要求"，以及标准检索工具等。

项目 4.1　网络科技资源检索及利用

学习重点

1. 了解事实型和数值型信息检索工具；
2. 熟悉我国科技文献信息主要门户网站的内容特点和资源检索方式。

学习要求

通过对网络科技信息的检索，要求学生认识并掌握运用相关科技网站和数据库检索科技信息的方法与步骤，能够正确地选择检索数据库和检索方法，以提高获取和利用专业科技信息的能力。

一、相关知识

1．事实型和数值型信息检索

数据与事实检索的内容主要是日常生活和工作中遇到的一些疑难问题，如字词、事件、事实、人物、机构名称、年代日期、公式、常数、规格、方法等。这是一种确定性的检索：要么是有，要么是无；要么是对，要么是错。

（1）事实型检索——以特定的事实为检索对象，如查询名词解释、了解某人或某机构的简况、考证某一事件等。

（2）数值型检索——以特定的数值为检索对象，如查找某一统计数据、某一数学公式、某一材料成分性能、某元器件的型号参数等。

（3）事实型检索工具，指广泛汇集某一领域的文献信息，如名词术语、事件、人名信息、地名信息、机构信息、产品信息等，按一定方法编排，专供检索有关事实信息和解难释疑的工具，例如，百科全书、年鉴、手册、表谱、图录、名录等检索工具。

（4）数值型检索工具，指能够提供各类数值信息（如各种科学数据、人口数据、管理数据、金融数据、财政数据、商业数据等）的检索工具，它们是进行各种统计分析、定量研究、管理决策和预测的重要工具，例如，各类统计年鉴、统计资料汇编和统计数据库等。

扫描二维码，观看"事实型与数值型信息检索"微视频。

事实型与数值型信息检索

2．网络科技资源概述

（1）科技信息资源是记载科学活动或科技知识的信息载体，其特征是信息量大，载体形式多样，内容分散且交叉，信息的有效期缩短。

（2）科技信息资源按照文献性质分为科技图书、科技期刊、科技报告、会议文献、专利文献、标准文献、学位论文、产品资料及技术档案。

（3）科技网站是一种网络版的科技文献检索工具，利用网络搜索引擎可查找与科技网站有关的文档。

3. 我国科技信息数据库和主要门户网站

（1）中国大百科全书数据库（https://h.bkzx.cn/）。
（2）中国年鉴全文数据库（https://kns.cnki.net/kns/brief/result.aspx?dbprefix=CYFD）。
（3）中国科技情报网（https://www.chinainfo.org.cn/）。
（4）中国科技创新网（http://www.kjcx.ac.cn/）。
（5）国家科技图书文献中心（https://www.nstl.gov.cn/）。

二、科技信息数据库和主要门户网站推介

1. 中国大百科全书数据库

（1）登录方式

中国大百科全书数据库网址为 https://h.bkzx.cn/，其首页如图 4-1-1 所示。

图 4-1-1　中国大百科全书数据库首页

（2）数据资源概况

百科全书是人类知识的总汇，是记录人类知识最全面、最系统的大型综合性工具书。《中国大百科全书》是我国第一部大型综合性的百科全书。《中国大百科全书数据库》中的文字和图片，主要来源于专业权威的《中国大百科全书》第一版和第二版，学科体系搭建完善，其内容包含 14 万条目，2 亿文字量，100 万个知识点，包括全文检索、学科分类检索、逻辑关系检索等。其中第一版按学科和知识领域分成 74 卷，共收 7.8 万个条目，5 万幅图片，总计 1.26 亿字，第二版按字母顺序分成 32 卷，共收条目约 6 万个，约 6000 万字，插图 3 万幅，地图约 1000 幅。数据库作品还可以根据用户需求，增加其他专业百科全书、地区百科全书的内容，具有极高的权威性。其涵盖了哲学、社会科学、文学艺术、文化教育、自然科学、工程技术等 66 个学科或知识领域。

2．中国科技情报网

（1）登录方式

中国科技情报网的网址为 https://www.chinainfo.org.cn/，其首页如图4-1-2所示。

（2）数据资源概况

中国科技情报网是一个由中国科学技术信息研究所发起、各级地方科技情报机构共同参与的中国科技情报研究成果的整合与共享网络平台。其目的是加强全国科技信息界研究资源的共建共享，实现我国科技信息研究成果的增值利用。目前信息平台建立了以情报系统会员制为基础的服务模式，现有会员机构32家。通过信息资源的有序组织与揭示，"中国科技情报网"信息平台基本实现全国省级科技信息机构数字化资源的有序集中与同类归并，形成了多层次的信息资源揭示与整合发布机制。

图4-1-2　中国科技情报网首页

（3）资源使用

用户可以在首页上直接按照需要找到文章分类，选中相应的资源分类。例如，希望寻找一些研究报告，就可以单击"研究报告"，然后根据"报告分类""产业/行业分类""特色学科分类"等进行分类查找或在搜索工具中按标题、产出机构、作者等关键字段输入检索词，单击"搜索"按钮即可在指定的各个资源库中进行针对字段的模糊检索。

3．国家科技图书文献中心

（1）登录方式

国家科技图书文献中心（NTSL）的网址为 https://www.nstl.gov.cn/。

（2）数据资源概况[1]

国家科技图书文献中心（National Science and Technology Library [NSTL]，以下简称中心）

---

[1] 资料来源：2023年国家科技图书文献中心网

是经国务院领导批准，科技部联合财政部等六部门于 2000 年 6 月 12 日成立的一个基于网络环境的科技文献信息资源服务体系由中国科学院文献情报中心、中国科学技术信息研究所、机械工业信息研究院、冶金工业信息标准研究院、中国化工信息中心、中国农业科学院农业信息研究所、中国医学科学院医学信息研究所、中国标准化研究院国家标准馆和中国计量科学研究院文献馆九个文献信息机构组成。国家科技图书文献中心是根据国家科技创新发展的需要，已全面收藏和开发理、工、农、医等四大领域的科技文献，已发展成为集中外文学术期刊、会议记录、学位论文、科技报告、图书、学位论文、专利、标准和计量规程等于一体，形成了印本和网络资源互补的保障格局，资源丰富、品种齐全的国家科技文献信息资源保障基地。截至 2017 年，外文印本文献订购品种稳定在 2.4 万～2.6 万余种，其中外文期刊 16719 种，外文会议录等文献 8134 种；面向全国开通网络版外文现刊 519 种、回溯期刊总量达 3075 种，事实型数据库 2 个、OA 学术期刊 7000 余种等。

（3）资源使用

系统通过互联网向用户提供"馆藏服务"和"代借代查"等特色服务。前者以快速检索方式向用户提供科技期刊、会议录、科技报告、科技图书等文献检索服务；后者通过电子邮件、传真、邮寄等方式向注册用户提供一次文献服务，即提供全文服务。

系统提供了两种检索方式：快速检索和数据库检索。系统默认使用快速检索。

快速检索：直接输入检索词，单击"检索"按钮即得出检索结果，如有需要可进行二次检索。

数据库检索：在检索首页（如图 4-1-3 所示）中单击"文献检索"超链接，进入数据库检索界面。该界面提供了四种检索方式：普通检索、高级检索、期刊检索和分类检索。界面分为选择数据库入口区和检索入口区。数据库检索界面如图 4-1-4 所示。检索时，首先选择数据库，然后进行检索。

图 4-1-3 国家科技图书文献中心首页

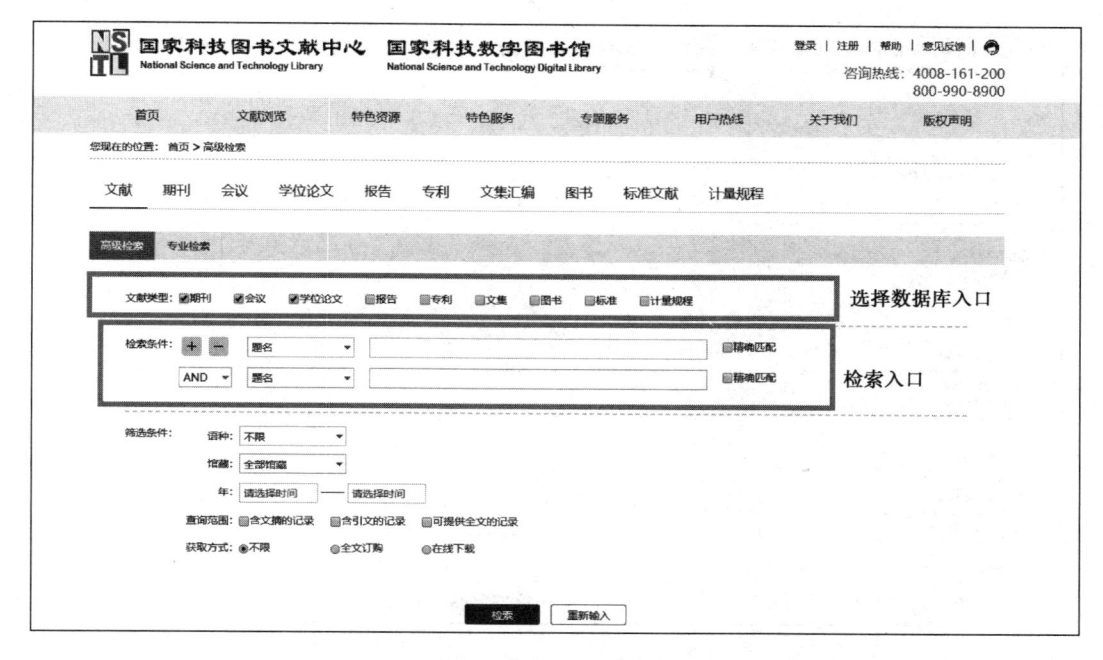

图 4-1-4　数据库检索界面

①普通检索。检索步骤：选择数据库→输入检索词→检索，得出结果，如有需要可进行二次检索，如图 4-1-5 所示。

图 4-1-5　普通检索界面

②高级检索。在首页中选择"高级检索"选项卡，进入高级检索界面，如图 4-1-6 所示。检索步骤：选择检索入口（选择检索入口区提供的字段）→输入检索词→检索。

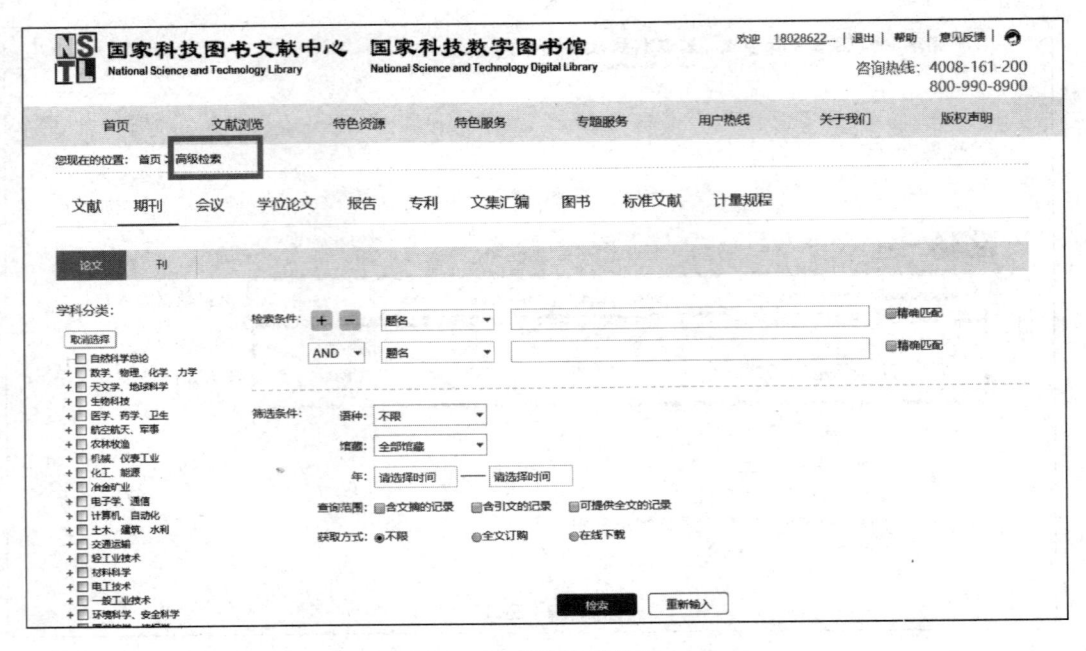

图 4-1-6　高级检索界面

③期刊检索。在图 4-1-5 中选择"期刊"选项卡，进入期刊检索界面，如图 4-1-7 所示。除了中文期刊，期刊检索还提供了外文期刊检索，包括英文期刊、德文期刊、日文期刊和法文期刊，可以根据刊名直接检索、浏览。

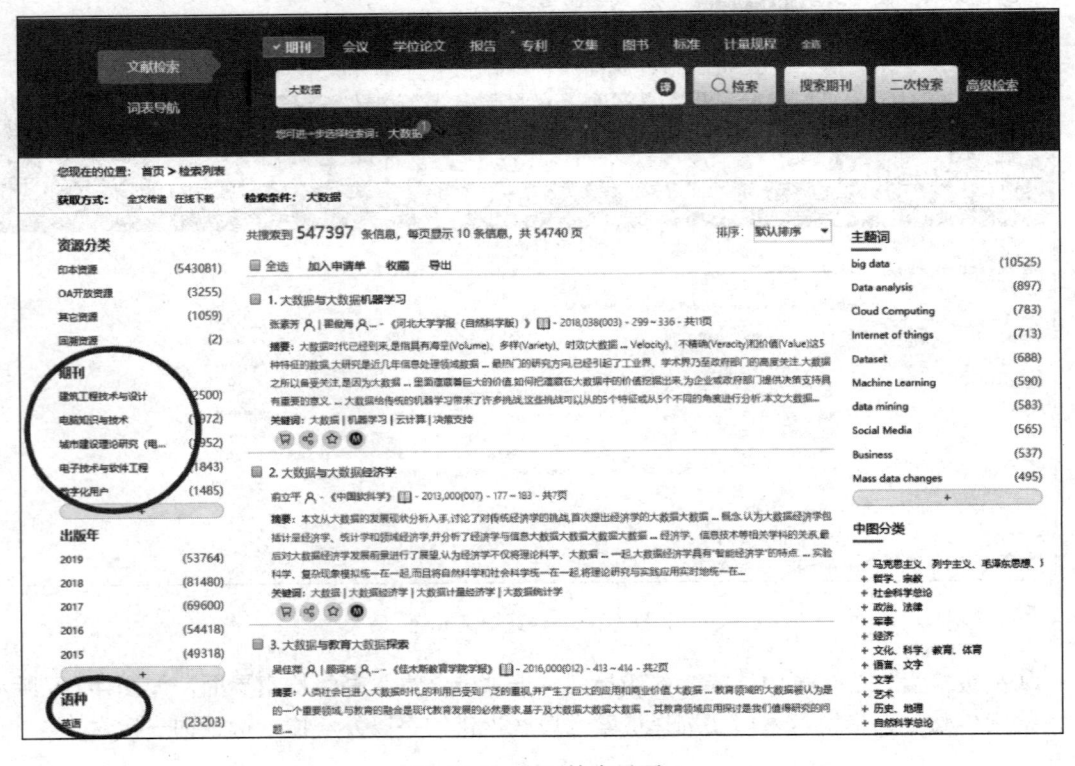

图 4-1-7　期刊检索界面

④分类检索。在图 4-1-6 中选择"学科分类"选项卡，进入分类检索界面，如图 4-1-8 所示。

图 4-1-8　分类检索界面

三、检索实例

例 4-1-1　利用中国大百科全书网（http://h.bkzx.cn/）查询"丝绸之路"的详细注释。
（1）单击首页导航栏中的"高级检索"超链接，如图 4-1-9 所示。

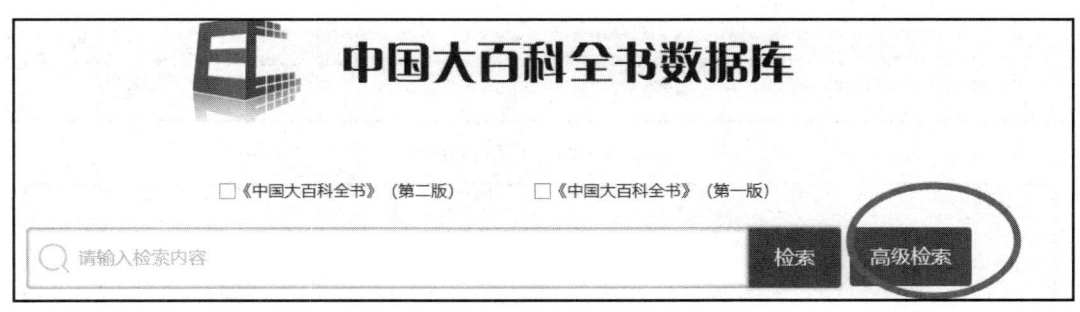

图 4-1-9　导航栏中的"高级检索"超链接

（2）进入高级检索页面，在"中文名称"字段的检索框内输入"丝绸之路"，如图 4-1-10 所示。
（3）单击"检索"按钮。
（4）得到 4 条检索结果，如图 4-1-11 所示，分别来源于"纺织""交通""中国历史""中国地理"，单击任意检索结果，下方将显示相应卷中关于"丝绸之路"的详细解释，如图 4-1-12 所示。

图 4-1-10　输入检索关键字

图 4-1-11　检索结果

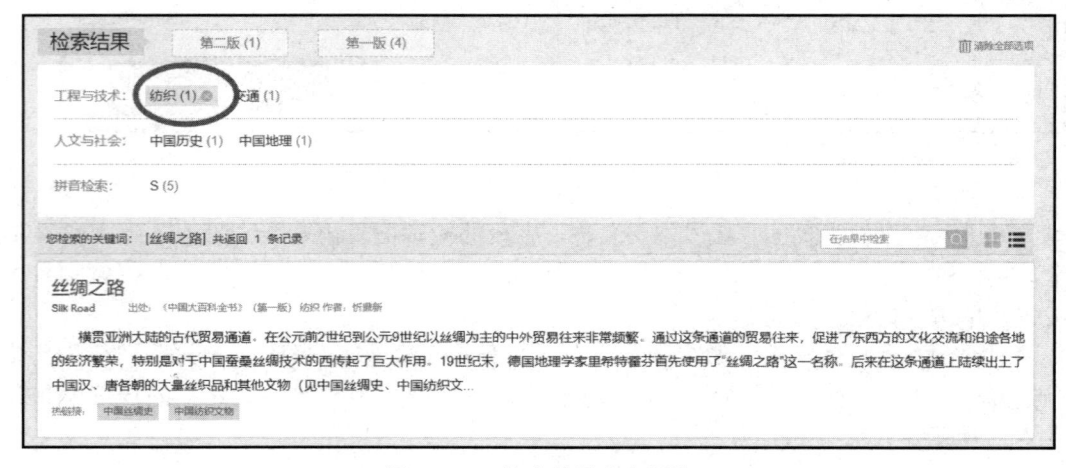

图 4-1-12　检索结果内容浏览

例 4-1-2 请用中国科技情报网（https://www.chinainfo.org.cn/）查找一篇有关雾霾方面的研究报告。

（1）注册后进入如图 4-1-13 所示的界面，选中"研究报告"复选框，在检索框中输入"雾霾"，单击"搜索"按钮。

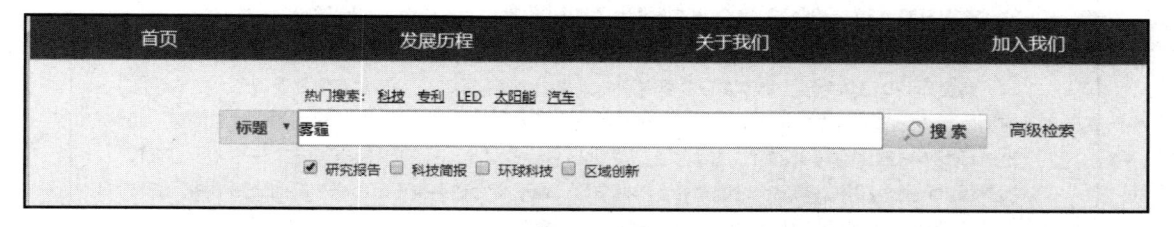

图 4-1-13 中国科技情报网检索界面

（2）得到 2 条检索结果，如图 4-1-14 所示。

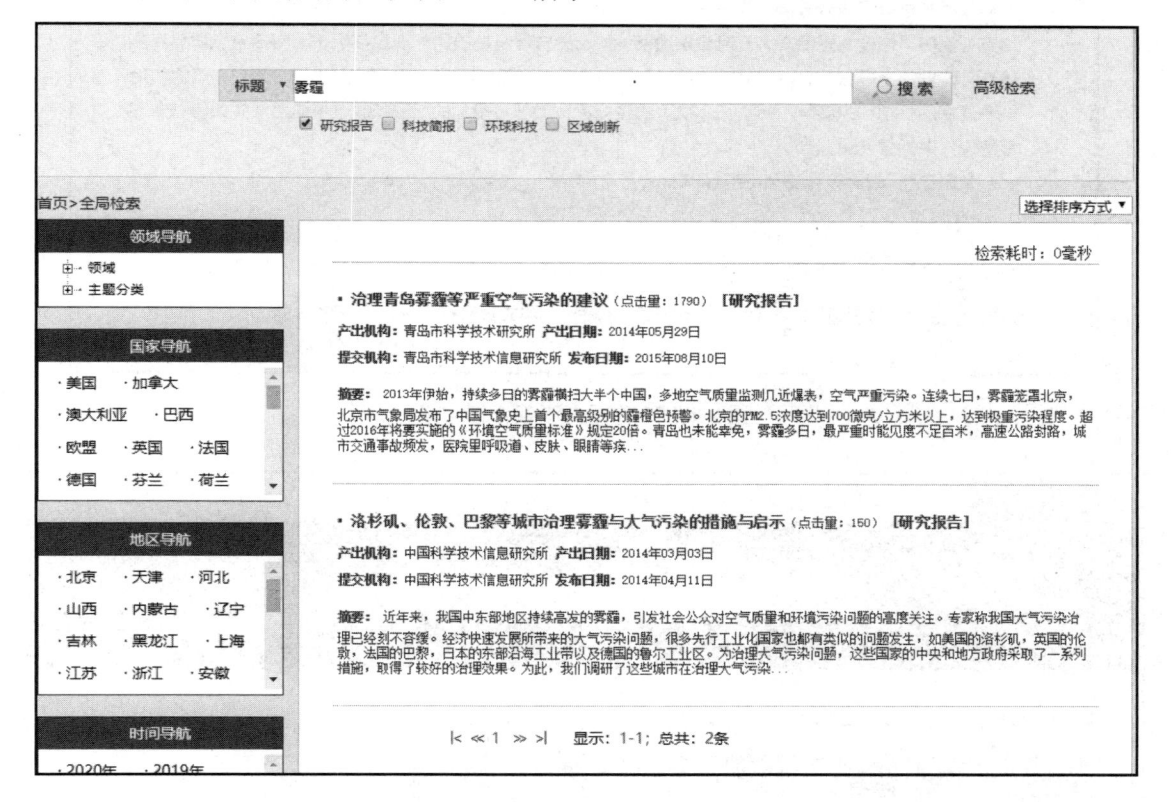

图 4-1-14 检索结果

（3）查看详细结果并下载，如图 4-1-15 所示。

例 4-1-3 利用国家科技文献资源网络服务系统检索有关数字化电视节目的制作技术方面的学位论文。

（1）进入国家科技图书文献中心（https://www.nstl.gov.cn/）首页，进入文献检索界面，选择"学位论文"选项如图 4-1-16 所示。

网络信息检索实例分析与操作训练（第4版）

治理青岛雾霾等严重空气污染的建议

产出机构：青岛市科学技术研究所　　提交机构：青岛市科学技术信息研究所
产出日期：2014-05-29　　发布日期：2015-08-10　　作者：刘瑾;管泉;

摘要：2013年伊始，持续多日的雾霾横扫大半个中国，多地空气质量监测几近爆表，空气严重污染。连续七日，雾霾笼罩北京，北京市气象局发布了中国气象史上首个最高级别的霾橙色预警。北京的PM2.5浓度达到700微克/立方米以上，达到极重污染程度。超过2016年将要实施的《环境空气质量标准》规定20倍。青岛也未能幸免，雾霾多日，最严重时能见度不足百米，高速公路封路，城市交通事故频发，医院里呼吸道、皮肤、眼睛等疾病患者激增，人们和生活健康受到严重影响。青岛市科技情报学会和青岛市科学技术信息研究所（青岛市科技发展战略研究所）研究人员对雾霾及其主要污染源；青岛市空气污染的特征及主要污染物；我市不同产业碳排放情况，机动车辆排放对空气污染作用等进行了研究分析，并借鉴德、英等国及我国部分城市治理大气污染经验的成熟经验和治理措施，提出了修定《青岛市大气污染防治条例》，制定《青岛市空气质量指标》；完善空气质量监测体系；建立快捷高效的公共媒体空气质量高效发布体系和预警机制；出台应急措施；建立多城大气污染治理联动机制；改善能源结构；发展可再生能源；加强对扬尘的治理和建全考核监管体系等八条对策建议，供领导参阅。

关键字：治理;雾霾;空气;污染;建议;

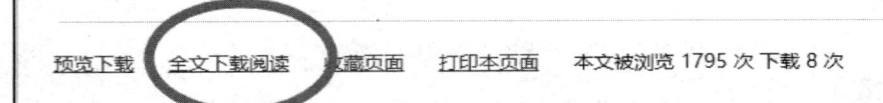

预览下载　**全文下载阅读**　收藏页面　打印本页面　本文被浏览 1795 次 下载 8 次

图 4-1-15　查看并下载详细结果

图 4-1-16　文献检索界面

（2）选择检索项"题名"，输入检索词"电视节目制作"，单击"检索"按钮，选择数据库"中文学位论文"，得到 1876 条检索结果，如图 4-1-17 所示。

图 4-1-17　检索结果

（3）选择其中一篇文献进行全记录浏览，如图 4-1-18 所示。

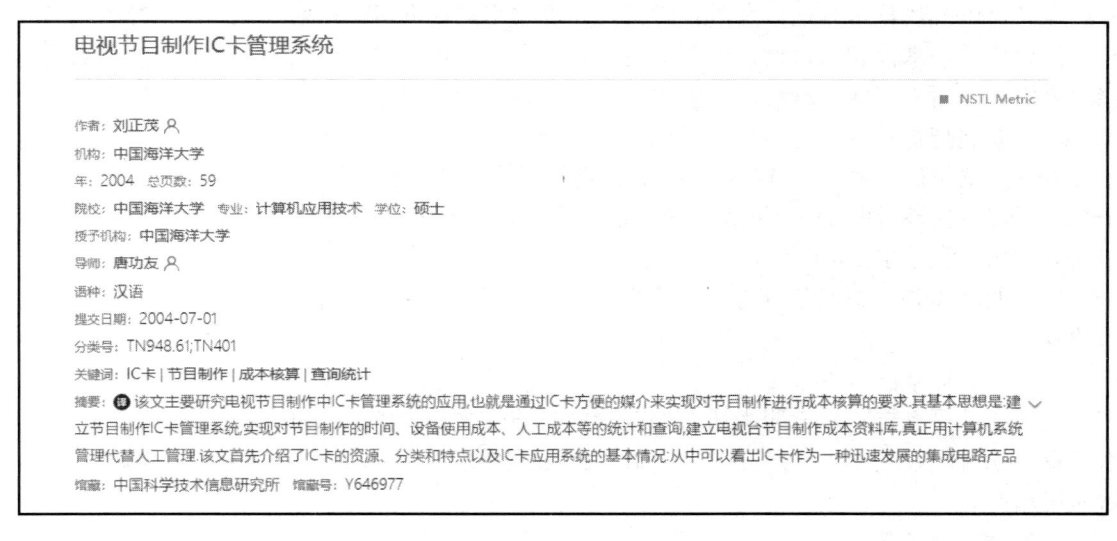

图 4-1-18　文献全记录浏览

四、课堂互动

（1）比较本书中提到的网络科技信息检索网站各自的优势和特点。
（2）还有哪些网站能用于专业科技信息检索？列出网站名称和网址。

项目 4.2　专利信息的检索与利用

学习重点

1. 熟悉专利文献的种类、特点以及中国专利文献编号组成形式；
2. 掌握专利检索的数据库及主要网站检索方法。

学习要求

学会使用专利网站查找文献的全文、下载专利说明书等文献资料；学会利用国家知识产权局网站的免费资料，通过完成实训项目掌握专利文献检索的方法。

一、相关知识

1. 专利基础知识

专利文献是一种极为重要的科技信息源，长期以来一直受到应用科研工作者的重视。新产品的开发、新课题的立项、申请科研基金、科研课题鉴定等都需要检索专利资料。及时了解和掌握本学科的专利信息，可以有效避免科研重复，节约科研经费；借鉴专利信息可以解决技术难题，及时跟踪国际先进技术的动向等。同时，由于专利信息兼具技术性和法律性，专利信息的查询具有其他信息查询所不可替代的价值和作用。扫描二维码，观看"专利的基本知识"微视频。

专利的基本知识

（1）专利的历史

世界上最早的专利法于 1474 年诞生于威尼斯共和国；英国于 1624 年颁布垄断法；美国于 1790 年制定专利法，1836 年成立美国专利局；1885 年 4 月 18 日，日本第一部专利法生效；中国第一部专利法于 1985 年 4 月 1 日施行。

专利的功能是保护发明创造、鼓励发明创造，有利于发明创造的推广应用，促进科学技术的发展。

（2）专利文献的特点

专利文献是确定科技发明者所有权范围的法律性文件。其特点如下：内容详尽、具体（技术背景、创新内容、发明特点、具体实施示例及插图等），技术上实用性强；内容新颖，是最新的信息源。

（3）专利的种类

专利一般分为三大类：发明专利、实用新型专利、外观设计专利。

申请专利的三大条件：新颖性、创造性、实用性。

（4）专利文献的概念

专利文献一般指专利说明书，但从广义上讲，专利文献还包括专利申请公开说明书、审订公告、授权公告、专利说明书、专利分类法，以及各种专利检索文献。根据各国专利审批制度的不同各国的专利制度也存在差异，一般多国采用"早期公开，延迟审查制"，如中国、日本等大多数国家都使用此制度。因此，专利申请公开说明书和专利说明书，两者内容基本相同，但法律作用不同。专利申请公开说明书不是法律文件，申请的发明只受临时保护措施的保护；而专利说明书既是法律文件又是技术文献。

（5）国标专利分类法

国际专利分类表由八大部组成：A 部，人类生活必需（农、轻、医）；B 部，作业、运输；C 部，化学、冶金；D 部，纺织、造纸；E 部，固定建筑物（建筑、采矿）；F 部，机械工业；G 部，物理；H 部，电学。

国际专利分类号由部、分部、类、大组、小组 5 部分组成。

2．专利文献的检索

（1）专利文献的编排方式与常见检索字段

专利说明书一般由 3 部分组成：首页、正文、专利权项。

常见的检索字段有：申请号、申请日、申请公开号、申请公开日、授权公告号、发明人、申请人、专利权人、优先权项、专利名称、摘要、专利权项等。

（2）中国专利文献编号组成形式

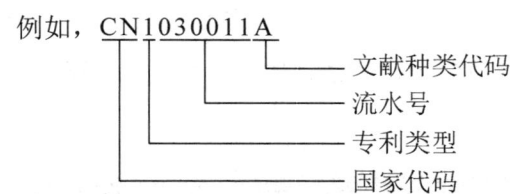

例如，CN1030011A
- 文献种类代码
- 流水号
- 专利类型
- 国家代码

其中，CN：国家代码；1：专利类型（1——发明专利；2——实用新型专利；3——外观设计专利）；A：文献种类代码（A——发明专利申请公开；B——发明专利审定公告；C——发明专利授权公告；U——实用新型专利申请公告；Y——实用新型专利授权公告；S——外观设计专利申请公告）。

（3）专利检索的方式

传统的手工检索：检索费时，很难满足需求。

商业专利数据库：收费数据库，一般用户难以承受。

网上专利数据库：许多网上专利数据库可免费获取专利信息，基本能满足要求，是一种较好的专利检索途径。

3．提供专利检索的数据库及主要网站

（1）中华人民共和国国家知识产权局（https://www.cnipa.gov.cn/）。

（2）中国专利信息网（http://www.patent.com.cn/）。

（3）中国专利信息中心（https://www.cnpat.com.cn/）。

（4）中国知网的"中国专利全文数据库"（https://www.cnki.net/）。

（5）读秀学术搜索（https://www.duxiu.com/）。
（6）欧洲专利局（https://www.epo.org/index.html）。

二、专利检索的数据库及主要网站推介

1．国家知识产权局专利系统

（1）登录方式

中华人民共和国国家知识产权局网址为 https://www.cnipa.gov.cn。

（2）检索系统概述

该系统收录了1985年以来所有的发明专利、实用新型专利和外观设计专利，该系统是国内最具权威性的中国专利检索系统。

（3）使用方法

①登录中华人民共和国国家知识产权局网站首页，如图4-2-1所示。

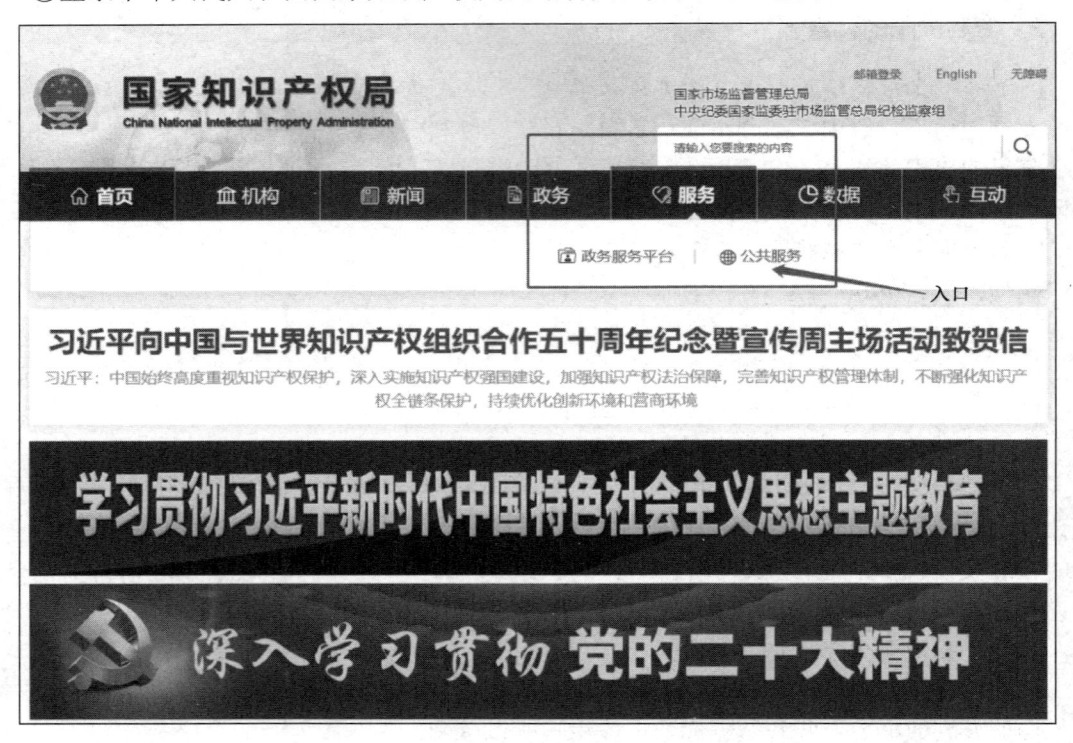

图 4-2-1　中华人民共和国国家知识产权局网站首页

专利检索入口在右侧，单击"服务"菜单下的"公共服务"链接，单击"专利检索及分析系统"进入专利检索及分析界面，如图4-2-2所示。

②检索方式。检索界面有"常规检索""高级检索""命令行检索""药物检索""导航检索""专题库检索"6个不同功能的选项卡。如图4-2-3所示为高级检索界面；如图4-2-4所示为导航检索界面；如图4-2-5所示为药物检索界面；如图4-2-6所示为命令行检索界面。

模块 4　科技信息资源检索与利用

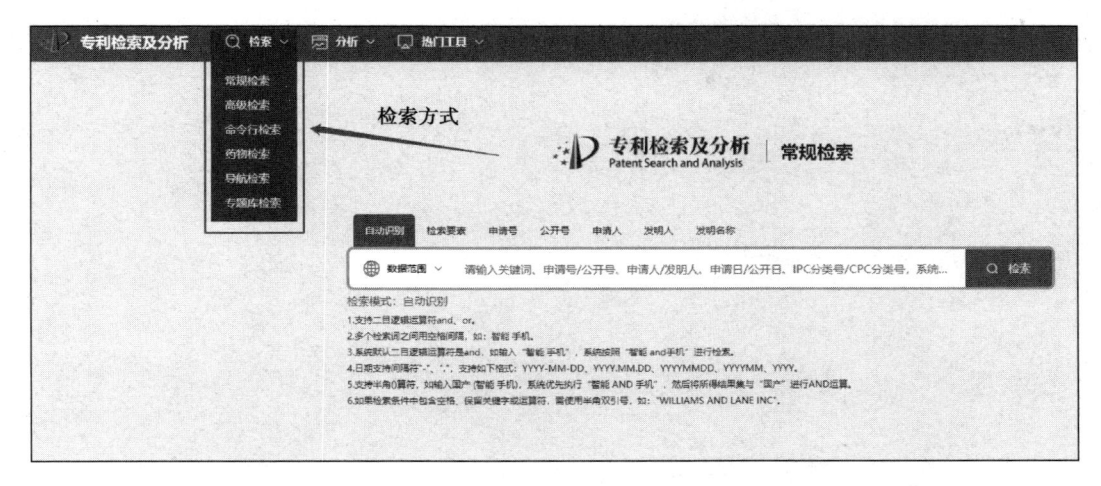

图 4-2-2　专利检索及分析界面

图 4-2-3　高级检索界面

图 4-2-4　导航检索界面

145

图 4-2-5　药物检索界面

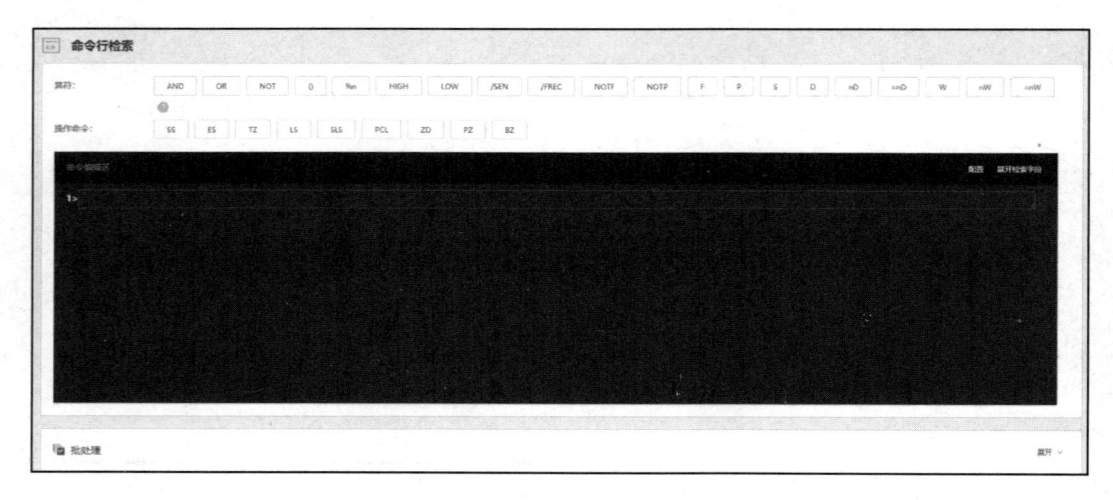

图 4-2-6　命令行检索界面

2．中国专利信息网

（1）登录方式

中国专利信息网网址为 http://www.patent.com.cn/，其首页如图 4-2-7 所示。

（2）中国专利信息网概述

中国专利信息网是目前国内科技及知识产权领域提供专利信息检索分析、专利事务咨询、专利及科技文献翻译、非专利文献数据加工等服务的权威机构。

（3）检索使用及业务范围

改版后的中国专利信息网，使用时首先要进行注册，成为注册用户后得到一个委托编号，凭借委托编号，用户可以登录网站以电子方式填写并提交委托书，同时作为附件上传文件，方可完成委托过程。完成之后客户可随时查询该项业务的进展状态，并能够在该项业务完成后收到完成业务的提醒。检索的业务范围包括：查新检索、专题检索、授权专利检索、香港短期专利检索、法律状态检索、同族专利检索、跟踪检索、国际联机检索、侵权分析等。

图 4-2-7 中国专利信息网首页

3．中国专利信息中心

（1）登录方式

中国专利信息中心网站网址为 https://www.cnpat.com.cn。

（2）检索系统概述[2]

中国专利信息中心成立于 1989 年，是国家知识产权局直属事业单位，国家级大型专利信息服务机构，拥有国家知识产权局赋予的专利数据库管理权、使用权。三十多年来，中心一直致力于开展专利信息自动化系统开发以及专利信息加工、传播、咨询等相关业务和服务。

中国专利信息中心为国家知识产权局、地方政府、地方知识产权管理部门、专利审查协作中心、高校科研院所等企事业单位提供服务。

中国专利信息中心首页如图 4-2-8 所示，检索入口在页面中部的"专利检索"按钮。

---

2 资料来源：中国专利信息中心

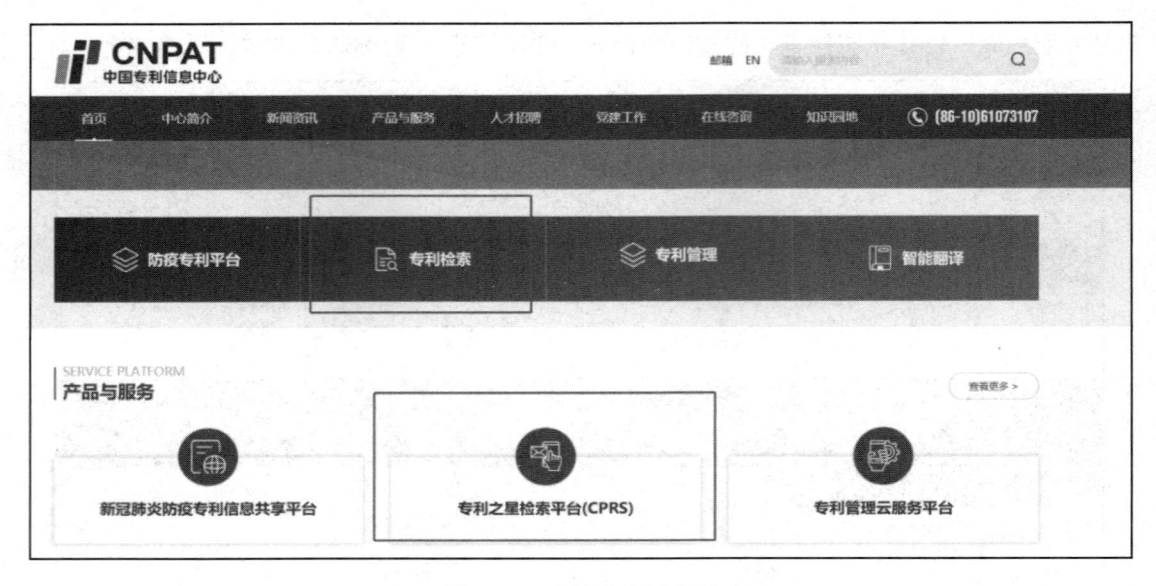

图 4-2-8　中国专利网首页

（3）使用方法

在专利之星检索平台（CPRS）系统上注册后就可以检索专利全文，包括获取专利文摘。其使用方法比较简单，但是信息类型较多，因此对于需要了解各领域专利现状或专利技术及其生产机构的用户比较适合。

检索入口：单击中国专利网首页"产品与服务"链接，在打开的下拉列表中选择"产品"，进入专利智能检索"专利之星检索平台"首页界面，如图 4-2-9 所示。

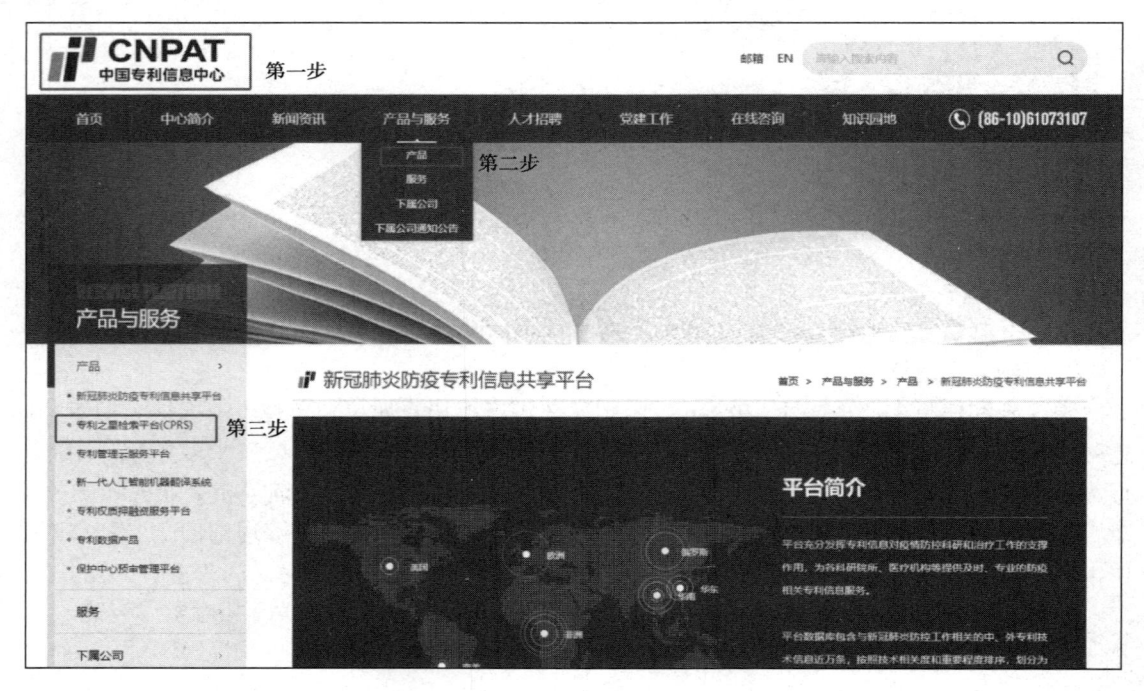

图 4-2-9　专利之星平台（CPRS）入口界面

①单击"专利之星检索平台（CPRS）"链接，进入检索界面，如图 4-2-10 所示。

图 4-2-10　中国专利网检索界面

②使用账号登录检索页面，可进行"智能检索"（如图 4-2-11 所示）、"表格检索"（如图 4-2-12 所示）和"分类检索"（如图 4-2-13 所示）。

图 4-2-11　智能检索界面

图 4-2-12　表格检索界面

图 4-2-13　分类检索界面

三、检索实例

例 4-2-1　利用国家知识产权局专利系统检索"汽车发动机温控系统"。　检索实例 4-2-1

（1）进入检索系统的表格检索界面，选择检索范围。

（2）在单击"高级检索"按钮之后，系统显示高级检索页面，主要包含四个区域：检索历史、范围筛选、高级检索和检索式编辑区，如图 4-2-14 所示。

模块 4　科技信息资源检索与利用

图 4-2-14　高级检索页面

（3）输入检索条件。本检索题目的已知条件为专利名称，选择"发明名称"进行输入，在检索框中输入"发动机"和"温控器"，并用"AND"进行组合，如图 4-2-15 所示。

（4）生成检索式。在检索编辑区生成并检查检索式，如图 4-2-16 所示。

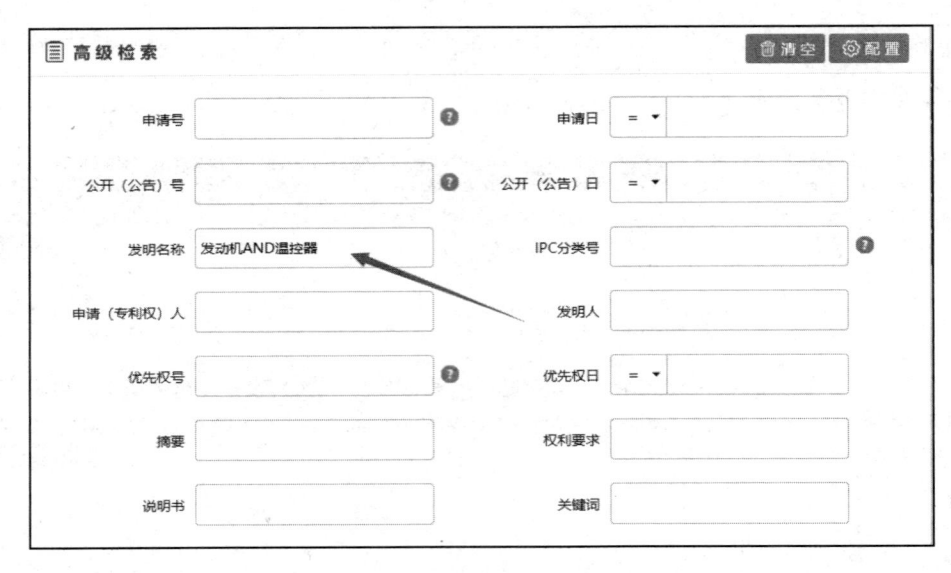

图 4-2-15　输入检索条件

图 4-2-16　生成检索式

（5）单击"检索"按钮后，得到 3 条检索结果，如图 4-2-17 所示。单击其中一条结果的"详览"超链接，进入专利文献摘要界面，如图 4-2-18 所示。

图 4-2-17　检索结果

模块 4　科技信息资源检索与利用

| 著录项目 | 全文文本 | 全文图像 |

CN201031723Y[中文] **CN201031723Y**[英文]

发明名称 --- 单缸水冷发动机温控器

申请号	CN200720010068.3
申请日	2007.01.06
公开（公告）号	CN201031723Y
公开（公告）日	2008.03.05
IPC分类号	F01P7/16
申请（专利权）人	李本学;
发明人	李本学;
优先权号	
优先权日	
申请人地址	内蒙古自治区赤峰市宁城县五化乡宋三家村四组白凤春转;
申请人邮编	024209
CPC分类号	

摘要

[翻译]

本实用新型公开了一种单缸水冷发动机温控器，设有入水和出水孔的温控器座与设有出水孔的温控器上盖之间装有一个节温器。安装本实用新型能使单缸水冷发动机在短时间内水温达到规定的范围内，同时驾驶室温度适中，挡风玻璃不易结霜；另外安装方便，既可以安装在发动机上，也可以安装在车架上。

摘要附图

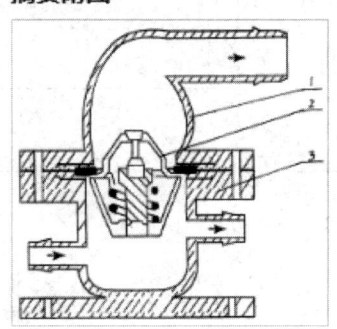

图 4-2-18　专利文献摘要界面

（6）浏览专利全文。如果需要阅读全文，则可以单击图 4-2-18 中的"全文图像"超链接，进入专利说明书页码导航界面，可进行专利的在线阅读，如图 4-2-19 所示。

例 4-2-2　请用中国国家知识产权局专利系统检索"用于省力卫生的指甲剪专利"。

进入简单检索界面，在关键词框中输入"省力卫生　指甲剪"，如图 4-2-20 所示。单击"检索"按钮，得到如图 4-2-21 所示的检索结果。

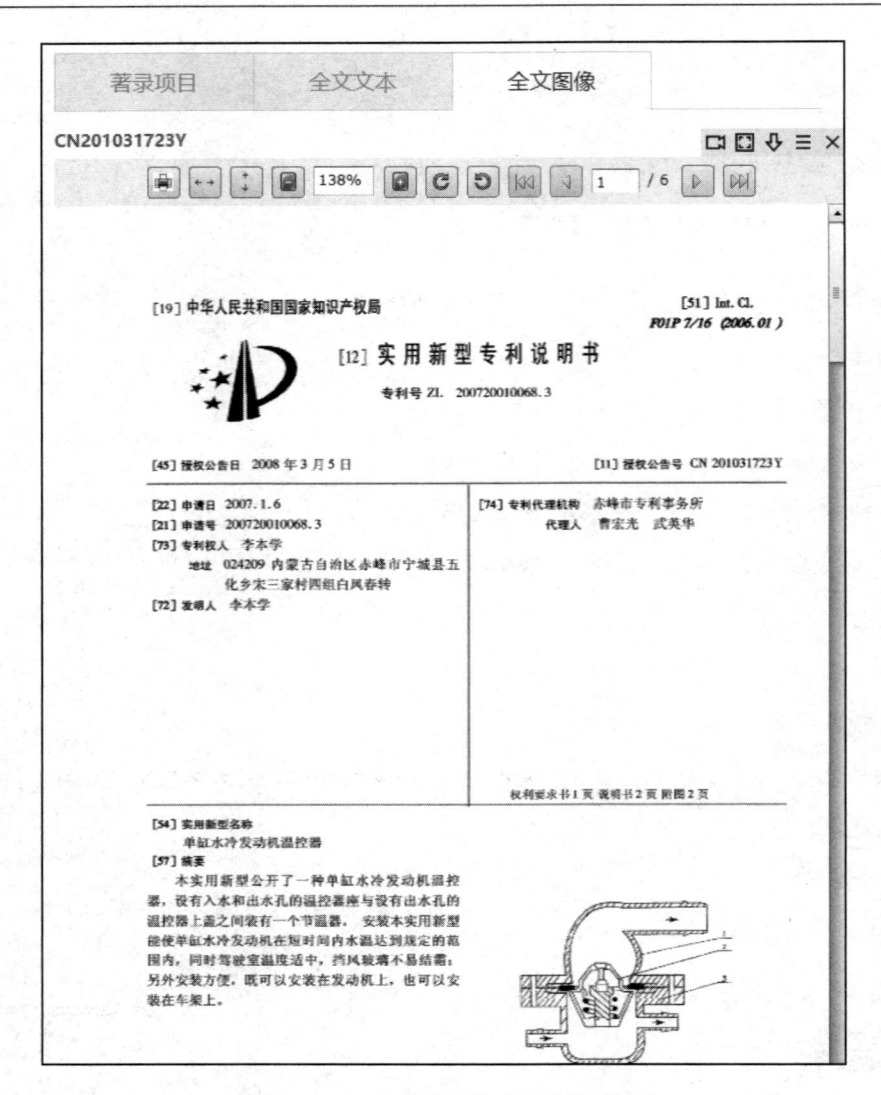

图 4-2-19 专利说明书页码导航界面

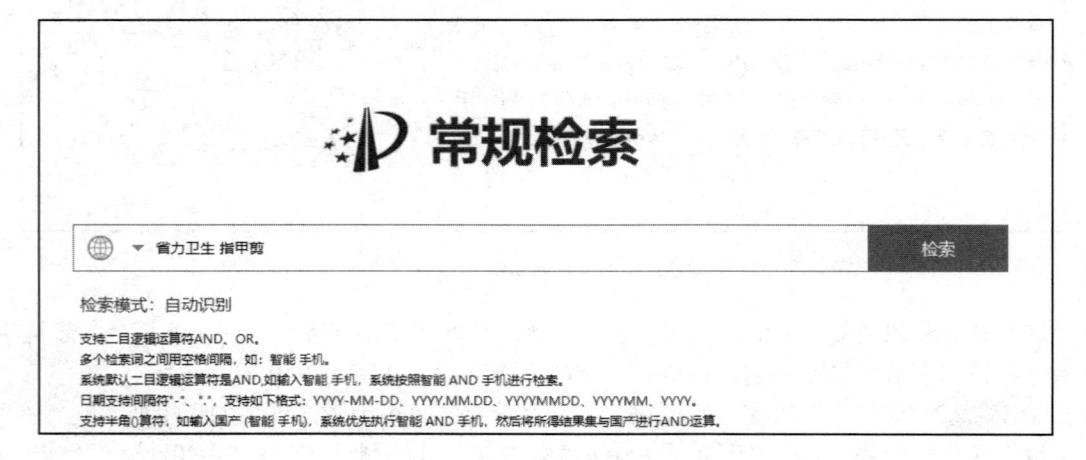

图 4-2-20 简单检索界面

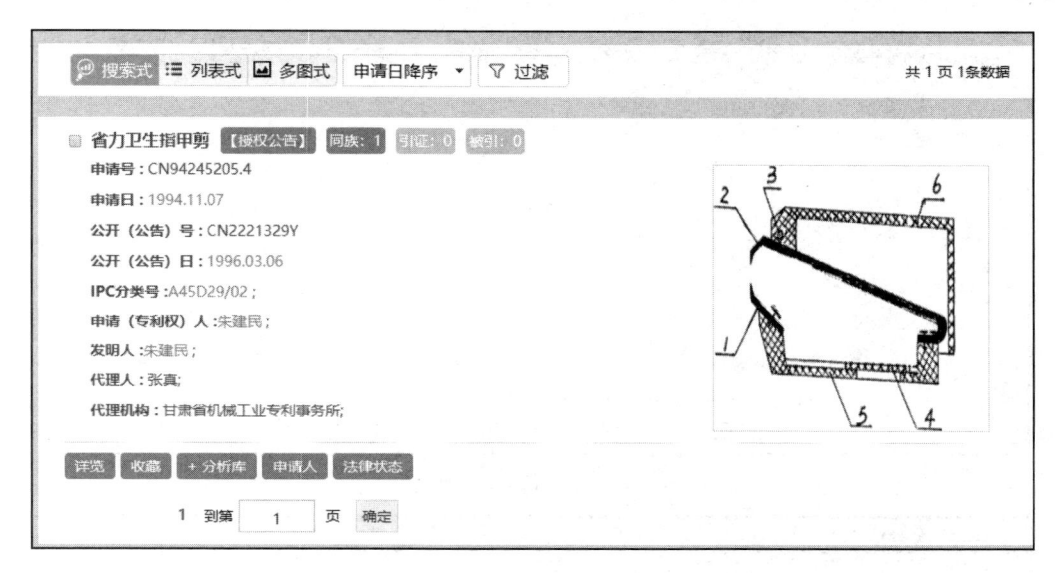

图 4-2-21 显示简单检索结果

单击其中一条记录，可以在线浏览专利说明书，如图 4-2-22 所示。

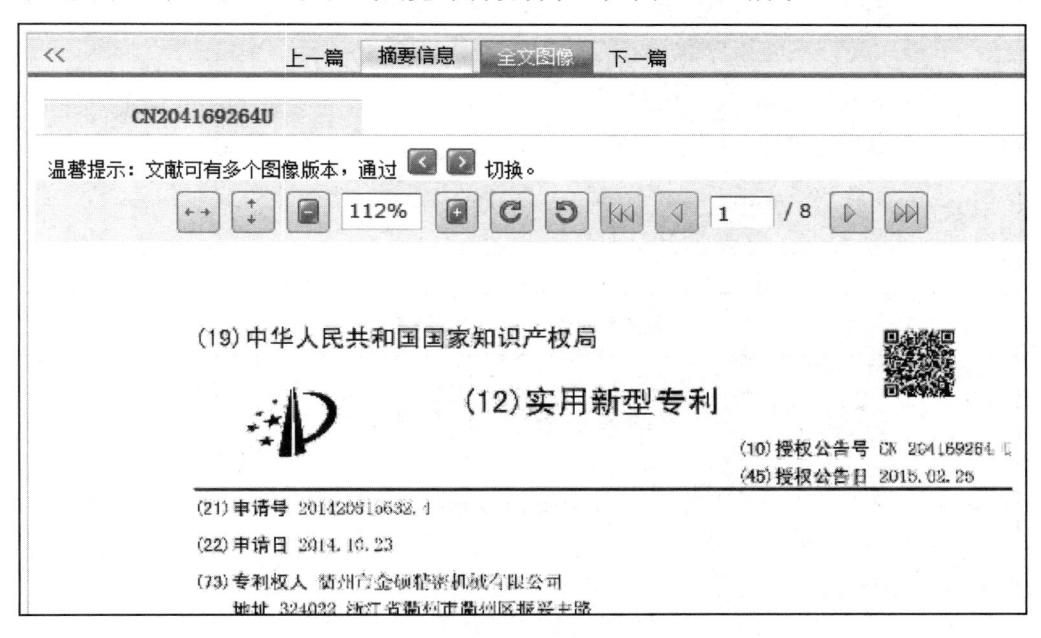

图 4-2-22 在线浏览专利说明书

例 4-2-3 利用国家知识产权公共服务数据库检索"充电桩"方面的近 10 年授权中国发明专利。

（1）登录国家知识产权公共服务网首页，进入专利检索及分析系统，选择"高级检索"检索入口，首先进行筛选、授权时间设置如图 4-2-23 所示，然后输入"充电桩"，单击"确定"按钮，执行检索操作。

（2）显示检索结果有 2044 条，如图 4-2-24 所示。单击浏览其中任意一项符合要求的结果，显示详细结果如图 4-2-25 所示。

图 4-2-23　输入检索条件

图 4-2-24　显示检索结果

图 4-2-25　显示详细结果

（3）可以根据权限下载专利说明书。

例 4-2-4 利用中国专利网检索"分类垃圾桶"2018 年公开的实用新型专利一篇。

（1）登录中国专利网"蜂利检索"，选择智能检索（如图 4-2-11 所示），进入中国专利网检索界面，选择"智能检索"选项卡，在检索文本框中输入"分类垃圾桶"，在下拉菜单中勾选"实用新型"，如图 4-2-26 所示。

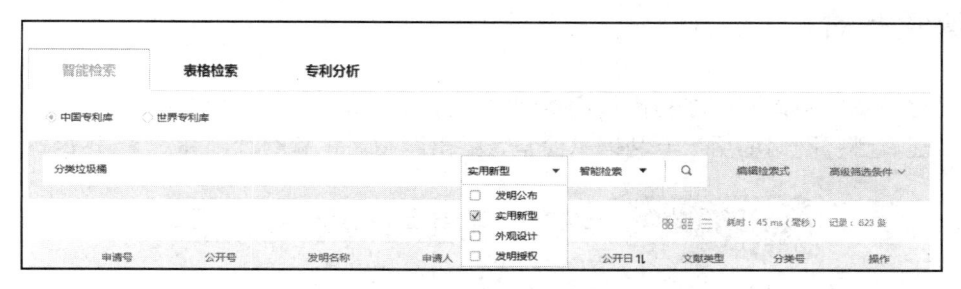

图 4-2-26　输入检索条件

（2）单击"检索"按钮，执行检索操作，得到相关检索结果 837 条，如图 4-2-27 所示。

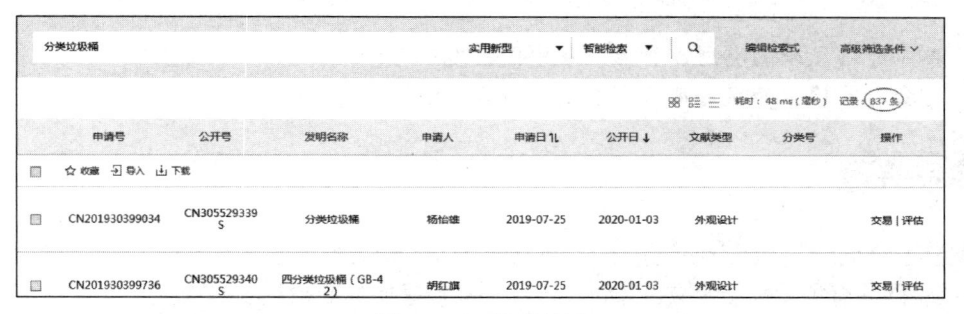

图 4-2-27　检索结果

（3）浏览其中任意一项符合要求的结果，查看摘要信息、全文本等内容，如图 4-2-28 所示。

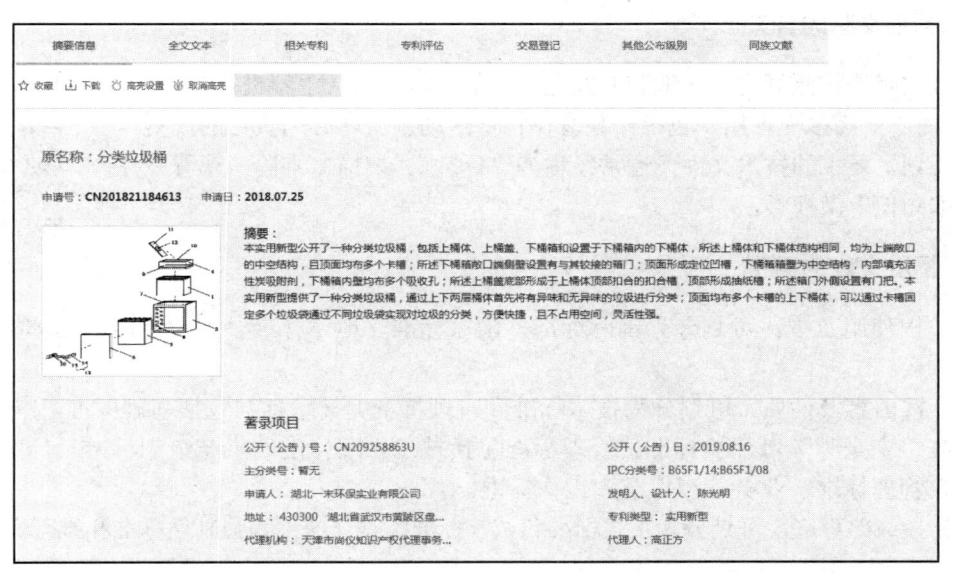

图 4-2-28　显示检索摘要信息

需要说明的是，互联网是一个随时更新、动态变化的网络平台，网上的数据库也每时每刻处于更新变化中。现在呈现给大家的是本书编写时的信息，但也许读者在使用数据库时，其检索界面和检索方式已经发生了变化。但无论怎样变化，检索的基本原理和方法是不变的，只要掌握了网络检索的基本技巧，那么使用网络数据库就会变得很容易。

四、课堂互动

（1）比较本书中提到的专利信息检索网站，你认为哪个数据库最好用？为什么？
（2）还有哪些网站能用于专利信息检索？列出网站名称和网址，并对其进行分析。

项目 4.3 标准信息的检索与利用

学习重点

1. 熟悉标准文献的类型、特点以及中国标准编号；
2. 掌握标准检索的数据库及主要网站检索方法。

学习要求

学会使用标准网站查找相关标准，获取标准全文；学会利用广东省高职院校区域文献信息共享联盟试验网获得免费标准全文，通过完成实训项目掌握标准检索的方法。

一、相关知识

1. 标准文献的含义

标准文献是按照规定程序编制并经过公认的权威机构（主管机关）批准的，供在一定范围（领域）内广泛而多次使用，包括一整套在特定活动领域内必须执行的规格、定额、规划、要求的技术文件，通常统称为"标准"。扫描二维码，观看"标准的基本知识"微视频。

标准的基本知识

2. 标准文献的类型

（1）按使用范围，可划分为国际标准、国家标准、地方标准、行业标准、团体标准、企业标准。

（2）按内容及性质，可划分为技术标准和管理标准。技术标准包括基础标准、产品标准、方法标准、安全与环境保护标准；管理标准包括技术管理标准、生产组织标准、经济管理标准、行政管理标准、业务管理标准和工作标准。

（3）按成熟程度，可划分为正式标准和试行标准两类（或称为强制性标准和推荐性标准）。

3．标准文献的特点

标准文献的主要特点是有固定的代号和专门的编写格式。同时，它还具有如下特点：
（1）时效性强。
（2）具有法律约束力，要求人们自觉遵守。
（3）数量多、篇幅小、文字简练，通常一个标准只解决一个问题。
（4）新陈代谢频繁，各种标准都将随着科学技术的发展而不断地修订和补充。

4．中国国家标准的编号

中国国家标准及行业标准的代号用两个汉语拼音大写字母表示，编号由标准代号（顺序号）与批准年代组合而成。
（1）国家标准用 GB 表示，国家推荐标准用 GB/T 表示，国家指导性标准用 GB/Z 表示。
（2）行业标准用该行业主管部门名称的汉语拼音字母表示，机械行业标准用 JB 表示，轻工行业标准用 QB 表示等。例如，QB 1007—1990 是指轻工行业 1990 年颁布的第 1007 项标准。
（3）企业标准代号以 Q 为代表，以企业名称的字母表示，在 Q 前冠以省、自治区、直辖市的简称汉字。例如，京 Q/JB1—1989 是北京机械工业局 1989 年颁布的企业标准。

5．提供标准检索的数据库及主要网站

（1）中国标准化研究院国家标准馆的国家标准文献共享服务平台门户网站（https://www.nssi.org.cn/）。
（2）中国标准在线服务网（https://www.spc.org.cn/）。
（3）中国标准咨询网（http://www.chinastandard.com.cn/index.asp）。
（4）万方数据——中国标准全文数据库（http://www.wanfangdata.com.cn/）。
（5）广东省高职院校区域文献资源共享联盟（http://www.lmt.superlib.net/），简称联盟网。

二、标准检索的数据库及主要网站推介

1．国家标准文献共享服务平台

（1）登录方式

中国标准化研究院国家标准馆的国家标准文献共享服务平台门户网站网址为 https://www.nssi.org.cn/，登录门户平台首页，如图 4-3-1 所示。

（2）平台概述

中国标准化研究院国家标准馆（以下简称"标准馆"）成立于 1963 年，馆藏历史始于 1931 年，是我国唯一的国家级标准文献和标准化图书情报馆藏、研究和服务机构，是中国图书馆学会专业图书馆分会委员单位和国家科技图书文献中心（NSTL）九家成员单位之一，是国家市场监督管理总局科技基础支撑机构和服务社会的窗口单位，以及国家标准化管理委员会批准成立的"标准联通'一带一路'支撑机构"。标准馆集标准知识管理与服务机构、标准文献馆、标准档案馆、标准博物馆于一体，为社会各界提供标准文献查询、阅览、咨询、研

究、培训、专题服务及科普服务，为政府提供决策支持。

图 4-3-1 国家标准馆平台首页

标准信息公益服务：标准文献检索服务、标准文献阅览服务、标准信息咨询服务、标准信息跟踪服务、标准信息推送服务、标准信息培训服务、标准科普宣传服务。

标准知识管理与服务：标准知识库构建、标准信息系统构建、标准专题数据库研究、标准内容揭示和指标比对研究、标准大数据分析研究、标准知识服务研究、标准体系研究。

国际标准化研究与支撑：标准联通"一带一路"研究、中国标准走出去适用性技术研究、非洲标准化研究。

（3）使用方法

国家标准文献共享服务平台有多种检索方式，如图 4-3-2 所示。

2．中国标准在线服务网

（1）登录方式

中国标准在线服务网网址为 https://www.spc.org.cn/，登录中国标准在线服务网首页，如图 4-3-3 所示。

模块 4　科技信息资源检索与利用

图 4-3-2　多种检索方式

图 4-3-3　中国标准在线服务网首页

（2）检索系统概述

中国标准在线服务网形成了传统出版和数字出版融合发展的出版模式，经过几十年专业出版资源的积累，建立了几十万项国际和国外标准、国家标准、行业标准、地方标准、团体标准的全文数据库，标准知识服务体系、标准资源远程投送系统、标准资源数字运营平台等大型数

161

字出版项目获得国家财政资金资助。

用户可以注册会员，通过会员中心，提出定制需求，获得个性化标准下载阅读、跟踪质检文库等相关服务。

（3）使用方法

中国标准在线服务网是提供标准网上购买服务的网络平台。免费注册后可以查询标准，用户可以通过单击"标准购买"进入标准检索界面，实现标准资源的查找。该系统的标准检索分为标准普通检索和标准高级检索。

标准普通检索提供两个字段：标准号和标准名称，如图4-3-4所示。

图 4-3-4　标准普通检索界面

标准高级检索除提供普通检索的字段外，还提供了 ICS 分类号、采用标准号、标准技术委员会和标准类别。中标分类号、标准号、标准名称 3 个字段的逻辑组配关系有"与""或""不含有"，如图 4-3-5 所示。

图 4-3-5　标准高级检索界面

3. 联盟网

（1）登录方式（广东省外部分受限）

可直接登录 http://www.lmt.superlib.net，或通过广州城市职业学院校园网首页，找到"广东省高职院校区域文献资源共享联盟试验网"超链接，进入联盟网，如图4-3-6所示。

图 4-3-6 联盟网首页

（2）检索系统概述

联盟网是由广东省高等院校图书情报工作指导委员会高职高专分委会组织与策划，以资源整合为核心，建立的资源统一检索平台，充分利用广东省所有高职高专院校图书馆的现有资源，通过文献传递的方式实现资源共享，更好地为广东省高职高专院校教学、科研服务。

（3）使用方法

进入联盟网检索界面，如图4-3-7所示，选择"标准"栏目；选中"全部字段""标准号""标准中文名""标准英文名"之一为检索字段，在搜索框中输入对应检索词，单击"中文搜索"按钮，联盟网系统将在海量的图书数据资源中，围绕该检索词深入收录图书的每一页资料中进行信息深度查找。如果单击"外文搜索"按钮，则自动进入外文期刊频道进行搜索，得到检索结果。

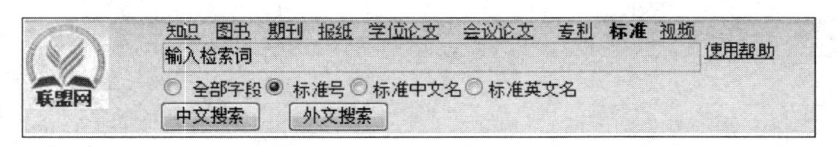

图 4-3-7 联盟网检索界面

三、检索实例

例 4-3-1 利用国家标准文献共享服务平台查出我国于 2023 年 4 月 1 日起执行的生活饮用水卫生标准。

（1）在国家标准文献共享服务平台首页（如图 4-3-1 所示）中选择"资源检索"→"标准与法规"选项，进入高级检索界面。

（2）在"关键词"框中输入"生活饮用水卫生标准"，如图 4-3-8 所示。在"标准状态"中选中"现行"单选框，单击"检索"按钮，得到标准检索结果，如图 4-3-9 所示。

图 4-3-8　高级检索界面

图 4-3-9　标准检索结果

（3）单击相关标准超链接，进入如图 4-3-10 所示的基本信息界面，"GB 5749-2006 生活饮用水卫生标准"已作废，被"生活饮用水卫生标准（GB 5749-2022）"代替。

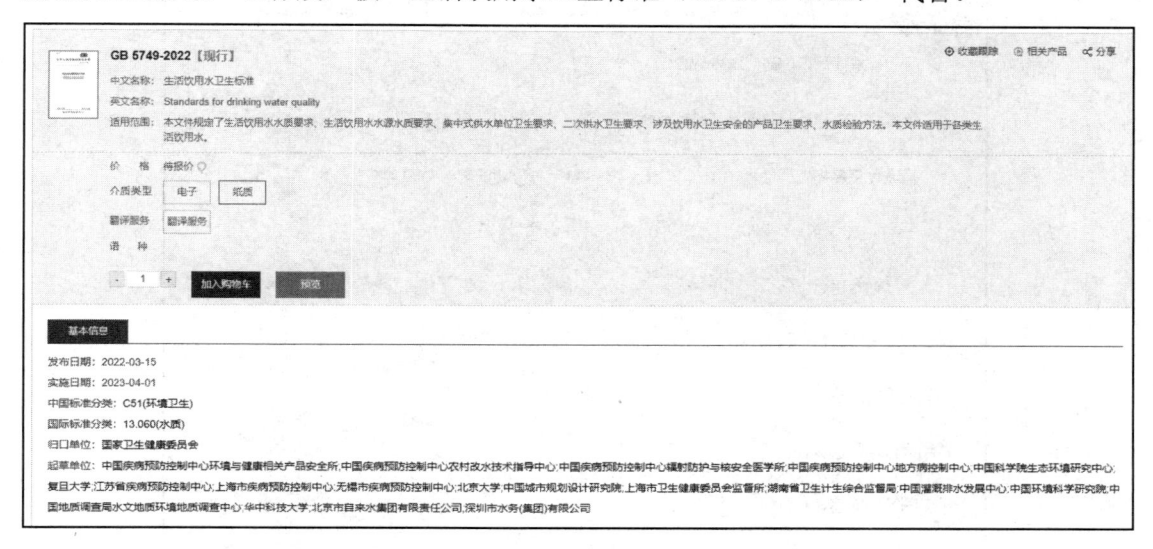

图 4-3-10　检索结果基本信息

例 4-3-2　利用中国标准在线服务网检索出"旅游购物场所服务质量标准"。

（1）由中国标准在线服务网首页（如图 4-3-3 所示）的"标准购买"导航栏进入标准普通检索界面（如图 4-3-4 所示）。

（2）在"标准名称"检索字段的输入框中输入"旅游购物场所服务质量"，单击"检索"按钮，得到检索结果，如图 4-3-11 所示。单击检索结果列表的标准号，可以查看详细标准检索结果，如图 4-3-12 所示。

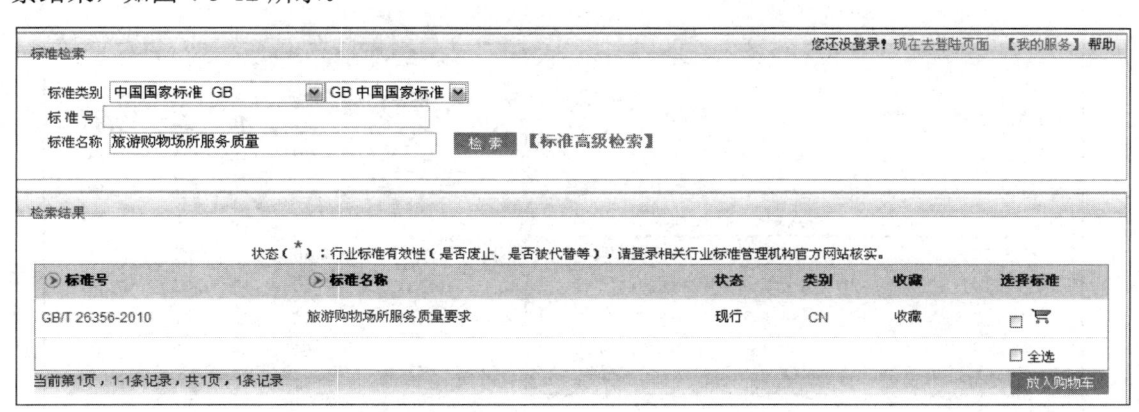

图 4-3-11　检索结果

（3）如需要标准全文，则需注册后进行放入购物车→生成订单→支付订单操作。

例 4-3-3　利用中国标准在线服务网检索 2017 年以后颁布的我国道路交通标志标准。

（1）由中国标准在线服务网首页（如图 4-3-3 所示）的"标准购买"导航栏进入标准普通检索界面（如图 4-3-4 所示），再单击标准普通检索界面上的"标准高级检索"按钮，进入标准高级检索界面（如图 4-3-5 所示）。

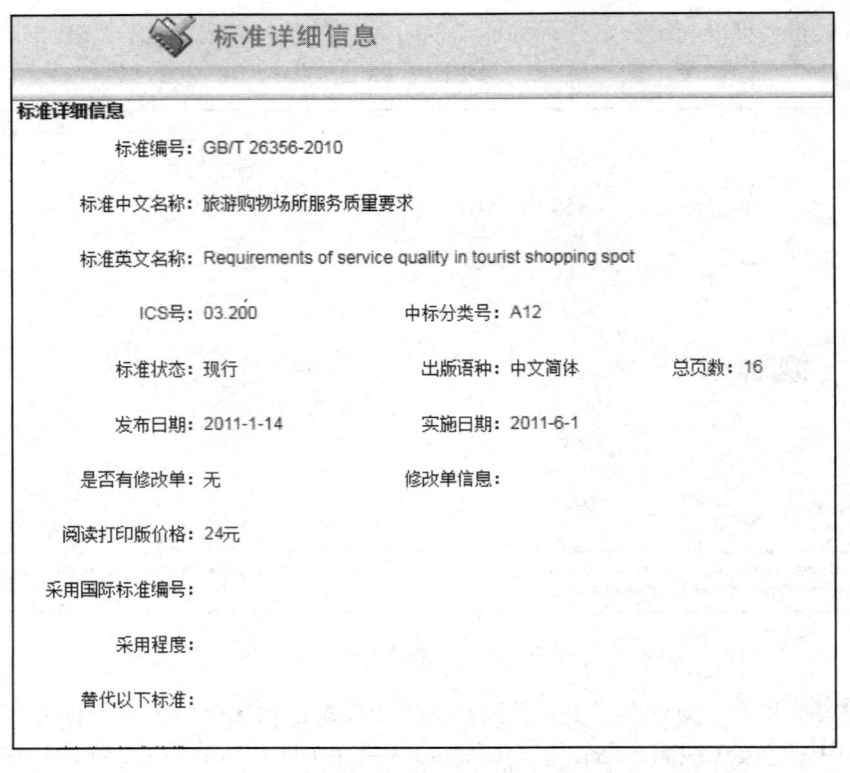

图 4-3-12 标准检索详细信息

（2）在"标准名称"字段框中输入"道路交通标志"检索词，得到 13 条检索结果，如图 4-3-13 所示。2017 年后颁布的共有 5 条，任选一条查看其详细信息，如图 4-3-14 所示。

图 4-3-13 检索结果

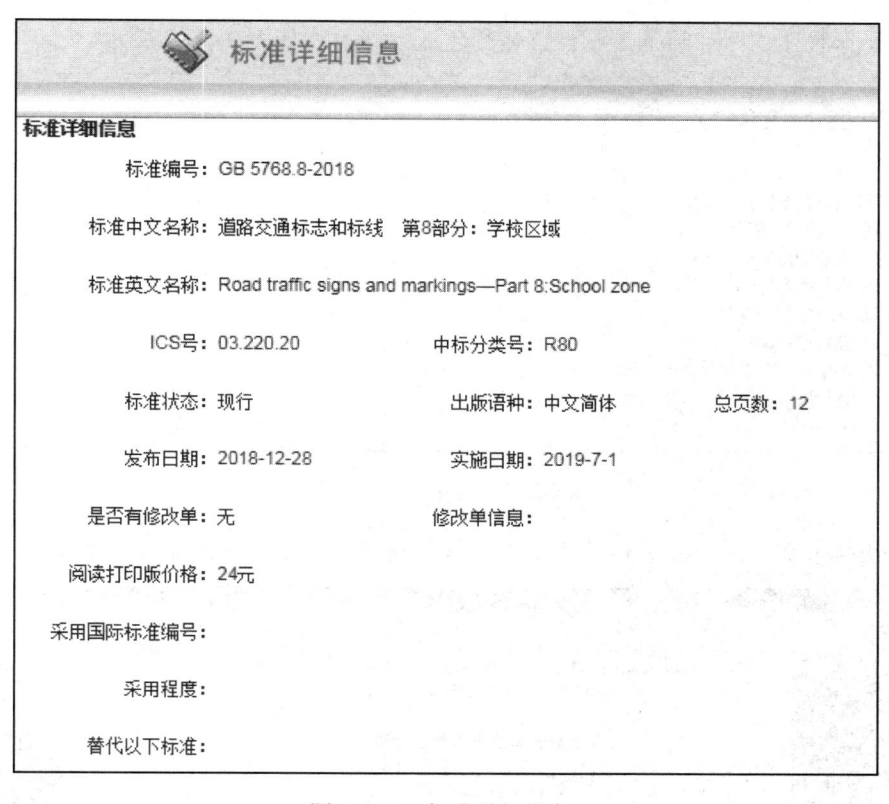

图 4-3-14　标准详细信息

例 4-3-4　利用联盟网检索标准号为 GB/T 18002—1999 的标准名称及标准全文。

（1）进入联盟网检索界面，选择"标准"栏目，选中"标准号"单选按钮。

（2）在搜索框中输入对应检索词"GB/T 18002—1999"，单击"中文搜索"按钮，如图 4-3-15 所示。

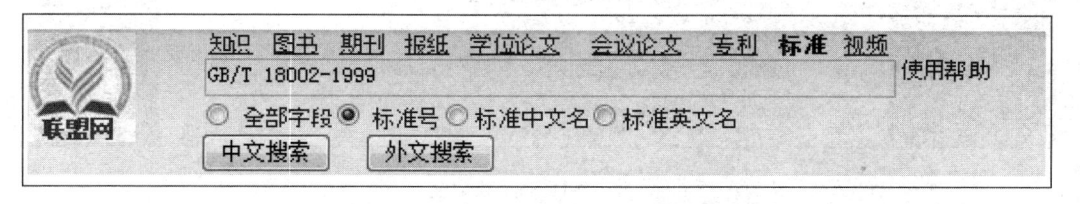

图 4-3-15　联盟网标准号检索界面

（3）得到检索结果，该标准名称为"中密度纤维板生产线验收通则"，如图 4-3-16 所示。

图 4-3-16　例 4-3-4 检索结果

（4）要查看详细标准结果，单击该名称超链接即可，如图4-3-17所示。

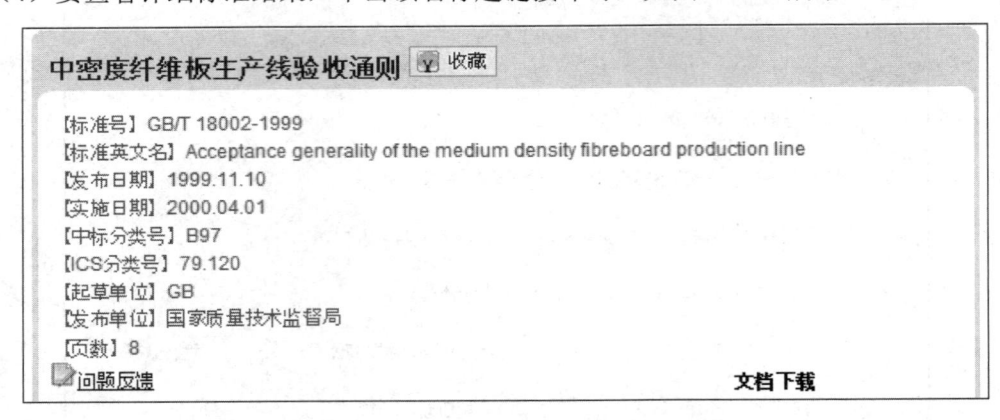

图 4-3-17　标准检索详细信息

（5）获得全文。单击右下角的"文档下载"链接，可获得标准全文，如图4-3-18所示。

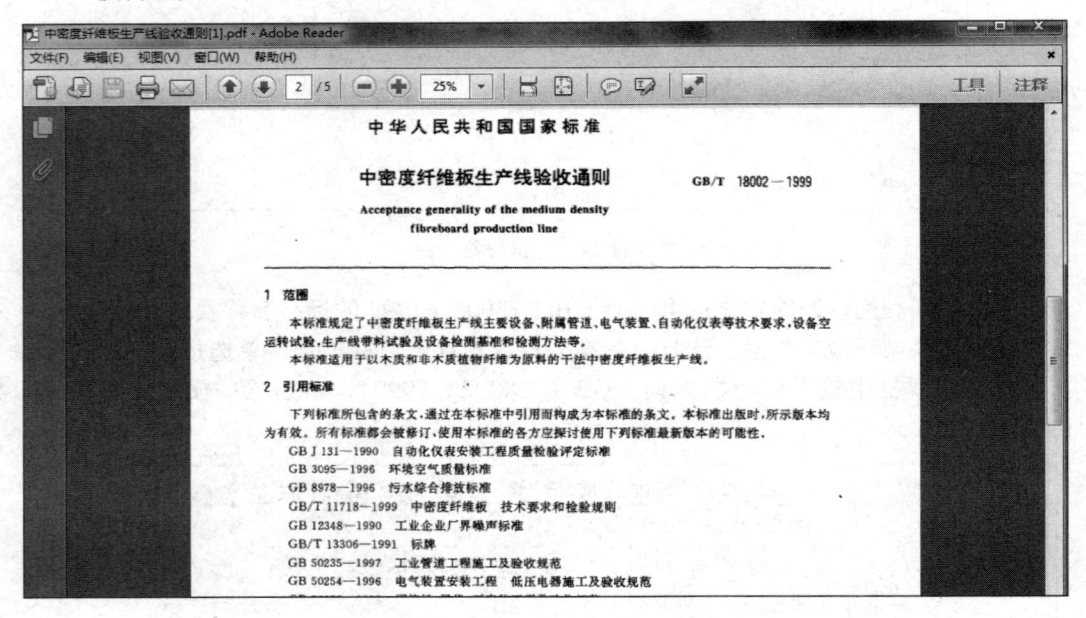

图 4-3-18　标准全文

例 4-3-5　利用联盟网检索"室外健身器材的安全"有关标准号及全文。

（1）登录联盟网检索界面，选择"标准"栏目，选中"标准中文名"单选按钮。

（2）在搜索框中输入对应检索词"室外健身器材的安全"，单击"中文搜索"按钮，如图4-3-19所示。

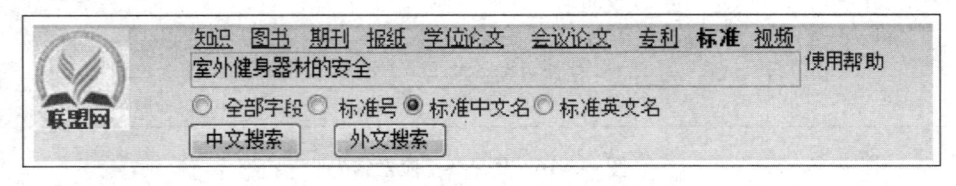

图 4-3-19　联盟网标准名称检索界面

（3）得到检索结果，该标准名称为"健身器材 室外健身器材的安全 通用要求"，如图 4-3-20 所示。

图 4-3-20　检索结果

（4）要查看详细标准，单击该名称超链接即可，如图 4-3-21 所示。

图 4-3-21　标准检索详细信息

（5）获得全文。单击右下角的"文档下载"链接，可获得标准全文，如图 4-3-22 所示。

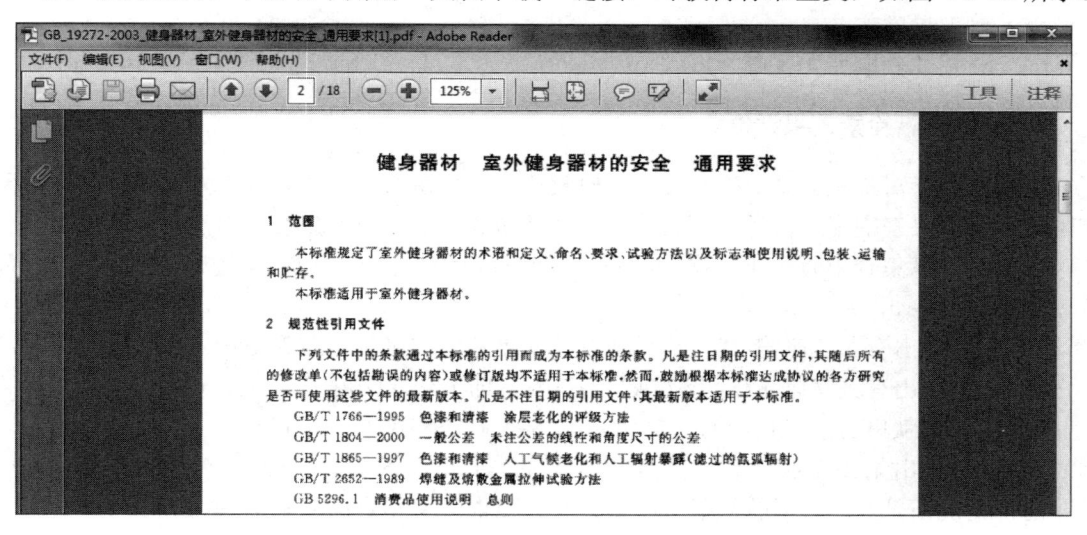

图 4-3-22　标准全文

四、课堂互动

（1）比较本书中提到的查找标准信息的网站，你认为哪个最好用？为什么？

（2）还有哪些网站可以查找标准信息？列出网站名称和网址并进行比较。

（3）说说标准文献的特点，举例说明标准文献检索的途径。

模块小结

1．科技文献检索的方法

（1）常用法：利用检索工具查找文献的方法，如顺查法、倒查法、抽查法。

（2）追溯法：从已知的现有文献所列参考文献入手，逐一追查原文，从这些原文所列参考文献再逐一追查，不断扩检。

（3）循环法：指追溯法和常用法混合使用的方法。

2．科技文献检索的途径

（1）根据外表特征划分：著者途径、书名、篇名、刊名途径、序号途径。

（2）根据内容特征划分：分类途径（SA）、主题途径（SA、Ei）、分子式途径（CA）。

3．科技文献检索的步骤

（1）分析研究课题。
（2）选择检索工具。
（3）确定检索途径。
（4）确定检索范围与标识。
（5）确定检索方法。
（6）查找并获取原始文献。

4．科技文献检索效果评价

由于检索者对检索方法、检索工具及检索语言的熟练程度不同，或检索系统的质量不同，文献检索的效果差别很大。评价指标有：查全率 R、查准率 P、漏检率 O、误检率 N。

假设某文献集合中有关某一课题的科技文献总量为 a，检出文献量为 b，其中检出与课题有关的文献量为 c，那么：

查全率=检出有关文献量/文献集合中有关文献总量×100%，即 $R=c/a×100\%$

查准率=检出有关文献量/检出文献量×100%，即 $P=c/b×100\%$

漏检率=文献集合中未检出有关文献量/检出文献量×100%，即 $O=(a-c)/b×100\%$

误检率=检出无关文献量/检出文献量×100%，即 $N=(b-c)/b×100\%$

通常情况下，人们希望获得最佳检索效果，即查全率和查准率都达到100%，但这是不现实的，二者不可能呈比例关系。

一般来说，查全率越高，查准率越低；查准率越高，查全率就越低。因此，要达到良好的检索效果，必须二者兼顾，不可只求其一。

实际检索工作经验表明，检索以查全率在60%~70%、查准率在40%~50%为最好，如图4-4-1所示。

C. W. Cleverdon进行了Granfield试验，得出查全率 R 与查准率 P 的关系曲线。

$R-P$ 之间存在着互逆关系。

A 点：
- 检索词数量多，泛指性强；
- 查全率较高，但查准率非常低。

B 点：检索词专指性较强，查准率高，查全率降低。

C、D 两点：两种极端的折中。

无论怎样调整检索策略和改进系统效率，都无法使 P 和 R 同时接近 100%。

想更直观地理解检索效果的评价，可观看模块 1 项目 1.4 中的微视频"检索效果评价"。

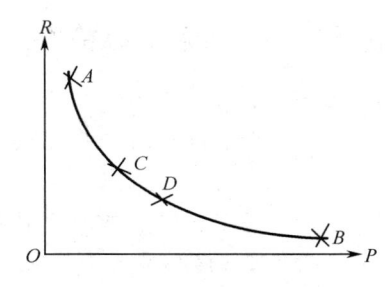

图 4-4-1　查全率 R 与查准率 P 的关系曲线

操作训练

实训操作 4-1　科技信息检索与利用

1．学时：2。

2．实训目标：通过对网络科技信息的检索，要求学生了解我国科技文献信息主要门户网站的资源特点和检索方式，认识并掌握运用相关科技网站和数据库检索科技信息的方法与步骤，能够正确地选择检索数据库和检索方法以提高获取和利用专业科技信息的能力，为不断地吸收新知识、增强创新能力打下基础。

3．实训内容：实训主要环节及操作内容如下。

（1）选择检索课题中的一题，检索出符合课题内容的文献。

（2）写明题目。

（3）写明使用的数据库名称。

（4）写出检索过程或检索表达式（包括逻辑表达式、检索字段的限定等）。

（5）写出得到检索结果的数量，并将其中一篇抄录下来。

4．实训类别：基础。

5．实训类型：综合。

6．实训要求：选做。

7．主要设备：每位学生操作一台可以上网的计算机。

8．检索课题。

（1）利用国家科技图书文献中心数据库（https://www.nstl.gov.cn/）检索国内外有关辣椒色素标准的文献。

（2）选用免费数据库检索"东亚国家的道德观"一题，分别将检索字段限定到主题、摘要、全文，逐个写出以"道德观""道德观*东亚""道德观*中国""道德观*日本""道德观*韩国""道德观*蒙古"检索出的论文篇数。

（3）选用合适的数据库检索袁隆平在《农业科学》1990 年 23 卷第 3 期上发表的《两系法杂交水稻研究的进展》一文被他人引用的情况。

9．写出检索报告。

实训操作 4-2　专利文献检索

1. 学时：2。
2. 实训目标：通过对专利文献信息的检索，更加深刻地认识和了解专利文献的构成及其特点。
3. 实训内容：实训主要环节及操作内容如下。

（1）通过网络信息检索工具间接地查找所需信息。运用 Internet 进行综合搜索。

（2）使用专利网站查找专利说明书的全文；学会下载文献资料，学会利用国家知识产权局网站的免费资料。

（3）利用搜索引擎查找中国专利文献免费网站，并用找到的网站查找有关食品、医药、保健品等方面的专利文献。

4. 实训类别：基础。
5. 实训类型：单一。
6. 实训要求：选做。
7. 主要设备：每位学生操作一台可以上网的计算机。
8. 本实训评价方法：本次实训课要求学生亲自动手在 Internet 中检索文献，根据课题需求，制定检索策略，建立检索式，查出与课题相关的专利文献，从而加深对专利文献检索的基本理论、基本知识的理解，为其将来从事职业工作以及实现知识更新的继续教育奠定良好的基础。
9. 检索课题。

（1）查找我国台湾省一家公司申请的"电动自行车驱动控制装置"的专利信息。要求写出检索工具、构造式、检索步骤及检索结果（专利名称、专利权人、专利号和申请日等）。

（2）利用相关专利工具，要求至少包含两个主题词、两项检索技术，检索一条关于"水或物质或材料或环境加工与处理"方面的中外文专利文献，并写下其外部特征（按检索格式写出，并写出检索式）。

（3）查找所在学校教师的科研成果，写出成果名称、成果研发人。要求写出检索工具、构造式、检索步骤及检索结果（专利类型、专利名称、专利权人、专利号和申请日等）。

（4）检索以下相关主题的专利信息，并按照要求写出检索工具、构造式、检索步骤及检索结果（专利名称、专利权人、专利号和申请日等）。

①全降解植物淀粉餐具；
②乙醛的制备；
③微型投影光机及投影设备；
④汽车尾气化学净化器；
⑤固体材料识别方法；
⑥扫地机器人的充电装置；
⑦共享自行车电子锁；
⑧无人驾驶轨迹控制系统；
⑨无人机视觉跟踪；
⑩电动汽车的快速充电桩。

（5）通过国家知识产权局网站检索有关材料科学方面的专利信息，并写出主要外部特征

（专利名称、公开号、分类号、申请人、发明人、代理机构等）和检索过程。

10．写出检索报告。

实训操作 4-3　标准文献检索

1．学时：2。

2．实训目标：通过本次实训，能够帮助学生认识和了解标准文献的结构和体系，了解标准文献分类法，且能够运用 Internet 有效实施标准文献信息的检索，提高获取和利用文献信息的能力。

3．实训内容：实训主要环节及操作内容如下。

（1）利用搜索引擎查找中国标准文献免费网站。

（2）使用标准网站查找标准文献的全文，学会下载文献资料。

（3）学会利用中国标准咨询网、中国标准在线服务网、联盟网等网站的免费资源。

4．实训类别：基础。

5．实训类型：单一。

6．实训要求：选做。

7．主要设备：每位学生操作一台可以上网的计算机。

8．本实训评价方法：本次实训课要求学生亲自动手在互联网上检索文献，根据课题要求，查找与课题相关的标准，写出标准名称、标准号、标准颁发机构，从而加深对标准文献检索的基本理论、基本知识的理解，掌握使用计算机进行网上信息查找的方法，为将来从事科研、教学工作以及实现知识更新的继续教育奠定一个良好的基础。

9．实训课题。

（1）查出药品"高锰酸钾"的产品标准。

（2）查出我国最新的婴幼儿奶粉中氮元素含量标准。该标准是否采用了国际标准？

（3）查出我国"食品安全国家标准　饮用天然矿泉水"及"婴幼儿乳粉检测"的国家标准。这些标准有哪些采用了国际标准？

（4）试查出地方标准中与职业教育实训基地建设规范的标准。

（5）查出药品"甲基对硫磷"的原药标准。

（6）试查出汽油铅含量测定法。

（7）用中国标准咨询网或者中国标准在线服务网查询有关医院污水排放要求的国家标准，要求写出构造式、检索步骤及检索结果总数（选一条记录，写出其标准号、标准名称和制定或修订年份）。

（8）利用中国标准咨询网检索一篇有关"无线网络规划时空数据规范"方面的标准，写出检索步骤及文献外部特征。

10．写出检索报告。

模块 5　电商平台销售数据采集与分析

本模块结构关系如图 5-0-1 所示。

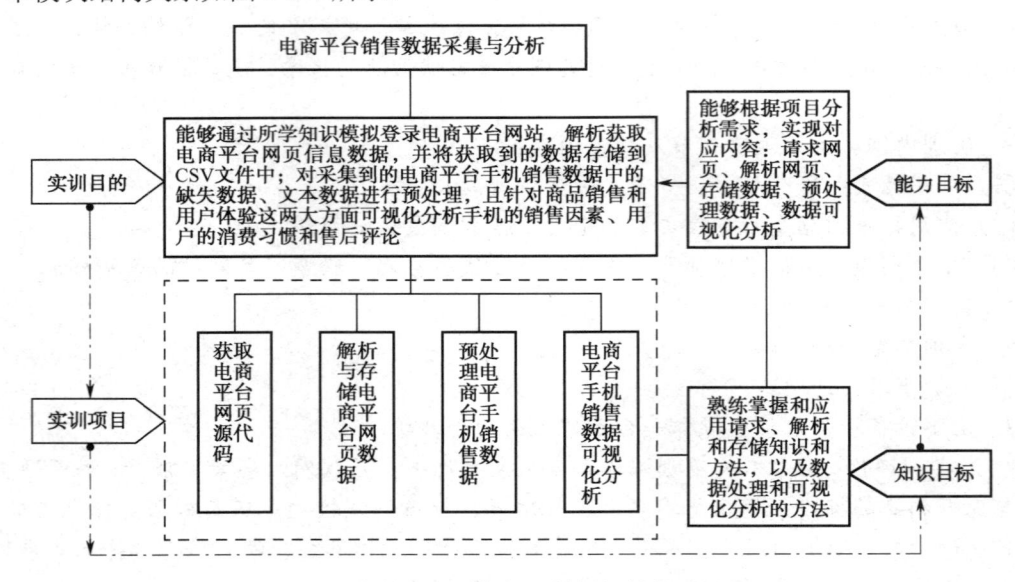

图 5-0-1　模块 5 结构关系图

现如今，大部分的网络信息资源均能从各类型网页中检索、获取到，即各企业、各院校等均会将相关信息、资源通过网页的形式展现给大众。例如，在京东官网的搜索栏中输入关键信息，此处输入"手机"，如图 5-0-2 所示；单击搜索按钮（或按 Enter 键），即可检索到对应关键词的商品信息，如商品图片、商品价格、商品名称、店铺等。

图 5-0-2　输入某关键词搜索关键信息

从该电商平台的搜索结果可以发现，发布售卖的商品信息都会被嵌入到各式各样的网站结构及样式当中，虽然网络信息检索可以辅助人们寻找到所需的信息，但是该方法也存在一定局限性，例如，面对结构越复杂，且信息含量越密集的数据，该方法已无法对数据进行有效的发现和获取。在这样的环境和需求的影响下，网络爬虫应运而生，它为互联网数据的应用提供了新的方法。而随着网络爬虫的拓展，爬虫的合法性及相关法律法规也在不断完善，如用户不能爬取个人隐私问题，不得触犯个人信息保护法。

一般情况下，用户还会对采集到的数据进行分析、挖掘、可视化等操作，以研究数据的发展规律。然而，可视化能更好地对业务进行分析和决策，即人对视觉的理解能力比其他途径更强。数据可视化的本质是视觉的对话，借助图形化的手段，清晰有效地传达所要沟通的信息。一方面，数据赋予可视化价值；另一方面，可视化赋予数据灵性。两者相辅相成，帮助企业从数据中"掘金"！

项目 5.1 获取电商平台网页源代码

学习重点

1. 了解 Web 前端的基础知识，包括网页结构、HTTP 基本原理。
2. 熟悉 Requests 库、逆向分析法、Selenium 库和 Cookie 模拟登录的基础知识。
3. 掌握使用 Requests 库实现 HTTP 请求的方法。
4. 掌握 Cookie 模拟登录相关网站的方法。

学习要求

利用 Python 网络爬虫的相关知识，如 Web 前端知识、Requests 库、逆向分析法、Cookie 模拟登录等，通过某电商平台网站进行模拟登录，实现相关网页的 HTTP 请求，获取网页内容，即网页源代码。

一、相关知识

1. 了解 Web 前端知识

网络爬虫就是按照一定的规则，自动抓取万维网信息的程序或脚本。爬取通常是从网站的某个页面开始的，通过解析网页内容获取目标数据。然而，用户若想解析网页，则需要了解网页的基本结构，以及网页内容传输过程中的传输协议，即 HTTP。

（1）网页结构

网页主要由图像和文字等元素构成，需遵循超文本标记语言（HTML）文档格式。当用户创建网页时，通过使用不同的标签呈现出不同的网页效果，而带有"<>"符号的元素被称为 HTML 标签，表示某个功能的编码命令，如<html>、<head>，多个 HTML 标签共同组合，构成网页结构，加上所需要展示的内容，形成一个完整的网页，如京东首页、淘宝首页、电子工业出版社首页等。在网页文档中，常用的 HTML 标签/指令及其作用如表 5-1-1 所示。

表 5-1-1 常用的 HTML 标签/指令及其作用

标签/指令	作用
<!DOCTYPE>	<!DOCTYPE>声明不是 HTML 标签，是一条指令，用于向浏览器说明当前文档使用哪种 HTML 标准规范，该指令必须位于 HTML 文档的第一行，且在<html>标签之前
<html>	<html>标签位于<!DOCTYPE>声明之后，被称为根标签，其主要用于告诉浏览器该文档是一个 HTML 文档，同时，其标志着一个文档的开始，而对应的</html>标签则标志着文档的结束
<head>	<head>标签用于定义 HTML 文档的头部信息，被称为头部标签，它紧跟在<html>之后，主要用于封装其他位于文档头部的标签
<body>	<body>标签用于定义 HTML 文档所要显示的内容，称为主体标签，一个 HTML 文档只能包含一对<body></body>标签，且<body>标签必须在<html>标签内，位于<head>标签之后，与<head>标签是并列关系
<h*>	表示标题标签，其中*可为数字 1~6，分别表示一级标签、二级标签、三级标签、四级标签、五级标签、六级标签
<p>	表示段落标签，默认情况下，文本在一个段落中会根据浏览器窗口大小自动换行
<img>	表示图像标签，可以用来显示图像，或设置图像的宽度、长度等
<a>	表示超链接标签，可以用于创建超链接，跳到链接指向的页面
<div>	<div>标签为一个块标签，可以实现网页的规划和布局，将页面分为多个区块
<span>	<span>作为容器标签被广泛应用在 HTML 语言中。与<div>不同的是，<span>标签是行内元素，仅作为只包含文本和各种行内标签的容器

（2）HTTP 基本原理

HTTP（Hyper Text Transfer Protocol），即超文本传输协议，它规定了客户端与服务器之间进行网页内容传输时，所必须遵守的传输格式。正如大部分的网站均会存在一份 robots 协议，用户在爬取对应网页时，需遵守该协议要求，同时提高对网络爬虫合法性的关注。

通常情况下，HTTP 客户端会向服务器发起一个请求，创建一个到服务器指定端口（默认是 80 端口）的 TCP 连接。HTTP 服务器则从该端口监听客户端的请求。一旦收到请求，服务器会向客户端返回一个状态，如 "HTTP/1.1 200 OK"，以及响应的内容，如请求的文件、错误消息或其他信息，如图 5-1-1 所示。

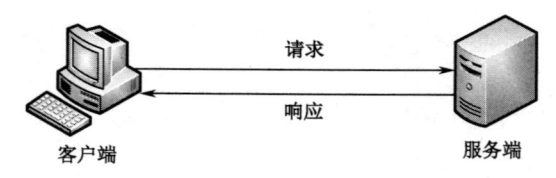

图 5-1-1 HTTP 响应过程

2. 初识 Requests 库

Requests 库是一个原生的 HTTP 库，可发送原生的 HTTP/1.1 请求，无须手动为 URL 添加查询字串，也不需要对 POST 数据进行表单编码。在爬取信息过程中，Requests 库的作用主要是用于发送 HTTP 请求，以响应数据，例如，在爬取某招聘网上的招聘信息时，需要先实现对应网页的 HTTP 请求，响应招聘信息数据。相对于 urllib3 库，Requests 库拥有完全自动化的 Keep-Alive 和 HTTP 连接池的功能。Requests 库包含的特性如表 5-1-2 所示。

表 5-1-2　Requests 库连接特性

连 接 特 性	连 接 特 性	连 接 特 性
Keep-Alive&连接池	基本/摘要式的身份认证	文件分块上传
国际化域名和 URL	优雅的 key/value Cookie	流下载
带持久 Cookie 的会话	自动解压	连接超时
浏览器式的 SSL 认证	Unicode 响应体	分块请求
自动内容解码	HTTP(S)代理支持	支持.netrc

用 Requests 库生成请求代码的方法非常简便，其中，实现 GET 请求的方法为 get()，其基本语法格式如下。注：当生成其他类型的请求时，也可采用类似的格式，只要选取对应的类型方法即可。

requests.get(url, **kwargs)

get()方法的常用参数及其说明如表 5-1-3 所示。

表 5-1-3　get()方法的常用参数及其说明

参 数 名 称	说　　　明
url	接收 str。表示字符串形式的网址。无默认值
**kwargs	接收 dict 或其他 Python 中的数据类型的数据。依据具体需要及请求的类型可添加参数，通常参数赋值为字典类型或具体数据

在通过 get()方法发送请求后，可以通过使用 rqg.status_code 的形式查看服务器返回的状态码，用 rqg.encoding 形式查看服务器返回的 HTTP 头部信息来猜测网页编码，用 rqg.headers 形式查看响应头。需要注意的是，为了避免返回的网页内容解析出现乱码，通常需要手动指定 encoding 编码，即可通过 chardet 库总的 detect()方法，将请求的编码指定为该方法检测到的编码。

3．初识逆向分析法

动态网页中数据不能使用静态网页的方法获取，可以通过逆向分析的思路，借助浏览器中的开发者模式，定位目标数据所在的资源，并确定目标数据所在的 URL。通过逆向分析方法获取到网页目标信息，基本步骤如下。

（1）通过开发者工具定位到目标信息所在位置。

（2）通过开发者工具确定目标信息的所在网址。

（3）使用 Requests 库中的 get()方法向找到的请求网址发送请求，获得响应内容。

（4）将响应到的内容，解析成为 json 格式，并从解析后的 json 内容中提取出用户所需的目标信息。

注：在爬取相关网页前，学生应该需要分辨该网页是静态网页还是动态网页，即针对不同的网页采取不同的爬取措施，采用不同的解决方法，要懂得灵活变通、懂得创新，避免一成不变，做到"穷则变，变则通，通则久"。

4. 初识 Selenium 库

动态网页内容爬取除了可以采用逆向分析的方法，还可以使用 Selenium 库。例如，通过使用 Selenium 库获取某财经股票网页信息，以便企业或个人了解股票行情；还可以爬取某上市公司的股吧帖子、新闻、研究报告等信息。Selenium 是一个功能非常强大的自动化测试工具，能模拟浏览器的行为，对浏览器中的对象元素进行定位、窗口跳动以及结果比较等操作。它支持多种主流浏览器，包括 IE、Google Chrome、Mozilla Firefox、Safari 以及 Android 手机浏览器等，同时 Selenium 也支持多种语言开发，如 Java、Python、C、C++等。

通常情况下，动态网页爬虫会通过 Python+Selenium+Chrome/Firefox 的组合来解决现有的网络爬虫登录以及绕过 JS 和滑块问题。Chrome/Firefox 负责渲染解析 JavaScript，Selenium 负责驱动浏览器和 Python 进行对接，Python 负责做后期的处理，三者构成一个完整的爬虫结构。该结构可以实现许多的操作，如填写表单、单击链接、输入文字、页面交互、页面切换、页面等待等，为爬虫操作带来极大的方便，能解决一系列人工操作的问题，同时为网络爬虫通过验证登录信息提供了方便。

5. Cookie 模拟登录

为解决 HTTP 的无状态性带来的负面作用，Cookie（本质上是一段文本信息）机制应运而生（学生扫描二维码可观看微视频"Cookie 模拟登录"）。通过使用 Cookie，爬虫可以绕过服务器的验证过程，从而实现模拟登录，例如，在模拟登录淘宝爬取商品信息、模拟登录新浪微博爬取热搜榜信息等案例中均用到了 Cookie 模拟登录。Cookie 模拟登录的整个实现过程如图 5-1-2 所示。

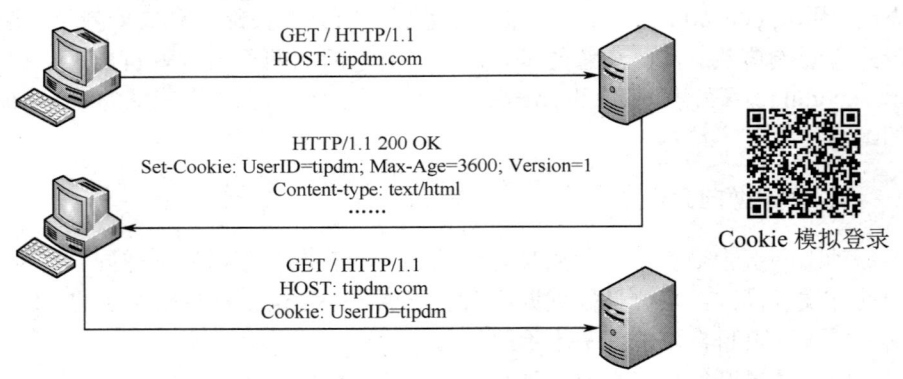

图 5-1-2　Cookie 模拟登录实现过程

Cookie 登录是指携带已经成功登录的 Cookie 向服务器端发送请求，此时服务器端会认定发送请求的客户端已经成功登录，故会返回客户端需要的结果。Cookie 登录无须再向提交入口发送 POST 请求，因此也无须输入验证码，实现难度也较小。

在使用 Cookie 模拟登录的过程中，主要有两种登录形式，分别为使用浏览器的 Cookie 登录、基于表单登录的 Cookie 登录。

（1）使用浏览器的 Cookie 登录

Cookie 保存在发起请求的客户端（如浏览器）中，服务器端使用 Cookie 来区分不同的客户端。Cookie 是服务器端识别客户端身份，保存客户端信息（如登录状态）的重要工具。这意味着，只要获得某客户端的 Cookie，便可模仿它与服务器对话，获得服务器端的认可，从而实现模拟登录的目的。需要注意的是，Cookie 具有时效性，失效的 Cookie 会导致登录失败，此外，原客户端退出登录，也会导致登录失败。

使用浏览器 Cookie 登录指使用从浏览器（客户端）获取到的成功登录的 Cookie 来模拟登录，可以分为以下两个步骤。

①获取 Cookie。通过输入账号、密码、验证码等信息登录相对应的网站，找到登录成功后返回的页面地址的 Cookie。

②携带 Cookie 发送请求。使用 Requests 库的 get()方法设置发送请求，即对应设置 get()方法中的 cookies 参数。

（2）基于表单登录的 Cookie 登录

实现第一次表单登录后，可以将 Cookie 保存下来以便下次直接使用。相较于使用浏览器 Cookie 登录的方法，表单登录后的 Cookie 无须处理。Cookie 失效后再次进行表单登录即可获得最新的 Cookie。

基于表单登录的 Cookie 登录，首先需要存储首次登录后的 Cookie，然后加载已保存的 Cookie，具体实现步骤如下。

①存储 Cookie。通过 http 包的 cookiejar 模块中 LWPCookieJar 类的 save()方法，将 Cookie 保存到本地文件中。

②加载 Cookie。通过 LWPCookieJar 类的 load()方法加载本地保存的 Cookie，并通过 get()方法发送请求，实现模拟登录。

二、实例分析

1．对手机销售数据网页实现 HTTP 请求

一个爬虫的基本功能是读取 URL 和抓取网页内容，这就需要爬虫具备能够实现 HTTP 请求的功能。扫描二维码观看微视频"对手机销售数据网页实现 HTTP 请求"。通过使用 input()方法、Requests 库实现向京东网站输入关键词，发送 GET 类型的 HTTP 请求，并获取返回的响应状态，基本步骤如下。

（1）输入检索关键词。

由图 5-0-2 可知，在京东商城中，若用户需要查看某些/某类商品的基本销售信息，可在搜索栏中输入相关信息。而在 Python 代码中，需要通过 input()方法输入检索关键词，才可能向京东商城官网传递其关键词，检索到相关的商品信息。输入关键词的代码如代码 5-1-1 所示。

对手机销售数据网页实现 HTTP 请求

代码 5-1-1　输入检索关键词

| 输入 | ```
# 导入相关库
import requests
import chardet

# 输入需要检索的关键词
keyword = input('请输入需要检索的商品关键词：')
print('输入的检索关键词为：', keyword)
``` |
```

输出	请输入需要检索的商品关键词：手机 输入的检索关键词为： 手机

（2）发送请求。

在京东商城搜索框中，输入"手机"关键词，检索到对应商品的销售信息，而且在其对应的 URL 中，keyword 为当前输入的关键词，如图 5-1-3 所示。

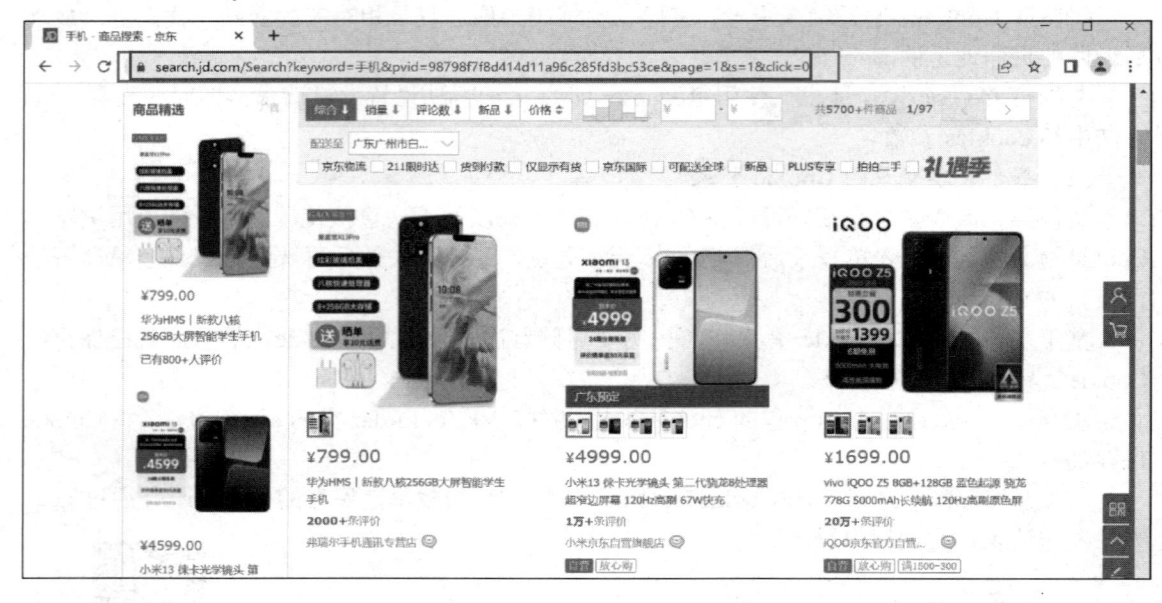

图 5-1-3   商品销售信息

通过上述内容，已经找出了商品销售信息的网址 URL，将网址进一步优化成关键词检索的 URL，即与步骤（1）中的 keyword 变量结合；设置请求头并使用 Requests 库中的 get()方法实现 HTTP 请求，其中，设置请求头参数 headers、超时时间 timeout 为 30。以检索后的第一页商品信息网页为例，发送 GET 请求，如代码 5-1-2 所示。

代码 5-1-2   发送 GET 请求并查看返回结果

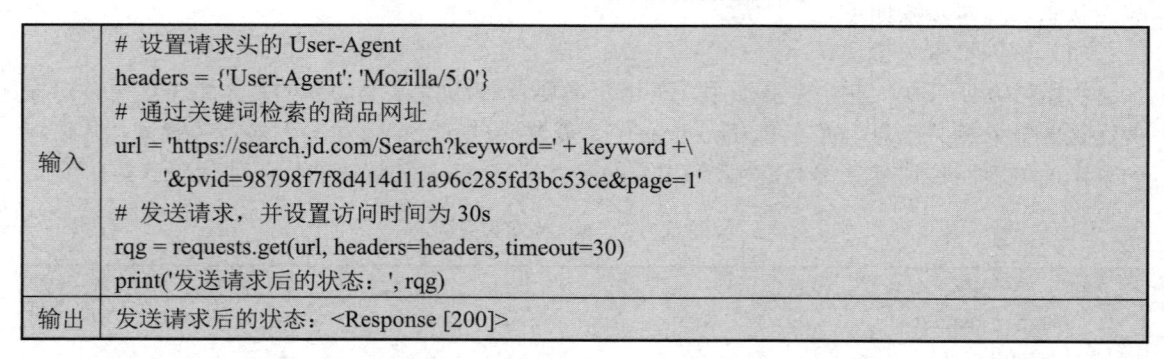

输入	# 设置请求头的 User-Agent
	headers = {'User-Agent': 'Mozilla/5.0'}
	# 通过关键词检索的商品网址
	url = 'https://search.jd.com/Search?keyword=' + keyword +\
	　　　'&pvid=98798f7f8d414d11a96c285fd3bc53ce&page=1'
	# 发送请求，并设置访问时间为 30s
	rqg = requests.get(url, headers=headers, timeout=30)
	print('发送请求后的状态：', rqg)

输出	发送请求后的状态：\<Response [200]>

由代码 5-1-2 的运行结果可以看出，发送请求后的状态为 200，说明网页请求成功。

（3）将请求的编码指定为 detect 方法检测到的编码，可以避免检测错误造成的乱码，如代码 5-1-3 所示。

代码 5-1-3　使用 detect() 方法检测并指定编码

输入	rqg.encoding = chardet.detect(rqg.content)['encoding']　# 自动检测并指定字符编码 print('检测识别后的字符编码为：', rqg.encoding)
输出	检测识别后的字符编码为：　utf-8

（4）生成完整的 HTTP 请求，如代码 5-1-4 所示。

代码 5-1-4　完整的 HTTP 请求

输入	```
	# 导入相关库
	import requests
	import chardet
	
	# 输入需要检索的关键词
	keyword = input('请输入需要检索的商品关键词：')
	# 设置请求头的 User-Agent
	headers = {'User-Agent': 'Mozilla/5.0'}
	# 通过关键词检索的商品网址
	url = 'https://search.jd.com/Search?keyword=' + keyword +\
	　　'&pvid=98798f7f8d414d11a96c285fd3bc53ce&page=1'
	# 发送请求，并设置访问时间为 30s
	rqg = requests.get(url, headers=headers, timeout=30)
	rqg.encoding = chardet.detect(rqg.content)['encoding']　# 自动检测并指定字符编码
	print('手机销售数据网页内容：\n', rqg.text)
	``

输出	手机销售数据网页内容： '<!DOCTYPE html>\n<head>\n<meta http-equiv="Content-Type" content="text/html; charset=utf-8" />\n<meta http-equiv="X-UA-Compatible" content="IE=edge">……<a href="search?keyword=%E6%89%8B%E6%9C%BA&ev=5_75964%5E"\n rel="nofollow" onclick="searchlog(1,0,30036,71,\' 展 讯 \')"><i></i> 展讯 </a>\n\t\t\t\t\t\t</li>\n\t\t\t\t\t\t<li>\n\t\t\t\t\t\t<a href="search?keyword=%E6%89%8B%E6%9C%BA&ev=5_132776%5E"\n rel="nofollow" onclick="searchlog(1,0,30037,71,\'紫光展锐\')"><i></i>紫光展锐</a>……

2．对手机售后数据网页实现 HTTP 请求

售后服务是一次营销的最后过程，也是再次营销的开始。在实际生活中，良好的售后服务能够令商品得到增值、为平台赢得信誉，从而更好地助力平台的可持续发展。如何提升售后服务，提高用户的体验感，是每一个商家或企业等所应该重点思考的问题之一。通过对手机销售数据网页和手机售后数据网页的比较，可以发现手机售后数据属于动态网页，且手机售后评论数据需要登录该网址才可以进行爬取。

为此，本小节通过使用 Requests 库的 get() 方法设置发送请求，并设置携带 Cookie 的参数 cookies（该参数接收 dict 或 CookieJar。注意：从浏览器获取的 Cookie 为 str 类型，需要将其处理成 dict 类型），实现模拟登录京东网站。实现模拟登录，并对手机售后数据网页实现 HTTP 请求，基本步骤如下。

（1）寻找商品评价的真实 URL。随机单击商品销售页面的任意一个商品，查看该商品的详细信息；打开开发者工具，在"网络"面板的左边找到"productPageComments.action?***"

（此处已省略部分内容）资源，此时对应的请求网址即为商品评价的真实网址，如图 5-1-4 所示。

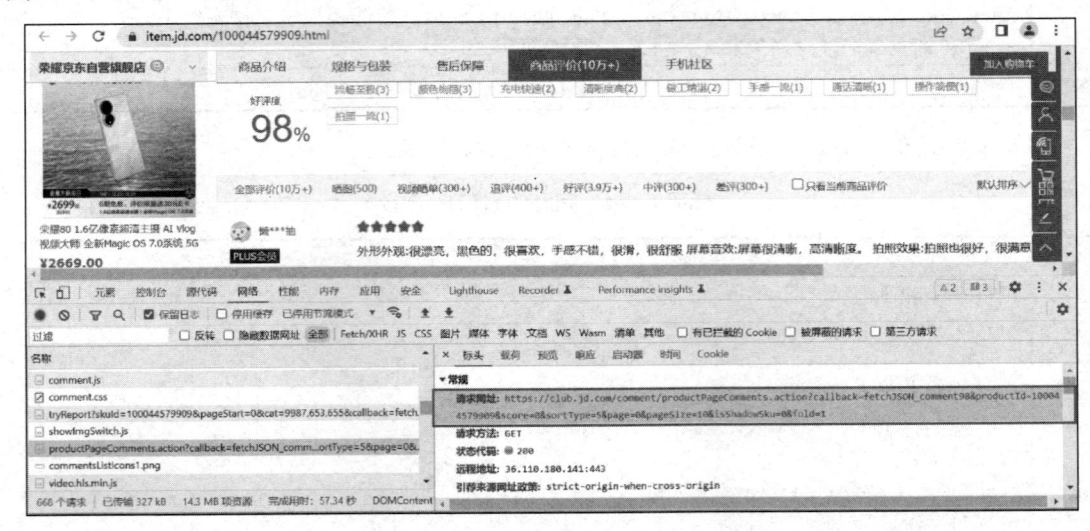

图 5-1-4　商品评价 URL

（2）获取 Cookie。用户需要预先登录自身的京东账号，同样"网络"面板的左边找到与步骤（1）中相对应的资源，查看右边"标头"内中的 Cookie，如图 5-1-5 所示，并将其复制粘贴到本地，以备用。注意：每一个用户的 Cookie 值均不相同，且每一次登录 Cookie 可能会有所变化，即 Cookie 有时间限制，需以最新登录的 Cookie 为准。

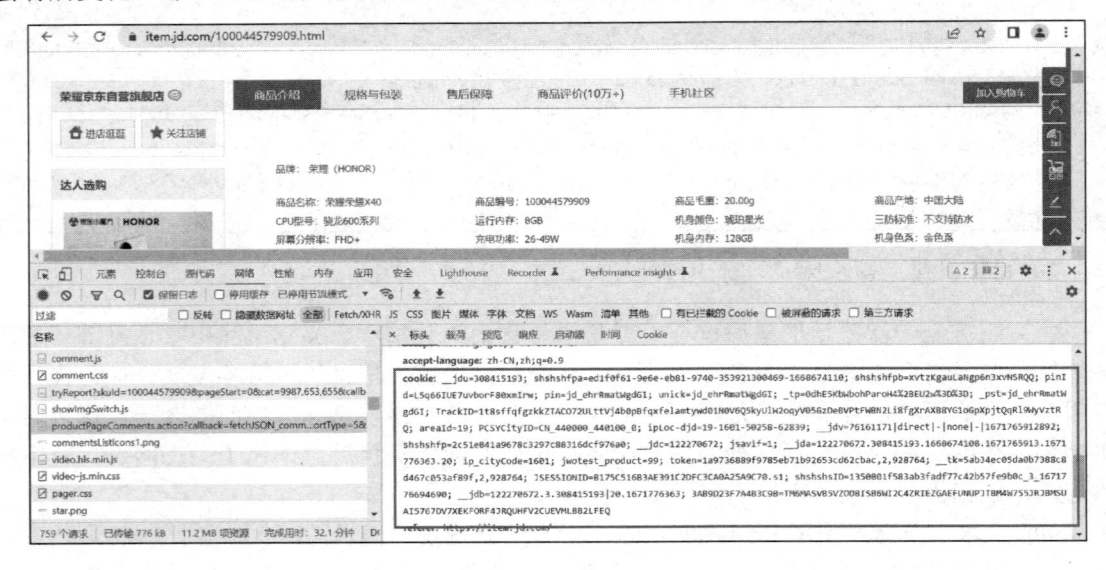

图 5-1-5　获取 Cookie

（3）自定义获取网页中的商品售后信息函数。自定义 get_information 函数，其作用为携带浏览器的 Cookie 发送 GET 请求，模拟登录网页，并返回商品售后网页内容，如代码 5-1-5 所示。注意：此处将设置请求头、设置 Cookie 值、将 Cookie 值转成字典结构、发送 GET 请求、模拟登录等功能的代码封装至同一个函数中；封装函数不仅可以避免代码重复率高、不简洁等问题，还可以锻炼学生封装、拆分代码的能力，进一步提高其动手能力、思维能力等。

代码 5-1-5　设置获取网页中的商品售后信息，即实现 HTTP 请求的函数

输入
```python
import numpy as np
import requests
import chardet

# 自定义 get_information 函数，获取网页中的商品售后信息
def get_information(page, prod_id, score):
    """
    page：页数
    prod_id：商品编号
    score： 用户评分，1 代表差评，2 代表中评，3 代表好评
    """

    # 登录网页
    url = 'https://club.jd.com/comment/productPageComments.action?'
    params = {
        'callback': 'fetchJSON_comment98',
        'productId': prod_id,
        'score': score,
        'sortType': 5,
        'page': page,
        'pageSize': 10,
        'isShadowSku': 0,
        'fold': 1,
    }
    # 设置请求头
    headers = {'User-Agent': 'Mozilla/5.0'}
    # 获取 Cookie
    cookie = 'shshshfpa=66205ea6-e9d4-2f19-9295-86972ef1331f-1614736117; ******'
    cookies = {}
    # 将 Cookie 转成字典结构
    for i in cookie.split(';'):
        key, value = i.split('=')
        cookies[key] = value
    np.random.seed(123)
    try:
        # 携带 Cookie 发送请求，进行模拟登录
        res = requests.get(url=url, headers=headers, params=params, cookies=cookies, timeout=15)
        res.encoding = chardet.detect(res.content)['encoding']
    # 为避免服务器过长连接而出现异常，此处做异常处理
    except requests.exceptions.ConnectionError:
        requests.status_codes = 'Connection refused'
    return res.text  # 返回商品售后网页信息
```

注：此处的模拟登录 Cookie 值仅展示部分内容，其余内容用"*"号代替，完整的 Cookie 见手机售后数据采集.py 文件。

（4）调用 get_information 函数，发送 GET 请求并查看返回结果。以商品编号为 100035246702 的商品为例，设置其用户评分（score）为 1（差评），并设置评价网页页数为 1，最后调用 get_information 函数，发送 GET 请求，并通过 print 查看返回结果，如代码 5-1-6 所示。

代码 5-1-6　发送 GET 请求并查看返回结果

输入	`if __name__ == '__main__':`
	　　`# 以商品编号为 100035246702 为例`
	　　`prod_id = 100035246702`
	　　`# 1 代表差评，2 代表中评，3 代表好评；10、50、100 即对应 1：5：10 的比例`
	　　`scores = {1 : 10, 2 : 50, 3 : 100}`
	　　`score = 1　# 以 1 差评为例`
	　　`page = 1　# 设置评价网页页数为 1`
	　　`html = get_information(prod_id=prod_id, score=score, page=page)`
	　　`print('商品评论网页内容：\n', html)　# 返回查看网页内容`

输出	商品评论网页内容： fetchJSON_comment98({"jwotestProduct":null,"score":1,"comments":[{"id":18450720732,"guid":"b9d66bf9dde40400483daaca9a4de0df","content":"才用了两天，就不能充电","creationTime":"2022-11-28 13:22:43","isDelete":false,"isTop":false,"userImageUrl":"misc.360buyimg.com/user/myjd-2015/css/i/peisong.jpg","topped":0,"replies":[{"id":1141606765,"commentId":18450720732,"venderId":0,"content":"您好，给您带来不好的体验，我们深表歉意，当出现无法给手机充电的情况时，首先，请您重新插拔一下，看是否有接触不良，或者更换一部手机/数据线确认充电器是否可用；其次，请检查充电器的接口金属部分是否有脏污、损坏的情况；或者将充电器置于其他充电底座上尝试能否进行充电。如若依旧无法正常使用充电器给手机充电，建议申请售后检测处理。产品使用中有任何疑问您都可以联系客服协助处理，竭诚为您服务。"……

由代码 5-1-6 的运行结果可以看到，键名为 score 即为用户评分，键名为 content 的值即为商品的评价结果，键名为 creationTime 的值即为评价时间。

三、课堂互动

（1）在网页结构的组成内容中，除了文中介绍的常用 HTML 标签/指令之外，还存在哪些 HTTP 指令？

（2）当实现 Cookie 模拟登录时，Cookie 值是通过什么样的方式获取到的，其获取过程又是怎样的？

（3）在通过代码实现 HTTP 请求，获取手机售后网页的商品售后信息时，将代码封装至同一个函数中的作用是什么？

（4）思考：在爬取网络信息过程中，学生应遵循怎样的道德素质？

项目 5.2 解析与存储电商平台网页数据

学习重点

1. 熟悉 XPath 库、正则表达式和数据存储格式的基础内容。
2. 掌握 XPath 库解析电商平台网页的方法。
3. 掌握存储数据的方法。

学习要求

利用 XPath 库、数据存储方式等基本知识，通过对项目 5.1 中获取到的电商平台网页源代码（网页信息），解析商品网页数据，获取到所需的商品信息/数据。数据信息主要包括手机的性能及销售信息、销量排名前 10 款手机中用户所选购的手机详情、评论等信息。最后将获取到的数据存储到对应格式文件中。

一、相关知识

1. 初识 XPath 库

XPath 表达式

XML 路径语言（XML Path Language，XPath）是一门在 XML 文档中查找信息的语言。扫描二维码观看微视频"XPath 表达式"。XPath 最初被设计用于搜寻 XML 文档，但同样适用于 HTML 文档的搜索。XPath 的选择功能十分强大，它不仅提供了非常简洁明了的路径选择表达式，还提供了超过 100 个内建函数，用于字符串、数值、时间的匹配，以及节点、序列的处理等，几乎所有定位的节点都可以用 XPath 来选择，如定位到某招聘网页上的岗位名称节点、薪资节点、岗位要求节点等。

使用 XPath 之前，需要从 lxml 库中导入 etree 模块，还需要使用 HTML 类对需要匹配的 HTML 对象进行初始化。HTML 类的基本语法格式如下。

lxml.etree.HTML(text, parser=None, base_url=None)

HTML 类的常用参数及其说明如表 5-2-1 所示。

表 5-2-1　HTML 类的常用参数及其说明

参 数 名 称	说　　明
text	接收 str。表示需要转换为 HTML 的字符串。无默认值
parser	接收 str。表示选择的 HTML 解析器。默认为 None
base_url	接收 str。表示文档的原始 URL，用于查找外部实体的相对路径。默认为 None

XPath 可使用类似正则的表达式来匹配 HTML 文件中的内容，常用的表达式如表 5-2-2 所示。

表 5-2-2　XPath 的常用表达式

表达式	说　　明
nodename	选取 nodename 节点的所有子节点
/	从当前节点选取直接子节点
//	从当前节点选取所有子孙节点
.	选取当前节点
..	选取当前节点的父节点
@	选取属性

在表 5-2-2 中，子节点表示当前节点的下一层节点，子孙节点表示当前节点的所有下层节点，父节点表示当前节点的上一层节点。

此外，XPath 中的谓语可用于查找某个特定的节点或包含某个指定值的节点，谓语被嵌在路径后的方括号中，常用的谓语表达式如表 5-2-3 所示。

表 5-2-3　XPath 的常用谓语表达式

表达式	说　　明
/html/body/div[1]	选取属于 body 子节点的第一个 div 节点
/html/body/div[last()]	选取属于 body 子节点的最后一个 div 节点
/html/body/div[last()-1]	选取属于 body 子节点的倒数第二个 div 节点
/html/body/div[position()<3]	选取属于 body 子节点的前两个 div 节点
/html/body/div[@id]	选取属于 body 子节点的带有 id 属性的 div 节点
/html/body/div[@id="content"]	选取属于 body 子节点的 id 属性值为 content 的 div 节点
/html /body/div[xx>10.00]	选取属于 body 子节点的 xx 元素值大于 10 的节点

XPath 还提供了用于模糊搜索的功能函数。有时仅掌握了对象的部分特征，当需要模糊搜索该类对象时，可使用功能函数来实现，常用的功能函数如表 5-2-4 所示。

表 5-2-4　XPath 的常用功能函数

功能函数	示　　例	说　　明
starts-with	//div[starts-with(@id,"co")]	选取 id 值以 co 开头的 div 节点
contains	//div[contains(@id,"co")]	选取 id 值包含 co 的 div 节点
and	//div[contains(@id,"co") and contains(@id,"en")]	选取 id 值包含 co 和 en 的 div 节点
text	//div[contains(text(),"first")]	选取节点文本包含 first 的 div 节点

2. 熟悉正则表达式

正则表达式（Regular Expression，RE）又称为正规表示法或常规表示法，常用于检索、替换符合某个模式的文本。例如，在匹配手机号，查找用户邮箱、用户身份证、车牌号、URL 和 IP 地址等时均能看到正则表达式的存在。正则表达式具有灵活、逻辑性强、功能性强的特点，能迅速地通过表达式，从字符串中找到所需信息，但对于刚接触的人来说，比较晦涩难懂。

正则表达式是对字符串（包括普通字符和特殊字符）操作的一种逻辑公式，即用事先定义好的一些特定字符及特定字符的组合，组成一个"规则字符串"，这个"规则字符串"用来表达对字符串的一种过滤逻辑。

正则表达式常见符号及其描述如表 5-2-5 所示，特殊字符的描述如表 5-2-6 所示。

表 5-2-5　正则表达式常见符号

常见符号	描述	示例
literal	匹配文本字符串的字面值 literal	foo
re1|re2	匹配正则表达式 re1 或 re2	foo|bar
.	匹配任何字符（除了\n之外）	b.b
^	匹配字符串起始部分	^Dear
$	匹配字符串终止部分	/bin/*sh$
*	匹配 0 次或者多次前面出现的正则表达式	[A-Za-z0-9]*
+	匹配 1 次或者多次前面出现的正则表达式	[a-z]+.com
?	匹配 0 次或者 1 次前面出现的正则表达式	goo?
{N}	匹配 N 次前面出现的正则表达式	[0-9]{3}
{M,N}	匹配 M~N 次前面出现的正则表达式	[0-9]{5,9}
[…]	匹配来自字符集的任意单一字符	[aeiou]
[..x-y..]	匹配 x~y 范围中的任意单一字符	[0-9], [A-Za-z]
[^…]	不匹配此字符集中出现的任何一个字符，包括某一范围的字符（如果在此字符集中出现）	[^aeiou],A-Za-z0-9
(*|+|?|{})?	用于匹配上面频繁出现/重复出现符号的非贪婪版本（*、+、?、{}）	.*?[a-z]
(…)	匹配封闭的正则表达式，然后另存为子组	([0-9]{3})?,f(oo|u)bar

表 5-2-6　正则表达式特殊字符

特殊字符	描述	示例
\d	匹配任何十进制数字，与[0-9]一致（\D 与\d 相反，不匹配任何非数值型的数字）	data\d+.txt
\w	匹配任何字母数字字符，与[A-Za-z0-9_]相同（\W 与之相反）	[A-Za-z_]\w+
\s	匹配任何空格字符，与[\n\t\r\v\f]相同（\S 与之相反）	of\sthe
\b	匹配任何单词边界（\B 与之相反）	\bThe\b
\N	匹配已保存的子组 N（参见表 5-2-5 中的符号(…)）	price: \16
\c	逐字匹配任何特殊字符 c（仅按照字面意义匹配，不匹配特殊含义）	..\.*
\A(\Z)	匹配字符串的起始（结束）	\ADear

Python 通过自带的 re 模块提供了对正则表达式的支持。使用 re 模块的步骤为：首先，将正则表达式的字符串形式编译为 Pattern 实例；其次，使用 Pattern 实例处理文本并获得匹配结果（一个 Match 实例）；最后，使用 Match 实例获得信息，并进行其他的操作。在 re 模块中，常用的方法及其说明如表 5-2-7 所示。

表 5-2-7 re 模块的常用方法及其说明

方法名称	说明
compile()	将正则表达式的字符串转化为 Pattern 匹配对象
match()	将输入的字符串从头开始对输入的正则表达式进行匹配,如果遇到无法匹配的字符或到达字符串末尾,那么立即返回 None,否则获取匹配结果
search()	将输入的整个字符串进行扫描,对输入的正则表达式进行匹配,并获取匹配结果,如果没有匹配结果,那么输出 None
split()	以能够匹配的字符串作为分隔符,将字符串分割后返回一个列表
findall()	搜索整个字符串,返回一个包含全部能匹配子串的列表
finditer()	与 findall()方法的作用类似,以迭代器的形式返回结果
sub()	使用指定内容替换字符串中匹配的每一个子串内容

3. 熟悉数据存储格式

爬虫通过解析网页获取页面中的数据后,还需要将获得的数据存储下来以供后续分析。这里主要介绍一些常用的数据存储格式,如表 5-2-8 所示。

表 5-2-8 常用的数据存储格式

数据格式	说明
Excel	Excel 电子表格格式,常见的扩展名为.xls 和.xlsx,在 Python 中,可以使用 to_excel()方法,将文件存储为 Excel 文件
TXT	将数据存储为 TXT 格式文件,其优点为简单而且兼容任务平台,但不利于检索。如果用户对检索和数据结构的要求不高,且图使用方便的话,可用 TXT 文本存储数据,其扩展名为.txt。在 Python 中,可以通过 write()方法读取或保存 TXT 数据文件
CSV	CSV 文件以纯文本形式存储表格数据(数字和文本),具有通用的、相对简单的文件格式,扩展名为.csv。由任意数量的记录组成,记录间以某种换行符分隔。每条记录由字段组成,字段间的分隔符是其他字符或字符串,最常见的是逗号或制表符。在 Python 中,可以使用 to_csv()方法将结构化数据写入 CSV 文件,以实现数据存储
JSON	JSON 是一种轻量级的数据交换格式,扩展名为.json。JSON 是基于 JavaScript 的一个子集,采用完全独立于语言的文本格式,但也使用了类似 C 语言家族的习惯。JSON 比 XML 更小,更易于人阅读和编写,同时易于机器解析和生成。在 Python 中,可以使用 dump 函数或 dumps 函数将数据写入 JSON 文件
数据库	常用数据库为:关系型数据库 MySQL、非关系型数据库 MongoDB。MySQL 是开源的,可以处理上千万条记录,使用标准的 SQL 数据库查询语言;MongoDB 能面向集合存储,易存储对象类型,支持动态查询、完全索引。在 Python 中,可以通过 PyMySQL 库的 connect 函数连接数据库,并通过游标对象的 execute()、fetchone()、fetchmany()、fetchall()等方法,创建数据库、数据表,或对数据进行增删改查等操作

二、实例分析

1. 解析并存储手机销售数据

在项目 5.1 的实例分析中,已经成功对手机销售数据网页进行 HTTP 请求,并获取到了网页源代码,此处,需要定位到网页中信息的位置,并使用 XPath,解析网页内容。即定位并采集所需节点内的文本内容,如店铺名称、商品品牌、商品编号、商品名称、CPU 型号、系统、商品评价量、商品价格，最后，将解析出来的文本内容存储至本地的 CSV 文件中。扫描二维码观看微视频"获取商品编号和商品价格信息"。解析并存储手机销售数据的基本步骤如下。

（1）对手机销售数据网页实现 HTTP 请求（项目 5.1 已介绍过），使用 HTML 类将网页内容初始化，如代码 5-2-1 所示。

获取商品编号和商品价格信息

代码 5-2-1　使用 HTML 类将网页内容初始化

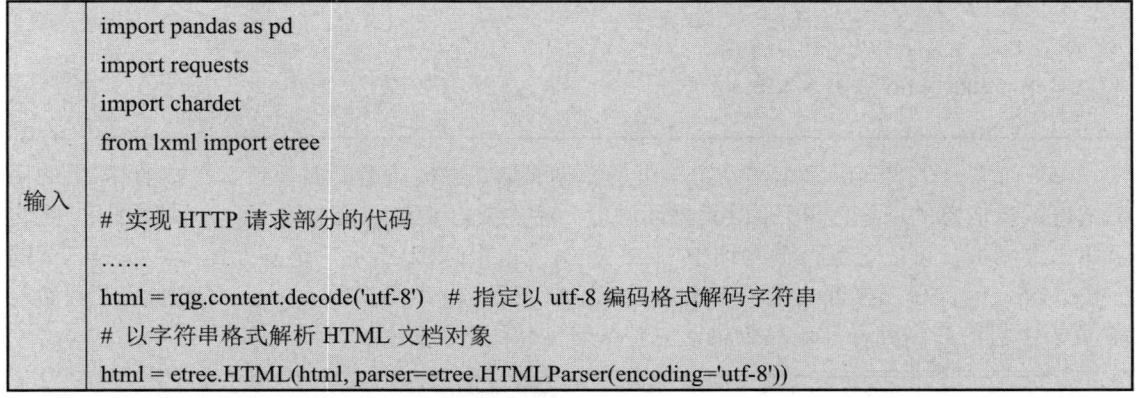

输入	`import pandas as pd`
	`import requests`
	`import chardet`
	`from lxml import etree`
	
	`# 实现 HTTP 请求部分的代码`
	`……`
	`html = rqg.content.decode('utf-8')   # 指定以 utf-8 编码格式解码字符串`
	`# 以字符串格式解析 HTML 文档对象`
	`html = etree.HTML(html, parser=etree.HTMLParser(encoding='utf-8'))`

注：代码 5-2-1 省略了实现 HTTP 请求部分的代码。

（2）解析获取商品编号、商品价格。

通过 Chrome 开发者工具，可以看到网页源代码中，商品编号位于 li 节点的 data-sku 属性中，商品价格位于 strong 节点下的 i 节点中，如图 5-2-1 所示。

图 5-2-1　商品编号和商品价格信息

预定义 product_number 数据框，使用 XPath 语言解析获取商品编号、商品价格，如代码 5-2-2 所示。

代码 5-2-2　获取商品编号和商品价格代码

输入	product_number = pd.DataFrame([]) # 爬取商品编号、商品价格 product_number['商品编号'] = html.xpath('//*[@id="J_goodsList"]/ul/li/@data-sku') product_number['商品价格'] = html.xpath('//*[@id="J_goodsList"]/ul/li/div/div[3]/strong/i/text()') print('爬取到的商品编号、商品价格为：\n', product_number)
输出	爬取到的商品编号、商品价格为： 　　　　商品编号　　　商品价格 0　　100046172421　　4499.00 1　　10062670150631　　799.00 ……

（3）前文只是实现了京东网站第 1 页的数据爬取，本模块需要实现京东网站前 50 页的手机销售数据信息的采集，可采用 for 循环进行。通过单击京东网页上的"下一页"按钮，跳转至第二页网页，可以看到网页网址中 page 为 3，如图 5-2-2 所示，重复上述步骤，第三页的 page 为 5，因此可以推断出网页 page 规律为 1、3、5、…、$n-2$、n、$n+2$。爬取京东网站前 50 页的手机的商品编号和商品价格，完整代码如代码 5-2-3 所示。

图 5-2-2　第二页网址信息

代码 5-2-3　爬取京东网站前 50 页手机的商品编号和商品价格

输入	import numpy as np import pandas as pd import requests import chardet from lxml import etree

```python
import time
import json

# 预定义获取商品编号、商品价格的数据框，后续将会依据商品编号爬取商品的销售数据和售后数据
all_product_number = pd.DataFrame(columns = ['商品编号', '商品价格'])

# 输入需要检索的关键词
keyword = input('请输入需要检索的商品关键词：')

# 设置请求头的 User-Agent
headers = {'User-Agent': 'Mozilla/5.0'}
print('正在爬取商品编号和商品价格')
for i in range(1, 100, 2):
    # 通过关键词检索的商品网址
    url = 'https://search.jd.com/Search?keyword=' + keyword +\
        '&pvid=98798f7f8d414d11a96c285fd3bc53ce&page=' + str(i)
    # 发送请求，并设置访问时间为 30s
    rqg = requests.get(url, headers=headers, timeout=30)
    rqg.encoding = chardet.detect(rqg.content)['encoding']  # 自动检测并指定字符编码
    html = rqg.content.decode('utf-8')  # 指定以 utf-8 编码格式解码字符串
    # 将字符串格式解析 HTML 文档对象
    html = etree.HTML(html, parser=etree.HTMLParser(encoding='utf-8'))
    product_number = pd.DataFrame([])
    # 爬取商品编号、商品价格
    product_number['商品编号'] = html.xpath('//*[@id="J_goodsList"]/ul/li/@data-sku')
    product_number['商品价格'] = html.xpath('//*[@id="J_goodsList"]/ul/li/div/div[3]/strong/i/text()')
    all_product_number = pd.concat([all_product_number, product_number], axis=0, ignore_index=True)
print('商品编号和商品价格爬取完成')
```

输出：
请输入需要检索的商品关键词：手机
正在爬取商品编号和商品价格
商品编号和商品价格爬取完成

（4）在爬取各商品的店铺名称、商品品牌、商品名称、CPU 型号、系统和商品评价量的信息时，需要根据对应的商品编码进行爬取。例如，商品编号为 100021468507 的其他销售信息，如图 5-2-3 所示网址 https://item.jd.com/100021468507.html，"系统"信息可从"规格与包装"栏中获取，"商品评价量"信息可从网址"https://club.jd.com/comment/productPageComments.action? productId=100021468507&score=0&sortType=5&page=0&pageSize=10&isShadowSku=0&fold=1"中获取。

使用 XPath 语言，采集各商品的店铺名称、商品品牌、商品名称、CPU 型号、系统和商品评价量的信息，如代码 5-2-4 所示。

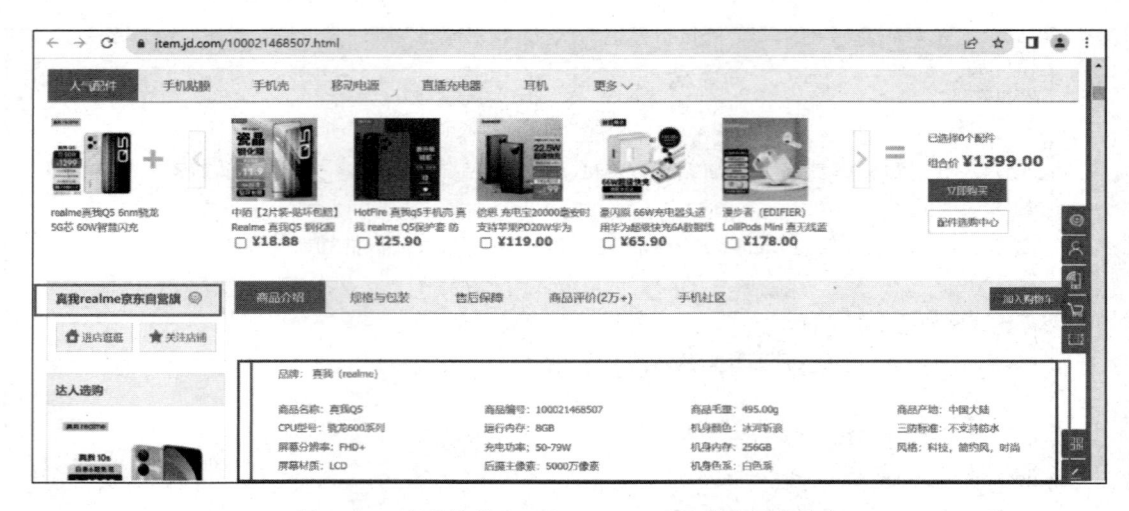

图 5-2-4　商品编号为 100021468507 的其他销售信息

代码 5-2-4　爬取各商品的其他销售信息

输入

```
# 预定义数据框，用于存储商品销售数据
columns = ['店铺名称', '商品品牌', '商品编号', '商品名称', 'CPU 型号', '系统', '商品评价量']
all_sales_data = pd.DataFrame(columns=columns)

# 爬取各商品编号对应的销售数据
for i in all_product_number['商品编号']:
    print('正在爬取商品编号为{}的商品信息'.format(i))
    # 各商品编号对应的商品销售数据网址
    good_url = 'https://item.jd.com/' + i + '.html'
    try:
        # 发送请求，并设置访问时间为 30s
        rqg = requests.get(good_url, headers=headers, timeout=30)
    # 为避免服务器过长连接而出现异常，此处做异常处理
    except requests.exceptions.ConnectionError:
        requests.status_codes = 'Connection refused'
    # 初始化 HTML
    html = rqg.content.decode('utf-8')
    html = etree.HTML(html, parser=etree.HTMLParser(encoding='utf-8'))
    sales_data = pd.DataFrame([])
    sales_data['店铺名称'] = html.xpath('//*[@id="popbox"]/div/div[1]/h3/a/text()')    # 获取店铺名称
    sales_data['商品品牌'] = html.xpath('//ul[@class="p-parameter-list"]/li/a/text()')    # 获取商品品牌

    try:
        # 获取商品编号、商品名称、CPU 型号
        details = html.xpath('//ul[@class="parameter2 p-parameter-list"]/li/text()')
        details_partition = dict(j.split('：') for j in details)
        for k in columns[2: 5]:
            if k in details_partition:
                sales_data[k] = details_partition[k]
            else:
```

```
                    sales_data[k] = None
    except:
        continue

    # 获取手机系统
    try:
        sales_data['系统'] = html.xpath(
            '//*[@id="detail"]/div[2]/div[2]/div[1]/div[6]/dl/dl/dd/text()')
    except:
        continue

    # 获取商品评价量数据
    try:
        url = 'https://club.jd.com/comment/productPageComments.action?productId=' + i + \
            '&score=0&sortType=5&page=0&pageSize=10&isShadowSku=0&fold=1'
        rqg = requests.get(url, headers=headers, timeout=10)
        page_text = json.loads(rqg.text)
        sales_data['商品评价量'] = page_text['productCommentSummary']['commentCountStr']
    except:
        continue

    all_sales_data = pd.concat([all_sales_data, sales_data], axis=0, ignore_index=True)
    all_sales_datas = all_product_number.merge(all_sales_data, left_on='商品编号',
                                               right_on='商品编号', how='inner')
    time.sleep(np.random.randint(5, 15))
```

输出

```
正在爬取商品编号为 100046172421 的商品信息
正在爬取商品编号为 10062670150631 的商品信息
正在爬取商品编号为 100031192618 的商品信息
正在爬取商品编号为 100016376331 的商品信息
……
```

（5）保存数据。将爬取出来的文本内容存储至本地的 CSV 文件中，如代码 5-2-5 所示。

代码 5-2-5　存储数据

输入

```
# 存储手机销售数据
all_sales_datas.to_csv('../tmp/手机销售数据.csv', encoding='gbk', index=None)
```

爬取到的京东网站前 50 页的手机销售数据，其部分数据如图 5-2-5 所示。

店铺名称	商品品牌	商品编号	商品名称	CPU型号	系统	商品评价量	商品价格
iQOO京东官方自营旗舰店	vivo	100021000000	vivoiQOO Neo6	骁龙8 Gen 1	Android	1万+	3299
小米京东自营旗舰店	小米（MI）	100014000000	小米Redmi 9A	其他	Android	300万+	599
小米京东自营旗舰店	小米（MI）	100017000000	小米Redmi Note9	骁龙750G	Android	100万+	1249
荣耀京东自营旗舰店	荣耀（HONOR）	100013000000	荣耀Play5T Pro	MediaTek H	Android	20万+	1099
Apple产品京东自营旗舰店	Apple	100027000000	AppleiPhone 13		iOS	200万+	5999
荣耀京东自营旗舰店	荣耀（HONOR）	100036000000	荣耀荣耀手机	天玑700	Android	2万+	1199
iQOO京东官方自营旗舰店	vivo	100028000000	vivoiQOO Z5x	天玑900	Android	10万+	1399
iQOO京东官方自营旗舰店	vivo	100030000000	vivoiQOO Neo5 S	骁龙870	Android	20万+	1799
OPPO京东自营官方旗舰店	OPPO	100031000000	OPPOK9x	天玑810	Android	10万+	1399
iQOO京东官方自营旗舰店	vivo	100022000000	vivoiQOO Neo6 S	骁龙870	Android	2000+	2499
小米京东自营旗舰店	小米（MI）	100028000000	小米Redmi Note 1	其他	其他OS	20万+	1299
小米京东自营旗舰店	小米（MI）	100015000000	小米Redmi Note 1	其他	Android	50万+	1699
360 OS旗舰店	360 OS	10048600000000	360 OSQSN2112	MT6765	Android	90	1198
Apple产品京东自营旗舰店	Apple	100009000000	AppleiPhone 12	其他	iOS	300万+	4999
小米京东自营旗舰店	小米（MI）	100035000000	小米Redmi K40S	骁龙870	Android	10万+	1969

图 5-2-5　京东网站前 50 页手机销售数据的部分数据

2. 解析并存储手机售后数据

在项目 5.1 的实例分析中，以商品编号为 100035246702 的商品为例，成功对其手机售后数据网页进行 HTTP 请求，并获取到了网页源代码。由于售后数据所处的网页为动态网页，不能像静态网页一样，使用 XPath 进行解析，所以此处主要使用逆向分析法爬取销量排名前 10 名的 10 款手机的售后数据信息（信息包括评论文本、评论时间、用户评分、手机配色、手机内存、购买时间），并将数据存储至本地 CSV 文件中。解析并存储手机售后数据的基本步骤如下。

（1）获取销量排名前 10 的手机详情信息。通过手机销售数据中的商品评价量统计手机销量，注：销量排名前 10 款手机的详情信息是由项目 5.4 热销手机的统计分析得出的，详情信息如表 5-2-9 所示。

表 5-2-9　销量排名前 10 款手机的详情信息　　　　　　　　　　　单位：部

序号	商品编号	商品名称	商品销量
1	100008348542	AppleiPhone 11	5057070
2	100014348492	小米 Redmi 9A	3021000
3	100009077475	AppleiPhone 12	3007500
4	100026667910	AppleiPhone 13	2213500
5	100032528220	Hi nova9	2010000
6	100014352539	AppleiPhone 13 Pro Max	1027500
7	100018902008	vivoiQOO Neo5	1005100
8	100016799388	小米 Redmi Note9 Pro	1002000
9	100018640842	小米 Redmi K40	1000000
10	100016415677	小米 Redmi Note 11	800000

（2）解析获取手机售后信息。

在商品真实评价的 URL 中，单击开发者工具右侧的"预览"，可以看到在 comments 节点下的 0 节点中，键名为 content，其对应值为用户评论文本内容；键名为 creationTime，其对应值为用户评论时间，如图 5-2-6 所示。其余的信息，如用户评分、手机配色、手机内存、购买时间，均可以在当前节点下获取。

图 5-2-6　手机售后信息

通过逆向分析法，依据表 5-2-9 中的商品编号，并按照电商平台售后信息中的"好评：中评：差评=10：5：1"的比例进行手机售后数据的爬取，如代码 5-2-6 所示

代码 5-2-6　按比例爬取手机销量前 10 款手机的售后数据

| 输入 | ```
import numpy as np
import pandas as pd
import requests
import chardet
import time
import json

# 自定义 get_information 函数，获取网页中的商品售后信息
……
# 自定义 parse_information 函数，解析网页中的商品售后数据
def parse_information(html):
    """
    html：获取到的网页信息
    """
    # 将爬取的网页数据转换成 JSON 格式
    tmp = html[len('fetchJSON_comment98('): -2]
    global data
    try:
    # 将 JSON 数据转换成字典
        data = json.loads(tmp, strict = False)
    except:
        pass
    all_after_sales_data = pd.DataFrame([])
    # 提取关键信息
    all_after_sales_data['评论文本'] = [i['content'] for i in data['comments']]      # 评论文本
    all_after_sales_data['评论时间'] = [i['creationTime'] for i in data['comments']]  # 评论时间
    all_after_sales_data['用户评分'] = [i['score'] for i in data['comments']]        # 用户评分
    all_after_sales_data['手机配色'] = [i['productColor'] for i in data['comments']] # 手机配色
    all_after_sales_data['手机内存'] = [i['productSize'] for i in data['comments']]  # 手机内存
    all_after_sales_data['购买时间'] = [i['referenceTime'] for i in data['comments']] # 购买时间
    return all_after_sales_data

# 调用 get_information 和 parse_information 自定义函数，按照比例循环爬取所需的商品售后数据
if __name__ == '__main__':
    # 选取部分商品编号
    info = [100008348542, 100014348492, 100009077475, 100026667910,
            100032528220, 100014352539, 100018902008, 100016799388,
            100018640842, 100016415677]
    # 1 代表差评，2 代表中评，3 代表好评；10、50、100 即对应 1：5：10 的比例
    scores = {1 : 10, 2 : 50, 3 : 100}
    after_sales_data = pd.DataFrame([])
    for prod_id in info[:]:
        for score in scores.keys():
``` |
```

输入	`for page in range(scores[score]):`
	    `print(f'正在爬取第{prod_id, score, page}页'.center(50, '='))`
	    `html = get_information(prod_id=prod_id, score=score, page=page)`
	    `by_after_sales_data = parse_information(html)`
	    `after_sales_data = pd.concat([after_sales_data,`
	                              `by_after_sales_data], ignore_index=True)`
	    `time.sleep(np.random.randint(3, 7))`

输出	=============正在爬取第(100008348542, 1, 0)页============= =============正在爬取第(100008348542, 1, 1)页============= =============正在爬取第(100008348542, 1, 2)页============= ……

注：由于自定义 get_information 函数的代码已在项目 5.1 中介绍过，所以此处省略该部分代码。

（3）保存数据。将爬取出来的文本内容存储至本地的 CSV 文件中，如代码 5-2-7 所示。

代码 5-2-7　存储数据

输入	`# 存储手机售后数据` `after_sales_data.to_csv('../tmp/手机售后数据.csv', encoding='gbk', index=None)`

爬取手机销量前 10 款手机的售后数据，其部分数据如图 5-2-7 所示。

评论文本	评论时间	用户评分	手机配色	手机内存	购买时间
刚买一周就降价，心态崩了呀，	2020/4/4 0:45	1	黑色	128GB	2020/3/20 21:43
我才买了几天，，，降价了。。	2020/1/3 10:51	1	紫色	128GB	2019/12/16 10:30
刚买一星期降价300玩**呢	2020/4/5 12:31	1	红色	128GB	2020/3/28 17:31
保价7天，7天一过降三百。哟西	2020/4/8 14:31	1	白色	64GB	2020/3/26 12:32
说好送的三样东西呢？	2020/3/1 14:31	1	黑色	128GB	2020/2/29 20:06
摄像头存在灰层点，品控及差	2020/12/11 23:33	1	黑色	256GB	2020/12/5 14:40
手机壳都不送激活不了	2020/3/25 11:07	1	黑色	64GB	2020/3/24 10:23
喇叭有回音 手机下东西回卡 我	2020/3/15 19:38	1	黑色	128GB	2020/3/8 9:27
买的双卡的，给我发货的却是单	2020/11/29 0:47	1	绿色	128GB	2020/11/11 7:45
跟心中想象的完全一样	2020/4/25 8:12	1	黑色	128GB	2020/4/18 22:55
买完没用几天就大降价！还不给	2020/11/3 19:39	1	黑色	128GB	2020/10/24 19:30
少货，连充电器都没有耳机也没	2020/11/2 12:46	1	黑色	64GB	2020/11/1 16:39
刚到手就降价两百，也是服了	2020/12/11 19:34	1	紫色	256GB	2020/12/9 0:04
刚买完就便宜了300	2020/4/5 22:34	1	黑色	128GB	2020/3/31 18:35
刚买两天就掉价300	2020/4/5 12:51	1	黑色	128GB	2020/3/30 18:50

图 5-2-7　手机销量前 10 款手机的部分售后数据

三、课堂互动

（1）除了本模块介绍到的数据存储格式，在日常生活中，学生还遇到了哪些数据存储格式？

（2）在爬取手机销售数据的店铺名称、商品品牌过程中，如何使用正则表达式获取到对应的文本内容？

（3）在解析网页数据中，除了可以使用 XPath 库、正则表达式之外，Python 还提供了哪些库用于解析网页，其优缺点分别是什么？

项目 5.3　预处理电商平台手机销售数据

学习重点

1. 掌握数据清洗的方法，包括缺失值处理、异常值处理和重复值处理。
2. 掌握数据哑变量和离散化的处理方法。
3. 掌握分组聚合的方法。
4. 掌握处理字符串的方法。
5. 掌握处理手机销售缺失数据和文本数据的流程。

学习要求

利用数据清洗中缺失值的处理方法、字符串处理方法等基础知识，对采集到的电商平台手机销售数据进行预处理，主要包括处理手机销售缺失数据、处理手机销售文本数据。

一、相关知识

1. 数据清洗

某公司为提高营运车辆驾驶员的驾驶行为特性分析的准确性，花费了大量时间对车辆监控数据中的时间信息错误数据、车速超出阈值数据、车速零点漂移数据、车速变化超出阈值数据和噪声干扰数据进行清洗操作。由此可见，数据清洗是数据分析中不可或缺的一部分。

数据缺失会导致样本信息减少，不仅增加了数据分析的难度，而且会导致数据分析的结果产生偏差。异常值则会产生"伪回归"等问题。数据重复会导致数据的方差变小，数据分布发生较大变化。因此，为了提高数据质量，需要对缺失、异常、重复数据进行检测与处理。

（1）缺失值处理

缺失值是指数据中由于缺少信息而造成的数据的聚类、分组或截断，它指的是在现有数据中，某个或某些特征的值是不完整的。缺失值产生的原因是多种多样的，主要原因有以下几点。

①有些信息暂时无法获取，或获取信息的代价太大。
②数据收集系统或数据存储器等机械出现故障，而导致某段时间的数据未能收集。
③由于人的主观失误、历史局限或有意隐瞒造成的数据缺失。

在 Python 中，pandas 库提供了用于数据预处理的方法/函数，用户可以利用表 5-3-1 所示的缺失值校验方法检测数据中是否存在缺失值。

表 5-3-1　Python 缺失值校验方法

方 法 名	方法功能	所属扩展库	格　式	参数及返回值
isnull()	判断是否空值	pandas	D.isnull()或 pandas.isnull(D)	参数为 DataFrame 或 pandas 的 Series 对象，返回的是一个布尔类型的 DataFrame 或 Series
notnull()	判断是否非空值	pandas	D.notnull()或 pandas.notnull(D)	参数为 DataFrame 或 pandas 的 Series 对象，返回的是一个布尔类型的 DataFrame 或 Series
count()	非空元素计算		D.count()	参数为 DataFrame 或 pandas 的 Series 对象，返回的是 DataFrame 中每一列非空值个数或 Series 对象的非空值个数

因为缺失值的出现，可能会给数据分析带来一定的困扰，所以在检测到数据中存在缺失值的情况下，需要对其进行一定的处理，以提高数据的分析效果。缺失值的处理通常有 3 种方法：删除法、替换法、插值法，其基本介绍如表 5-3-2 所示。

表 5-3-2　缺失值处理方法

处理方法	说　明	pandas 方法
删除法	删除法指将含有缺失值的特征或记录删除，可分为删除观测记录和删除特征两种。删除法属于利用减少样本量换取信息完整度的一种方法，是一种最简单的缺失值处理方法	dropna()
替换法	替换法指用一个特定的值替换缺失值。当缺失特征为数值型时，通常利用其均值、中位数或众数等描述其集中趋势的统计量来替换缺失值；当缺失值特征为类别型时，则选择使用众数来替换缺失值	fillna()
插值法	常用的插值法有线性插值、多项式插值和样条插值等。线性插值是一种较为简单的插值方法，它针对已知的值求出线性方程，通过求解线性方程得到缺失值。多项式插值是利用已知的值拟合一个多项式，使得现有的数据满足这个多项式，再利用这个多项式求解缺失值。样条插值是以可变样条做出一条经过一系列点的光滑曲线的插值方法	SciPy interpolate 模块

（2）异常值处理

异常值是指样本中的个别值，其数值明显偏离其余的观测值。在实际测量中，异常值的产生一般是由于疏忽、失误或突然发生的不该发生的原因造成的，如读错、记错、仪器示值突然跳动、突然震动、操作失误等。

假设数据服从正态分布，一组数据中若与平均值的偏差超过两倍标准差的数据则为异常值；与平均值的偏差超过 3 倍标准差的数据则为高度异常的异常值。

因为异常值的存在会歪曲测量结果，所以检测数据中是否存在异常值是十分重要的。在 Python 中，可以利用表 5-3-3 中的方法/函数进行异常值检测。

表 5-3-3　Python 异常值检测方法/函数

方法/函数名	函数功能	所属扩展库	格　式	参数说明
percentile	计算百分位数	NumPy	numpy.percentile(a,q, axis=None)	参数 a，接收 array 或类似 arrary 的对象，表示输入的数组。无默认值
				参数 q，接收 float 或类似 arrary 的对象，表示计算的百分位数，必须介于 0~100。无默认值
				参数 axis，接收 int 型值，表示计算百分位数的轴，可选 0 或 1。默认为 None

续表

方法/函数名	函数功能	所属扩展库	格 式	参 数 说 明
mean()	计算平均值	pandas	pandas.DataFrame.mean()	接收 DataFrame 或 pandas 的 Series 对象
std()	计算标准差	pandas	pandas.DataFrame.std()	接收 DataFrame 或 pandas 的 Series 对象

忽视异常值的存在是十分危险的，不加处理地将异常值包括进数据分析过程中，可能会对结果带来不良影响。在数据预处理时，异常值是否剔除，需视具体情况而定，因为有些异常值可能蕴含着有用的信息。常用的异常值处理方法如表 5-3-4 所示。

表 5-3-4 常用的异常值处理方法

异常值处理方法	方 法 描 述
删除含有异常值的记录	直接将含有异常值的记录删除，但该方法也存在一定缺点，即在观测值很少的情况下，直接删除会造成样本量不足，可能会改变变量的原有分布，从而造成分析结果的不准确
视为缺失值	将异常值视为缺失值，利用缺失值处理的方法进行处理
平均值修正	可用前后两个观测值的平均值修正该异常值
不处理	直接在具有异常值的数据集上进行分析建模

（3）重复值处理

处理重复数据是数据分析中经常面对的问题之一。但在对重复数据进行处理前，需要分析重复数据产生的原因以及去除这部分数据后可能造成的不良影响。常见的数据重复分为两种：一种为记录重复，即一个或多个特征的某几条记录的值完全相同；另一种为特征重复，即存在一个或多个特征名称不同，但数据完全相同的情况。

在 Python 中，pandas 提供了一个名为 drop_duplicates() 的去重方法。该方法只对 DataFrame 或 Series 对象有效。这种方法不会改变数据原始排列，并且兼具代码简洁和运行稳定的特点。drop_duplicates() 方法的基本使用格式如下。

pandas.DataFrame(Series).drop_duplicates(self, subset=None, keep='first', inplace=false)

当使用 drop_dupilicates() 方法去重时，当且仅当 subset 参数中的特征存在重复的时候才会执行去重操作，去重时可以选择保留哪一个，甚至可以不保留。该方法的常用参数及其说明如表 5-3-5 所示。

表 5-3-5 drop_duplicates() 方法的常用参数及其说明

参 数 名 称	说 明
subset	接收 str 或 sequence。表示进行去重的列。默认为 None，表示全部列
keep	接收特定 str。表示重复时保留第几个数据。first：保留第一个；last：保留最后一个；false：只要有重复都不保留。默认为 first
inplace	接收 bool。表示是否在原表上进行操作。默认为 False

2．数据转换

数据即使经过了缺失值处理、异常值处理、重复值处理，可能还不能直接拿来做建模分析。为了能够将数据分析工作继续往前推进，需要对数据做一些合理的转换，使数据符合用户的分析要求。

（1）哑变量处理类别型数据

在数据分析模型中有相当一部分的算法模型都要求输入的特征为数值型，但在实际数据中，特征的类型不一定只有数值型，还会存在相当一部分的类别型。类别型特征需要经过哑变量处理才可以放入模型之中。哑变量处理的示例如图 5-3-1 所示。

哑变量处理前

	城市
1	广州
2	上海
3	杭州
4	北京
5	深圳

哑变量处理后

	城市_广州	城市_上海	城市_杭州	城市_北京	城市_深圳
1	1	0	0	0	0
2	0	1	0	0	0
3	0	0	1	0	0
4	0	0	0	1	0
5	0	0	0	0	1

图 5-3-1　哑变量处理示例

在 Python 中可以利用 pandas 库中的 get_dummies 函数对类别型特征进行哑变量处理，get_dummies 函数的基本使用格式如下。

pandas.get_dummies(data, prefix=None, prefix_sep='_', dummy_na=False, columns=None, sparse=False, drop_first=False, dtype=None)

get_dummies 函数的常用参数及其说明如表 5-3-6 所示。

表 5-3-6　get_dummies 函数的常用参数及其说明

参 数 名 称	说　　明
data	接收 array、DataFrame 或 Series。表示需要哑变量处理的数据。无默认值
prefix	接收 str、str 的列表或 str 的 dict。表示哑变量处理后列名的前缀。默认为 None
prefix_sep	接收 str。表示前缀的连接符。默认为 "_"
dummy_na	接收 bool。表示是否为 NaN 值添加一列。默认为 False
columns	接收类似 list 的数据。表示 DataFrame 中需要编码的列名。默认为 None
sparse	接收 bool。表示虚拟列是否是稀疏的。默认为 False
drop_first	接收 bool。表示是否通过从 k 个分类级别中删除第一级来获得 $k–1$ 个分类级别。默认为 False

（2）离散化连续型数据

某些模型算法，特别是分类算法，如 ID3 决策树算法和 Apriori 算法等，要求数据是离散的，此时就需要将连续型特征数据（数值型）变换成离散型特征数据（类别型），即连续特征离散化。

连续特征的离散化就是在数据的取值范围内设定若干离散的划分点，将取值范围划分为一些离散化的区间，最后用不同的符号或整数值代表落在每个子区间中的数据值。因此离散化涉及到两个子任务，分别为确定分类数和如何将连续型数据映射到类别型数据上。连续特征离散化示例如图 5-3-2 所示。

离散化处理前

	年龄
1	18
2	23
3	35
4	41
5	38

离散化处理后

	年龄
1	(17.955, 27]
2	(17.955, 27]
3	(27, 36]
4	(36, 45]
5	(36, 45]

图 5-3-2　连续特征离散化示例

常用的离散化方法主要有 3 种：等宽法、等频法和聚类分析法（一维），如表 5-3-7 所示。

表 5-3-7　常用的离散化方法

方　法	说　　　明
等宽法	将特征的值域分成具有相同宽度的区间，区间的个数由数据本身的特点决定或由用户指定，类似于制作频率分布表，可以通过 pandas 提供的 cut 函数进行等宽离散化
等频法	将相同数量的记录放进每个区间，操作比较简单、容易，但需要人为地规定划分区间的个数。但等频法可能会将相同的数据值分到不同的区间以满足每个区间中固定的数据个数
聚类分析法	一维聚类的方法包括两个步骤，首先将连续特征的值用聚类算法（如 K-Means 算法）进行聚类，然后再将聚类得到的簇进行处理，合并到一个簇的连续特征值做同一标记。聚类分析的离散化方法也需要用户指定簇的个数，从而决定产生的区间数

3．分组聚合

依据某个或某几个字段对数据集进行分组，并对各组应用一个函数，无论是聚合还是转换，都是数据分析的常用操作。pandas 提供了一个灵活高效的 groupby()方法，配合 agg()方法或 apply()方法，能够实现分组聚合的操作。分组聚合操作的原理如图 5-3-3 所示。

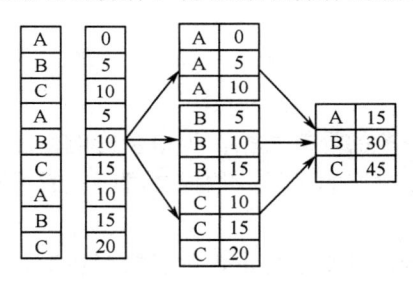

图 5-3-3　分组聚合原理

分组聚合的常用方法如表 5-3-8 所示。

表 5-3-8　分组聚合的常用方法

方　法	说　　　明
groupby()	用于分组聚合步骤中的拆分功能，能够根据索引或字段对数据进行分组。注意：使用该方法分组后的数据对象 GroupBy 类似于 Series 与 DataFrame，是 pandas 提供的一种对象，通常会结合描述性统计方法使用
agg()	使用指定轴上的一个或多个操作进行聚合，支持对每个分组应用某函数，包括 Python 内置函数或自定义函数
apply()	apply()方法类似于 agg()方法，能够将函数应用于每一列。不同之处在于，apply()方法传入的函数只能够作用于整个 DataFrame 或 Series，而无法像 agg()一样能够对不同字段应用不同函数来获取不同结果
transform()	可用于聚合数据，能够对整个 DataFrame 的所有元素进行操作，该方法只有一个参数"func"，表示对 DataFrame 操作的函数

4．字符串处理

字符串是 Python 中最常用的数据类型之一，而中文字符串也是数据分析中所常见的类型数据，例如，商品正负面评论、客服情感聊天、广告检测等应用场景均能看到中文字符串的存在。然而，在实际应用中，中文字符串通常会包含一些非字符、无意义的字符，如空字符、换行符、不需要用的标点符号等。为了保证对于文本内容分析的准确性，通常会对字符串进行切分、替换、合并、转换等操作。Python 提供了许多内置函数用于处理字符串，常用的方法如表 5-3-9 所示。

表 5-3-9 处理字符串的常用方法

方法	说明
count()	统计某字符串中指定字符出现的次数
find()	查找某字符串中是否包含指定字符
format()	格式化字符串
join()	以某字符为分隔符，将指定字符串中的所有元素合并成为一个新的字符串
lower()	转换字符串中所有大写字符为小写
replace()	把字符串中的旧字符串替换成新字符串
split()	通过指定分隔符对字符串进行切分
strip()	删除字符串头部、末尾的空格

二、实例分析

1. 探索手机销售数据

探索并处理手机销售缺失数据

原始数据中往往存在着许多的异常数据，为避免影响后续的分析，通常需要进行相应的数据探索与预处理，从而提高数据的质量。扫描二维码观看微视频"探索并处理手机销售缺失数据"。

对数据进行数据信息探索，主要是为了查看手机销售数据和手机售后数据的描述性统计分析、缺失值等基本特征信息，判断数据是否合理、是否存在缺失值等，以便于后续进行有效的数据预处理。对采集到的手机销售数据和手机售后数据进行数据信息探索，如代码 5-3-1 所示。

代码 5-3-1 对手机销售数据和手机售后数据进行数据信息探索

| 输入 | ```python
import pandas as pd
import re

# 读取已爬取好的数据文件
all_sales_data = pd.read_csv('../tmp/手机销售数据.csv', encoding='gbk')
after_sales_data = pd.read_csv('../tmp/手机售后数据.csv', encoding='utf-8')
# 自定义 analysis 函数，实现数据信息探索的描述性统计分析和缺失值分析
def analysis(data):
    print('描述性统计分析结果为：\n', data.describe())
    print('各特征缺失值占比为：\n', 100 * (data.isnull().sum() / len(data)))
# 手机销售数据
print(analysis(all_sales_data))
# 手机售后数据
print(analysis(after_sales_data))
``` |
| 输出 | # 输出内容已整理，如表 5-3-9、表 5-3-10 所示 |
```

手机销售数据、手机售后数据的数据信息探索结果，即描述性统计分析结果和缺失值分析结果分别如表 5-3-10、表 5-3-11 所示。

表 5-3-10　描述性统计分析结果　　　　　　　　　　　　　　　　　单位：元

特　征	手机销售数据		手机售后数据
	商品编号	手机价格	用户评分
count	1.481000e+03	1481.000000	14877.000000
mean	6.395115e+12	2840.631499	4.074410
std	4.769112e+12	2817.861888	1.259186
min	5.204046e+06	59.000000	1.000000
25%	1.000000e+11	1099.000000	3.000000
50%	1.000000e+13	1999.000000	5.000000
75%	1.000000e+13	3599.000000	5.000000
max	1.000000e+13	29999.000000	5.000000

表 5-3-11　缺失值分析结果

手机销售数据		手机售后数据	
特征	占比（%）	特征	占比（%）
店铺名称	0.810263	评论文本	0.000000
商品品牌	0.000000	评论时间	0.000000
商品编号	0.000000	用户评分	0.000000
商品名称	0.000000	手机配色	0.006722
CPU 型号	43.416610	手机内存	0.006722
系统	3.241053	购买时间	0.000000
商品评价量	0.000000		
商品价格	0.000000		

由表 5-3-9 可知，手机销售数据和手机售后数据的描述性统计分析数据无异常状态，数据分布情况合理；由表 5-3-10 可知，手机销售数据和手机售后数据的部分特征存在小量甚至大量的缺失值情况。

2．处理手机销售缺失数据

根据数据探索分析结果可知，手机销售数据中的 CPU 型号、系统这两个特征的缺失值占比较大，若直接删除缺失值所在的行，则不利于后续的分析，甚至会严重影响分析的结果。结合电商平台的业务知识可知，该数据的缺失是由于该店铺没有完全展示出该手机的商品信息所造成的。

为填补信息的缺失，本节将使用不同店铺同款手机所对应的 CPU 型号、系统的数据进行填充；对于不存在同款手机的缺失信息，将采用"其他"进行填充。其他剩余的缺失特征，如手机销售数据中的店铺名称特征、手机售后数据中的手机配色、手机内存特征，因缺失值占比较小且无法进行填充，因此将直接删除其缺失值。缺失值处理的实现代码如代码 5-3-2 所示。

代码 5-3-2 缺失值处理

输入	`# 删除店铺名称、手机配色、手机内存特征的缺失值`
	`all_sales_data.dropna(axis=0, subset=['店铺名称'], inplace=True)`
	`after_sales_data.dropna(axis=0, subset=['手机配色', '手机内存'], inplace=True)`
	`# 填充 CPU 型号、系统特征的缺失值`
	`null_data = list(all_sales_data[all_sales_data['CPU 型号'].isnull() == True]['商品名称']`
	`                .drop_duplicates(keep='first'))`
	`for i in ['CPU 型号', '系统']:`
	`    for j in null_data:`
	`        d = all_sales_data[all_sales_data['商品名称'] == j]`
	`        if len(d) == 0 :`
	`            t = d[d[i].notnull() == True][i][0]`
	`            all_sales_data.loc[((all_sales_data['商品名称'] == j) &`
	`                                (all_sales_data[i].isnull())), i] = t`
	`        else :`
	`            all_sales_data.loc[((all_sales_data['商品名称'] == j) &`
	`                                (all_sales_data[i].isnull())), i] = '其他'`
	`# 处理缺失值后的手机销售数据`
	`print('处理缺失值后的手机销售数据结果：\n', 100 * (all_sales_data.isnull().sum() / len(all_sales_data)))`
	`# 处理缺失值后的手机售后数据`
	`print('处理缺失值后的手机售后数据结果：\n', 100 * (after_sales_data.isnull().sum() / len(after_sales_data)))`

输出	处理缺失值后的手机销售数据结果：　　　　　处理缺失值后的手机售后数据结果： 　店铺名称　　0.0　　　　　　　　　　　　　评论文本　　0.0 　商品品牌　　0.0　　　　　　　　　　　　　评论时间　　0.0 　商品编号　　0.0　　　　　　　　　　　　　用户评分　　0.0 　商品名称　　0.0　　　　　　　　　　　　　手机配色　　0.0 　CPU 型号　　0.0　　　　　　　　　　　　　手机内存　　0.0 　系统　　　　0.0　　　　　　　　　　　　　购买时间　　0.0 　商品评价量　0.0　　　　　　　　　　　　　dtype: float64 　商品价格　　0.0 　dtype: float64

注：由于代码 5-3-2 的输出结果较长，所以此处将输出部分划分为两列。

3．处理手机销售文本数据

经对爬取的网页文本数据内容进行查看，可知数据中往往会附带着标签、转义符甚至无关词语等噪声信息，极有可能会影响后续的数据分析。为减少不必要的干扰信息，将对手机销售数据中的商品品牌、商品名称、系统特征，手机售后数据中的评论文本特征进行文本处理，删除无关词语、换行符、表情符号等内容，如代码 5-3-3 所示。

代码 5-3-3 文本处理

输入	`# 清洗手机销售数据中的商品品牌、商品名称特征的文本内容`
	`# 选取非括号本身及其内容的其他数据信息`
	`all_sales_data['商品品牌'] = [i.split('（')[0] for i in all_sales_data['商品品牌']]`
	`# 选取非【】、5G、4G、新品、手机本身及其连带的其他数据信息`
	`all_sales_data['商品名称'] = [re.split('【.*】|5G.*|4G.*|新品.*|手机.*', i)[0] for i in all_sales_data['商品名`

```
称']]
# 将其他 OS 修改为其他
all_sales_data['系统'] = all_sales_data['系统'].str.replace('其他 OS', '其他')

# 清洗手机售后数据中的评论文本特征的文本内容
# 删除换行符
after_sales_data['评论文本'] = after_sales_data['评论文本'].str.replace('\n', '')
# 删除表情符号（以&开头，中间为字母，以;结束），只是处理文本中的表情符号，并不删除文本
after_sales_data['评论文本'] = after_sales_data['评论文本'].str.replace('&[a-z]+;', '')
```

此外，针对手机售后数据的评论文本特征，在实际生活中，电商平台为了避免客户长时间不进行评论，往往会设置一道程序，如果用户超过规定的时间未做出评论，那么系统将会自动替代客户做出默认好评。而这类由系统做出评论的数据内容，显然分析价值不大，故可对该类数据采取保留首条、删除其他条的处理操作。清洗评论文本特征的默认好评，并写出数据，如代码 5-3-4 所示。

代码 5-3-4　清洗评论文本特征的默认好评并写出数据

| 输入 | ```
# 清洗手机售后数据中默认好评的重复文本内容
after_sales_data = after_sales_data[after_sales_data['评论文本'] !='您没有填写内容，默认好评']
after_sales_data = after_sales_data.drop_duplicates(keep='first')

# 写出数据
all_sales_data.to_csv('../tmp/处理后的手机销售数据.csv', index=False, encoding='gbk')
after_sales_data.to_csv('../tmp/处理后的手机售后数据.csv', index=False, encoding='utf-8')
``` |
|---|---|

三、课堂互动

（1）数据预处理在数据分析中具有怎样的作用？
（2）在数据分析过程中，缺失值、异常值、重复值的存在会对分析结果造成怎样的影响？
（3）请简述本小节处理手机销售数据中的文本内容的流程。

项目 5.4　电商平台手机销售数据可视化分析

学习重点

1. 掌握 pyplot 模块的绘图流程。
2. 掌握使用 Matplotlib 库绘制基础图形的方法。
3. 掌握词云图的绘制方法。
4. 掌握可视化分析手机销售因素、用户消费习惯、用户售后评论的流程。
```

学习要求

利用 Matplotlib 绘图库、WordCloud 库等相关知识，通过预处理后的电商平台手机销售数据，可视化分析手机的销售因素、用户的消费习惯和用户的售后评论，即使用合适的图形对数据进行展示，从中了解该电商平台的手机销售情况。

一、相关知识

1. Matplotlib 绘图库

Matplotlib 是最流行的用于绘制数据图表的 Python 库，是 Python 的 2D 绘图库。Matplotlib 操作简单容易，用户只需几行代码即可生成散点图、折线图、条形图、饼图等图形。在 Matplotlib 中应用最广的是 matplotlib.pyplot（简称为 pyplot）模块，在 pyplot 模块中，各种状态跨函数调用保存，以便跟踪诸如当前图形和绘图区域之类的东西，并且绘图函数始终指向当前轴域。

根据 Matplotlib 的 4 层图像结构，应用 pyplot 模块绘制图形基本都遵循一个流程，使用这个流程可以完成大部分图形的绘制。pyplot 模块基本绘图流程主要分为 3 个部分，如图 5-4-1 所示，这 3 部分的基本介绍如下。

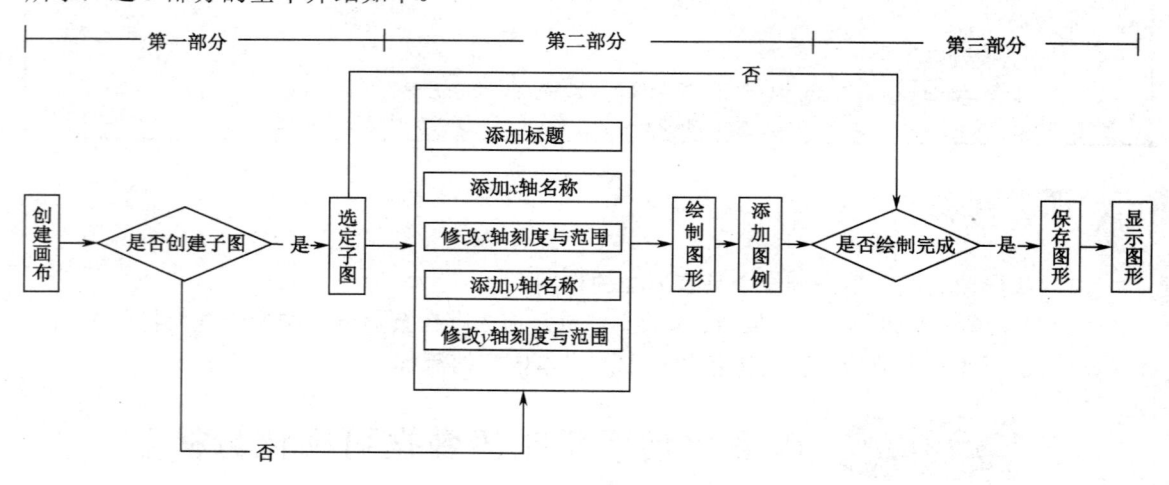

图 5-4-1 pyplot 模块基本绘图流程

（1）第一部分的主要作用是构建出一张空白的画布，并可以选择是否将整个画布划分为多个部分，方便在同一幅图上绘制多个图形。当只需要绘制一幅简单的图形时，这部分内容可以省略。

（2）第二部分是绘图的主体部分。其中的添加标题、添加坐标轴名称、绘制图形等步骤是并列的，没有先后顺序，可以先绘制图形，也可以先添加各类标签，但是添加图例一定要在绘制图形之后。

（3）第三部分主要用于保存和显示图形，这部分内容的常用函数只有两个：plt.savefig 和 plt.show，并且参数很少。

2. 基础图形

目前常用的数据可视化基础图形有散点图、折线图、饼图、柱形图和条形图等，学生可以使用 Matplotlib 库进行绘制。扫描二维码观看微视频"基础图形"。

（1）散点图

散点图（Scatter Diagram）又称为散点分布图，是以一个特征为横坐标，以另一个特征为纵坐标，利用坐标点（散点）的分布形态反映特征间的统计关系的一种图形。可以通过观察坐标点的分布，判断两变量之间是否存在某种关联或总结坐标点的分布模式，例如，通过散点图可以查看某公司在职人员薪资和工龄之间的关系、某商品订单数量与销售额的关系等。

pyplot 中绘制散点图的函数为 scatter，scatter 函数的基本使用格式如下。

matplotlib.pyplot.scatter(x, y, s=None, c=None, marker=None, cmap=None, norm=None, vmin=None, vmax=None, alpha=None, linewidths=None, *, edgecolors=None, plotnonfinite=False, data=None, **kwargs)

scatter 函数的常用参数及其说明如表 5-4-1 所示。

表 5-4-1   scatter 函数的常用参数及其说明

参 数 名 称	说　　明
x，y	接收 float 或 array。表示 x 轴和 y 轴对应的数据。无默认值
s	接收 float 或 array。表示指定点的大小。若传入一维数组，则表示每个点的大小。默认为 None
c	接收颜色或 array。表示指定点的颜色。若传入一维数组，则表示每个点的颜色。默认为 None
marker	接收特定 str。表示绘制的点的类型。默认为 None
alpha	接收 float。表示点的透明度。默认为 None

（2）折线图

折线图（Line Chart）是一种将数据点按照顺序连接起来的图形，可以看作将散点图按照 x 轴坐标顺序连接起来的图形。折线图的主要功能是查看因变量 y 随着自变量 x 改变的趋势，最适合用于显示随时间（根据常用比例设置）而变化的连续数据。同时还可以看出数量的差异、增长趋势的变化，例如，通过折线图查看某景区节假日与非节假日的游客数量变化情况。

pyplot 中绘制折线图的函数为 plot，plot 函数的基本使用格式如下。

matplotlib.pyplot.plot(x,y, scalex = True, scaley = True, data = None, color=None, linestyle = -, maker = None, alpha = None, ** kwargs)

plot 函数在官方文档的语法中只要求输入不定长参数，实际可以输入的参数主要如表 5-4-2 所示。

表 5-4-2   plot 函数常用参数及其说明

参 数 名 称	说　　明
x，y	接收 array。表示 x 轴和 y 轴对应的数据。无默认值
scalex，scaley	接收 bool。表示这些参数确定视图限制是否适合于数据限制。默认为 True
data	接收可索引对象。表示具有标签数据的对象。默认为 None
color	接收特定 str。表示指定线条的颜色。默认为 None
linestyle	接收特定 str。表示指定线条类型。默认为 "-"

续表

参数名称	说明
marker	接收特定 str。表示绘制的点的类型。默认为 None
alpha	接收 float。表示点的透明度。默认为 None

（3）饼图

饼图（Pie Graph）是将各项的大小与各项总和的比例显示在一张"饼"中，以"饼块"的大小来确定每一项的占比。饼图可以比较清楚地反映出部分与部分、部分与整体之间的比例关系，易于显示每组数据相对于总数的大小，而且显示方式直观。例如，通过饼图查看各地区生活类商品的销售额占比、质量不合格的产品数量占比等。

pyplot 中绘制饼图的函数为 pie，pie 函数的基本使用格式如下。

matplotlib.pyplot.pie(x, explode=None, labels=None, colors=None, autopct=None, pctdistance=0.6, shadow=False, labeldistance=1.1, startangle=0, radius=1, counterclock=True, wedgeprops=None, textprops=None, center=0, 0, frame=False, rotatelabels=False, *, normalize=None, data=None)

pie 函数的常用参数及其说明如表 5-4-3 所示。

表 5-4-3　pie 函数的常用参数及其说明

参数名称	说明
x	接收 array。表示用于绘制饼图的数据。无默认值
explode	接收 array。表示指定饼块距离饼图圆心的偏移距离。默认为 None
labels	接收 list。表示指定每一项的标签名称。默认为 None
colors	接收特定 str 或包含颜色字符串的 array。表示饼图颜色。默认为 None
autopct	接收特定 str。表示指定数值的显示方式。默认为 None
pctdistance	接收 float。表示每个饼块的中心与 autopct 生成的文本之间的比率。默认为 0.6
labeldistance	接收 float。表示绘制的饼图标签离圆心的距离。默认为 1.1
radius	接收 float。表示饼图的半径。默认为 1

（4）柱形图

柱形图（Bar Chart）是以宽度相等的柱形高度的差异显示统计指标数值大小的一种图形，它用于显示一段时间内的数据变化或显示各项之间的比较情况。柱形图的局限在于只适用于中小规模的数据集。在柱形图中，通常沿横轴组织类别，沿纵轴组织数值。例如，通过柱形图查看不同类型的商品销售数量和销售额、不同部门的在职人员数量、各销售人员的销售情况等。

pyplot 中绘制柱形图的函数为 bar，bar 函数的基本使用格式如下。

matplotlib.pyplot.bar(x, height, width = 0.8, bottom = None, *, align = 'center', data = None, color=None, **kwargs)

bar 函数的常用参数及其说明如表 5-4-4 所示。

表 5-4-4　bar 函数的常用参数及其说明

参数名称	说明
x	接收 array 或 float。表示 x 轴数据。无默认值

续表

参 数 名 称	说　　明
height	接收 array 或 float。表示指定柱形图的高度。无默认值
width	接收 array 或 float。表示指定柱形图的宽度。默认为 0.8
align	接收 str。表示整个柱形图与 x 轴的对齐方式，可选 center 和 edge。默认为 center
color	接收特定 str 或包含颜色字符串的 list。表示柱形图颜色。默认为 None

（5）条形图

条形图是以宽度相等的条形长度的差异显示统计指标数值大小的一种图形，它通常显示多数项目之间的比较情况。在条形图中，通常沿纵轴标记类别，沿横轴标记数值，可以认为条形图是通过柱形图坐标轴的转置而得到的。例如，通过条形图可以查看畅销 Top10 商品、不同时间的企业利润构成比例等。

pyplot 中绘制条形图的函数为 barh，barh 函数的基本使用格式如下。

matplotlib.pyplot.barh(y, width, height=0.8, left=None, *, align='center', data=None, **kwargs)

barh 函数的常用参数及其说明如表 5-4-5 所示。

表 5-4-5　barh 函数的常用参数及其说明

参 数 名 称	说　　明
y	接收 array 或 float。表示 y 轴数据。无默认值
width	接收 array 或 float。表示指定条形图的宽度。无默认值
height	接收 array 或 float。表示指定条形图的高度。默认为 0.8
align	接收 str。表示整个条形图与 y 轴的对齐方式，可选 center 和 edge。默认为 center

3. 词云图

词云图可对文字中出现频率较高的"关键词"予以视觉上的突出，形成"关键词云层"或"关键词渲染"，如将某酒店的交通便利、服务好、干净、舒适等好评词语凸显出来。词云图过滤掉大量的文本信息，使浏览网页者只要一眼扫过文本即可领略文本的主旨。词云图提供了某种程度的"第一印象"，最常使用的词会一目了然。然而，当绘制词云图时，一般要经过文本分词、去停用词、词频统计、词云图展示等步骤。

（1）分词与去停用词

在对文本内容进行分析的过程中，通常会对中文（英文）进行分词，而较为常见的分词技术为中文分词工具 jieba。jieba 库是使用 Python 语言编写的，其安装步骤很简单，使用 pip install jieba 命令即可完成。同时，jieba 采用了基于前缀词典实现的高效词图扫描，生成句子中汉字所有可能成词情况所构成的有向无环图（DAG），同时采用了动态规划查找最大概率路径。

对于分完词后的文本内容，还不能进行数据分析，因为此时的数据中还存在一些常见的停用词，如"啊""呀""在""的""了"等虚词，主要包含副词、冠词、代词等。由于虚词在文本中并没有实际的分析意义，所以在分析文本数据时，经常会将无意义的词语预先剔除，既可以减少存储空间、降低计算成本，又可以防止它们干扰分析结果。

（2）绘制词云图

在去除停用词后、绘制词云图之前，通常需要统计文本内容中各词语出现的频次，以绘制出高频词云图。而常用的词频统计方法有：pandas 库的 value_counts()方法、Counter 计数类、利用字典 dict 统计。

在统计完词频后，需要绘制对应词云图，WordCloud 库是 Python 非常优秀的词云展示第三方库，可直接在命令行中通过 pip install wordcloud 命令进行安装。一般来说，生成词云图只需要以下 3 个步骤。

①配置 WordCloud 对象参数。
②加载词云文本。
③输出、保存词云文件。

WordCloud 常用的配置参数及其作用如表 5-4-6 所示。

表 5-4-6 WordCloud 常用的配置参数及其作用

参数	作用
width	指定词云的宽度，默认为 400 像素
height	指定词云的高度，默认为 200 像素
min_font_size	指定最小字号，默认为四号
max_font_size	指定最大字号，根据高度自动调节
font_step	指定词云中词语步进间隔，默认为 1
font_path	指定字体路径，默认为 None
max_words	指定词云显示的最大单词数量，默认为 200 个
stopwords	指定词云中排除词列表
mask	指定词云的形状，默认为矩形
background_color	指定图片的背景颜色，默认为黑色

二、实例分析

1. 手机销售因素分析

对手机的销售因素的分析，是电商平台提高收益的关键途径，而能够影响手机销售额的因素主要源于用户购机需求的不同。其中，热销手机、手机价格、手机处理器、运营店铺和操作系统等因素都会成为用户购机时衡量的因素，全面地对这些因素进行分析、探究，能够更好地为该电商平台带来更多的经济收益和合理的资源配置。

（1）热销手机

在激烈的手机市场竞争中，能够脱颖而出且受大众喜爱的手机，往往称为热销手机。而通常情况下，热销手机不仅是大众的关注点，还是电商平台的关注点。若电商平台能够及时地掌握当前平台中的热销手机详情，则能够在手机的销售竞争中取得优势，从而助推平台实现更多的获利。扫描二维码观看微视频"绘制排名前 10 的手机销量条形图"。绘制排名前 10 的手机及其销量条形图，如代码 5-4-1 所示。

绘制排名前 10 的手机及其销量条形图

代码 5-4-1　绘制排名前 10 的手机及其销量条形图

```python
import pandas as pd
import matplotlib.pyplot as plt; import re
from wordcloud import WordCloud
import jieba; from tkinter import _flatten

# 读取数据
all_sales_data = pd.read_csv('../tmp/处理后的手机销售数据.csv', encoding='gbk')
after_sales_data = pd.read_csv('../tmp/处理后的手机售后数据.csv', encoding='utf-8')

# 去除商品评价量中的无关字符，将中文单位度量转换成具体的数值，生成手机销量特征
all_sales_data['手机销量'] = [i.split('+')[0] if '+' in i else i for i in all_sales_data['商品评价量']]
all_sales_data['手机销量'] = [int(i.replace('万', '0000')) if '万' in i else int(i) for i in all_sales_data['手机销量']]
hot_data = all_sales_data[['商品名称', '手机销量']].groupby(by='商品名称').sum()
hot_data = hot_data.sort_values(by='手机销量', ascending=True).tail(10)

# 绘制排名前 10 的手机及其销量条形图
plt.rcParams['font.sans-serif'] = ['SimHei']   # 设置中文显示
plt.rcParams['axes.unicode_minus'] = False    #设置负号显示
plt.figure(figsize=(10, 6))
plt.xlabel('手机销量')
plt.ylabel('商品名称')
plt.title('排名前 10 的手机及其销量')
plt.barh(hot_data.index, hot_data['手机销量'].values)
plt.show()
```

绘制排名前 10 的手机及其销量条形图，结果如图 5-4-2 所示。

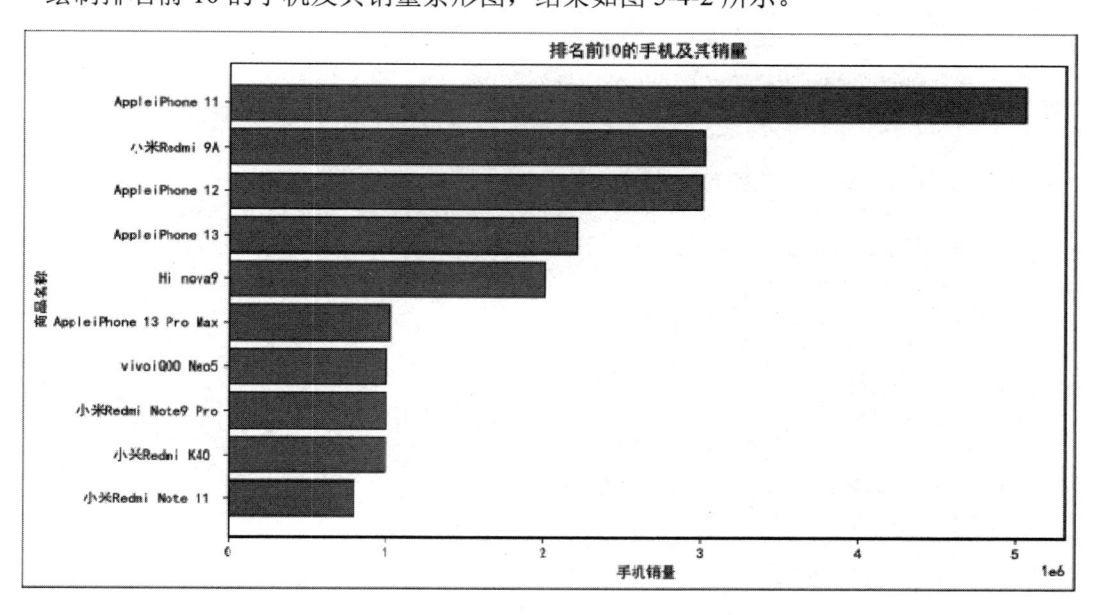

图 5-4-2　排名前 10 的手机及其销量条形图

由图 5-4-2 可知，排名前 10 的手机中主要为 4 款手机系列：Apple iPhone、小米、vivo 和 Hi nova。其中，Apple iPhone 系列手机占 4 类、小米系列手机占 4 类，而剩余的两款系列手机则各占一类。可见，Apple iPhone 和小米系列的手机是当下十分受欢迎的热销手机，因此平台在进行商品管理时，可按照热销手机销量的先后顺序为用户进行推荐，从而提升用户对平台的好感，提升平台的服务质量。

（2）手机价格

在电商平台中，手机价格是根据手机自身的成本加上符合实际的期望所得到的利润而定的。通过对比不同手机价格区间的手机销量，能够在一定程度上看出用户所能接受的手机价格分布情况。

本节根据所观察到的手机价格分布，依据实际业务情况采用等宽法将手机价格分成 11 个价格区间：['0-1000 元', '1000-2000 元', '2000-3000 元', '3000-4000 元', '4000-5000 元', '5000-6000 元', '6000-7000 元', '7000-8000 元', '8000-9000 元', '9000-10000 元', '10000 元以上']。统计每个区间的手机销量情况，并绘制各区间手机价格及其销量的柱形图，如代码 5-4-2 所示。

代码 5-4-2　各区间手机价格及其销量柱形图

| 输入 | ```
# 统计各价格区间的手机销量
price_data = all_sales_data[['商品价格', '手机销量']].groupby(by='商品价格').sum()
price_data = price_data.sort_values(by='商品价格', ascending=False)
price = ['0-1000 元', '1000-2000 元', '2000-3000 元', '3000-4000 元', '4000-5000 元',
        '5000-6000 元', '6000-7000 元', '7000-8000 元', '8000-9000 元',
        '9000-10000 元', '10000 元以上']
price_data1 = pd.DataFrame(columns=['价格区间', '手机销量'])
for i in range(0, 11000, 1000):
    n = int(i / 1000)
    price_data2 = pd.DataFrame([])
    if n <= 10 :
        price_data2['价格区间'] = [price[n]]
        price_data2['手机销量'] = [price_data.loc[((i < price_data.index)
                                & (price_data.index <= i + 1000)), '手机销量'].sum()]
    else:
        price_data2['价格区间'] = [price[n]]
        price_data2['手机销量'] = [price_data[i < price_data.index]['手机销量'].sum()]
    price_data1 = pd.concat([price_data1, price_data2], axis=0, ignore_index=True)
# 绘制各区间手机价格及其销量柱状图
plt.figure(figsize=(6.5, 5))
plt.xticks(rotation=45)
plt.xlabel('手机价格')
plt.ylabel('手机销量')
plt.title('各区间手机价格及其销量')
plt.bar(price_data1['价格区间'], price_data1['手机销量'].values)
plt.show()
``` |
|---|---|

绘制各区间手机价格及其销量柱形图，结果如图 5-4-3 所示。
```

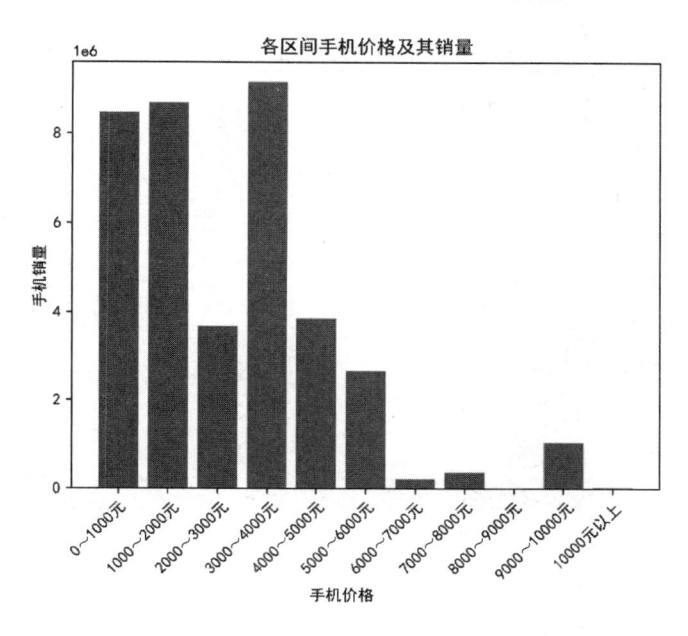

图 5-4-3　各区间手机价格及其销量柱形图

由图 5-4-3 可知，销量较高的手机价格主要分布在 0～1000 元、1000～2000 元、3000～4000 元的区间范围内。而这些价格区间的手机之所以销量较为突出，通常是因为这些价格区间是大多数用户所能接受的范围，且许多综合性价比较高的手机大多数也在这些价格区间内。

（3）手机处理器

手机处理器（Central Processing Unit，CPU）作为手机的重要设备之一，是手机的运算核心和控制核心，它不仅会影响到手机的功能和电耗，还会影响到手机的续航能力，甚至会直接决定手机性能的好坏。因此，手机处理器是很多用户在购机前十分关注的参考指标。绘制排名前 10 的手机处理器及其销量条形图，如代码 5-4-3 所示。

代码 5-4-3　绘制排名前 10 的手机处理器及其销量条形图

| 输入 | ```python
# 统计各个 CPU 型号的手机销量
cpu_data = all_sales_data[['CPU 型号', '手机销量']].groupby(by='CPU 型号').sum()
cpu_data = cpu_data.sort_values(by='手机销量',ascending=False).head(10)
# 绘制排名前 10 的手机处理器及其销量条形图
plt.figure(figsize=(6.5, 5))
plt.xlabel('手机销量')
plt.ylabel('CPU 型号')
plt.title('排名前 10 的手机处理器及其销量')
plt.barh(cpu_data.index, cpu_data['手机销量'].values)
plt.show()
``` |
|---|---|

绘制排名前 10 的手机处理器及其销量条形图，结果如图 5-4-4 所示。
```

排名前10的手机处理器及其销量条形图

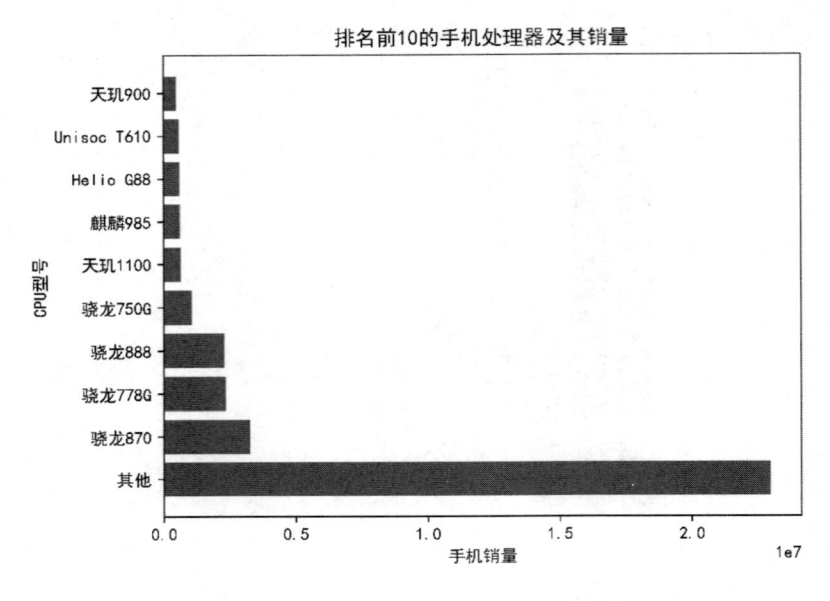

图 5-4-4　排名前 10 的手机处理器及其销量条形图

由图 5-4-4 可知，除其他外，处于排名前 10 的处理器类型主要有骁龙、天玑、麒麟、Helio 和 Unisoc。其中，骁龙手机处理器占 4 种、天玑手机处理器占 2 种，麒麟、Helio 和 Unisoc 各占 1 种，而销量较好的处理器为骁龙 870。

（4）运营店铺

京东商城的店铺主要分为两种，即京东自营店铺和京东非自营店铺。其中，京东自营店铺是由京东平台运营的，其商品的销售服务和售后服务由京东平台提供。而京东非自营店铺是由第三方卖家运营的，其商品的销售服务和售后服务由第三方卖家提供。

为查看京东自营店铺和京东非自营店铺的销量情况是否存在差异，了解用户对运营店铺的选择倾向，本节将依据店铺名称特征将店铺划分为自营店铺和非自营店铺，并绘制销量占比饼图，如代码 5-4-4 所示。

代码 5-4-4　绘制自营店铺和非自营店铺销量占比饼图

| 输入 | ```
# 将店铺划分为自营店铺和非自营店铺
x =[]
for i in all_sales_data['店铺名称']:
    if '自营' in str(i) :
        x.append('自营店铺')
    else:
        x.append('非自营店铺')
# 统计各类型店铺的手机销量
all_sales_data['店铺类型'] = x
shop_data = all_sales_data[['店铺类型', '手机销量']].groupby(by='店铺类型').sum()
shop_data = shop_data.sort_values(by='手机销量', ascending=False).head(10)
# 绘制各类型店铺手机销量占比图
plt.figure(figsize=(6.5, 5))
plt.title('自营店铺和非自营店铺占比')
``` |
|---|---|
```

```
explode = [0.05, 0.05]
plt.pie(shop_data['手机销量'].values, explode=explode,
        labels=list(shop_data.index), autopct='%1.2f%%')
plt.show()
```

绘制京东自营店铺和京东非自营店铺销量占比饼图，结果如图 5-4-5 所示。

图 5-4-5　京东自营店铺和非自营店铺销量占比饼图

由图 5-4-5 可知，京东的自营店铺销量占比远超非自营店铺，约是非自营店铺的 10 倍。其原因极有可能是因为京东自营店铺的商品质量、物流速度和售后服务等赢得了广大用户的信赖和支持，而大多数非自营店铺则略逊一筹。

（5）操作系统

手机的操作系统是管理和控制手机硬件与软件资源的手机程序，手机中任何软件的运行都需依托操作系统的支持才能进行，而一个良好的手机操作系统是手机响应快、速度流畅以及节能省电等的重要保障。

因此，通过分析不同操作系统的手机销售情况，能够反映出用户对手机操作系统的不同需求，从而掌握用户的喜爱偏好。绘制手机操作系统占比饼图，如代码 5-4-5 所示。

代码 5-4-5　绘制手机操作系统占比饼图

| 输入 | ```
# 统计各操作系统的手机销量
sytem_data = pd.DataFrame(all_sales_data[['系统', '手机销量']].groupby(by='系统').sum())
sytem_data.index = [i.split('（')[0] for i in sytem_data.index]
label = list(sytem_data.index)
# 绘制图形
plt.figure(figsize=(6.5, 6.5))
plt.title('各手机操作系统占比')
plt.pie(sytem_data['手机销量'].values, labels=label, autopct='%1.2f%%')
plt.show()
``` |
|---|---|

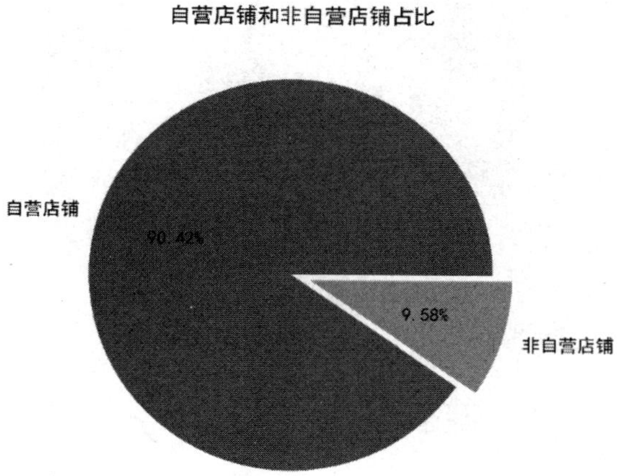

绘制手机操作系统占比饼图，结果图 5-4-6 所示。
```

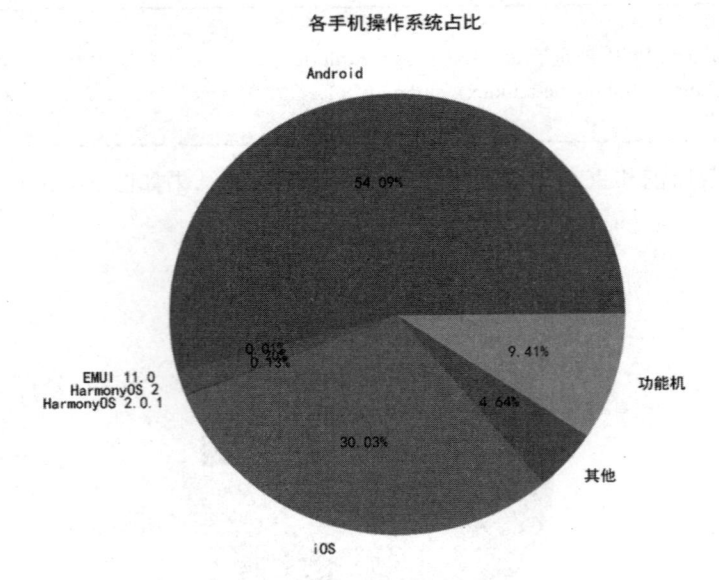

图 5-4-6 各手机操作系统占比图

由图 5-4-6 可知，手机的操作系统占比较大的主要是 Android 操作系统、iOS 操作系统，其他的操作系统占比较小。结合实际情况，Android 操作系统具有开放性、平等性、无界性、方便性和硬件丰富性等特点；iOS 操作系统具有稳定性、安全性和软件与硬件整合度高等特点。

2．用户消费习惯分析

了解用户的消费习惯，如用户的购买时间、所购手机内存、所购手机配色等，能够有利于平台掌握消费者的消费心理，从而提高用户的购机体验，为平台获取更多的经济收益。

（1）购买时间

分析用户购买手机的时间，掌握用户购买手机的活跃时间段，可为电商平台开展一系列促销、直播、新品上市等活动提供有效的时间依据，从而极大地提升活动的效应。

基于手机售后数据中的购买时间特征，提取购买时间特征中的小时数，以 0:00 为初始划分点，之后以间隔一个小时为原则将时间划分成 24 个时间段，并统计各时间段中进行购买活动的用户数量，绘制各时间段的购买用户数量折线图，如代码 5-4-6 所示。

代码 5-4-6　绘制各时间段的购买用户数量折线图

| 输入 | ```
# 划分时间段
x2 = []
for i in after_sales_data['购买时间']:
    x2.append(re.split(' |:', i)[1])
label = []
for i in range(24):
    label.append(f'{i}:00-{i + 1}:00')
buy_data = pd.cut(x2, bins=[i for i in range(25)], labels=label).value_counts()
# 绘制图形
plt.figure(figsize=(10, 5))
``` |
```

```
plt.xticks(rotation=90)
plt.xlabel('购买时间')
plt.ylabel('用户数量')
plt.title('各时间段的购买用户数量分布')
plt.plot(buy_data.index, buy_data.values)
plt.show()
```

绘制各时间段的购买用户数量折线图，结果如图 5-4-7 所示。

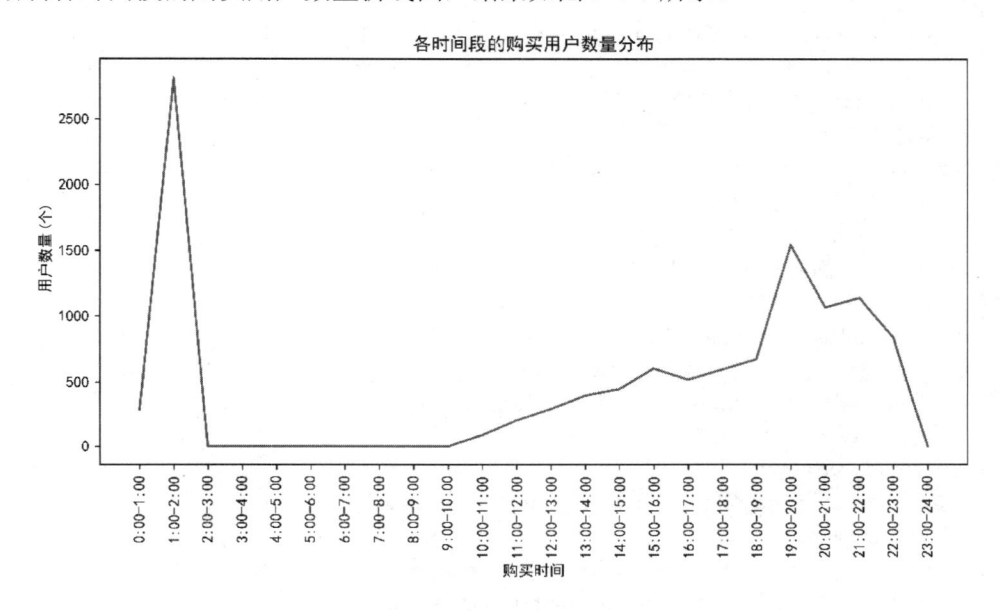

图 5-4-7　各时间段的购买用户数量折线图

由图 5-4-7 可知，用户大多集中在晚上 19 点到凌晨 3 点之间进行消费。在晚上，大脑边缘系统活动加强，额叶系统和颞叶系统活动处于劣势，人们的情绪活动相应加强。因此在晚上人们通常感情非常丰富，容易冲动，也容易被感动。

（2）手机内存

广义的手机内存分为手机运行内存和手机非运行内存。其中，手机运行内存是操作系统或其他正在运行程序的临时存储介质，手机运行内存的容量越大，手机系统响应的速度也就越快。而手机非运行内存一般是机身内部的存储器（又称存储内存），通常包括自身系统和用户可利用的空间两部分，用于存储和保存数据。

在实际的购机场景中，注重手机性能的用户通常会多去考量手机的内存分布，以选购到性价比较好的手机。为了解用户所选购的手机内存中运行内存和存储内存的分布情况，需要绘制运行内存和存储内存的占比饼图，如代码 5-4-7 所示。

代码 5-4-7　绘制运行内存和存储内存占比饼图

输入	# 通过空格、逗号切分出只含有运行内存和存储内存的数据
	memory_first_split = [i.split(' ' and ',') if ' ' and ',' in i else i for i in after_sales_data['手机内存']]
	memory_second_split = [i.split(' ')[1] if ' ' in i else i for i in memory_first_split]
	
	# 自定义 split_memory 函数，实现通过+号，将组合在一起的运行内存和存储内存划分开来

```python
def split_memory(values):
    memory_type = pd.DataFrame([i.split('+')[values] if '+' in i else i for i in memory_second_split])
    return memory_type
memory_run = split_memory(0)
memory_storage = split_memory(1)

# 将仅为运行内存和存储内存的手机内存数据，单独存到各自的数据框中
# 运行内存
memory_runs = memory_run.loc[memory_run[0].apply(lambda x: x == '4GB' or
                                    x == '6GB' or x == '8GB' or x == '12GB')]
memory_runs.columns = ['运行内存']
# 存储内存
memory_storages = memory_storage.loc[~memory_storage[0].apply(lambda x: x == '4GB'
                                    or x == '6GB' or x == '8GB'
                                    or x == '12GB')]
memory_storages.columns = ['存储内存']

# 自定义 memory_statistics 函数，统计运行内存和存储内存的占比
def memory_statistics(values1, values2, values3):
    memory = list(values2.drop_duplicates(keep='first'))
    memory_data={}
    for i in memory:
        memory_data[i] = len(values1[values2 == i][values3])
    return memory_data
memory_run_count = memory_statistics(memory_runs, memory_runs['运行内存'], '运行内存')
memory_storage_count = memory_statistics(memory_storages,
                                    memory_storages['存储内存'], '存储内存')

# 自定义 memory_picture 函数，绘制运行内存和存储内存的占比饼图
fig = plt.figure(figsize=(12,8))
def memory_picture(position, value, tag, size, name):
    ax = fig.add_subplot(position)
    patch, l_text, p_text = ax.pie(value, labels=tag, autopct='%1.2f%%')
    for i, j in zip(l_text, p_text):
        i.set_size(size)
        j.set_size(size)
    ax.set_title(name)
# 第一个子图
ax1 = memory_picture(221, memory_run_count.values(),
                     memory_run_count.keys(), 15, '运行内存')
# 第二个子图
ax2 = memory_picture(222, memory_storage_count.values(),
                     memory_storage_count.keys(), 12, '存储内存')
plt.show()
```

绘制运行内存和存储内存的占比饼图，结果如图 5-4-8 所示。

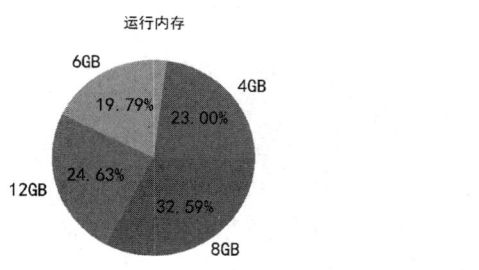

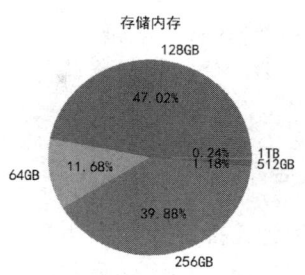

模块 5 电商平台销售数据采集与分析

图 5-4-8 运行内存和存储内存占比饼图

由图 5-4-8 可知，在用户购买的手机中，运行内存占比最大的主要为 8GB；存储内存占比最大的主要为 128GB。

（3）手机配色

在实际生活中，人们购机也通常会讲究"内外兼修"，内即手机的性能配置，外即手机的外观配置。其中，手机外观的重要影响因素便是手机配色，手机配色在一定程度上可以提高手机的颜值，吸引更多用户进行购买。

因此分析手机的各类配色销售情况，了解用户对手机配色的选择偏向，从而增加平台进行手机销售的关注点。绘制排名前 10 的手机配色及其用户数量条形图，如代码 5-4-8 所示。

代码 5-4-8 绘制排名前 10 的手机配色及其用户数量条形图

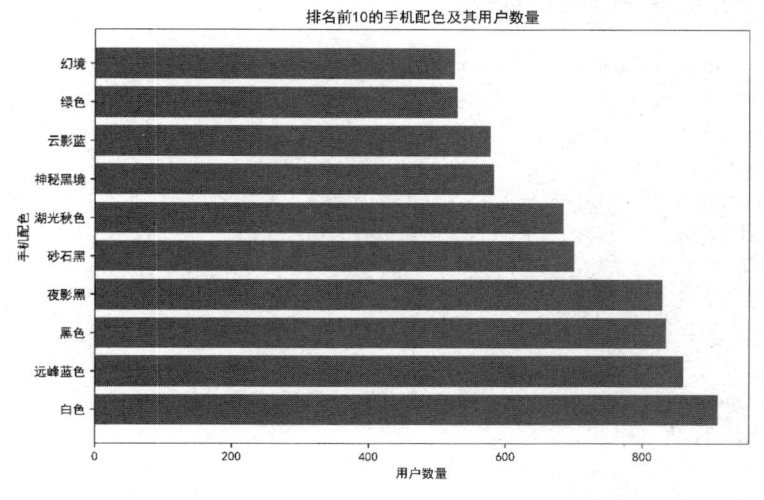

| 输入 | ```
# 统计各手机配色的用户数量
colour_data = after_sales_data.groupby(by='手机配色').count()
colour_data = colour_data.sort_values(by='评论文本', ascending=False).head(10)
plt.figure(figsize=(9, 6))
plt.xlabel('用户数量')
plt.ylabel('手机配色')
plt.title('排名前 10 的手机配色及其用户数量')
plt.barh(colour_data.index, colour_data['评论文本'].values)
plt.show()
``` |
|---|---|

绘制排名前 10 的手机配色及其用户数量条形图，结果如图 5-4-9 所示。

图 5-4-9 排名前 10 的手机配色及其用户数量条形图
```

由图 5-4-9 可知，在排名前 10 的手机配色中主要分为了两种色系：冷色系和中间色系。其中冷色系占 5 种，分别为远峰蓝色、湖光秋色、云影蓝、绿色和幻境；中间色系占 5 种，分别为白色、黑色、夜影黑、砂石黑和神秘黑境。

3．用户售后评论分析

用户的售后评论能够反映出用户对手机的使用体验、店铺售后服务的真实感受。本节将对用户的售后评论绘制评论词云图，以便更好地了解平台的售后状况，提升平台的售后服务质量。

通过对评论文本进行分词、去停用词，并统计好评、中评、差评的词频，绘制好评、中评、差评的评论词云图（其中，按照比例爬取下来的好评、中评、差评的分类依据即为手机售后数据中的用户评分特征，1 分为差评、2 和 3 分为中评、4 和 5 分为好评），如代码 5-4-9 所示。

代码 5-4-9　统计差评、中评和好评的词频并绘制评论词云图

| 输入 | ```
# 自定义 draw_wc 函数，实现采用 jieba 分词、去停用词操作，进一步对评论文本进行处理
def draw_wc(data, i, p):
    # 分词
    jieba.load_userdict('../data/手机词汇.txt')
    data_cut = data.apply(jieba.lcut)
    # 去停用词
    with open('../data/stoplist.txt', 'r', encoding='utf-8') as f:
        stop = f.read().split()
    stop = stop + [' ', '\n', '\t', '\r', '手机']
    global data_after
    data_after = data_cut.apply(lambda x: [w for w in x if w not in stop])
    # 词频统计
    num = pd.Series(_flatten(list(data_after))).value_counts()
    # 词云绘制
    # 背景图像读取
    pic = plt.imread('../data/aixin.jpg')
    # 设置词云参数
    wc = WordCloud(font_path='C:/Windows/Fonts/simhei.ttf', mask=pic, background_color='white')
    wc.fit_words(num)
    # 词云展示
    plt.subplot(1, 3, i + 1)
    plt.imshow(wc)
    plt.axis('off')
    plt.title(p + '词云图')

# 绘制好、中、差评论词云图
types = ['差评', '中评', '好评']
plt.figure(figsize=(15, 10))
for i in range(3):
    if i == 0 :
        # 差评词云图
``` |
```

```
                ind1 = after_sales_data['用户评分'] == 1
                draw_wc(after_sales_data.loc[ind1, '评论文本'], i, types[i])
        elif i == 1:
            # 中评词云图
                ind2 = after_sales_data['用户评分'] == 2
                ind3 = after_sales_data['用户评分'] == 3
                draw_wc(after_sales_data.loc[ind2|ind3, '评论文本'], i, types[i])
        else :
            # 好评词云图
                ind4 = after_sales_data['用户评分'] == 4
                ind5 = after_sales_data['用户评分'] == 5
                draw_wc(after_sales_data.loc[ind4|ind5, '评论文本'], i, types[i])
plt.show()
```

绘制出的差评、中评和好评的评论词云图，结果如图 5-4-10 所示。

图 5-4-10　差评、中评和好评词云图

由图 5-4-10 可知，好评词云图中的屏幕、拍照、速度、运行、外观、音效和效果等词出现的频率较高；中评词云图中拍照、速度、屏幕、外观和不错等词出现的频率较高；差评词云图中降价、刚买、保价和客服等词出现的频率较高。

三、课堂互动

（1）针对手机销售数据的可视化分析结果，为电商平台提出一定的营销策略，以提高平台的竞争优势。

（2）请简要说明影响手机销售的主要因素有哪些。

模块小结

本模块主要介绍了实现 HTTP 请求、解析网页和数据存储等相关知识，以及 Python 相关库；同时还介绍了数据预处理和数据可视化分析，主要内容如下。

（1）网页结构主要是由<html>、<head>、<body>、<h*>等 HTML 标签组合而成的。

（2）通过 Requests 库建立 HTTP 请求，从而与网站建立链接并获取网页内容。

（3）使用逆向分析技术和 Selenium 库可以爬取动态网页的相关信息数据。

（4）Cookie 机制可记录用户状态，服务器可依据 Cookie 对用户状态进行记录与识别。

（5）通过 lxml 库中的 etree 模块实现使用 XPath 解析网页。通过表达式及谓语、提供功能函数进行查询和内容获取。

（6）通过正则表达式可按照模式对网页内容进行匹配，查找符合条件的网页内容，缺点为不易上手且容易产生歧义。

（7）数据的存储格式有 JSON 文件、CSV 文件、Excel 文件、MySQL 数据库等。

（8）数据清洗主要包括缺失值处理、异常值处理和重复值处理。

（9）为使得数据符合用户的分析需求，还需要对数据做哑变量处理、离散化处理等。

（10）分组聚合的常用方法有 groupby()方法、agg()方法、apply()方法等。

（11）Python 提供了许多内置函数，用于对字符串进行切分、替换、合并、转换等操作。

（12）Matplotlib 是常用于绘制数据图表的绘图库，其中的 pyplot 模块主要包括创建画布与子图、添加画布内容、保存与显示图形等流程。

（13）可以使用 Matplotlib 库绘制散点图、折线图、饼图、柱形图和条形图等图形。

（14）绘制词云图一般包含文本分词、去停用词、词频统计、词云图展示等步骤。

操作训练

实训操作 5-1　对某网页进行 HTTP 请求

通过 Requests 库向电子工业出版社网站"https://www.phei.com.cn/"发送 GET 请求，并上传伪装过的 User-Agent 信息，如"Mozilla/5.0 (Windows NT 10.0; Win64; x64) AppleWebKit/537.36 (KHTML, like Gecko) Chrome/109.0.0.0 Safari/537.36"。最后查看服务器返回的状态码和响应头，确认是否连接成功，并查看网页内容。

要求：

（1）导入 Requests 库，设定需要连接的 URL 和传输的 User-Agent 信息。

（2）通过 Requests 库生成 GET 请求。

（3）查看返回的状态码和响应头。

（4）查看服务器返回的页面内容。

实训操作 5-2　生成 GET 请求并获取指定网页内容

首先，通过 Requests 库向网站"http://www.tipdm.com/tipdm/gsjj/"发送 GET 请求，并查看服务器返回的能正确显示的页面内容。其次，通过 XPath 库解析获取的网页内容，找到其中 CSS 类名为"contentCom"的节点，并提取该节点中第一个含有文本的子节点的文本内容。最后将获取到的数据存储至 CSV 文件中。

要求：

（1）导入相关库，设定 URL 和 User-Agent 信息。

（2）通过 Requests 库生成 GET 请求。

（3）查看服务器返回的页面内容。

（4）将网页内容解析为 HTML 文档对象。

（5）使用 lxml.etree.HTML.xpath()方法获取 CSS 类名为"contentCom"的节点下第一个含有文本的子节点的文本内容。

（6）通过 to_csv()方法将获取到的数据存储到 CSV 文件中。

实训操作 5-3 处理某地区水果销售数据

水果中含有丰富的维生素和多种微量元素，多吃水果对保持身体健康很重要。某水果批发市场为分析某地区的水果销售情况，收集了该地区某年 3—6 月的水果销售数据，并将数据存放至"某地区水果销售数据.csv"文件中，数据字段说明如表实操 5-3-1 所示。为便于分析水果销售情况、提高分析结果准确度，现需对收集到的数据进行缺失值处理，并对销售额进行统计。

表实操 5-3-1 某地区水果销售数据字段说明

字段	说明
卖场名称	销售水果的卖场名称
日期	售卖水果订单所对应的年月
门店数量（家）	该地区卖场所对应的门店数量
销售额（万元）	所售卖水果的真实销售金额
客单数（万单）	客单数量或订单数量
销售额预算（万元）	所售卖水果的预计销售金额

要求：
（1）使用 pandas 库读取水果销售数据。
（2）删除缺失值所在的行数据。
（3）针对"日期"字段，提取月份。
（4）根据月份，使用分组聚合方法，统计每月销售额。
（5）根据卖场名称，统计不同卖场的销售额。

实训操作 5-4 分析学生考试成绩的分布情况

在期末考试后，学校对学生的期末考试成绩及其他特征信息进行了统计，并存为学生成绩特征关系表（student_grade.xlsx）。学生成绩特征关系表共有 6 个特征，分别为性别、考试课程准备情况、数学成绩、阅读成绩、写作成绩和总成绩，其部分数据如表实操 5-4-1 所示。

为了解学生考试总成绩的分布情况，将总成绩按 0~150、150~200、200~250、250~300 区间划分为"不及格""及格""良好""优秀" 4 个等级，通过绘制饼图查看各区间学生人数分布比例，并绘制柱形图查看考试课程准备情况与总成绩关系。

表实操 5-4-1 学生成绩部分数据

性别	考试课程准备情况	数学成绩	阅读成绩	写作成绩	总成绩
女	未完成	72	72	74	218
女	完成	69	90	88	247
女		90	95	93	278
男	未完成	47	57	44	148
男	未完成	76	78	75	229

要求：
(1) 使用 pandas 库读取学生考试成绩数据。
(2) 删除缺失值所在的行数据。
(3) 将学生考试总成绩分为 4 个区间，计算各区间下的学生人数，绘制学生考试总成绩分布饼图。
(4) 使用 NumPy 库中的均值函数求学生"考试课程准备情况"特征下，对应学生总成绩的平均数。
(5) 绘制柱形图分析考试课程准备情况与总成绩之间的关系。

模块 6　网络信息检索与利用综合实训

本模块结构关系如图 6-0-1 所示。

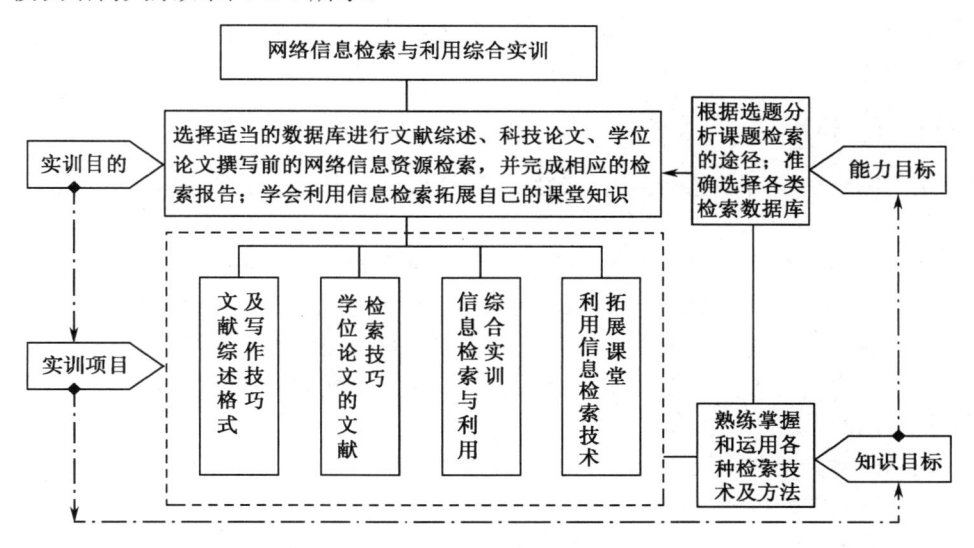

图 6-0-1　模块 6 结构关系图

在信息时代，通过网络来收集信息，可以达到省时、高效、经济的目的。在网络上，企事业单位或个人收集信息的方式多种多样。不管采取哪种方式收集信息，关键是加强对信息的整理与分析。通过本模块的学习，了解网络信息收集平台的范围，理解网络信息检索的原则，能够运用多种方法在网络上收集信息，并能够对信息进行整理与分析；利用信息检索提高生活质量，拓展自己的课堂知识。

项目 6.1　文献综述格式及写作技巧

学习重点

1. 了解撰写文献综述的意义及其与网络信息检索的关系；
2. 熟悉文献综述的一般写法和格式。

学习要求

通过撰写某一主题的文献综述，要求学生能够熟练运用前面学习的各种网络资源检索方法进行主题检索并获取相关文献全文，同时，能够正确分析、比较、整理检索结果，用于解决相关问题及进行课题研究。

一、相关知识

文献综述是在对文献进行阅读、选择、比较、分类、分析和综合的基础上，研究者用自己的语言对某一问题的研究状况进行综合叙述的情报研究成果。文献的搜集、整理、分析都为文献综述的撰写奠定了基础。扫描二维码，观看"关于文献综述"微视频。

关于文献综述

1．文献综述格式

（1）文献综述的引言：包括撰写文献综述的原因、意义、文献的范围、正文的标题及基本内容提要。

（2）文献综述的正文：文献综述的主要内容，包括某一课题研究的历史（寻求研究问题的发展历程）、现状、基本内容（寻求认识的进步），研究方法的分析（寻求研究方法的借鉴），已解决的问题和尚存的问题，重点、详尽地阐述该课题对当前的影响及发展趋势，这样不但可以使研究者确定研究方向，而且便于他人了解该课题研究的起点和切入点，以在他人研究的基础上有所创新。

（3）文献综述的结论：文献研究的结论，概括指出自己对该课题的研究意见、存在的不同意见和有待解决的问题等。

（4）文献综述的附录：列出参考文献，说明文献综述所依据的资料，增加综述的可信度，便于读者进一步检索。

2．文献综述撰写注意事项

（1）文献综述不应是对已有文献的重复、罗列和一般性介绍，而应是对以往研究的优点、不足和贡献的批判性分析与评论。因此，文献综述应包括综合提炼和分析评论双重含义。

（2）文献综述要文字简洁，尽量避免大量引用原文，要用自己的语言把作者的观点说清楚，从原始文献中得出一般性结论。

（3）文献综述不是资料库，要紧紧围绕课题研究的"问题"，确保所述的已有研究成果与本课题研究直接相关，其内容是围绕课题紧密组织在一起的，既能系统全面地反映研究对象的历史、现状和趋势，又能反映研究内容的各个方面。

（4）文献综述要全面、准确、客观，用于评论的观点、论据最好来自一篇文献，尽量避免使用他人对原始文献的解释或综述。

二、实例分析

例 6-1-1 文献综述范文摘录1。

"问题—探索—交流"小学数学教学模式的研究

我们在网上浏览了数百种教学模式，下载了200余篇有关教学模式的文章，研读了50余篇。概括起来，我国的课堂教学模式可分为以下3类。

（1）传统教学模式——"教师中心论"。这类教学模式的主要理论根据是行为主义学习理论,是我国长期以来学校教学的主流模式。它的优点是……它的缺陷是……(此处省略了原文中关于传统教学模式的优点和缺陷的描述)。

(2) 现代教学模式——"学生中心论"。这类教学模式的主要理论依据是建构主义学习理论,主张从教学思想、教学设计、教学方法及教学管理等方面均以学生为中心,20 世纪 90 年代以来,随着信息技术在教学中的应用,得到了迅速发展。它的优点是……它的缺陷是……(此处省略了原文中关于现代教学模式的优点和缺陷的描述)。

(3) 优势互补教学模式——"主导—主体论"。这类教学模式以教师为主导,以学生为主体,兼取行为主义和建构主义学习理论之长并摒弃其之短,是对"教师中心论"和"学生中心论"的扬弃。"主导—主体论"教学模式体现了辩证唯物主义认识论,但在教学实践中还没有行之有效的可以操作的教学方法和模式。

以教师为中心的传统小学数学教学模式可表述为"复习导入—传授新知—总结归纳—巩固练习—布置作业"。这种教学模式无疑束缚了学生学习主体作用的发挥。当今较为先进的小学数学教学模式可表述为"创设情境,提出问题—讨论问题,提出方案—交流方案,解决问题—模拟练习,运用问题—归纳总结,完善认识"。这种教学模式力求重视教师的主导作用和学生的主体作用,为广大教师所接受,并在教学实践中加以运用。但这种教学模式将学生的学习局限于课堂,学习方式是为学数学而教,没有把数学和生活结合起来,没有把学生学习数学置于广阔的生活时空中去,学生多角度多途径运用数学知识解决问题的能力受到限制,尤其是学生运用数学知识创造性地解决生活中的数学问题的能力发展受到限制,不利于培养学生的创新精神和实践能力。为此,我们提出"'问题—探索—交流'小学数学教学模式研究"课题。

> **综述分析**
>
> 从文献综述范文摘录 1 中可以看出,研究者对有关研究领域的情况有一个全面、系统的认识和了解,对相关文献做了批判性的分析与评论。对于正在从事某一项课题的研究者来说,查阅文献资料有助于从整体上把握自己研究领域的发展历史与现状、已取得的主要研究成果、存在争议的地方、研究的最新方向和趋势、被研究者忽视的领域、对进一步研究工作的建议等。

例 6-1-2 文献综述范文摘录 2。

农村中学学生自学方法研究

1. 国外的研究现状

国外的自学方法很多。美国心理学家斯金纳提出程序学习法……程序学习使学习变得相对容易,有利于学生自学。美国心理学家桑代克所创设的试误学习法……它主要解决学习中的问题。还有超级学习法,查、问、读、记、复习法,暗示法等。

2. 国内的研究状况

我国古代就非常重视自学方法的研究,有"温故而知新""学而时习之"……我国现代教育家叶圣陶先生主张培养学生的自学能力……中国科学院心理研究所卢仲衡研究员首先提出"自学辅导教学法"……这种方法的主要优点在于……魏书生的语文教学主张通过提高学生学习的自觉性来提高学习效率……

以上国内外的研究经验为我们的课题研究提供了宝贵的经验。

> **综述分析**
>
> 从文献综述范文摘录 2 中可以看出，该课题综述列举了国内外有代表性的专家、学者关于自学方法方面的论述和做法，并对部分内容的优点进行了概述。在选好了大的研究方向后，在确定具体的研究课题之前，通过查阅大量文献资料，了解有关研究情况，有助于研究者通过比较、分析，根据研究的可行性、研究者的兴趣和能力等方面限定研究内容，确定课题的研究范围，更好地驾驭和把握课题。但是，文献综述对每位专家、学者所持理论和做法的优点与不足所进行的批判性分析及评论不够，尤其缺少对国内外研究现状的综合提炼与分析。

例 6-1-3 文献综述范文摘录 3。

农村中小学心理健康教育途径与方法的实验研究

本课题国内外研究现状述评：……1998 年国际心理卫生协会强调"健康的定义……"。

心理健康运动的发起人是美国的 C. 比尔斯……马斯洛的人本主义强调"自我实现"；费勒姆提出了"新人型理论"；奥尔特提出了"成熟者的理论"……

美国是最早开设心理辅导的国家……将"心理辅导"定为学校教育的一部分……苏联教育部 1984 年颁布"苏联普通学校心理辅导条例"；日本也积极从美国引进心理辅导……

我国心理健康教育起步较晚，20 世纪 80 年代在个别地区、个别学校开始引入教学中……中小学心理健康教育真正起步是在 20 世纪 90 年代初到 90 年代中期。中国青少年研究中心、中国青少年发展基金会在全国进行大规模的调查，并于 1997 年 6 月 7 日公布了结果，引起了国人特别是教育界的震动……

1988 年中共中央发布了《关于改革和加强中小学德育工作的通知》。1989 年 12 月 20 日联合国大会通过了《儿童权益公约》……1993 年全国教育工作会议明确提出"通过多种方式对不同年龄层次的学生进行心理健康教育指导……"1997 年 10 月国家教委《关于当前积极推进中小学实施素质教育的若干意见》的通知中再一次强调了对中小学生进行"心理健康教育"。应该说自 20 世纪 90 年代初期到中期，上海中小学的心理健康教育走在了全国前列，1994 年上海市教委出台了关于在中小学开展心理健康教育的有关文件，并出版了相关教材。但他们把绝大部分精力放在了城市学生身上。与此同时，北京市西城区"心育中心"的丁榕老师做了许多工作，但仍把精力放在了城市学生身上。农村学生与城市学生在生活、学习等条件上都存在着较大差异，在心理健康水平上也存在着较大不同，但至今没有人提出农村中小学心理教育的途径与方法的成型经验。因此，农村中小学心理教育的途径与方法是值得研究的问题。

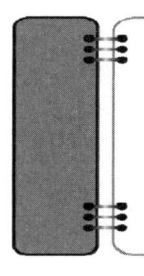

从文献综述范文摘录 3 中可以看出，课题组成员翻阅了大量资料。但是，就"心理健康教育途径和方法"的综述不多，针对农村学生与城市学生心理健康差异的分析也不多，"农村中小学心理教育"的特点不清，"方法途径"不知道是否最新，这样会给后面的研究方向和设计带来麻烦。

项目 6.2 学位论文的文献检索技巧

学习重点

1. 了解学位论文的特点；
2. 明确网络信息检索在学位论文撰写中的重要地位。

学习要求

通过对学位论文开题前的文献检索，使学生进一步理解网络信息检索，综合运用各种信息检索方法，从而能够明确学位论文选题的意义、研究的背景。同时，学生在阅读大量的检索信息后，也可在前人的研究基础上提出创新观点，这才是本项目最终要达到的能力目标。

一、相关知识

1. 学位论文特性

学位论文是高等院校毕业生或研究生在获取学位时必须撰写的论文，具有科研论文的科学性、学术性、新颖性、绝大多数不公开发表或出版等特性。

（1）学位论文是非卖品。
（2）学位论文不是公开出版物。
（3）学位论文是一种特殊类型的学术信息资源。
（4）只收藏于少数特定的机构。
（5）综合性检索工具中很少涉及学位论文。
（6）学位论文检索工具一般是专门性的。

2. 学位论文的文献价值

（1）高价值的一次文献——不受篇幅限制，论述详尽，从研究背景、技术线路、实验方法到数据获取、分析结论。
（2）珍贵的情报价值——集中反映所在单位的科研领域、学术活动、研究进展和最新成果。
（3）综述性二次文献——对相应研究领域有系统深入的讨论和综述，拥有详尽的参考文献。

3．学位论文的特点与用途

（1）数据图表充分而详尽。
（2）参考文献丰富全面。
（3）可得到课题研究现状综述。
（4）可跟踪名校导师的科研进程。
（5）可学习学位论文的写作方法。

4．查找学位论文的主要数据库

（1）中国知识基础设施工程——中国优秀博硕士学位论文全文数据库（CDMD）。
（2）万方数据资源系统——中国学位论文数据库。
（3）CNKI 资源总库——中国博硕士学位论文全文数据库。
（4）国家图书馆——博士论文资源库。
（5）中国高等教育文献保障系统——CALIS 学位论文库。

5．学位论文开题前的文献检索

（1）文献调研和检索

调研：全面的文献调研是科学研究的基础；研究生通常需用 3～5 个月的时间专门进行有关论题的文献调研，并撰写文献综述；文献调研的数量越多越好，泛读的数量应在 50～200 篇，精读应在 20～30 篇；在大量的文献调研的基础上，才能通过去伪存真、去粗取精，推陈出新地开展具有自己特色的科学研究。一般来说，查找资料、消化资料占整个学位论文完成时间的 50%以上。文献调研的过程如图 6-2-1 所示。

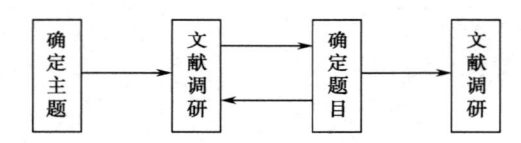

图 6-2-1 文献调研的过程

①文献调研：在论文选题和开题阶段，通过对信息系统的检索，全面系统地进行有关文献的普查、阅读、分析资料的过程。具体需明确如下内容。

a．初选课题的研究背景、研究意义。
b．初选课题的现有水平和国内外的研究状况，以及是否达到或接近国内外先进水平。
c．课题现有研究存在的不足和有待改进之处。
d．在前人的基础上提出创新。

文献调研包括两个阶段：确定主题后的文献调研和确定题目后的文献调研。

②确定主题后的文献调研。

a．泛调研——掌握当前研究概貌。
b．尽可能完整地收集该主题的所有文献——图书、期刊论文、会议论文、学位论文、研究报告……
c．泛读——重点阅读文章的摘要、引言和结论，了解热点、前沿、新颖点，并收集规范词和同义词。

泛调研期间主要利用各种文摘索引、书目数据库，如全国报刊索引、Web of Science。

文摘索引、书目数据库有助于对确定主题的相关文献进行全面的把握。

③确定题目后的文献调研涉及三"通过"：书目、索引、文摘。

通过书目，可以了解该主题已经出版了哪些图书，再结合馆藏目录、电子图书等，可以知道能够获取的图书有哪些。通过阅读这些获得的图书，了解该主题已经取得的研究成果。

通过索引，可以了解该主题已经发表的论文情况，从中了解学术研究的最新进展。尤其是在查阅各种文献索引的过程中，有时仅阅读有关主题下的题名就可以得到许多启发，了解哪些选题别人已经做过，哪些还值得进一步研究，从而确定自己研究的起点。

通过文摘，不仅可以了解前人研究的线索，还可以了解这些研究的内容梗概和主要观点，从而帮助自己选择重要原文阅读。

④确定题目后的文献调研。

精调研——关注与题目相关的理论及研究方法。

有针对性地查找——掌握"经典+前沿"文献。

精读全文——提取有帮助的研究。

⑤文献调研的视野。选题无论大小，查阅文献的范围都要大。

通过其他领域文献的检索和阅读，有助于发现新的研究视角，开阔研究思路；有助于考虑到更全面的因素，提高研究的有效性。这里主要介绍下检索。

检索：检索的方法有以下几种。

①追溯法：利用文献所附的参考文献进行追溯查找。

利用某一学科或某一专业的核心期刊追踪查找有关文献资料。

核心著者追溯法：通过某一学科或专业的若干核心著者来追踪查找该学科、专业有关文献资料。

②时间法。

顺查法：以研究课题的起始年代为起点，由远及近，逐年查找，直至最近期为止。特点：能收集到某一课题的系统文献，适用于较大课题的文献检索。

倒查法：针对研究课题，从最近期向早期回溯，直至查获适量切题文献信息为止。特点：重点放在近期文献上，可以最快地获得最新资料。

抽查法：指针对学科、专业发展特点，抓住该学科、专业发展较迅速、文献发表较集中的年代，抽查几年或十几年来所需的文献资料。

③循环法：时间法与追溯法相结合的一种检索方法。

使用这种方法，在查找文献资料时，先利用一定的检索工具查出一批文献，再利用这些文献所附的参考文献或确定的核心作者、核心期刊进行追溯检索；接着重复前一交替过程，如此循环下去，直到满意为止。

（2）数据库的选择

选择数据库时要考虑广和全的专业覆盖面、高质量的检索系统、内容的及时更新、与全文信息的链接。

专业数据库是文献调研的首选，因为它具有以下特点：

①具有严谨性、规范性和连续性，具有较高的学术价值。

②数据库检索功能强大，检索结果准确，可靠性强。

③了解图书馆资源中与本学科相关的数据库。通过电子资源、数据库导航系统或学术资

源信息门户浏览，也可向图书馆管理员咨询。
④先国内再国外，即先中文后外文。
⑤充分利用文摘数据库进行文献检索。
中文常用数据库有以下几种。
①图书：馆藏目录、超星电子图书。
②期刊论文：中文科技期刊数据库、中国期刊全文数据库、人大复印报刊资料全文库。
③学位论文：中国优秀博硕士学位论文全文数据库、中国学位论文文摘数据库、万方中国优秀学位论文全文库。
④会议论文：中国重要会议论文全文数据库、中国学术会议论文文摘数据库。
⑤科技成果：中国科技成果数据库。
⑥专利文献：国家知识产权局专利检索数据库、中国专利信息中心、中国专利数据库检索系统。
⑦报纸：中国重要报纸全文数据库。
不能过度依赖百度等搜索引擎，专业数据库还是应该成为首选的信息源。

（3）检索词的确定

检索词通常从课题的主要概念（课题名称、采用的具体技术/方法、新颖点）中提取。

选择最有代表性、最能说明问题、通用的、规范的、具体的检索词，检索词的确定过程如图6-2-2所示。

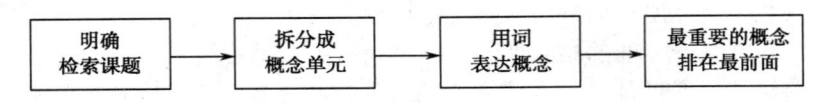

图6-2-2　检索词的确定过程

检索词可分为以下两大类。
①描述文献主题内容的词：主题词、关键词、分类号等。
②描述文献外部特征的词：著者、著者单位、出处等。
检索词的获得有以下两种方法。
①通过已有的知识获得（利用工具书、平时搜集专业词汇）。
②通过已有文献获得（滚雪球法）。

（4）检索结果的阅读分析与文献管理

检索结果的阅读分析与文献管理如图6-2-3所示。

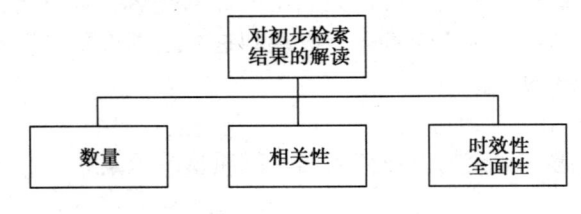

图6-2-3　检索结果的阅读分析

数量：
①检索结果过多时，应选择更专指的检索词。

严格限定检索范围：检索字段、时间、文献类型、语言等；使用词组检索或用位置运算符替代"与"运算符；在检索结果的基础上进行二次检索。

②检索结果过少时，应选择更宽泛的检索词，增加同义词。

减少检索范围的限定：检索字段、时间、文献类型、语言等；使用"与"运算符替代位置运算符；使用通配符。

相关性：检索词既可作为短语也可以独立单词形式进行检索，若作为单词被分别检索出来，则检索词的位置越接近越好，检索词出现的频率越高越好。

检索词应尽量出现在关键字段（题名、文摘、关键词）中。

时效性、全面性：是否获得了最新的研究成果，可将检索结果按年代排序，比较最近 3 年与前 3 年相关论文数量的比例；具体年限需根据学科和研究主题进行调整；是否包括了综述性文献，经典文献可通过阅读文后参考文献获得。

带着问题阅读：

①带着问题看论文。在阅读论文之前，需要知道自己为什么要阅读这篇论文，自己究竟有什么问题想从这篇文章中得到答案或线索。

②论文主要解决什么问题？论文是如何解决这个问题的？是怎么对这个问题进行描述的？用什么方法解决的？这种方法有什么优点？

③记笔记。详细地记录笔记，最好记在一个文件中，以便以后翻阅。笔记内容起码包括作者、出处、题目、主题思想。

④对于比较新的文章，观察文章引用的其他文章，看是否有联系；对于经典的文章，则应看它被引用的地方。

文献管理：对于获取的检索结果，应分门别类地加以整理；在分类的过程中，有助于更好地思考问题和整理文献综述大纲；有助于反复查询；边调研文献边整理，并做记录，记录下重要的结论、经典的句子、行之有效的研究方法等；最好对文献调研过程也进行记录，建立大事记。

二、实例分析

例 6-2-1 "高职院校学习资源支持中心建设研究"课题检索。

（1）分析课题

该课题研究促进教学手段和方法的改革；实现学生自主性、协助性、研究性学习，提高学习积极性，提升职业素养和职业技能，为人才培养模式改革奠定基础；规范资源库建设标准，提供资源建设支持，推动优质资源建设，提升人才培养质量和社会服务能力；实现高职教育优质教学资源共建与共享。

（2）选择合适的数据库

可选择中国学术期刊全文数据库（2012～2022 年），万方数据数字化期刊数据库（2012～2022 年），维普中文科技期刊题录数据库（2012～2022 年）。

（3）制定检索策略

例如，利用中国学术期刊全文数据库检索。

检索方式：高级检索（本课题可用标准检索、高级检索、期刊检索等多种检索方法）确定检索字段和检索词。

构造检索提问式：主题=高职教育*关键词=学习资源+关键词=教学资源。

（4）记录检索结果

摘录其中 1 条记录的题录信息如下。

题名：高职院校创建共享型专业教学资源库的构想——以种植类专业为个案。

作者：高为将，李振陆，戴金平

作者单位：江苏农林职业技术学院。

文献出处：江苏广播电视大学学报，Journal of Jiangsu Radio & Television University。

中文关键词：高职；共享型；教学资源库；种植类专业。

摘要：创建共享型专业教学资源库是加强高职教育内涵建设，提高人才培养质量的重要举措。以种植类作物生产技术和园艺技术两个专业为个案，共享型专业教学资源库建设要以政策文件库、人才培养方案库、课程标准库、精品课程库和学习资源库为核心内容，做到具有前瞻性、科学性、系统性、针对性等。

三、课堂互动

请大家分享在论文写作中常用的数据库与检索工具。

项目 6.3　信息检索与利用综合实训

学习重点

1. 熟悉综合行业信息资源平台特点；
2. 学会运用"大数据"进行市场分析；
3. 学会利用信息检索解决实际问题。

学习要求

了解主要的综合网站，学会利用行业网站收集信息的方法与过程；学会运用"大数据"进行市场分析，从而提高获取和利用综合信息的能力；学会利用信息检索解决实际问题的流程。

一、相关知识

1. 网络信息平台选择

（1）了解网络信息平台基本情况

互联网凭借其跨时空、低成本、效率高等优势，已经成为企业采集信息不可或缺的平台。

世界各地数以亿计的网民、企业可以利用互联网进行信息交流和资源共享，有效地降低了信息收集成本，提高了信息检索的质量与效率。

一般而言，企业可以通过以下3个途径收集商务信息：综合网站、行业网站、搜索引擎。这里主要介绍前两个途径。

①综合网站基本情况。所谓综合网站，是指通向某类综合性互联网信息资源并提供有关信息服务的应用系统。目前，门户网站的业务包罗万象，成为网络世界的"百货商场"或"网络超市"。

在中国，著名的电子商务类综合网站包括阿里巴巴网站、淘宝网、京东网等。

大多数电子商务综合网站的主要内容包括供应信息、需求信息、创业加盟、竞价排名、行业资讯、论坛等。

②行业网站基本情况。行业网站即行业门户，可以理解为"门+户+路"三者的集合体。"门"即为更多行业企业提供服务的大门；"户"就是提供丰富的资讯信息服务；"路"就是强大的搜索引擎。根据行业的类型，行业网站可以细分为以下类型：汽车汽配、商务贸易、建筑建材、工业制品、机械电子、服装服饰、农林牧渔、交通物流、食品饮料、环保绿化、冶金矿产、纺织皮革、印刷出版、化工能源等。

中国著名的行业网站有中国化工网、中国服装网、中国纺织网等。这些行业网站的主要内容是专门提供本行业产品与服务的供应信息与需求信息、企业信息、人才信息、论坛等。

（2）网络信息平台选择的基本要求

网络信息收集是指在网络上对商务信息的寻找和调取工作。这是一种有目的、有步骤地从各个网络站点查找和获取信息的行为。一个完整的企业网络商务信息收集系统包括先进的网络检索设备、科学的信息收集方法和业务精通的网络信息检索员。

网络营销对网络信息收集的要求为及时、准确、适度、经济。

（3）网络信息平台选择的方法

企业应根据自身业务特点来选择恰当的网络信息平台。在信息收集初期，企业需要获取大量的商务信息，此时可以通过搜索引擎网站来收集面广量多的信息。在此基础上，为了获取和比较与本企业相关的大量精确信息，可以登录电子商务类综合网站，获取较为丰富的产品与服务的供求信息。如果企业需求专而精的行业信息，则可以通过本行业的行业网站收集更为详细、精确的商务信息。

因此，企业在选择网络信息平台时，要考虑本企业的自身业务特点，也要考虑所需收集信息的质与量。

2．综合网站信息收集

（1）了解著名的综合网站

中国供应商（www.china.cn）是为推动中国制造及对外贸易产业重拳打造的B2B电子商务平台。它是在国务院新闻办公室、商务部及国家发展和改革委员会的指导下，由中国互联网新闻中心推出的中国唯一对外的官方电子商务平台。

阿里巴巴网是全球最大的综合类网站，其持续赋能企业，帮助企业变革营销、销售和经营的方式，提升效率。它为商家、品牌及其他企业提供技术基础设施以及营销平台，帮助其借助新技术的力量与用户和客户进行互动，并更高效地进行经营。业务包括核心商业、云计算、数字媒体和娱乐以及创新业务。此外，还为平台上的消费者和商家提供支付和金融服务。业务范畴涵盖了消费者、商家、品牌、零售商、第三方服务提供商、战略合作伙伴及其他企业的数字经济。

（2）综合网站平台的选择方法

①查询买家数量：用户在B2B平台基本上都可以查询买家刊登的询盘，用自己所在行业的关键词查找，可查看网站上买家询盘数量和发布的时间。对比一下其他网站，就会对平台有一个基本的评估，可以知道自己的产品是不是适合这个平台。

②看论坛讨论：国内有几个外贸人聚集的论坛，上面经常讨论和B2B平台相关的问题，评价各个平台的优缺点，如"贸易人""福步""合众出口"等。

③B2B平台有饱和效应：要选哪个平台，应先查找自己产品所在行业的关键词，查看是不是有很多会员、有很多产品。如果平台上的供应商过多，又不能保证自己排在前面，那么这样的平台对自己来说就没有效果。

④2/8法则：网上80%的网站对用户来说都是无效的，用户应抓住几个主流的B2B平台，集中精力去经营。

3. 行业网站浏览

（1）了解本行业著名的行业网站

企业首先要浏览本行业的著名行业网站，了解这些网站的基本内容与特色内容。例如，化工类企业在收集信息时，可以先登录本行业的著名行业网站，如中国化工网、中国化工信息网、中国化工仪器网、中国化工设备网等。

（2）行业网站选择标准

①信息范围。行业网站的信息范围覆盖面越大越好，例如，同为国际贸易平台，一个贸易平台覆盖全球几个国家，而另一个贸易平台从语言到实际覆盖面积达到了几十或上百个国家，那么可以说后者具有更强的优势。

②活跃度。我们经常会看到和听到某行业网站会员数量和信息发布数量到了某个数量级别，或百万或千万，而通过一些数据进行分析后，会发现一些行业网站存在大量的死数据，而这些死数据只能造成表面上的繁荣和热闹，并不能给加盟这个平台的会员带来什么好处，这也是从质的层次来考察一个行业网站。

③针对性。对于行业网站针对性指标，在一定程度上是从企业的角度来考察该行业网站的，企业需要分析出该平台上哪些产品或企业活跃度比较高、交易量比较高，哪些产品或企业活跃度比较低、交易量比较少。这样，企业就可以做出一些选择，选择最适合企业自身的行业网站。

4. 信息检索有助于在商战之中立于不败之地

（1）利用大数据进行市场分析。

①我们所处的时代是信息时代、知识经济时代、网络时代、数字时代、大数据时代。

②大数据时代特征：体积巨大（Volume）、类型繁多（Variety）、商业价值高（Value）、处理速度快（Velocity）。

③大数据对企业的作用：了解市场，了解用户需求。

扫描二维码，观看"关于大数据"微视频。

关于大数据

（2）获取竞争对手信息，知己知彼方能百战不殆。

①利用竞争对手的网站。

②利用行业网（国研网）。

③利用网络数据库（中宏网、中经网）。

④从公共渠道获得（如有一家公司因和某省的生态环境局的一场官司而将自己的财务数据公之于世，该公司原本保密的信息也就成为公开的法律记录）。

⑤利用人员沟通渠道。

⑥造访对手总部所在地。

（3）利用指数预测进行营销策划。

（4）企业预警与舆情监测。分别对主流搜索引擎中与公司相关的关键词，一些知名度高、与企业相关性高的社区、门户网站、专门网站和近期网络中的热点问题进行监测。

（5）保证企业信息安全。作为企业的宝贵资源，保证企业信息的安全性对企业的生存和发展具有重要作用。

二、实例分析

百度指数的应用

例 6-3-1 利用百度指数进行数据分析。

（1）关于百度指数

百度指数是以百度海量用户行为数据为基础的数据分享平台，研究关键词搜索趋势、洞察网民需求变化、监测媒体舆情趋势、定位数字消费者特征；可以从行业的角度，分析市场特点。百度指数有普通版（index.baidu.com，如图 6-3-1 所示）和专业版（vip.index.baidu.com，如图 6-3-2 所示）。

图 6-3-1　百度指数普通版首页

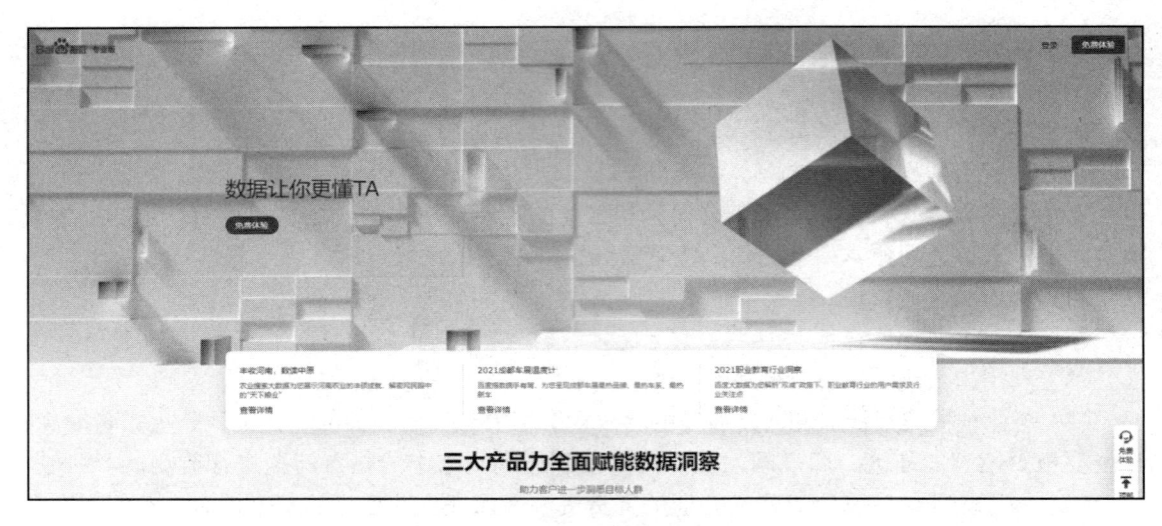

图 6-3-2　百度指数专业版首页

（2）进行趋势研究

使用已注册的百度账号登录，在百度指数普通版首页搜索框中输入"房价走势"，关键词可增加"车牌"，选择"广东，深圳"，单击关键词右边"确定"得到两个关键词的搜索指数曲线及概览、资讯指数曲线及概览，如图 6-3-3 所示。

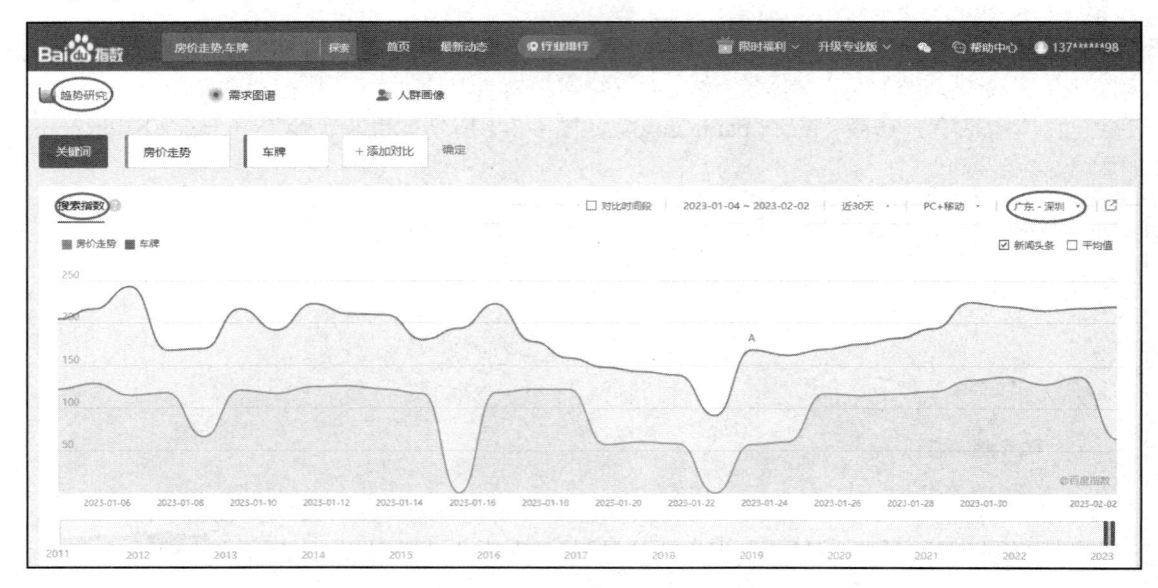

图 6-3-3　搜索指数曲线

搜索指数：以网民在百度的搜索量为数据基础，以关键词为统计对象，科学分析并计算出各个关键词在百度网页搜索中搜索频次的加权。根据数据来源的不同，搜索指数分为 PC 搜索指数和移动搜索指数。该数据显示，互联网用户对关键词搜索关注程度及持续变化情况。

资讯指数：以百度智能分发和推荐内容数据为基础，将网民的阅读、评论、转发、点赞、不喜欢等行为的数量加权求和得出资讯指数。该数据显示，新闻资讯在互联网上对特定关键词的关注及报道程度及持续变化。

通过上述指数的高低可以判断该关键词（品牌词/明星名人/热点事件等）最近一段时间（不同地域/不同终端）的关注热度，进而分析原因，帮助决策。

（3）竞品对比

搜索趋势只是从宏观上展现关键词的搜索热度和关注度，竞品对比分析可以帮助更好地了解市场竞争情况。以摩拜单车、ofo、哈罗单车为例，近半年（以本书修订时间 2023 年 2 月为基准），哈罗单车搜索指数高于 ofo，也高于摩拜单车，如图 6-3-4 所示。选择搜索指数最高的哈罗单车查看需求图谱，发现搜索哈罗单车的还会搜哈罗出行、哈罗顺风车、哈罗电动车等关键词，如图 6-3-5 所示。另外，拖动时间轴上的小滑块还可以查看一段时间内的需求变化。

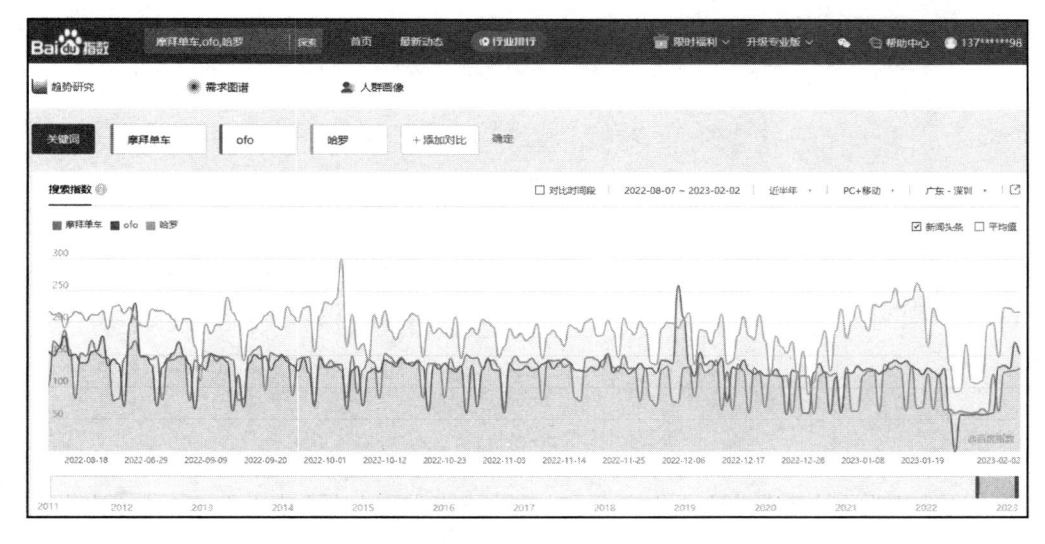

图 6-3-4　搜索趋势

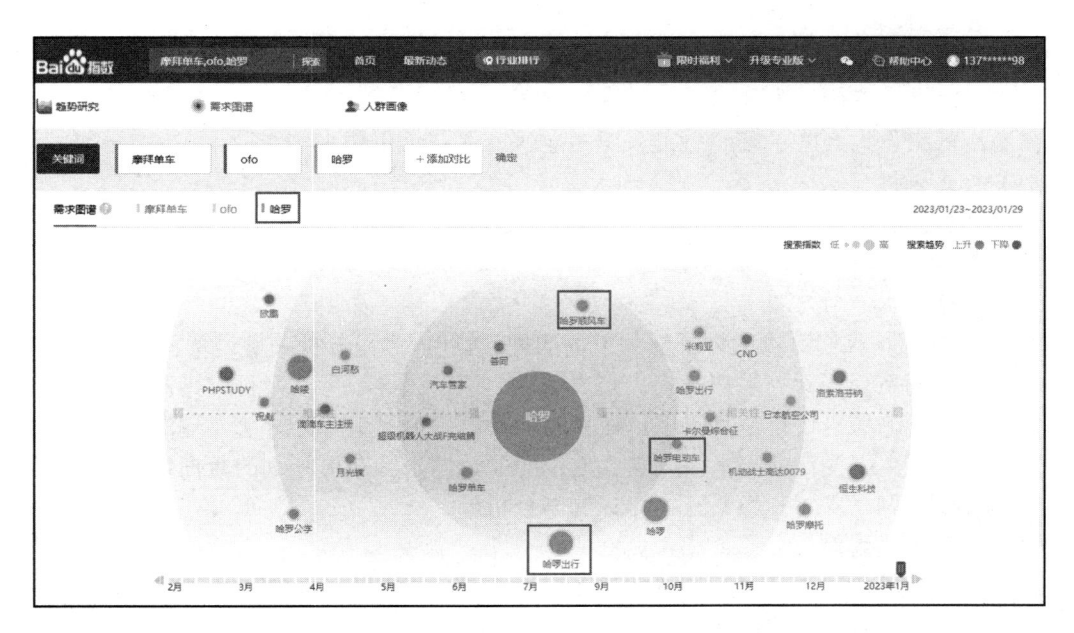

图 6-3-5　需求图谱

相应地，搜索摩拜单车的也会搜共享电单车、ofo，另外单车客服、其他共享单车也都可能是用户关注的点。

近一年，北京、上海、深圳、成都、广州五个城市搜索三个关键词的用户最多，但具体排名略有差别，如图6-3-6所示，为找到下一个有价值的投放城市提供参考。

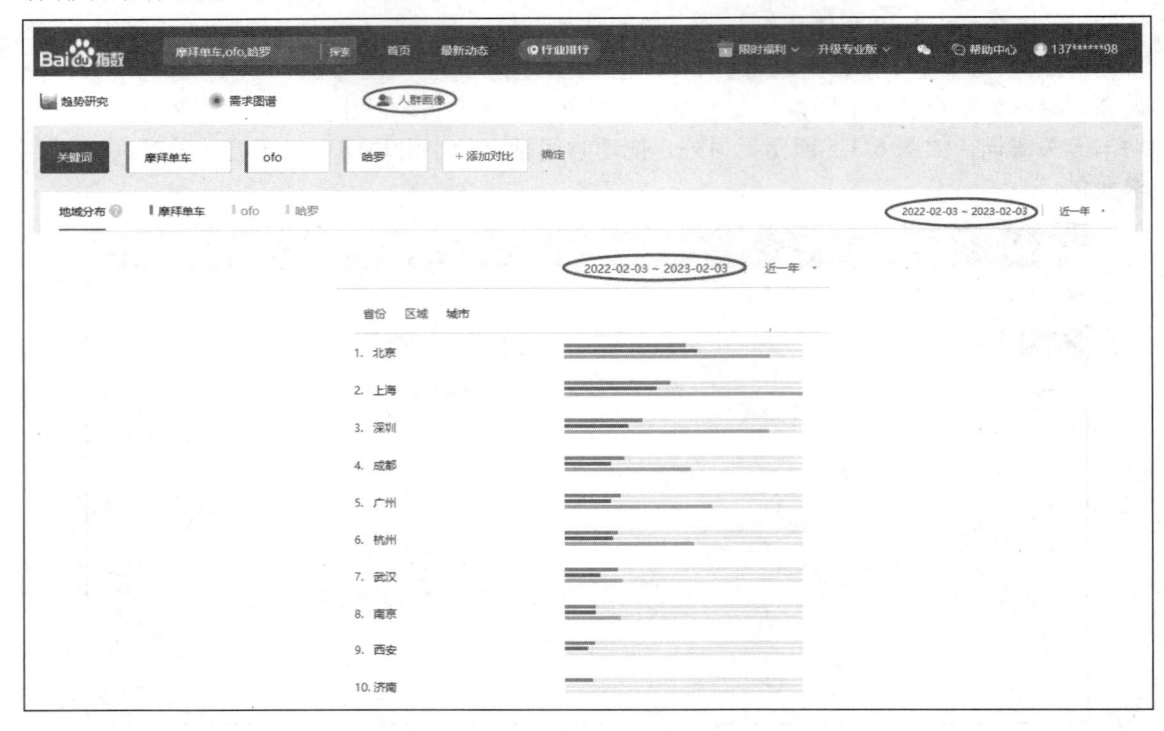

图6-3-6 人群画像

（4）营销监测

营销炒作也好，投放广告也好，品牌的关注度直接转化为用户的搜索行为，进而体现在曲线的高低走势上。百度指数的另一功能就是用来监测推广、营销的效果，不得不说，真有公司拿指数高低来作为KPI的衡量标准，这也难怪有人花大价钱去刷指数。

（5）行业分析

基于百度指数可以大体了解一个行业的发展趋势（基于用户的关注度）及行业内多个产品的市场竞争情况。

（6）小结

基于百度指数，我们可以大体了解关键词的搜索热度，进而分析关键词背后所代表的产品、行业、事件等一系列搜索的用户行为、用户需求、用户画像等。然而百度指数大众版的数据较为宏观，搜索趋势也仅仅是基于用户在百度搜索框内的搜索行为，想要更深层次地了解行为背后的原因、数据变化的因素，则需要更全面的数据来源和更精细的数据统计分析。

例6-3-2 利用艾瑞指数进行市场预测与分析。

（1）关于艾瑞指数

在浏览器地址栏中输入地址 https://index.iresearch.com.cn/new/#/，进入艾瑞指数界面，如图6-3-7所示。

检索实例6-3-2

图 6-3-7　艾瑞指数界面

艾瑞指数 iRIndex，分析海量数据，建立多个用户行为指标，真实反映中国互联网整体和移动互联网市场客观情况，为目标客户提供市场决策依据。艾瑞指数包括以下 5 类。

① 移动 APP 指数：移动用户行为洞察 Mobile App Index 如图 6-3-8 所示。

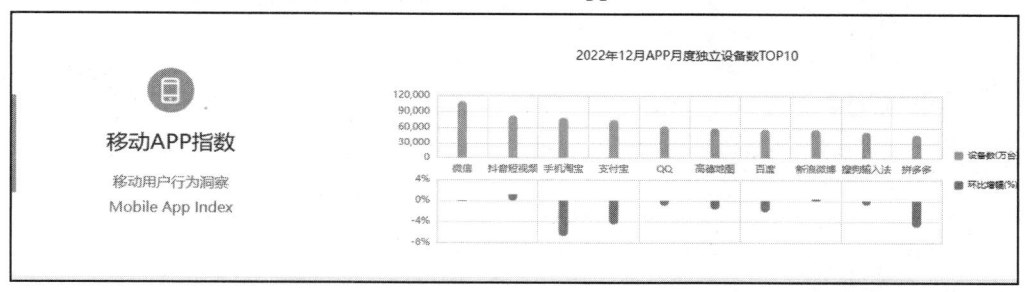

图 6-3-8　移动 APP 指数

② PC Web 指数：网站用户行为洞察 PC Web Index 如图 6-3-9 所示。

图 6-3-9　PC Web 指数

③ 网络广告指数：网络广告投放监测 Online Advertising Index 如图 6-3-10 所示。

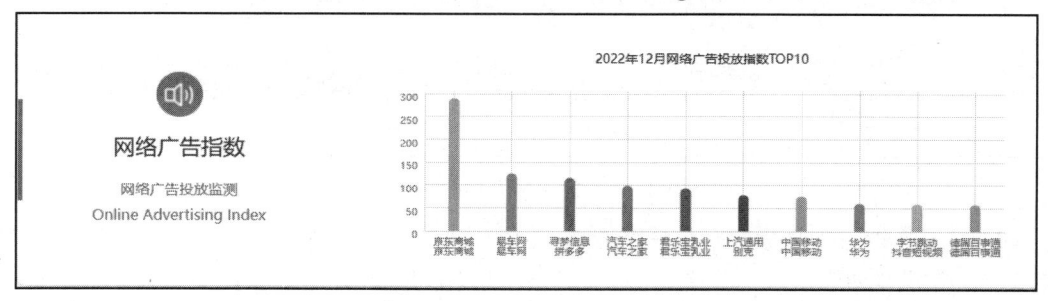

图 6-3-10　网络广告指数

④移动设备指数：移动设备监测 Mobile Device Index 如图 6-3-11 所示。

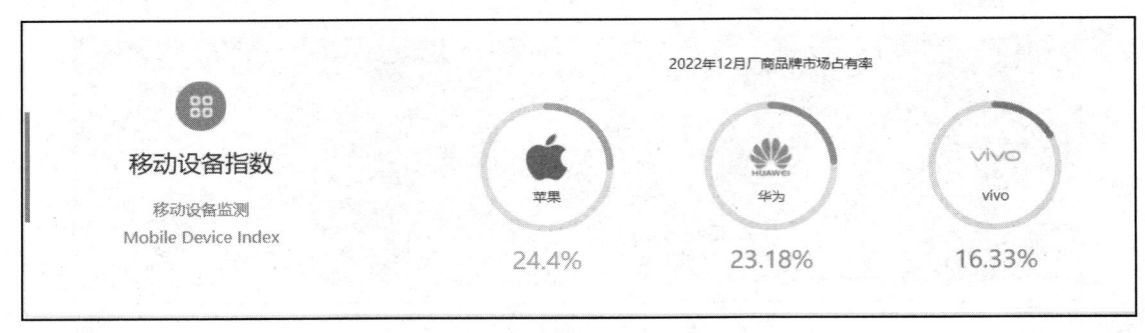

图 6-3-11　移动设备指数

⑤独角兽设备指数：中国独角兽企业估值榜 Unicorn Index 如图 6-3-12 所示。

图 6-3-12　独角兽设备指数

（2）各类艾瑞指数的搜索

①移动 APP 指数的搜索：移动 APP 指数包括综合资讯、电子商务、社交网络、实用工具等 23 个大类的月度独立设备的排名、App 应用对比、独立设备数量、环比增幅等，如图 6-3-13 所示。

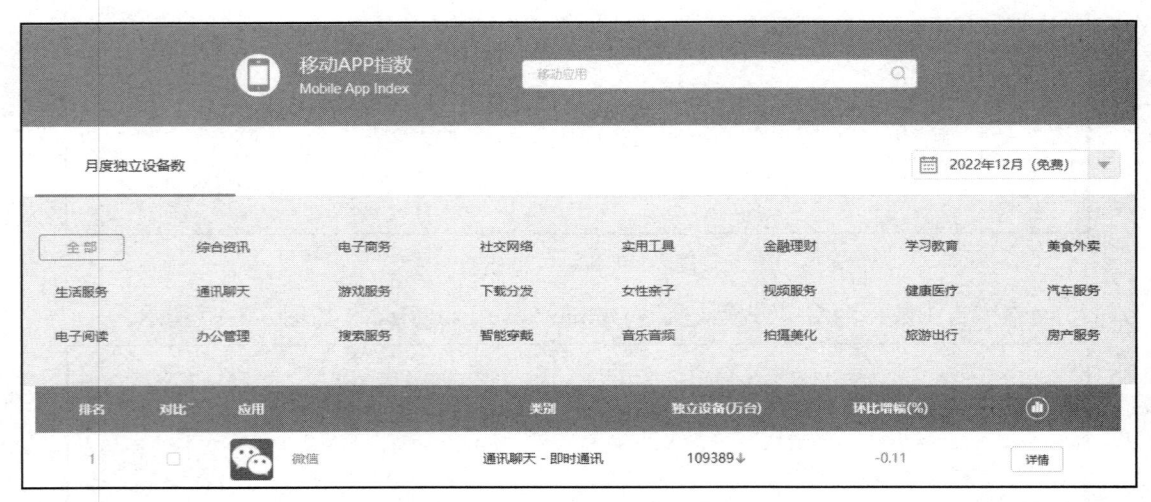

图 6-3-13　移动 APP 指数搜索界面

②网络广告指数的搜索：网络广告指数包括工农业类、房地产类、网络服务类等 20 个行业大类 PC 端和移动端的投入指数（投入指数是通过 Adtracker 中单个广告主投入指数除以该月内全体广告主平均投入指数所得的），如图 6-3-14 所示。

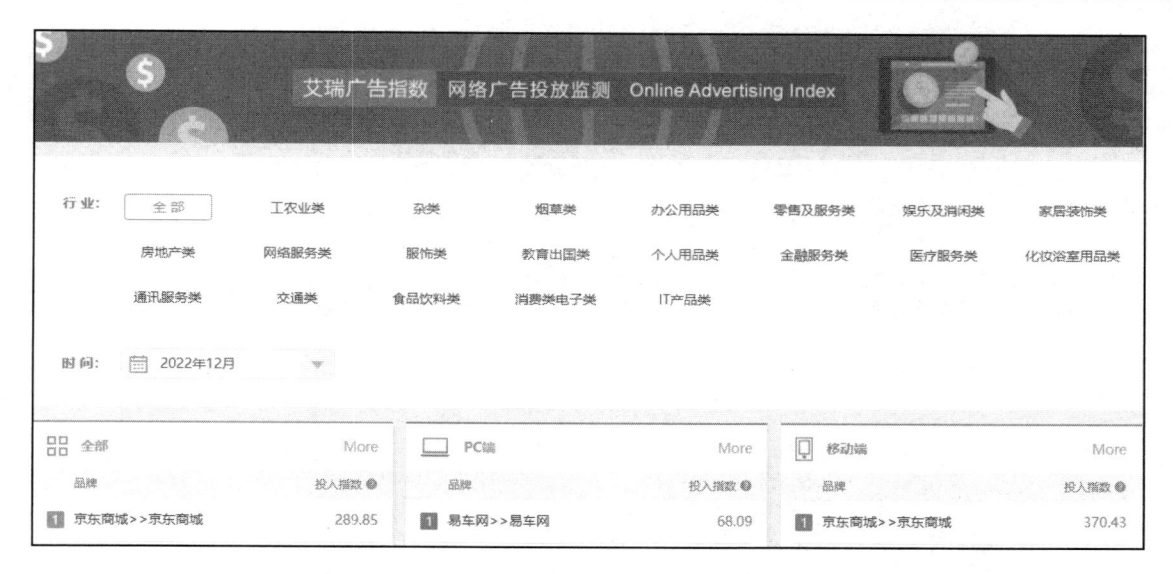

图 6-3-14 网络广告指数搜索界面

③移动设备指数的搜索：移动设备指数主要包括 iOS 机型和 Android 机型近一年约 120 家厂商品牌的覆盖率，如图 6-3-15 所示。

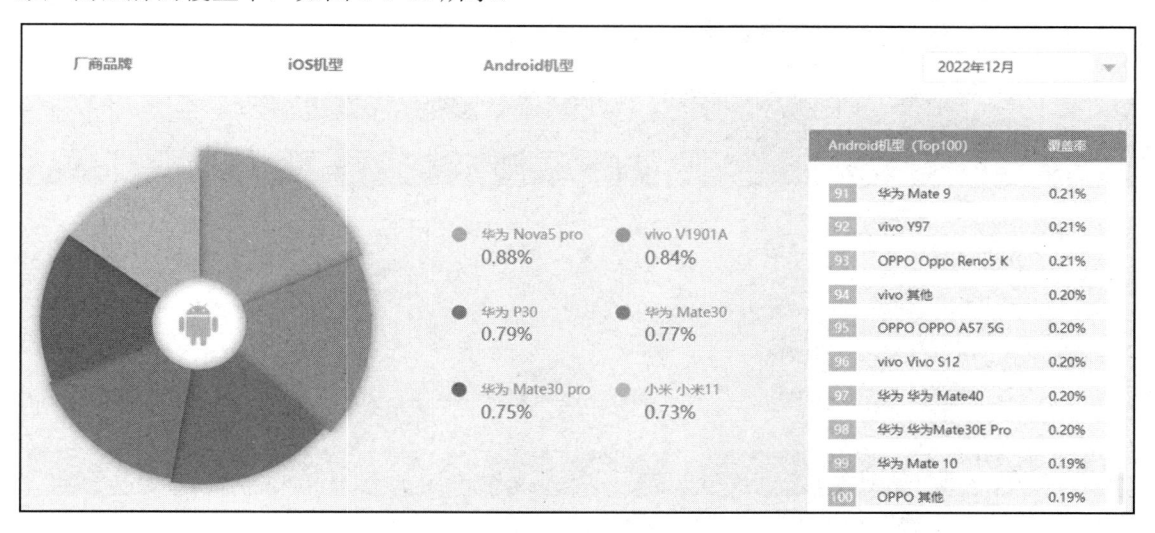

图 6-3-15 移动设备指数搜索界面

④独角兽设备指数的搜索：独角兽设备指数包括约 30 个行业，19 个融资阶段，32 个省市和地区，516 家企业的最新融资情况和企业估值，如图 6-3-16 所示。

（4）应用举例

某创业者想了解豆瓣、知乎和小红书三个社交网络平台的应用情况，试选择艾瑞指数，搜索出三者的应用对比数据为创业者决策提供参考。

①选择艾瑞移动 APP 指数，在分类中找到"社交网络"，非正式用户可见 23 个应用，要了解更多应用需申请开通 UserTracker，如图 6-3-17 所示。

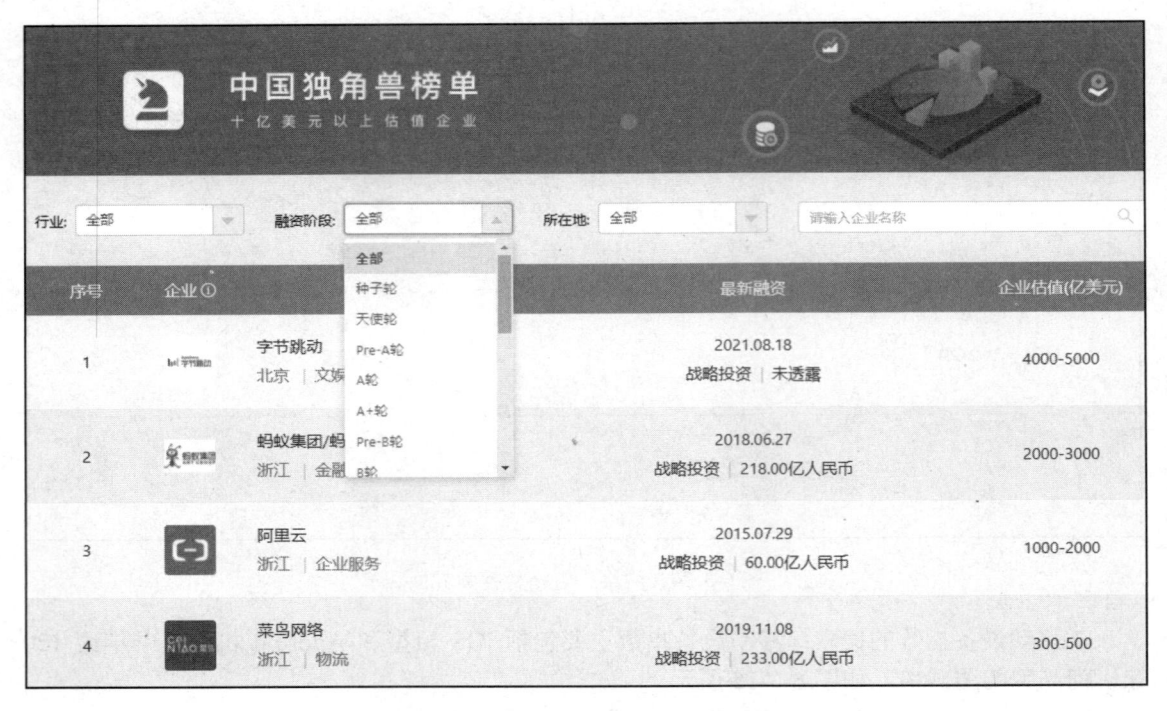

图 6-3-16　独角兽设备指数搜索界面

图 6-3-17　移动 APP 指数社交网络类应用界面

②从社交网络类应用，进入"小红书"APP 数据界面，查看月度独立设备数、使用人群性别占比、使用人群年龄占比、使用区域占比等数据指标，如图 6-3-18 所示。"豆瓣""知乎"APP 数据应用数据指标查询方式同"小红书"。

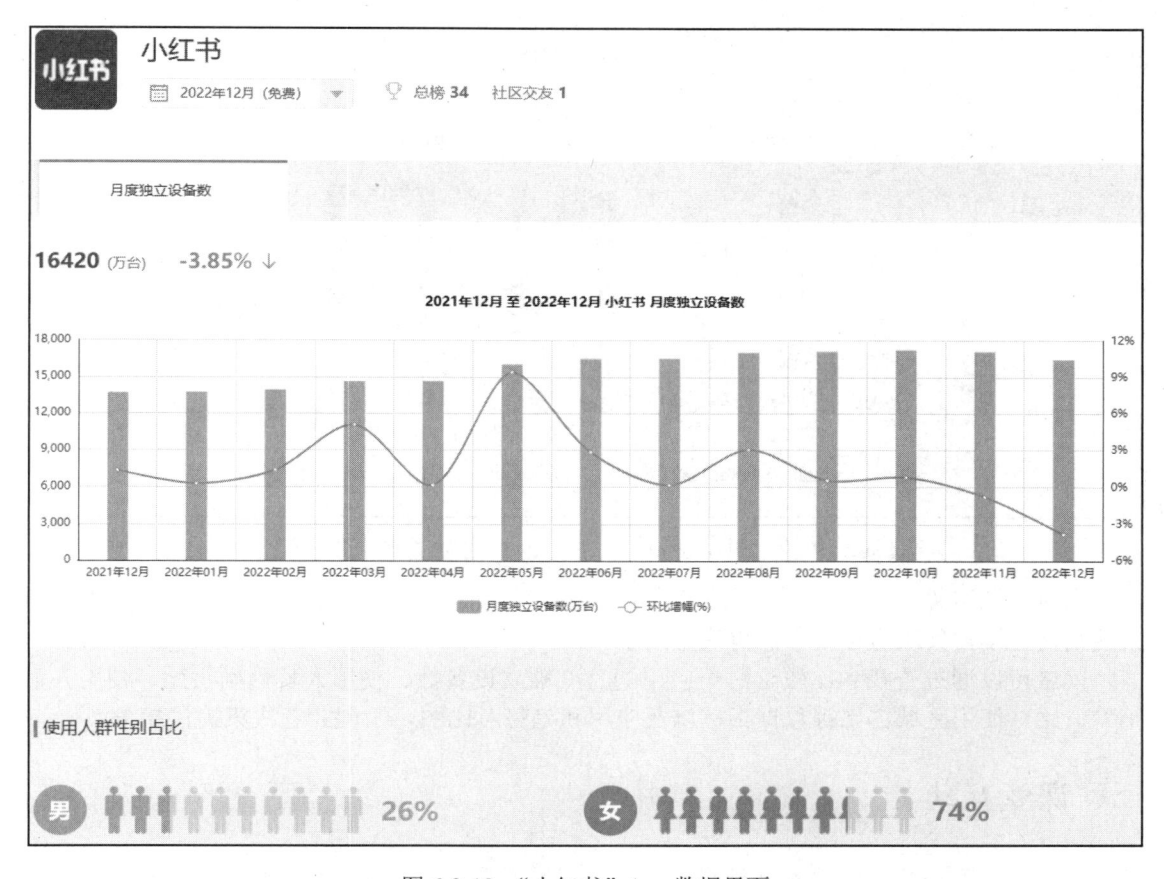

图 6-3-18 "小红书" App 数据界面

③在图 6-3-17 移动 APP 指数社交网络类应用界面，同时勾选小红书、豆瓣、知乎三个 APP 对比项，可查询三个应用对比，结果如图 6-3-19 所示。

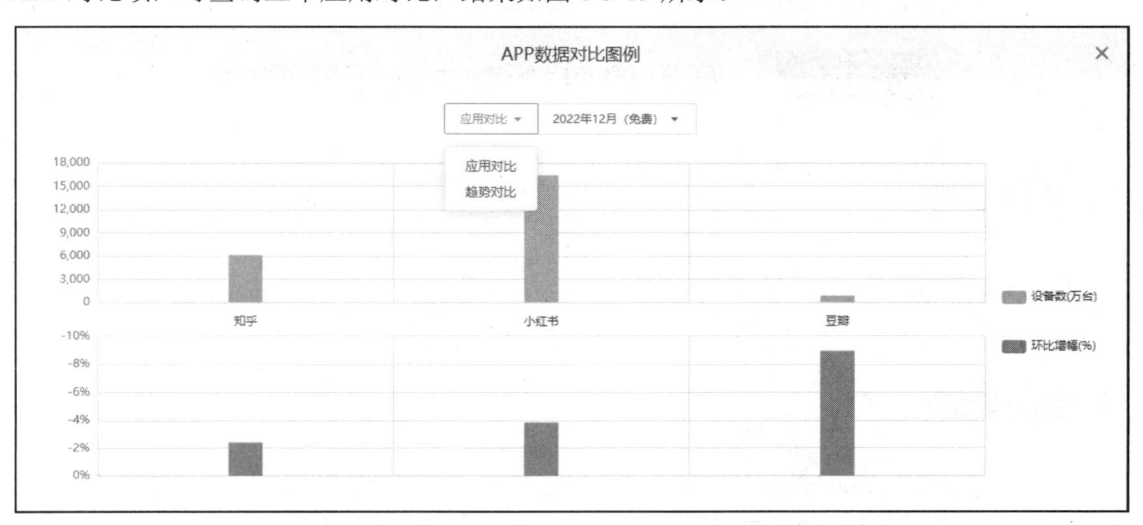

图 6-3-19 小红书、豆瓣、知乎三个对比数据查询结果

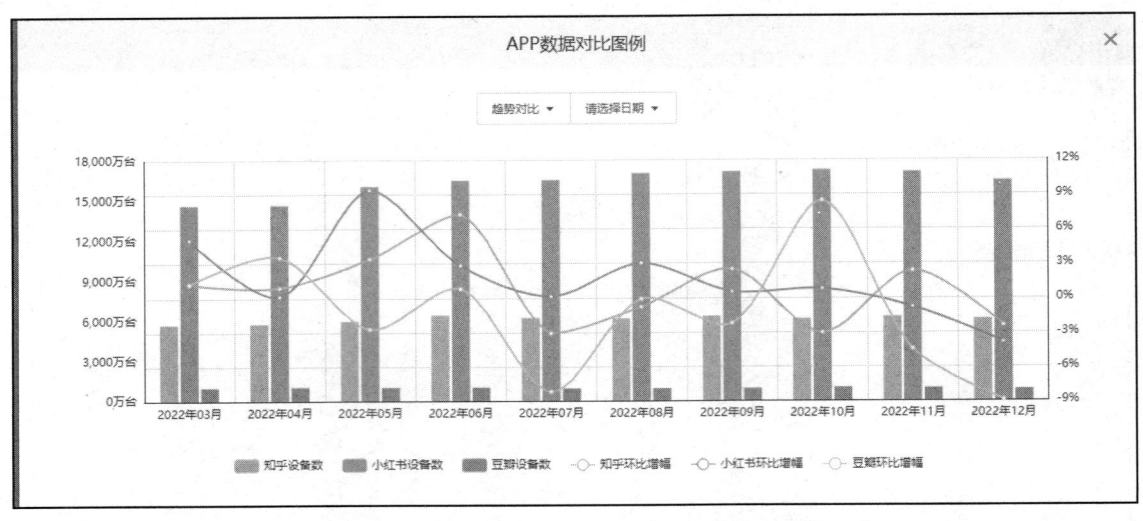

图 6-3-19　小红书、豆瓣、知乎三个对比数据查询结果（续）

由对比图可见，小红书设备数排在第一，其次是知乎，再次是豆瓣；环比增幅（%）最大的则是豆瓣，其次是小红书，再次是知乎。

读者可以通过查找和比较这三个应用的月度独立设备数、使用人群性别占比、使用人群年龄占比、使用区域占比等数据指标以及应用和趋势对比图，为创业者决策提供参考。

三、课堂互动

（1）在百度指数页面输入某种水果，如"车厘子"为关键词，得到趋势图，你能从中发现什么商机？

（2）比较百度指数和艾瑞指数，你还能列举出几个能够用来做数据分析的指数？

（3）在大数据时代如何利用信息检索技术做精准营销？

项目 6.4　利用信息检索技术拓展课堂

学习重点

1. 利用信息检索来丰富课堂教学的内容；
2. 掌握利用信息检索技术免费学习世界一流大学的课程。

学习要求

学会通过搜索引擎构造检索式查找与教学相关的学习内容，如教程、课件、大纲、PPT等；要求学生学会获取免费的学习资源，掌握精品资源共享课（爱课程网、网易公开课和超星公开课）的使用方法；充分运用国内三大慕课平台开展网络学习，无论身在何处，只需要一台计算机和网络连接即可花最少的钱甚至不花钱学习国内外一流大学的课程。

模块 6 网络信息检索与利用综合实训

一、相关知识

1．多途径地获取信息

（1）主题指南（导航）。
①subject、guide、navigation。
②综合性导航。
③分类导航。
④资源类型导航。
⑤机构导航。
（2）学科信息门户。
（3）数字图书馆项目成果。
（4）国际开放课件联盟（Open Course Ware Consortium，OCWC）。

OCWC 是拥有全球包括哈佛、耶鲁、麻省理工学院等 200 多所高等教育机构和相关教育组织的联合体，其使命是促进全球共享正式和非正式学习的教育资源，以及利用自由、开放、高品质的教育材料组织课程。联合体机构汇总起来共为 OCWC 提供了超过 20 种语言环境下的 14000 门课。

国际开放课件联盟网址为 http://www.oeconsortium.org/，如图 6-4-1 所示。

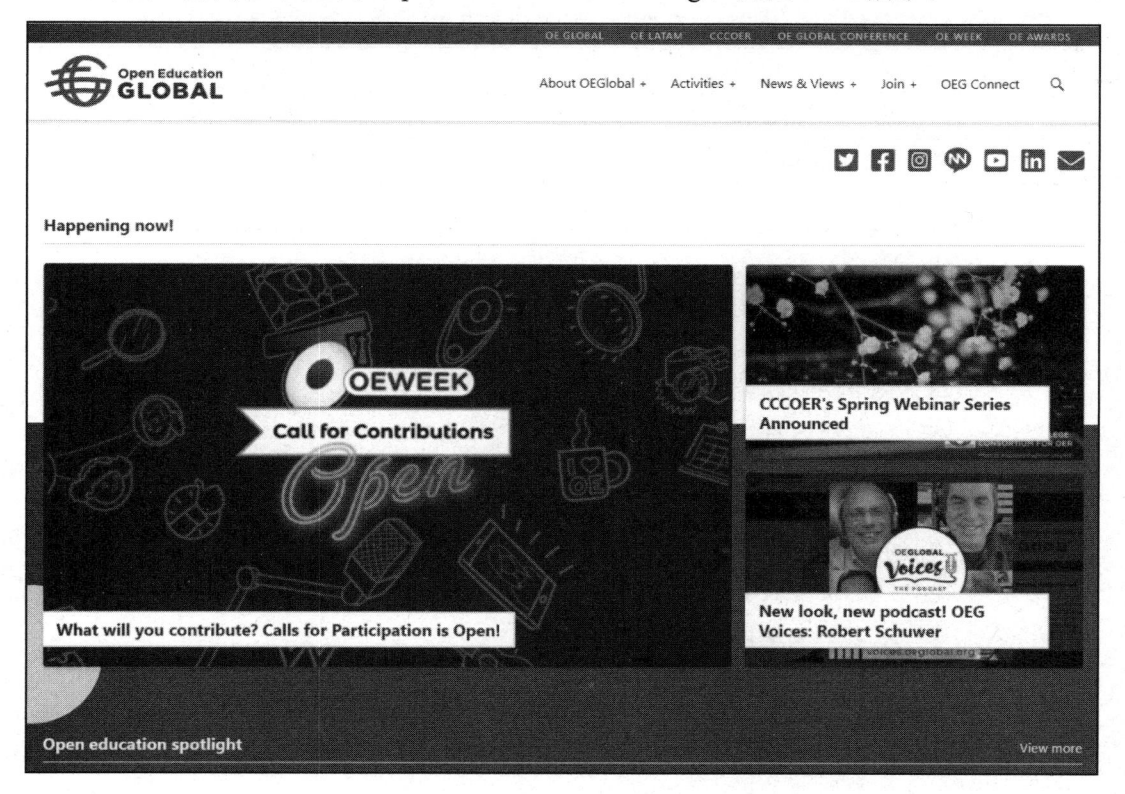

图 6-4-1 国际开放课件联盟首页

247

（5）微博、个人首页。
①百度、谷歌、新浪、搜狗。
②有道博客搜索。
③IceRocket。
（6）博客。
（7）网上广播。
（8）自由百科全书。
（9）推送类工具。
①简易信息聚合（Really Simple Syndication，RSS）。
②网摘。
③邮件列表、论坛。
（10）专门的数据库。
①ISO、FDA。
②美国政府文献数据库（GPO Access）。
③世界最大免费全文网站——The NASA Astrophysics Data System。
④National Academy Press。
⑤美国国家科学院、中国工程院、医学协会等机构的报告。
（11）问题解答服务，如表6-4-1所示。

表6-4-1　问题解答服务

The Educator's Reference Desk	教育
Go Ask Alice	健康科学
Ask Jack	体育、运动
Ask Joan of Art	艺术

（12）社交网站。

2．获取免费的信息资源

（1）网上的免费资源有以下几种。
①工具：软件、游戏、音乐、图库等。
②空间：首页空间、博客、微博、个人数字图书馆、云盘、网盘。
③信息资源查询。
④信息增值服务。
（2）网上免费信息资源获取时的困难有以下几种：
①绝大多数搜索引擎无检索限制功能。
②有些免费站点只提供到其他网站的链接。
③免费资源浏览与下载需要专门软件与技术。
④一般用户不熟悉网络资源的来源与分布情况。
（3）提供免费信息资源的机构有以下几个：
①国际组织。

②地区性组织。
③各级政府机关。
④图书馆。
⑤档案馆。
⑥博物馆。
⑦出版社。
⑧科研院所、学会、协会等。
（4）免费的学习信息资源，这里给出以下几个。
①国家智慧教育公共服务平台。

国家智慧教育公共服务平台是由中华人民共和国教育部指导的，教育部教育技术与资源发展中心（中央电化教育馆）主办的智慧教育平台。该平台聚合了国家中小学智慧教育平台、国家职业教育智慧教育平台、国家高等教育智慧教育平台、国家 24365 大学生就业服务平台等，可提供丰富的课程资源和教育服务。2022 年 3 月平台正式上线启动。

国家智慧教育公共服务平台网址：https://www.smartedu.cn/，如图 6-4-2 所示。

图 6-4-2 国家智慧教育公共服务平台首页

②教育部项目，包括精品课、精品资源共享课、视频公开课。

"爱课程"网是教育部、财政部"十二五"期间启动实施的"高等学校本科教学质量与教学改革工程"支持建设的高等教育课程资源共享平台。它面向高校师生和社会大众，提供了优质教育资源共享和个性化教学资源服务，具有资源浏览、搜索、重组、评价、课程包的导入导出、发布、互动参与以及"教""学"兼备等功能。

"爱课程"网（网络课程 1.0）网址为 http://www.icourses.cn，如图 6-4-3 所示。

③慕课（MOOC）。所谓"慕课"，第一个字母"M"代表 Massive（大规模），与传统课程只有几十个或几百个学生不同，一门慕课课程动辄上万人，最多达 16 万人；第二个字母"O"代表 Open（开放），以兴趣为导向，凡是想学习的，都可以进来学，不分地域，只需一个邮箱即可注册参与；第三个字母"O"代表 Online（在线），学习在网上完成，无须旅行，不受时空限制；第四个字母"C"代表 Course，就是课程的意思。MOOC 是新近涌现出来的一种

在线课程开发模式。通俗地说，慕课是大规模的网络开放课程，它最早是为了增强知识传播而由具有分享和协作精神的个人组织发布的、散布于互联网上的开放课程。现如今，无论是国际还是国内都有专门的组织机构集一流高校优质资源合力打造慕课。

图 6-4-3　"爱课程"网首页

国内有多个知名 MOOC 平台（网络课程 2.0），包括中国大学 MOOC、学堂在线、好大学在线、智慧树和超星幕课等。扫描二维码，观看"什么是慕课"微视频。

中国大学 MOOC 平台网址为 https://www.icourse163.org/，如图 6-4-4 所示。

什么是慕课

图 6-4-4　中国大学 MOOC 平台

学堂在线网址为 https://next.xuetangx.com/，如图 6-4-5 所示。

图 6-4-5　学堂在线首页

好大学在线网址为 https://www.cnmooc.org/home/index.mooc，如图 6-4-6 所示。

图 6-4-6　好大学在线首页

智慧树网址为 https://www.zhihuishu.com/，如图 6-4-7 所示。

超星幕课网址为 http://mooc.chaoxing.com/，如图 6-4-8 所示。

④门户网站。网易公开课频道推出国内外名校公开课，涉及广泛的学科，名校教师认真讲解、深度剖析。网易视频公开课频道搭建起了强有力的网络视频教学平台，网址为 http://open.163.com/，如图 6-4-9 所示。

图 6-4-7　智慧树首页

图 6-4-8　超星幕课首页

图 6-4-9　网易公开课首页

二、实例分析

例 6-4-1 如何查找某主题或某门课程的教学资料，以"信息检索"为例。
（1）选择搜索引擎。
（2）构造检索式。

检索式 1：主题（课程名）+教程（textbook），示例如图 6-4-10 所示。

图 6-4-10　构造检索式（一）

检索式 2：主题（课程名）filetype:ppt，示例如图 6-4-11 所示。

图 6-4-11　构造检索式（二）

检索式 3：主题（课程名）+ 课件（教学资料），示例如图 6-4-12 所示。

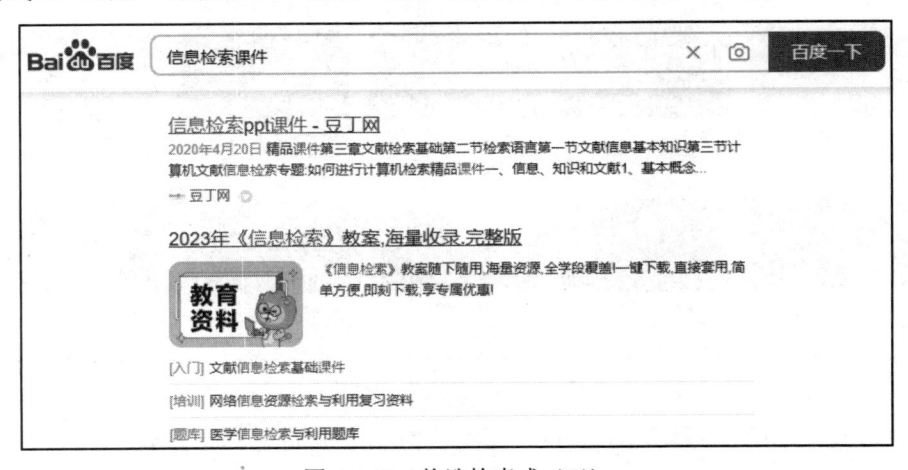

图 6-4-12　构造检索式（三）

253

（3）得到检索结果（略）。

例 6-4-2 一位非法律专业的在校大学生想足不出户学习国内名牌大学的法律课程，请利用信息检索技术为他提供帮助。

分析：足不出户学习国内名牌大学的课程，说明他需要借助网络学习，有两种方法实现其需求。方法 1：可以利用国内的"爱课程"网和网易公开课查找相关视频公开课；方法 2：如果学习结束还想获得名牌大学的相关证书，则可选择 MOOC。

方法 1：

（1）登录"爱课程"网（http://www.icourses.cn），免费注册后登录，如图 6-4-13 所示。

图 6-4-13　登录界面

（2）选择"视频公开课"，在搜索框中输入要查找的课程内容"法律"，按"Enter"键后得到 11 门相关课程的检索结果，如图 6-4-14 所示。

图 6-4-14　搜索课程结果

（3）单击其中一门"法律思维与方法"课程超链接，开始观看课程学习视频，如图 6-4-15 所示。

图 6-4-15　观看课程学习视频

方法 2：

（1）从已登录的"爱课程"网首页分类栏选择"中国大学 MOOC"进入，如图 6-4-16 所示。

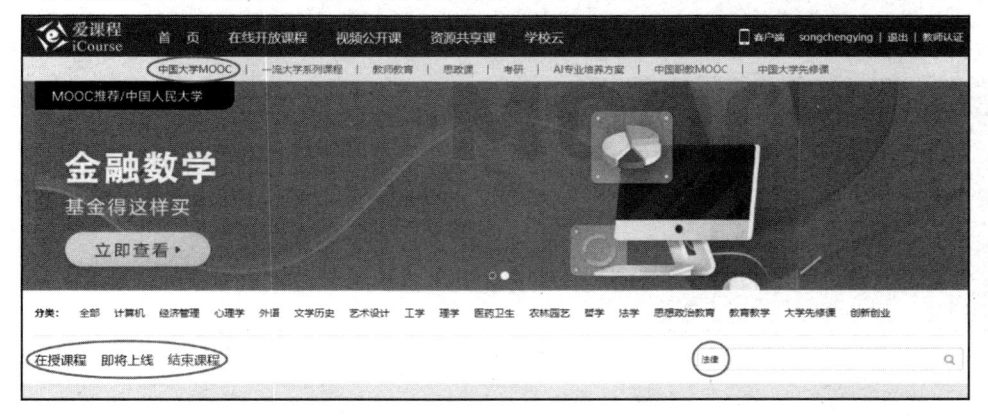

图 6-4-16　进入中国大学 MOOC

（2）也可登录中国大学 MOOC 平台（http://www.icourse163.org/），进行注册后登录，在首页左侧的分类中单击"文史哲法"，可见"法学"类课程共有 210 门，如图 6-4-17 所示。

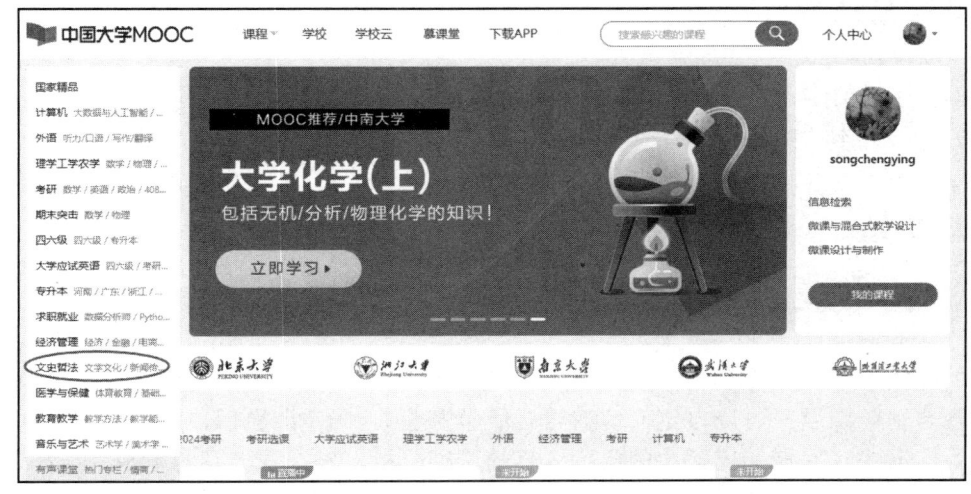

图 6-4-17　在分类中查找课程

图 6-4-17　在分类中查找课程（续）

（3）在分类检索结果中，选择一门想学习的法律课程，如西南政法大学的"房地产法"进行学习，如图 6-4-18 所示。

图 6-4-18　课程学习界面

（4）课程学习结束可获得证书。

成绩达到合格的学员可以自愿申请收费的认证证书（含一个电子版和一个纸质版）。

三、课堂互动

（1）在平时的学习中，你是如何利用数据库或搜索引擎来获取课堂以外的学习资源的？
（2）学习完本章内容后，请谈谈如何利用信息检索拓展自己的课堂内容。

模块小结

1．网络文献检索步骤

（1）选择和分析课题

选择合适的课题（可以自定，但需结合所学专业）。确定课题后，对所检索的课题进行研究分析。其中，对课题需解决的问题、目的进行分析，对课题涉及的范围、方面、方法、过程及相关学科等进行剖析，进一步确定所需检索课题涉及的主题、学科性质，明确课题所需的信息内容。提出能正确和准确反映课题核心内容特征的学科概念、主题概念；在可能的情况下提出所需检索的信息的外部特征，如作者名、文献出处名等。必要时还需明确所需检索的文献信息的类型，如期刊论文、书籍文献、专利文献、会议文献、标准文献等，以此确定检索工具的类型。

（2）确定检索途径

根据课堂对检索工具学习的内容，对检索工具进一步进行熟悉和试用。根据第一步确定的学科类别、主题词、作者名、出处名称，确定适合本次检索所用检索工具的检索途径（分类途径、主题途径或作者途径、来源出处途径）。在进行计算机网络检索时还需确定网络途径，包括数据库名称、搜索工具的名称、网站地址、工具内可以使用的途径、高级检索的主题词的逻辑组配等。

如果根据课题已经确定学科概念，且所用检索工具有从学科角度检索的途径，则可以确定学科途径及分类号（如《全国报刊索引》、英国《科学文摘》、英国《海事技术文摘》、维普资讯数据库等），从而确定分类检索途径。分类途径在手工检索工具里通常表现为分类号和学科名称与信息所在页码的对应表，确定了详细分类途径后就可以在对应的页码内检索到与课题相关的信息。而计算机检索中的分类方式检索，只要单击相应类目，就可以检索到信息。

如果已经了解作者、信息出处等外部特征，且检索工具有相应的外部途径方式检索，则可以确定此类检索途径。根据这些外部特征从检索工具相应的索引系统进行检索时，必须正确地列出这些特征。手工检索工具通常在信息正文后编排有这些外部特征的索引系统，系统内将作者、信息出处名称与对应的信息在检索工具正文内的编排顺序号对应列出，即只要根据已经确定的这些外部特征，查询到相应的作者、出处名称，就可以检索到相应的信息编号，进而在检索工具正文中查到此编号与信息内容。计算机检索时要选择数据库外部检索途径的检索字段，在检索框中输入外部特征名称（作者、作者单位、出处等），单击"检索"按钮，系统就可以自动检索相应的信息。

如果根据分析确定了主题范围，且检索工具具有主题检索途径，则可用主题方法进行检索。检索时用主题词表达检索策略，包括主题词的逻辑组配。手工检索工具在正文后列有主题词、关键词等索引系统，这些词旁对应列出与之相关的信息编号，根据得到的编号再查阅检索工具正文中的有关编号，即可以检索到与检索要求相关的信息。

2. 网络信息收集能力标准

网络信息收集能力标准如表 6-5-1 所示。

表 6-5-1　网络信息收集能力标准

能 力 模 块	能 力 要 求	相 关 知 识
网络信息平台选择	（1）了解网络信息平台基本情况 （2）能够列举优秀网络信息平台 （3）会根据企业业务特点选择合适平台	（1）网络信息收集的要求 （2）综合网站 （3）行业网站 （4）搜索引擎
综合网站信息收集	掌握综合网站信息收集的主要方法	（1）搜索引擎 （2）电子邮件 （3）BBS （4）新闻组

续表

能力模块	能力要求	相关知识
信息整理与分析	(1) 能够理解信息整理与分析的必要性 (2) 能够掌握信息整理与分析的过程	(1) 信息整理的定义 (2) 信息存储的步骤 (3) 信息分析与评价的步骤 (4) 信息分析与评价的方法

3. 利用信息检索解决实际问题的流程

（1）分析检索问题：分析问题的已知条件与未知条件，以及该问题对信息的层次、范围等方面的要求。

（2）选择合适的检索工具：搜索引擎、商业数据库、免费数据库。

（3）抽取关键词：关键词的数量、关键词之间的关系、禁用词。

（4）构造检索式：利用不同的运算符连接检索词。

（5）筛选检索结果：分析与评价检索结果。

（6）调整检索策略：扩大检索范围、缩小检索范围。

（7）求助专家：分享他人智慧和贡献自己的智慧。

操作训练

实训操作 6-1　信息检索与利用综合实训（一）

请为以下题目撰写一篇综述。

1. 请查找一些关于中国实行物权法的有关论点和报道。

要求：

（1）正确提取不少于 3 个关键词，用 2 个以上的关键词进行组合检索。

（2）使用 3 种或 3 种以上的检索工具。

（3）写出每种检索工具检索到的结果数量，并写出其中最相关的 5 条文献的目录或题录。

（4）通过对相关文献的分析，用自己的语言写一篇 1000 字左右的综述文章。

2. 了解 2018 年以来"电子商务环境下国际贸易的运营趋势"的相关文献。

要求：

（1）正确使用不少于 3 个关键词（关键词必须是中英文关键词），用 2 个以上的关键词进行组合检索。

（2）使用 2 种或 2 种以上的检索工具。

（3）写出每种检索工具检索到的结果数量，并写出其中最相关的 5 条文献的题录。

（4）通过对相关文献的分析，用自己的语言写出一篇 1000 字左右的综述文章。

3. 查询 2020 年 5G 商用的相关文献和报道。

要求：

（1）关键词不少于 3 个，用 2 个以上的关键词（关键词必须是中英文关键词）组合检索。

（2）检索工具要有 4 种或 4 种以上。

（3）写出每种检索工具检索到的结果数量，并写出其中最相关的 5 条文献的题录。

(4) 通过对相关文献的分析，用自己的语言写出一篇 1000 字左右的综述文章。

4. 四川省是一个水利资源丰富的省份，在大力开发水电资源的同时，四川省也是旅游大省，开发水电资源会对环境带来变化，影响旅游的发展。

要求：

(1) 使用 2 种或 2 种以上的检索工具。

(2) 列举出四川省的主要水电站及其地点、装机容量等指标。

(3) 对开发水电资源会对环境、旅游的影响进行分析。根据找到的信息，自定标题完成一篇 1000 字左右的综述。

5. 中国梦，是中国共产党第十八次全国代表大会召开以来，习近平总书记所提出的重要指导思想和重要执政理念，正式提出于 2012 年 11 月 29 日。习总书记把"中国梦"定义为"实现中华民族伟大复兴，就是中华民族近代以来最伟大的梦想"，并且表示这个梦"一定能实现"。"中国梦"的核心目标也可以概括为"两个一百年"的目标，即到 2021 年中国共产党成立 100 周年和 2049 年中华人民共和国成立 100 周年时，逐步并最终顺利实现中华民族的伟大复兴，具体表现是国家富强、民族振兴、人民幸福，实现途径是走中国特色社会主义道路、坚持中国特色社会主义理论体系、弘扬民族精神、凝聚中国力量，实施手段是政治、经济、文化、社会、生态文明五位一体建设。

要求：

(1) 正确地选取关键词 3~5 个。

(2) 使用 4 种以上的数据库。

(3) 每种数据库的使用，都要能体现出比较完整的信息检索操作的基本流程。

(4) 写出这些检索流程。

(5) 根据找到的信息，自定标题用自己的语言写出 1000 字左右的综述。

6. 阅读下面的短文，按照文摘后的要求，根据文中提供的资料或线索，谈谈自己对大学生研究性学习中需要信息素质与信息资源保障方面的理解。

摘要：进入 21 世纪，世界各国都有一个共同的认识，那就是要使本国青少年具备 21 世纪所需要的能力，这种能力可概括为"用新技术获取和处理信息的能力；分析探索问题的能力；分析和解决问题的能力；与人合作及责任感，终身学习的能力"。研究性学习正是培养这种综合能力的重要途径之一。

要求：

(1) 正确地分析并提取关键词 3~5 个（关键词必须是中英文关键词）。

(2) 使用 4 种以上的检索工具。

(3) 写出每种工具的检索过程和检索结果，并写出其中最相关的 5 条文献的题录。

(4) 通过对相关文献的分析，用自己的语言写出一篇不少于 1000 字的综述。

7. 通过分析比较与"我国 20 世纪、21 世纪机器人制造"主题相关的文献，综述机器人制造的研究重点与发展趋势。

要求：

(1) 能够根据题意选择检索关键词 3 个以上（关键词必须是中英文关键词）。

(2) 用 4 种或以上数据库（系统）检索出不少于 5 篇文献并写出其外部特征。

(3) 对检索出的资料进行分析、比较、总结。

(4) 根据文献分析概述出综述材料（不少于 1000 字）。

8. 以"国家助学贷款的风险防范与补偿机制"为主题，选定 3~5 个关键词（关键词必须是中英文关键词），用至少 4 种检索工具检索相关文献，要求写出每种检索工具检索到的结果数量，写出其中最相关的 5 条或 5 条以上的文献的摘要。根据对这些相关文献的阅读分析和理解，用自己的语言写出该主题方面的综述（不少于 1000 字）。

9. 利用所学的检索知识和技能，查找"PLD 在数字电路实验中的应用"方面的资料。课题要求：国内外近 5 年来的研究文献，引入 EDA 技术、HDL 语言进行数字系统设计，并对这些资料进行综述，提出自己的观点。

要求：

（1）正确地选取关键词 3~5 个（关键词必须是中英文关键词）。

（2）使用 4 种以上的数据库。

（3）每种数据库的使用，都要能体现出比较完整的信息检索操作的基本流程。

（4）写出这些检索流程。

（5）用自己的语言写出不少于 1000 字的综述。

10. 请从下面这两段短文中提取 5~7 个关键词（关键词必须是中英文关键词），用至少 3 个以上的关键词和不少于 4 种数据库组合检索出近 5 年来在该领域的研究文献，并写出每种检索工具检索到的结果数量，写出其中最相关的 5 条或 5 条以上的题录。根据所检索的文献，用自己的语言写一篇不少于 1000 字的综述。

文献 1：股票投资者最关心的问题之一就是股市涨跌行情的变化趋势，因此，股市指数和股票价格的预测，成为证券界和学术界的一个重要问题。国内外的研究者提出过许多定价理论和投资组合模型。也有研究者提出用计量统计的方法对股市进行预测，如多元回归、ARMA、GARCH 等时间序列模型。随着神经网络研究的深入和发展，人们开始将其应用于经济领域。为预测股市走势，J. H. Wang 和 J. Y. Leu 于 1996 年讨论了基于 ARMA 的网络结构，Kim 于 1998 年将时延神经网络应用于股市相关性分析和预测。目前在股市的预测应用中，大多数采用的是静态前馈 BP 神经网络和 RBF 神经网络。利用静态前馈网络对动态系统进行辨识，实际上是将动态时间建模问题变为静态空间建模问题，这样必然会引出许多问题。能够更直接更生动地反映系统动态特性的网络应该是动态神经网络，即回归神经网络。

文献 2：现代科学技术活动是以科学技术领域内的基础研究、应用研究和试验研究发展为中心，包括成果转化应用和科技服务在内的十分广泛的社会活动，"研究与开发"一般被用来表征这类活动。但由于环境的复杂性，信息的不对称性以及项目目前评估方法的内在缺陷，研发项目的风险并不会因为项目实施前进行了多么正确的选择而消失，相反，可能由于情况的变化使项目风险增大，并会伴随项目研究与开发的全过程，致使研发项目可能失败于早期、中期或者后期。因此，加强研发项目的跟踪管理与预警，及时中止那些将失败和注定没有前景的研究项目，对新旧技术的更替、资源优化的配置、良性调控机制的形成，都具有极其重要的理论价值和现实意义。

实训操作 6-2　信息检索与利用综合实训（二）

1. 检索类型

（1）学术研究型

通过检索了解该课题的研究现状，包括主要研究人物、代表性观点、研究侧重点对比，并从中得出团队的研究思路，列出研究大纲（相当于论文提要），再根据大纲列出相对应的参考文献（这就是典型的硕士、博士论文写作过程中的信息检索方法），如"项目后评估研究"。

（2）市场或产品研究型

通过检索了解该产品的市场现状，包括主要生产厂家、研究机构、产品专利、市场份额对比、研发实力对比，并从中找出新产品或旧产品的市场定位或开发策略（这就是市场调研报告写作过程中的信息检索方法），如"PDA 的市场前景分析"。

2．课题研究考查重点

（1）检索流程，包括课题分析、不同检索数据库的检索策略。

（2）检索结果分析，首先要选出检索到的关键文章，并通过关键文章的内容得出分析结果（这里只强调分析步骤、方法，分析结果正确与否、全面与否不在评分之列）。

3．课题推荐（可自己任意选择）

以下所列检索课题供学生在完成检索后练习时参考，学生应尽量依据所学专业选择检索课题，但课题名称可以根据学生意愿进行适当改动。

(1) 信息可信度研究；
(2) 如何利用互联网研究信息传播与利用；
(3) 信息污染的识别与治理；
(4) 世界集装箱运输的发展趋势；
(5) 探讨港口物流中心的运作模式对现代物流的影响；
(6) 船舶航行中的定位精度分析；
(7) 海洋污染及其防治；
(8) 废物处理与综合利用；
(9) 大学生心理问题；
(10) 计算机网络安全；
(11) 有关天气研究的各种预测及统计方法；
(12) 计算机技术在信息家电中的应用；
(13) 虚拟现实技术在教育领域中的应用；
(14) 神经网络在船舶主机建模中的应用；
(15) 英美文学翻译理论与实践；
(16) 现代企业制度中的财务审计；
(17) 可持续发展的交通运输战略；
(18) 知识挖掘技术与应用进展；
(19) 流媒体技术在校园网的应用现状和问题；
(20) 新型机器人研究现状综述；
(21) 机械制造工艺过程生态学问题；
(22) 现代机构学的研究内容和设计理论；
(23) 生态建筑学在城市建筑中的应用；
(24) 建筑与风水的关系；
(25) 结构复合材料应用技术现状；

（26）建筑结构隔震技术综述；
（27）人类生长素的生物合成；
（28）生物制药的关键技术应用；
（29）基因工程制品的应用状况；
（30）国内外生物工程产业发展状况及前景；
（31）生物工程制品在预防乙肝和乙肝诊断方面的应用；
（32）环保型电池正极材料；
（33）新能源材料在高容量循环长寿命电池中的应用；
（34）动力电池产品中的应用和产业化技术；
（35）RFID 技术及其应用前景；
（36）知识挖掘技术与应用进展；
（37）连花清瘟胶囊的功效与作用及禁忌。

4. 课题报告撰写（制作 PPT）

（1）写明课题的名称，并简要说明其内容、背景和选题意义。
（2）写出反映课题内容的关键词及相似词、同义词（中英文）。
（3）写出选择的中英文数据库名称，要求至少选择 5 个数据库。
（4）写出各数据库具体执行检索过程或检索式（检索式中至少包括逻辑运算符、字段限制符；每个检索式的命中条数不得超过 200 条）。
（5）列出检出的中、外文关键文献（注明从哪个数据库中获得）。中文要求有期刊、学位论文和图书等文献外部特征；外文文献要求注明文献题名、作者、出处；指明其文献类型：期刊、图书、会议文献、学位论文等；说明期刊原文的获取方法。
（6）检索结果分析（考查重点）。

实训操作 6-3　信息检索与利用综合实训（三）

选定与专业相关的课题，利用相关数据库查找与课题有关的文献，要求写出检索途径、检索步骤、检索结果数量，并选择 3~5 篇相关文献，抄录其文摘信息（文摘正文可只摘录其头尾，中间用省略号代替）的著录项目；确定该课题需要解决的问题并通过检索找出解决问题的检索结果，写一份课题检索报告。

以下所列检索课题供学生在完成检索练习时参考，学生尽量依据所学专业选择检索课题，但课题名称可以根据学生意愿进行适当改动。

（1）风险投资项目管理研究；
（2）试论现代物流管理的特点；
（3）中国传统绘画与现代动画设计研究；
（4）浅析电子商务物流解决方案；
（5）虚拟传感器功能与结构的研究；
（6）试论"三个代表"重要思想在马克思主义中国化进程中的历史地位；
（7）心理学在人力资源管理中的应用；
（8）电子贸易——中小企业出口贸易新方式；
（9）浅析国际贸易实务"电子化"趋势；

（10）浅谈电子商务对国际贸易的影响；
（11）电子商务条件下国际贸易新特点及企业的对策；
（12）国际贸易与现代物流；
（13）国际贸易发展新趋势；
（14）国际物流成本对国际贸易的影响；
（15）绿色贸易与绿色贸易壁垒及对策刍议；
（16）国际绿色贸易壁垒及其突破对策探析；
（17）从绿色国际贸易壁垒看我国的对外贸易发展；
（18）以绿色营销应对绿色壁垒；
（19）我国出口产品屡遭国外技术壁垒的原因及对策；
（20）中国企业如何应对 SA8000 蓝色贸易壁垒；
（21）技术性贸易壁垒对我国出口的影响及其对策；
（22）技术性贸易壁垒成因分析及法律对策研究；
（23）农产品国际贸易绿色壁垒及对策研究；
（24）关于国际贸易中技术壁垒问题的思考；
（25）国际贸易中非关税壁垒的新发展及我国的对策；
（26）我国水产品面对"贸易壁垒"如何提升国际竞争力；
（27）中国国际贸易摩擦的新特点；
（28）中美贸易摩擦背后的根源探析；
（29）反倾销国际市场竞争的新角斗场；
（30）非市场经济国家地位与对华反倾销；
（31）浅析美国对华反倾销；
（32）当前中国国际贸易中的知识产权危机及对策；
（33）中国纺织服装产品应对新型国际贸易壁垒策略；
（34）跨国公司对华投资新趋势及其影响；
（35）竞争情报对企业竞争力的影响；
（36）市场竞争时代企业如何做好竞争情报工作；
（37）情报人才：企业克敌制胜的"千里眼"；
（38）论竞争情报与企业发展；
（39）中小企业与竞争情报；
（40）构建我国企业竞争情报系统的策略初探；
（41）论企业竞争情报工作当前存在的问题及解决办法：
（42）对我国中小企业如何防范国际市场贸易风险的思考；
（43）产品差异化与国际贸易；
（44）浅谈国际贸易惯例与国际贸易法律的区别；
（45）透析国际贸易术语的选用；
（46）商业售价核算新途径；
（47）国际贸易中象征性交货的公平与效率分析；
（48）国际货物贸易中倒签提单的法律责任；
（49）国际贸易中的电子提单应用研究；

（50）我国中小企业国际贸易融资的问题与对策；
（51）试析国际结算业务中的风险；
（52）国际贸易中信用证欺诈例外及相关法律问题；
（53）外贸企业如何识别并防范信用证软条款；
（54）关于信用证软条款问题的分析研究；
（55）典型的信用证软条款形式及危害分析；
（56）电子信用证在国际贸易结算中的应用；
（57）谈国内汇票和国际贸易汇票的不同；
（58）国际保理业务的运作及其在国际贸易中的作用；
（59）国际商务人才跨文化能力及其培养；
（60）大数据时代如何精准营销。

附录 A 检索报告书写格式

1．首页

标有"网络信息检索与利用检索报告"字样，并注明检索课题、班级、姓名、学号、完成日期、指导教师等信息资料。

2．正文

检索课题可以自拟题目，或结合其他课程的要求选择相应的题目，或参考本课程提供的课题。

3．检索过程

（1）分析课题

报告要求：

①根据课题要求写明检索课题的时间范围、地域范围、学科范畴、主题概念等（年限至少取近 3 年的。如果文献量太少，则可以放宽检索年限）。

②写出具体的检索式。检索式包括检索词、字段限定、检索方式（简单或高级检索等）。例如，用 EBSCO 检索 2003—2019 年间，发表在专家评估过的期刊上的有关社会保障研究的论文。

高级检索：

Subject（主题词字段）：social security。

Refine Search：

Limit: peer reviewed。

Publication date：from 2003 to 2019。

Publication type：periodical。

Document type：article。

（2）选择检索工具

报告要求：

①写明使用所选检索工具的名称和年。

②可使用的检索工具有：全国报刊索引（哲社版）、人大复印资料或报刊资料索引、中国期刊网（全文库或题录库）、中文科技期刊数据库、中国学位论文数据库等。

③可使用网络免费资源，如中国期刊网题录数据库等。

④使用的检索工具不得少于 2 个。

（3）检索途径

报告要求：描述检索过程。

（4）检索结果列表

报告要求：将检索结果按照参考文献著录方式列表，并注明收藏地点。数量要求在 10 条以上。报告中题录格式书写要求：第一作者、文献标题、文献出处（刊名、年、卷期、起止页码）。可参照以下格式：南国农. 信息化教育理论体系的形成与发展[J]. 电化教育研究，2009

（8）：10-12. 检出篇数（指按检索词或检索式实际检出的篇数，而非经人工筛选的切题篇数）。

数据库：_____
检索年限：_____ 检出篇数：_____
检索词（式）：_____
题录（2篇）：_____
_____
_____
_____
_____
_____
_____

数据库：_____
检索年限：_____ 检出篇数：_____
检索词（式）：_____
题录（2篇）：_____
_____
_____
_____
_____
_____
_____

数据库：_____
检索年限：_____ 检出篇数：_____
检索词（式）：_____
题录（2篇）：_____
_____
_____
_____
_____
_____
_____

（5）获取原文
报告要求：选取1条检索结果，简述如何在图书馆书目查询系统中查找馆藏信息。

4. 检索学习体会

报告要求：结合实际检索过程，谈谈对所使用检索工具的认识，以及对本课题的学习体会。要求在400字左右。

附录 B 优秀学生检索案例与教师点评

学生检索课题 1：查找 2005 年以来"电子商务环境下国际贸易的运营趋势"的相关文献。
要求：
（1）正确使用不少于 3 个关键词，用 2 个以上的关键词进行组合检索。
（2）使用两种或两种以上的检索工具。
（3）写出每种检索工具检索到的结果数量，并写出其中最相关的 2 条文献的题录（文献外部特征）。

检索报告

1．分析主题

通过题目要求，查找 2005 年以来"电子商务环境下国际贸易的运营趋势"的相关文献，可知：检索年限为 2005~2010 年；关键词有"电子商务""国际贸易""运营趋势"3 个；可以通过中文数据库检索。

2．检索工具

维普资讯、CNKI 资源库。

3．检索步骤

（1）第一种检索工具：维普资讯。
①打开学校网址 www.gcp.edu.cn，进入图书馆界面，进入电子期刊的维普资讯。
②利用"高级检索"方式，关键词为"电子商务""国际贸易""支付"，检索式为 M=电子商务*国际贸易*支付。
③检索文献得出结果数量：7 条。
（2）第二种检索工具：CNKI 资源库。
①打开学校网址，进入图书馆首页，然后进入"CNKI 资源总库"，进入学士文献总库。
②利用"高级检索"方式，日期年限为 2005—2010 年。
③利用全文途径检索：电子商务、国际贸易、运营趋势，检索式为全文=电子商务 AND 国际贸易 AND 运营趋势。
④检索文献得出结果数量：17 条。

4．检索结果

（1）题录一（维普资讯检索结果）。
题名：电子商务环境下国际贸易运营趋势问题的研究
作者：柯飞帆
作者单位：南京市科学技术局，江苏南京

期刊：科技与经济

发表时间：2006-04-20

文摘：随着电子商务的迅速发展，必将企业、用户、供应商以及商业和贸易所需的一切环节连接到国际电子商务系统中，彻底改变了传统的国际贸易业务作业方式和手段，拓展了国际贸易的空间和场所，缩短了国际贸易的距离和时间，简化了国际贸易的程序和过程，使得中小型生产商及采购商能够直接参与到国际交易中。本文从电子商务环境下国际贸易的发展趋势及其运营模式出发，研究我国对外贸易中在应用电子商务方面的现状及存在的问题，提出解决的办法和对策，目的是在国际贸易的磋商、签约、货物交付、货款收付等商务活动中充分应用网络，从而减少贸易环节，降低贸易成本，增加交易机会，缩短产品周期，提高海关管理、进出口商品检验管理、外贸业务全过程管理的效率。

（2）题录二（中国知网数据库检索结果）。

题名：电子商务引起的国际贸易创新研究

作者：盛玉扉

作者单位：沈阳工业大学

期刊：沈阳工业大学

发表时间：2009-01-04

文摘：如何应对电子商务对我国对外贸易带来的挑战，已成为国内急待研究解决的课题。本文在总结前人对电子商务引起的国际贸易宏观影响研究的基础上，试图从电子商务引起的国际贸易创新定义界定出发，从宏观角度总结了电子商务如何对贸易主体、贸易成本、交易方式等产生影响，从微观角度按照国际贸易流程剖析了电子商务如何引起国际贸易的交易前的准备工作、贸易磋商、合同订立、合同履行上的创新。进而，作者将电子商务作为一种技术进步，将其置于国际经济学理论体系中加以分析，尝试从技术进步角度分析电子商务对国际贸易的理论作用机制。

5．检索小结

在检索中，如果输入的关键词少于两个，会发现检索的结果比较多且乱，此时就要缩小检索的范围，可以增加一个关键词，或者缩短年限范围，对检索式进行调整，这样检索出来的结果比较适中；检索中，由于多种原因，也会出现检索结果相对比较少，这样也是不好的，这时也需要对输入的检索式进行调整，使得检索结果在更加合适的范围之内。

通过这次实训，可以学习到如何更好地检索信息，如何较好地运用维普、中国知网数据库等检索工具，如何针对不同情况用不同的检索方式，如传统检索、高级检索、分类检索、专业检索等；也能了解到更多科研、相关专业的知识，丰富了课外知识等。

> **教师点评**
>
> 上述课题是广州城市职业学院09国贸1班蔡晓君同学的作业。整个检索报告简洁规范，教师只对个别表述进行了调整。选用的检索工具都是本校已购买的数据库，能够获取文献原文。题录的两篇检索结果符合课题相关专业要求，从检索报告来看，学生已掌握中文数据库的检索方法和技巧。

学生检索课题 2：利用相关数据库查找与"电子商务与计算机技术"课题有关的文献，要求写出检索途径、检索步骤、检索结果数量，并选择 3～5 篇相关文献，抄录其文摘信息，确定该课题需要解决的问题并通过检索找出答案，写一份课题检索报告。

检索报告

1．课题分析

电子商务是指利用简单、快捷、低成本的电子通信方式，买卖双方不谋面地进行各种商贸活动。一般在网站上获得供求信息（如化工、服装等行业产品信息）从而达成交易的行为活动称为电子商务。电子商务是因特网爆炸式发展的直接产物，是网络技术应用的全新发展方向。因特网本身所具有的开放性、全球性、低成本、高效率的特点，也成为电子商务的内在特征，并使得电子商务大大超越了作为一种新的贸易形式所具有的价值，它不仅会改变企业本身的生产、经营、管理活动，还将影响到整个社会的经济运行与结构。作为计算机专业的学生，希望能学以致用，了解电子商务，从而了解整个社会的经济运行与结构。

2．背景知识

早在 1839 年，当电报刚出现时，人们就开始了对运用电子手段进行商务活动的讨论。当贸易开始以莫尔斯码点和线的形式在电线中传输时，就标志着运用电子手段进行商务活动的新纪元。

电子商务最初起源于计算机的电子数据处理技术，从科学计算向文字处理和商务统计报表处理应用的转变。文字处理软件和电子表格软件的出现，为标准格式（或格式化）商务单证的电子数据交换开发应用提供了强有力的工具。

电子商务是在与计算机技术、网络通信技术的互动发展中产生和不断完善的，近年来依托于计算机互联网络，随着其爆炸性发展而急剧发展。

3．希望通过检索解决的问题

（1）了解电子商务的发展历程。
（2）了解电子商务对全球经济的影响。
（3）了解欧美电子商务发展现状。
（4）了解中国电子商务发展现状。
（5）了解计算机技术、网络技术与电子商务发展的关系。

4．检索过程和方法

使用 Google、百度、Yahoo 等搜索引擎，在使用搜索引擎的基础上，查找一些热门网站。使用万方数据、维普资讯数据库进行搜索，并通读了一些与本专业有关的书籍。

5．检索途径

这里主要使用了关键词进行检索。

6. 检索词

检索词：电子商务的历史 AND 电子商务 AND 电子商务的应用。

7. 检索过程

（1）初定检索词（电子商务的历史）后进行第一轮检索，主要通过 Google 搜索、百度搜索、Yahoo 搜索，检索出大批文献。

（2）进行筛选，选择最新的文献，通过阅读文献受到启发，增加一些检索词，检索词是电子商务的应用及电子商务与网络安全问题。

（3）经过第二轮检索又查出一些相关主题的文献。

8. 检索遇到的困难和解决方法

由于在第一次检索过程中只初定了几个关键词，使得在检索结果中出现了大批量与主题内容不相符的文献，所以在第二次检索时又增加了一些与主题同义的概念、隐含概念的词，缩小了检索范围，得到了满意的检索结果。

9. 相关文章信息

（1）文章一题录
标题：中国电子商务发展中的问题与对策
作者：邢莉
刊名：商场现代化
摘要：电子商务是中国新兴的商业运营模式，近年来发展迅速，有着广阔的发展前景。本文首先分析了中国电子商务的发展现状，并就我国电子商务发展中存在的问题进行了分析，从多个角度对阻碍电子商务发展的因素展开了研究。根据对存在问题的分析和研究，提出了中国电子商务未来发展的对策。
来源：www.wanfangdata.com.cn
数据库名：数字化期刊数据库

（2）文章二题录
标题：电子商务安全性策略分析
作者：范慧霞，郑喜珍，张健
刊名：商场现代化
摘要：在电子商务中，安全性是一个至关重要的问题，它要求网络能提供一种端到端的安全解决方案，电子商务的一个重要技术特征是利用 IT 技术来传输和处理商业信息。因此，电子商务安全从整体上可分为两大部分：网络结点安全和商务交易安全。
来源：www.wanfangdata.com.cn
数据库名：数字化期刊数据库

（3）文章三题录
标题：电子商务的税收问题与对策
作者：杜志宏
刊名：CJFD 收录刊

摘要：随着网络技术的发展，一种新的贸易形式——电子商务蓬勃发展起来，它正以其空前的生命力推动着部门经济、区域经济、国民经济和世界经济跃上一个新的台阶。但同时电子商务也对传统的商业经济模式和方法形成了巨大的冲击，特别是对现行税收制度、税收管理模式提出了全面的挑战。本文认真分析了电子商务发展带来的税收问题，并积极研究和提出应对电子商务的税收对策。

来源：www.cnki.net

数据库名：中国期刊全文数据库

10. 检索小结与收获

作为计算机专业的学生，希望能通过计算机和网络知识了解电子商务，从而了解电子商务在整个社会经济运行中的地位和作用。

在这次的课题检索中，可以学到许多。一是将所学的专业知识运用于其他专业中，学会了知识的运用与扩充。二是在进行数据库检索时，要求专业性强，在查找信息之前需要给信息定位，判断其属于哪个方面；搜索引擎的随意性大、方便，但查准率很低，各有优、缺点，要根据实际情况选择检索方法。

> **教师点评**　上述课题是广州城市职业学院07级计算机1班王裕生同学的作业。该检索报告完整细致，特别是报告中"检索遇到的困难和解决方法""检索小结与收获"两部分，最能体现自己在检索过程中的个人心得，值得向课题文献检索初学者推广和借鉴。

学生检索课题3：一辆载重10吨的货车即日将从深圳出发，运送一批货物到清远，并计划从清远运一批货物回深圳。为了减少这辆货车的空驶，请通过互联网检索货运代理网站，为其安排清远到深圳的货物运输。

检索报告

（1）选择搜索引擎：百度搜索引擎。

（2）确定检索关键词：国内物流网站。

（3）分析检索得到的条目，找出相关行业网站：经过分析找到"中国物通网（www.chinawutong.com）"，在网站内可以搜索到相关的货源信息。

（4）在行业网站中设置检索条件，得出最佳检索结果。

首先在网站首页选择"货源信息"选项，然后在"出发地"搜索处选择"广东省—清远市—直辖区"，之后在"到达地"搜索处选择"广东省—深圳市—直辖区"。在搜索结果中找到如下最佳的检索结果。

出发地：　　　广东省——清远市——市辖区。
到达地：　　　广东省——深圳市——市辖区。
货物名称：　　饮料。
质量：　　　　7吨。

（5）我的建议：在搜索引擎中输入的检索词要经过分析和过滤，不能直接输入"货运代理网站"，这样会出现许多不符合要求的搜索结果，要找出比较准确的相关行业网站比较费时，所以要根据题目当中的一些信息缩小搜索的范围和提高准确性。

尽量避免进入货运代理公司的网站内，因为货运代理公司会因涉及商业信息的泄露等问题，不会将货车的时间表放在网站内，也通常没有搜索栏。

进入到相关行业网站时，要找准所要检索的方向，要避免货车返程时出现空车情况，为货车安排货物，需要检索的内容应该是"货源信息"，方向要找准。

> **教师点评**
>
> 上述课题是广州城市职业学院09国贸1班黄艳敏同学的作业。检索步骤简洁明了，选择的行业网站是"中国物通网"，是目前国内物流信息最全面、社会需求面广、实用性强的物流行业门户网站之一，因此找到的货源可靠。选择的货物质量及出发地也符合课题要求，最后给出了自己的检索建议，基本掌握了"搜索引擎+行业网站"的经济信息检索技巧。

学生检索课题4：利用所学的检索知识和技能，选用一种中文数据库查找有关课题"互联网+背景下大学生创业心理与行为研究"2017年至今发表的期刊文献资料，完成课题检索报告。要求：提炼3～5个检索词；选用适当的逻辑组配关系；描述检索过程；截图检索结果页；选择最相关的2篇文献；进行检索小结。

检索报告

1．分析主题，提炼3～5个检索词

互联网+；大学生；创业心理；创业行为。

2．选择至少两个检索工具（知网、维普、万方，三选二）

知网；维普。

3．检索过程

（1）所选取的检索字段。
主题与关键词。
（2）检索式的生成。
（主题：互联网+）*（主题：大学生）*（（关键词：创业心理）+（关键词：创业行为））。
（3）检索结果的排序与选取。
（见图B-1、图B-2）。

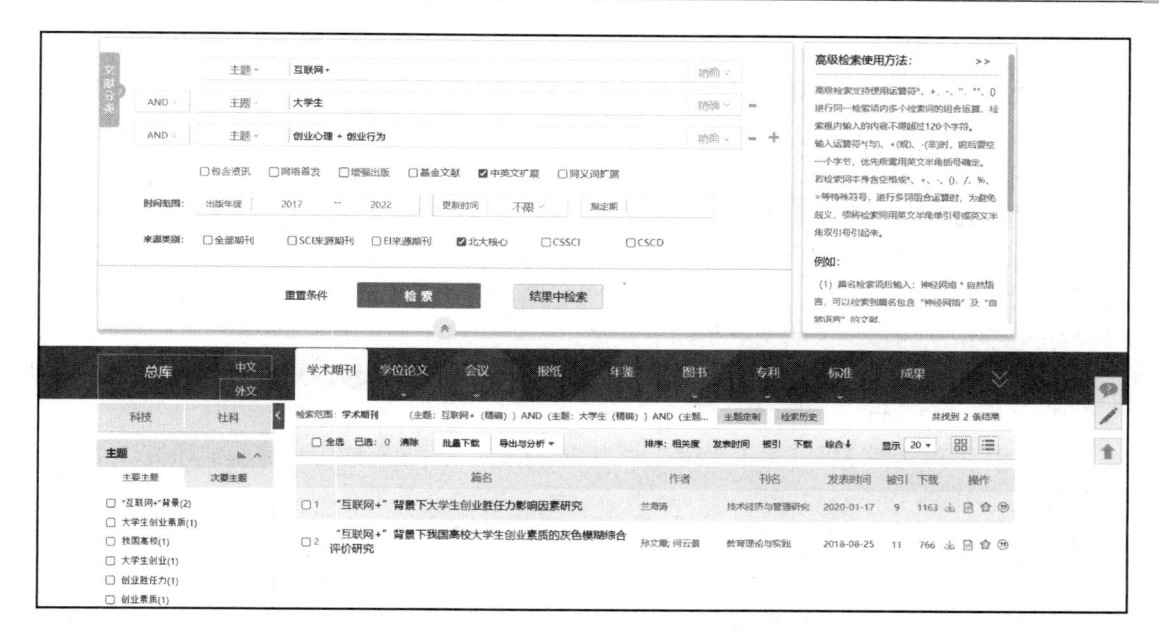

附录 B　优秀学生检索案例与教师点评

图 B-1　知网检索结果

选择北大核心期刊来挑选，期刊质量有保证。

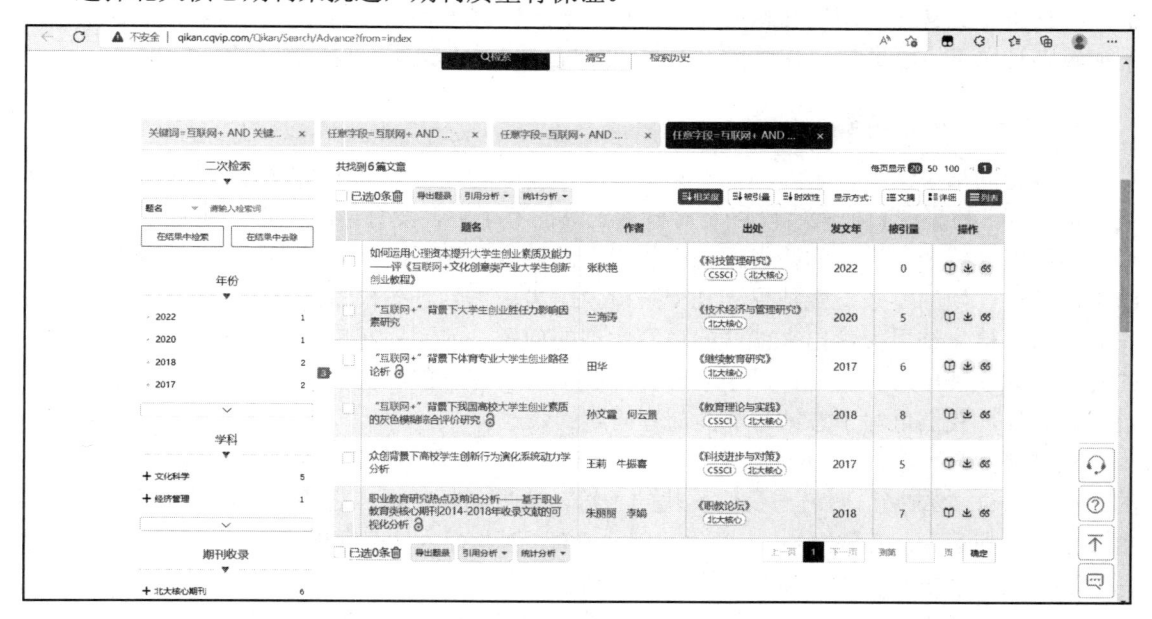

图 B-2　维普检索结果

选择引用次数最多的期刊，期刊质量有保证。

4．对检索结果进行分析

（1）请你比较两个检索工具的检索结果，说说不同数据库的资源特色。

使用过两个工具后，对比资源和功能特色，有以下看法：

①知网的资源比维普丰富，维普只有期刊，知网能检索出期刊、硕博论文、会议论文等

273

资源。

②维普的文章下载格式只有一种，知网有多种。

③维普有一些特色功能，比如"职称评审资料包"下载等，也有文献传递链接入口，而知网没有。

（2）请你对其中一个检索工具的结果进行筛选，选择最相关的 2 篇论文，请用标准参考文献方式列出来，并回答以下问题：为什么在检索结果中你认为这两篇论文是最相关的？这两篇论文质量如何？你是如何判断的？

①我们小组认为最相关的文献是以下两种。

文献一：陈爱雪."互联网+"背景下大学生创新创业教育的新模式探究[J].黑龙江高教研究，2017(04)：142-144

文献二：罗琳.互联网+背景下大学生"专业、创新、创业"能力培养模式研究[J].高教学刊,2018(22)：41-44

②为什么在检索结果中你认为这两篇论文是最相关的？

文章里都是关于大学生在当下互联网+背景下的行为研究与行为调查，选择了关键词"创新创业"AND"大学生"，两者进行过相似度比较，相似度极高，因此选择了这两篇论文。

③这两篇论文质量如何？你是如何判断的？

两篇期刊描述得非常准确而且详细，且其被引量较高，都有 30 次以上，证明质量较好，被同行认可。此外，这两篇文章所发表的期刊其影响因子较高，是比较高质量期刊。被引用的次数多且属于核心期刊，在质量上这方面来说，相对于其他期刊略胜一筹。

5．检索小结与感悟

吴智超同学小结：在老师刚开始布置这项作业的时候，我就尝试写这个作业，但是因为我对检索词、检索式、检索字段以及对检索工具的不了解，没有把这个作业写完。在上课时，通过询问老师得知了大概的检索词范围与肯定的检索字段之后，开始不断尝试，慢慢地有了结果，从最开始的零条检索结果到几十条检索结果，再到几条检索结果，最终确定了我们的作业要求。检索结果搜索出来就开始填写实训的问题，前面写起来没什么大问题，写到总结的时候，大家都不怎么会写，后来老师告知我们可以写一些我们写作业时遇到的问题等，经过我们讨论，我们重写了总结与上面部分问题的修改。

祝雯婷同学小结：互联网+背景下大学生创业心理与行为研究直接是用检索字段主题检索的，检索出 2 个结果，题名与我们要找的不符，通过老师的提点之后使用高级检索，将检索内容分 3 段搜索为：互联网+；大学生；创业心理+创业行为。搜索出来 33 个结果，通过一系列尝试把检索字段都改为主题后，检出 2 个结果。

赵紫涵同学小结：学习信息检索课最大的体会就是能够在浩如烟海的信息世界里迅速有效地找准自己需要的信息。尤其是在当前信息爆炸的时代，在科研过程中，平时生活中当遇到实际问题的时候，信息检索课上学到的检索知识都能帮助我尽快通过利用所学的检索工具和检索方法获取解决问题的答案。学习信息检索课程另一个体会就是它对于我们今后的工作学习有着极其重要的作用。信息检索课程由于其具有很强的实用性，学习这门课使我们具备了一定的检索技能，无论是其中的科技查新部分还是在我们科研过程中的实际应用上都教给了我们实实在在的技能，使我们在今后的工作中有了牢靠的技术支持。

陈聪同学小结：这是对我学习知识能力的锻炼，也是一种考验。为了后面信息素养大赛做准备，知网数据库的查全率和查准率高，能够快速地找到精确的搜索结果。维普提供的检索字段较多，除了提供一些必需的检索字段，还提供了诸如参考文献、全文、智能检索等字段可以更方便又准确地检索到所需的文章。从检索结果的显示来看，维普只有一种格式，显示序号、篇名、刊名、年、期，单击可查看详细信息。从检索风格的一致性来看，知网与该系统中各库检索界面风格一致，便于检索。

> **教师点评**
>
> 上述课题是广州城市职业学院21级市营2班一次小组作业。该组学生对中文数据库的检索掌握比较全面。能分清楚检索字段、检索词等关键术语，对布尔逻辑检索及限定检索技术掌握较好，并能熟练运用到中文数据库中。能够利用中文数据库的特定功能对文献进行筛选、比较和分析，得到比较相关的检索结果。在检索结果过多或者过少的时候，懂得利用不同的检索策略（如调整检索字段、调整布尔逻辑运算符）去获得合适的检索结果。检索总结落到了实处，能表述在检索中遇到的实际问题，写出真情实感。从检索报告来看，该组学生已掌握中文数据库的检索方法和技巧，达到本次实训的能力目标。

学生检索课题5：2020年，一场突如其来的新冠疫情席卷全国乃至全球，至今对国际贸易依然产生着深刻的影响。请利用数据库查找相关文献资料：后疫情时代我国跨境电商的发展与对策，完成课题检索报告。

要求：

（1）正确使用不少于3个检索词，用2个以上的检索词进行组合检索；

（2）详细描述检索步骤；

（3）记录检索到的结果数量，筛选2条你认为最相关的文献对其题录（文献外部特征）进行截图，并详细说明分析过程及筛选原因。

检索报告

1．课题分析

通过题目要求，分析所需查找的文献资源所属类型是电子期刊（论文），可通过中文数据库平台进行检索。

2．检索工具

中国知网（CNKI）

3．检索步骤

（1）选取检索词：后疫情时代　跨境电商　发展　对策。

（2）构造检索式：后疫情时代 AND 跨境电商 AND 发展 AND 对策。

（3）限定字段检索页面见图B-3。

图 B-3　检索页面

4．检索结果

共检索出 13 条结果（详见图 B-4），其中勾选的是我筛选出的、个人认为最相关的 2 篇文献（题录见图 B-5 和图 B-6）。

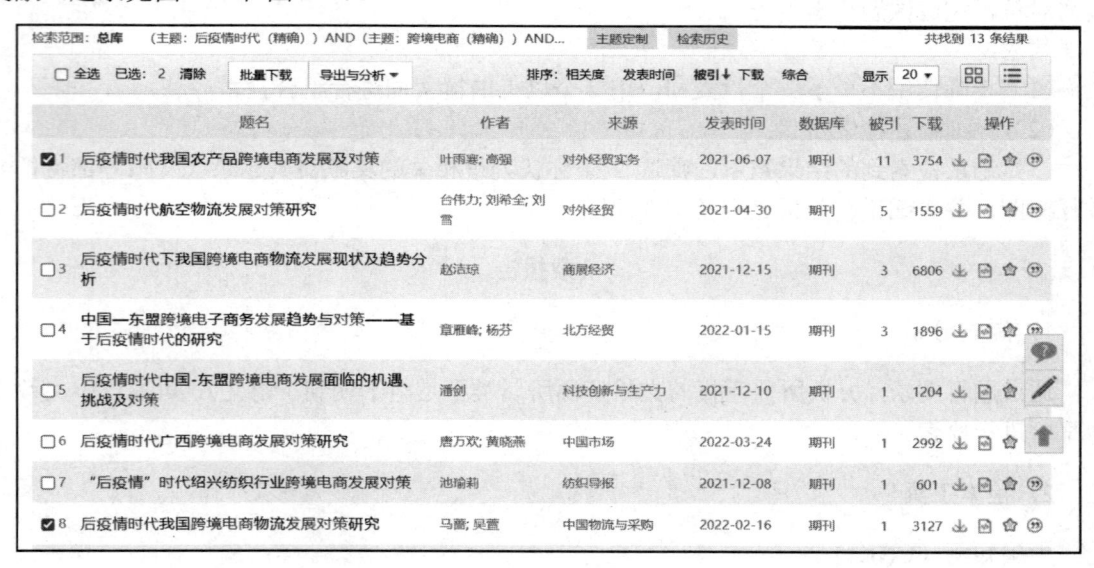

图 B-4　检索总结果

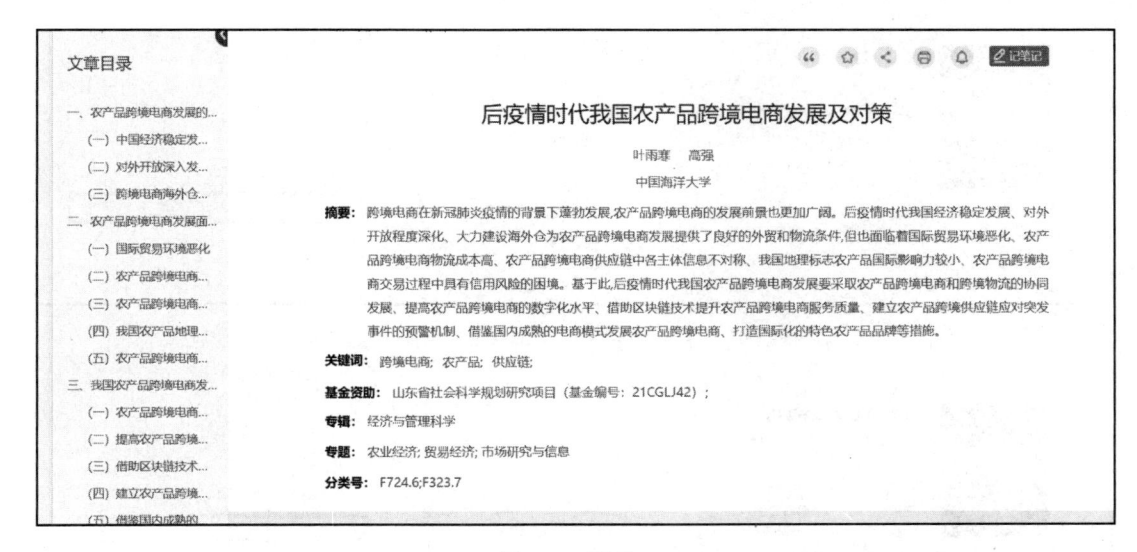

图 B-5　题录 1

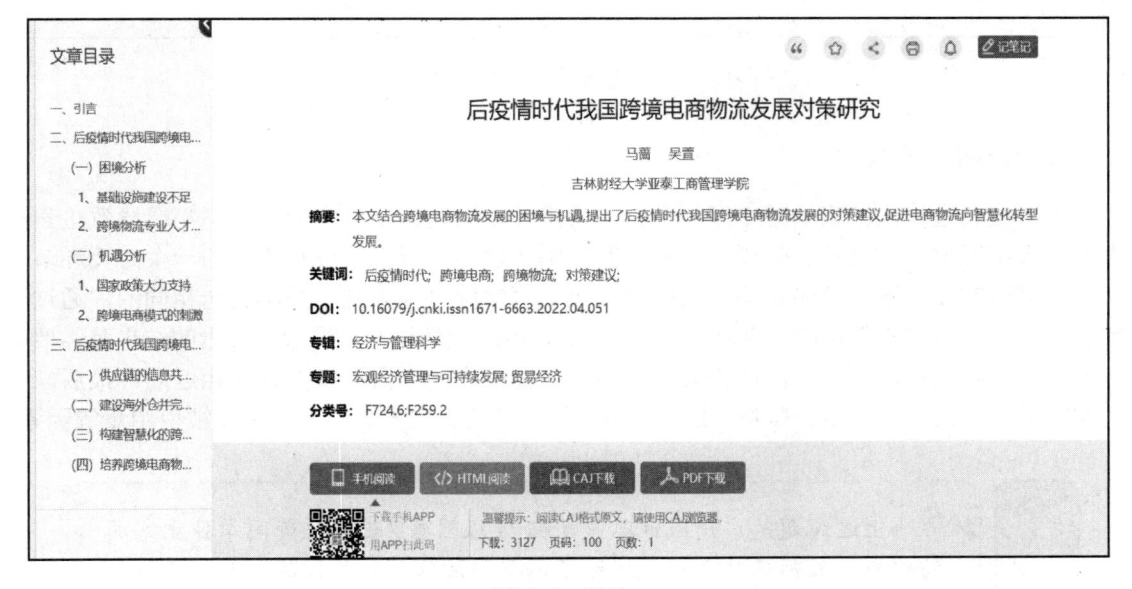

图 B-6　题录 2

5．筛选原因说

总体原因：与其他文献对比发现这两篇文章所研究的行业领域与跨境电商主题更贴合，并且近三年来下载量和引用量都较高。

具体原因：选择第 1 条结果主要因其题名与我的检索词非常相关，例如与第 3 条结果对比发现，第 3 条结果与检索词部分相关，只是分析了发展现状但并未给出对策，而第 1 条结果相对来说更加完整与检索词契合。选择第 8 条结果的原因是通过与第 4、5、6 条检索结果对比发现，第 4、5、6 条结果的主题要么是国际间要么是局限于一个地方，因此选择第 8 条。

此外，这两篇文章的含金量很高。首先看来源，两篇论文都被北京大学《中文核心期刊要目总览》收录，见图 B-7；其次，它们的引用量和下载量都是近三年来较高的。

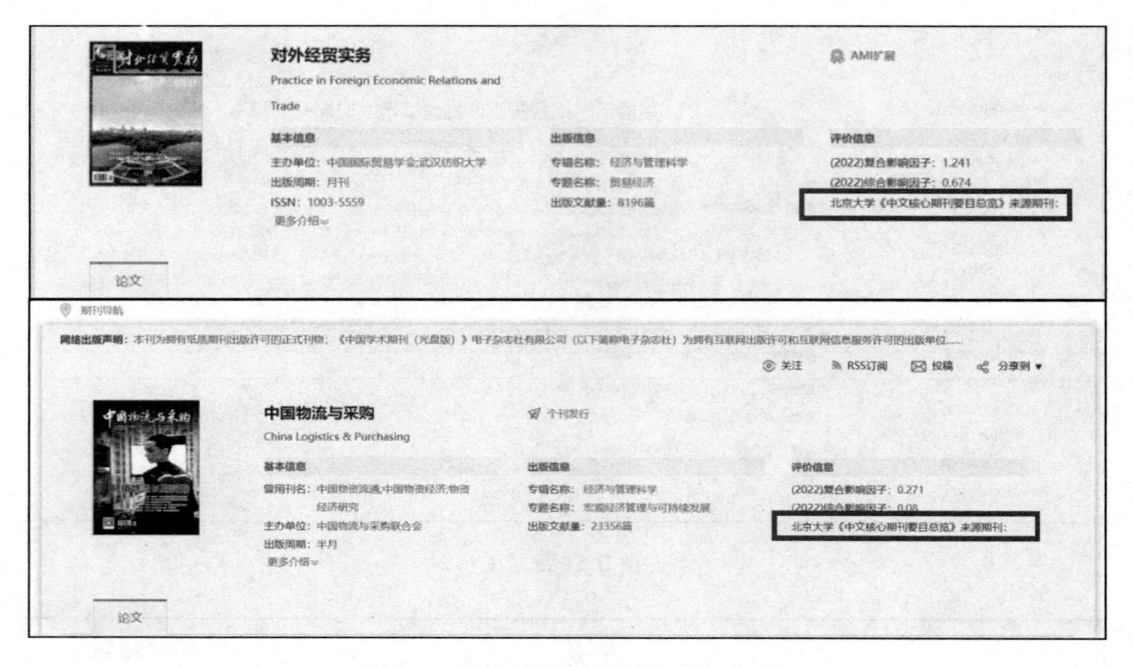

图 B-7 《中文核心期刊要目总览》收录

6. 检索小结和反思

关于检索过程，检索词与主题的契合非常重要，因为如果检索词选取不当会导致检索出来的内容出现偏差，直接影响检索过程；其次限定检索词所在字段是检索的一个必要环节，当检索词限定在主题、篇名、关键词或文摘等不同字段时检索结果是不完全相同的，通过不断尝试我最终将字段限定在"主题"，结果与我的预期较为相符；最后检索出的结果是需要筛选的，检索结果可能很多，因此需要筛选出与主题贴合的，内容以及含义相近的；最后应该关注一下文章所发表的期刊质量，是否有被收录，以及文章本身的下载量和被引用量等因素。

> **教师点评**
>
> 上述课题是广州城市职业学院21级国贸2班胡佳荧同学独立完成的作业，教师只对个别表述做了调整。该作业质量较高，无论是检索过程还是检索结果，都与检索课题要求契合。从数据库的选择到整个检索过程，思路清晰、检索流畅，最难得的是对检索结果的筛选和分析部分，理由充分，细致到位，体现出学生较强的信息检索和信息分析利用能力。

参 考 文 献

[1] 谭力红．网络信息检索技术实训教程[M]．北京：科学普及出版社，2007．
[2] 阚元汉．专利信息检索与利用[M]．北京：海洋出版社，2008．
[3] 陈靖，张晓琨，卢铭．文献检索网络数据库简介[J]．科技情报开发与经济，2008，18（23）．
[4] 洪社娟．论数字信息时代科技文献信息检索的方法及其重要意义[J]．中央民族大学学报，2005，14（2）：178．
[5] 王俊芳．撰写文献综述的基本要求[J]．教育科学研究，2004（6）：58-59．
[6] 黄如花．网络信息检索．中国大学 MOOC．
[7] 潘燕桃，张靖，蔡筱青．信息素养通识教程：数字化生存的必修课．中国大学 MOOC．
[8] 江吉彬等．Python 网络爬虫技术[M]．北京：人民邮电出版．2019．
[9] 曾文权等．Python 数据分析与应用（微课版）[M]．2 版．北京：人民邮电出版社，2021．
[10] 刘礼培等．Python 数据可视化实战[M]．北京：人民邮电出版社，2022．